개정판 빅데이터 활용과 광고 사례 기반의

소비자 행동론

고민정 지음

Consumer Behavior

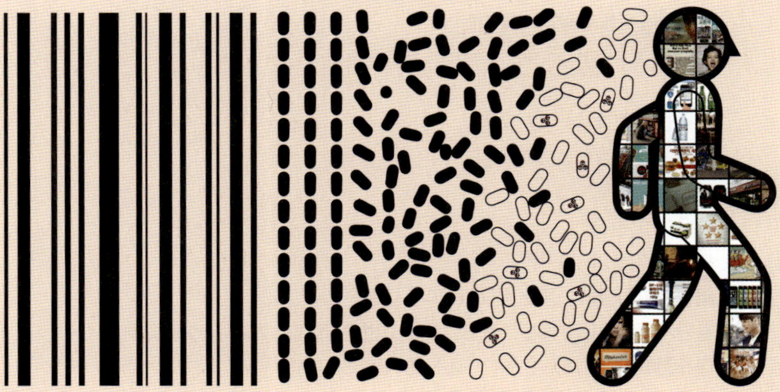

생능

빅데이터 활용과 광고 사례 기반의

소비자 행동론

초판발행 2017년 7월 14일
제2판1쇄 2021년 6월 14일

지은이 고민정
펴낸이 김승기, 김민정
펴낸곳 (주)생능 / **주소** 경기도 파주시 광인사길 143
출판사 등록일 2014년 1월 8일 / **신고번호** 제406-2014-000003호
대표전화 (031)955-0761 / **팩스** (031)955-0768
홈페이지 www.booksr.co.kr

책임편집 양둥글 / **편집** 신성민, 유제훈, 권소정 / **디자인** 유준범
마케팅 최복락, 김민수, 심수경, 차종필, 백수정, 최태웅, 명하나, 김범용
인쇄 성광인쇄(주) / **제본** 은정문화사

ISBN 979-11-86689-35-6 93320
정가 30,000원

머·리·말

코로나바이러스는 4차 산업혁명 기술들을 일상으로 포함했고, 이들에 대한 우리의 태도는 이전보다 적극적이다. 더불어 사람이 살아가는 것은 물론이고, 커뮤니케이션의 대상이 사람뿐 아니라 사물 및 환경으로 확대되고 있다. 매 순간 실제 현장에서 일어나는 다양한 이슈는 당시 사람들의 생생한 기억과 현장에서 수집되는 수많은 자료들의 협업을 통해 더욱 진화되고 있고, 그 한가운데에서 이슈의 여러 상황을 판단하는 현실을 마주하고 있다.

소비자 행동이란 학문은 이러한 시대 환경과 함께 경영학, 광고학, 심리학, 사회학, IT 기술 등의 다양한 영역에 대한 기초가 있어야 근본적인 이해와 실천 전략 수립이 가능하다. 하지만 매번 강단에서 적당한 교재를 찾지 못하여 마케팅 위주의 교재에 개인적 자료들을 덧붙여 한 학기를 채우면서 강의자로서의 방향성에 대해서 고민해야 하는 어려움이 많았다. 현실은 융합으로 다양한 시너지를 내고 있는데, 학문적인 접근은 언제나 분리된 영역의 엄함으로 서로의 범위를 지키는 경계에서 이루어지지 않고 있다. 이러한 학문적 현실이 융합의 실마리를 찾아내지 못하는 근본적인 원인이라 생각하고, 실마리를 찾고자 집필을 시작하게 되었다. 그러나 원고 작성의 목차 리뷰에서부터 쓴소리를 감당해야 했고, 서로 다름을 인정하자는 사회적 풍토를 실천하기에 역부족인 사람들의 선입견은 넘어야 할 산이었다. 하지만 학문적 융합의 프런티어라는 소명으로 그러한 선입견을 이해하고, 설득하는 노력을 하였다. 결국, 초안의 원고 콘셉트를 지키면서 현장의 소리를 반영한 풍부한 내용으로 원고를 완성하였다.

이 책은 크게 4개의 부분으로 구성되어 있다. 우선, 제1부 소비자와 소비자 행동의 이해는 소비자 행동의 개요, 소비자 행동의 이해를 위한 기초, 데이터 마케팅의 이해 등으로 구성되어 있다. 제2부 소비자의 의사 결정과 구매 행동은 의사 결정의 과정과 문제 인식, 상황적 영향과 소비자의 관여도, 정보 탐색, 대안의 선택과 평가, 구매 행동과 조직적 구매, 구매 후 행동 등으로 구성되어 있다. 제3부 심리에 기초한 소비자 정보처리는 동기, 개성 및 자아, 지각을 통한 정보처리 과정, 학습과 기억, 태도와 태도 변화 등으로 구성되어 있다. 마지막으로, 제4부 소비자 행동에 영향을 주는 환경은 집단과 사회계층, 라이프스타일과 가족 등으로 구성되어 있다. 전체적인 흐름은 사람이 생각하는 방향에 맞추어서 이론을 정리하였고, 이와 덧붙여 광고 사례 및 빅데이터 활용 사례를 추가하여 현장에서 이론을 응용하기 용이하도록 하였다.

이 책이 융합 학문으로서 확고한 카테고리를 형성하기 위하여 새로운 통찰을 제공하고, 현장에서 강의하는 교수님들의 문제 해결에 조그마한 실마리가 되기를 희망한다. 마지막으로, 살아 있는 책이 되기까지 도움을 주신 현장에서 강의하시는 교수님들과 (주)생능의 편집부 관계자들께 감사드린다.

2021년 6월

고민정 드림

| 강의 계획안 |

주	강의 내용	과제
1주	Ch1. 소비자 행동의 개요	
2주	Ch2. 소비자 행동의 이해를 위한 기초	
3주	Ch3. 데이터 마케팅의 이해	
4주	Ch4. 소비자 의사 결정 과정과 문제 인식	
5주	Ch5. 상황적 영향과 관여도	저관여와 고관여 제품 조사
6주	Ch6. 정보 탐색	
7주	Ch7. 대안의 선택과 평가	
8주	중간고사	
9주	Ch8. 구매 행동과 조직 구매	온라인 구매에서 조직 구매의 영향력 조사
10주	Ch9. 구매 후 행동	
11주	Ch10. 동기, 개성과 자아	소비자 개인 특성이 제품의 선택에서 미치는 영향 조사
12주	Ch11. 지각을 통한 정보처리	
13주	Ch12. 학습과 기억	
14주	Ch13. 태도와 태도 변화	
15주	Ch14. 집단과 사회계층 Ch15. 라이프스타일과 가족	
16주	기말고사	

| 한눈에 보는 이 책의 구성 |

장과 장 제목

학습 목표
이 장에서 배우고자 하는 학습 내용을 소개한다.

소비자 행동 기반의 마케팅 사례
기업의 마케팅 성공 사례를 광고를 중심으로 소개한다.

촌철살인
학습에 도움이 되는 말들의 향연

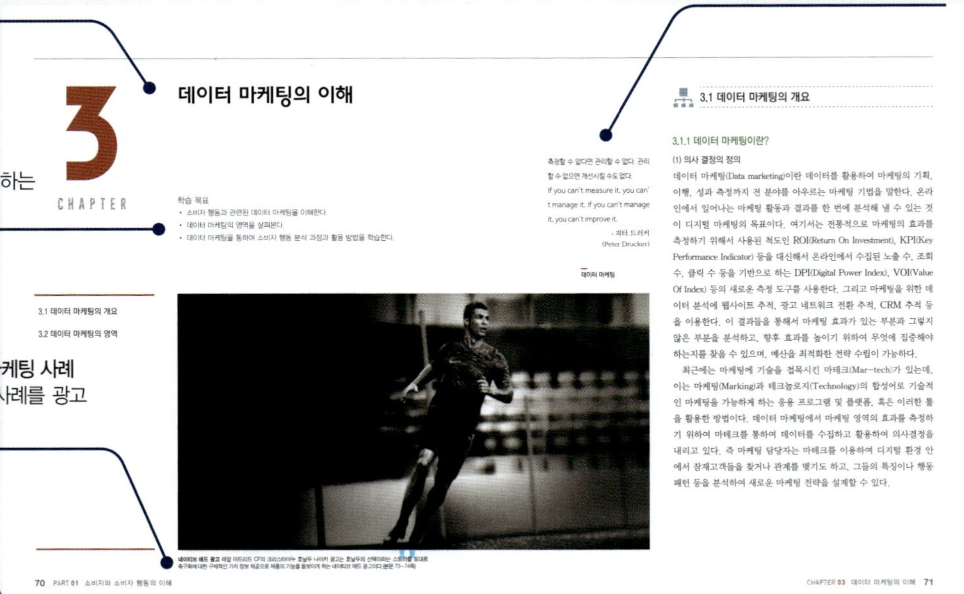

3 CHAPTER

데이터 마케팅의 이해

학습 목표
- 소비자 행동과 관련된 데이터 마케팅을 이해한다.
- 데이터 마케팅의 영역을 살펴본다.
- 데이터 마케팅을 통하여 소비자 행동 분석 과정과 활용 방법을 학습한다.

3.1 데이터 마케팅의 개요
3.2 데이터 마케팅의 영역

측정할 수 없다면 관리할 수 없다. 관리할 수 없으면 개선시킬 수도 없다.
If you can't measure it, you can't manage it. If you can't manage it, you can't improve it.
- 피터 드러커 (Peter Drucker)

데이터 마케팅

네이티브 애드 광고 레알 마드리드 CF의 크리스티아누 호날두 나이키 광고는 호날두의 선택이라는 스토리를 토대로 축구화에 대한 구체적인 가치 정보 제공으로 제품의 기능을 돋보이게 하는 네이티브 애드 광고이다.(본문 73~74쪽)

3.1 데이터 마케팅의 개요

3.1.1 데이터 마케팅이란?

(1) 의사 결정의 정의

데이터 마케팅(Data marketing)이란 데이터를 활용하여 마케팅의 기획, 이행, 성과 측정까지 전 분야를 아우르는 마케팅 기법을 말한다. 온라인에서 일어나는 마케팅 활동과 결과를 한 번에 분석해 낼 수 있는 것이 디지털 마케팅의 목표이다. 여기서는 전통적으로 마케팅의 효과를 측정하기 위해서 사용된 척도인 ROI(Return On Investment), KPI(Key Performance Indicator) 등을 대신해서 온라인에서 수집된 노출 수, 조회 수, 클릭 수 등을 기반으로 하는 DPI(Digital Power Index), VOI(Value Of Index) 등의 새로운 측정 도구를 사용한다. 그리고 마케팅을 위한 데이터 분석에 웹사이트 추적, 광고 네트워크 전환 추적, CRM 추적 등을 이용한다. 이 결과들을 통해서 마케팅 효과가 있는 부분과 그렇지 않은 부분을 분석하고, 향후 효과를 높이기 위하여 무엇에 집중해야 하는지를 찾을 수 있으며, 예산을 최적화한 전략 수립이 가능하다.

최근에는 마케팅에 기술을 접목시킨 마테크(Mar-tech)가 있는데, 이는 마케팅(Marking)과 테크놀로지(Technology)의 합성어로 기술적인 마케팅을 가능하게 하는 응용 프로그램 및 플랫폼, 혹은 이러한 툴을 활용한 방법이다. 데이터 마케팅에서 마케팅 영역의 효과를 측정하기 위하여 마테크를 통하여 데이터를 수집하고 활용하여 의사결정을 내리고 있다. 즉 마케팅 담당자는 마테크를 이용하여 디지털 환경 안에서 잠재고객들을 찾거나 관계를 맺기도 하고, 그들의 특징이나 행동 패턴 등을 분석하여 새로운 마케팅 전략을 설계할 수 있다.

70 PART 01 소비자와 소비자 행동의 이해   CHAPTER 03 데이터 마케팅의 이해 71

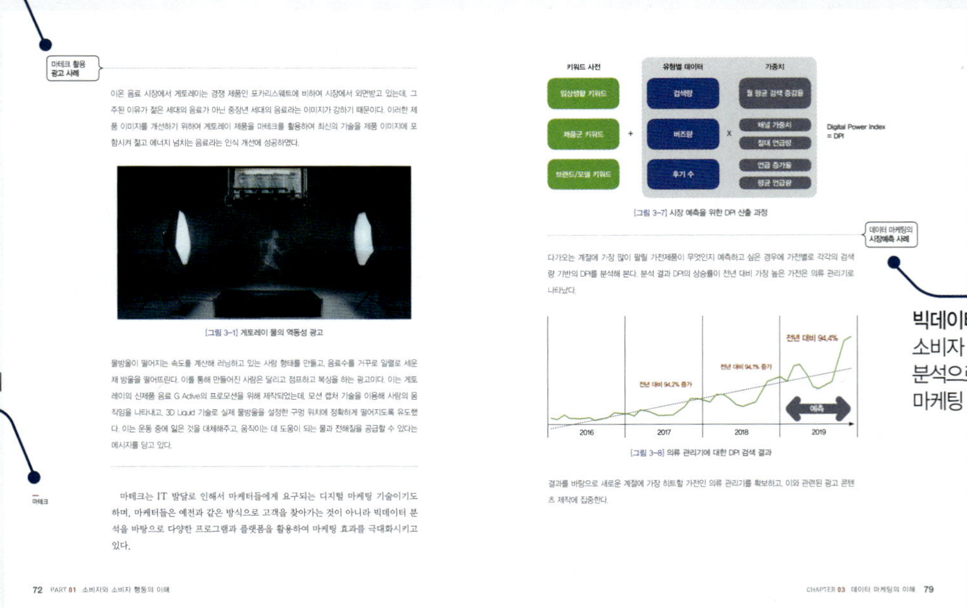

마테크 활용 광고 사례

이온 음료 시장에서 게토레이는 경쟁 제품인 포카리스웨트에 비하여 시장에서 외면받고 있는데, 그 주된 이유가 젊은 세대의 음료가 아닌 중장년 세대의 음료라는 이미지가 강하기 때문이다. 이러한 제품 이미지를 개선하기 위하여 게토레이 제품을 마테크를 활용하여 최신의 기술을 제품 이미지에 포함시켜 젊고 에너지 넘치는 음료라는 인식 개선에 성공하였다.

[그림 3-1] 게토레이 물의 역동성 광고

물방울이 떨어지는 속도를 계산해 러닝하고 있는 사람 형태를 만들고, 음료수를 거꾸로 일렬로 세운 채 방울을 떨어뜨린다. 이를 통해 만들어진 사람은 달리고 점프하고 복싱을 하는 광고이다. 이는 게토레이의 신제품 음료 G Active의 프로모션을 위해 제작되었는데, 모션 캡처 기술을 이용해 사람의 움직임을 나타내고, 3D Liquid 기술로 실제 물방울을 설정한 구멍 위치에 정확하게 떨어지도록 유도했다. 이는 운동 중에 잃은 것을 대체해주고, 움직이는 데 도움이 되는 물과 전해질을 공급할 수 있다는 메시지를 담고 있다.

마테크

마테크는 IT 발달로 인해서 마케터들에게 요구되는 디지털 마케팅 기술이기도 하며, 마케터들은 예전과 같은 방식으로 고객을 찾아가는 것이 아니라 빅데이터 분석을 바탕으로 다양한 프로그램과 플랫폼을 활용하여 마케팅 효과를 극대화시키고 있다.

키워드 사전: 일상생활 키워드, 제품군 키워드, 브랜드/모델 키워드 + 유형별 데이터: 검색량, 버즈량, 후기 수 × 가중치: 월 평균 검색 증감율, 채널 가중치, 절대 언급량, 언급 증가율, 평균 언급량 — Digital Power Index = DPI

[그림 3-7] 시장 예측을 위한 DPI 산출 과정

데이터 마케팅의 시장예측 사례

다가오는 계절에 가장 많이 팔릴 가전제품이 무엇인지 예측하고 싶은 경우에 가전별로 각각의 검색량 기반의 DPI를 분석해 본다. 분석 결과 DPI의 상승률이 전년 대비 가장 높은 가전은 의류 관리기로 나타났다.

전년 대비 94.2% 증가 / 전년 대비 94.1% 증가 / 전년 대비 94.4% / 예측 / 2016 / 2017 / 2018 / 2019

[그림 3-8] 의류 관리기에 대한 DPI 검색 결과

결과를 바탕으로 새로운 계절에 가장 히트할 가전인 의류 관리기를 확보하고, 이와 관련된 광고 콘텐츠 제작에 집중한다.

72 PART 01 소비자와 소비자 행동의 이해   CHAPTER 03 데이터 마케팅의 이해 79

키워드
내용의 중심 단어 제시

빅데이터 활용 사례
소비자 행동의 빅데이터 분석으로 성공한 기업의 마케팅 사례를 소개한다.

연·습·문·제

※ 다음 빈칸에 해당하는 용어를 넣으시오.

1. (　　　)이란 데이터를 활용하여 마케팅의 기획, 이행, 성과 측정까지 전 분야를 아우르는 마케팅 기법을 말한다.

2. 최근에는 마케팅에 기술을 접목시킨 (　　　)가 있는데, 이는 마케팅(Marking)과 테크놀로지(Technology)의 합성어로 기술적인 마케팅을 가능하게 하는 응용 프로그램 및 플랫폼, 혹은 이러한 툴을 활용한 방법이다.

3. (　　　)는 해당 웹사이트에 맞게 고유한 방식으로 기획 및 제작된 광고를 의미한다. 기존 광고와는 달리 웹사이트 이용자가 경험하는 콘텐츠 일부로 작동하여 기존 광고보다 사용자의 관심을 적극적으로 끄는 형식을 사용하며 브랜디드 애드라고도 한다.

4. 온라인상의 영향력을 나타내는 척도가 (　　　)인데, 이는 유튜브와 페이스북에 있는 채널들의 팔로워 수, 조회 수, 검색량 등을 기준으로 최근에 더 주목받고 있는 콘텐츠 플랫폼에 좀 더 가중치를 부여한 결과이다.

5. (　　　　)는 모든 종류의 정보 소스, 예를 들면 회원가입 정보, 사이트 방문 이력, 키워드 검색 이력 등에서 잠재 고객 및 캠페인 데이터를 저장하는 소프트웨어이다.

※ 다음 내용에 대해서 설명하시오.

6. 데이터 마케팅에서 소비자의 구매 행동 과정을 설명하시오.

7. 네이티브 애드에서 가장 중요한 성공 요소에 대해서 설명하시오.

8. 데이터 마케팅으로 활용 가능한 영역을 설명하시오.

연습문제 단답식
학습한 내용을 문제를 통해서 요약해 본다.

연습문제 주관식
학습한 내용을 문제를 통해서 정리해 본다.

※ 다음 주제에 대해서 토론하시오.

9. 아마존과 넷플릭스의 추천 시스템을 비교하고 토론하시오.

10. 데이터 마케팅에서 추가될 수 있는 소비자 분석 부분을 토론하시오.

연습문제 토론식
마케팅 주제에 대한 토론을 통해 실제 마케팅 활동을 경험해 본다.

84 PART 01 소비자와 소비자 행동의 이해

CHAPTER 03 데이터 마케팅의 이해 85

연습문제 정답

연·습·문·제 정답

CHAPTER 1 연습문제 답

1. 소비자(Consumer) 2. 소비자 행동(Consumer Behavior) 3. 고객(Customer) 4. 미충족 고객(Undershot Customer), 과충족 고객(Overshot Customer), 비사용자(Nonconsumer) 5. 자극과 반응 모델 6. 거시적, 미시적 7. 소비자의 역할이란 소비자가 자신이 속한 특정 그룹에서 어떠한 기능을 하고 있는지를 의미한다. 우선 생산되는 제품 취득에 관여하는 소비자의 역할은 구매자로서의 소비자이고, 구매에 대한 지출을 하는 소비자는 지불자로서의 소비자이며, 제품이나 서비스를 이용하고 편익을 취하는 실제 사용자는 사용자로서의 소비자이다. 8. 논리 경험주의는 인간의 이성이 모든 것을 지배하고, 과학에 의해 발견될 수 있는 단일의 객관적 진리가 존재한다고 주장한다. 여기서 관심 대상의 기능적 측면을 강조하고, 제품의 가치는 삶의 질서를 창출하는 데 도움을 주는 도구가 될 때 발생한다고 본다. 소비자 행동을 분석함에 있어 주로 설문지나 실험과 같은 정량적 조사 기법을 활용한다. 반면에 해석주의는 상징적이고 주관적인 경험을 강조한다. 여기서 개개인은 자신의 독특한 경험 및 다른 사회 구성원들과의 공유된 문화적 경험을 토대로 자신만의 의미를 구성하고, 제품의 가치는 소비 과정에서 다양한 경험을 제공해 주는지 여부에 의해 결정된다.

CHAPTER 2 연습문제 답

1. 마케팅 2. 마케팅 전략 3. 시장세분화(Market Segmentation) 4. 표적시장(Targeting) 5. 포지셔닝(Positioning) 6. 원가 우위, 차별화, 집중화 7. 인구통계학적, 지리적, 심리적, 행동적 8. 집중적 마케팅 전략(Concentrated Marketing Strategy), 차별적 마케팅 전략(Differentiated Marketing Strategy), 비차별적 마케팅 전략(Undifferentiated Marketing Strategy) 9. 재포지셔닝(Repositioning) 10. 용량(Controlling Data Volume), 속도(Velocity), 다양성(Variety) 11. 바이럴(Viral) 12. 기계 학습(Machine Learning) 13. 첫째, 마케팅이 생산이라는 개념은 상품의 수요가 공급을 초과하는 경우에 공급이 곧 수요인 시대의 마케팅 콘셉트이다. 대량생산을 기초로 한 포드의 모델 T가 대표적이다. 둘째, 마케팅은 품질이라는 개념은 소비자는 최고의 품질과 성능을 선호한다는 가정하에서 생산자가 생각하는 품질은 고객이 생각하는 바와 다르다고 가정한다. 셋째, 마케팅이 판매라는 개념은 기업이 적극적인 판매 및 촉진 노력을 해야 한다는 주장이며, 그대로 둘 경우 소비자는 상품을 구매하지 않는다고 가정한다. 즉, 팔릴 수 있는 것을 만드는 것이 아니라 만들어진 것을 판매하는 것이라는 의미이다. 넷째, 마케팅 콘셉트는 시장과 고객 중심적인 정의이다. 여기서 시장 중심적 개념은 기업이 전체 시장의 모든 고객을 만족시키는 것이 불가능하며, 시장세분화, 표적시장 선정 및 포지셔닝이 필요하다는 주장이다. 반면에 고객 중심적 개념은 상품이 아니라 고객을 사랑하여야 하고 고객의 취향에 따라서 상품을 맞추어야 한다는 주장이다. 이는 고객만족을 넘어 고객을 기쁘게 하는 것으로 만족한 고

464 소비자 행동론

4차 산업혁명 꿀팁
4차 산업혁명을 이해하는 간단명료 꿀팁!

쉬면서 생각하는 4차 산업혁명 꿀팁!

Step 1

4차 산업혁명이란 용어는 2016년 제46회 다보스 포럼에서 "제4차 산업혁명 마스터하기"라는 주제로 논의를 하면서 주목받기 시작했다. 하지만 4차 산업혁명은 이미 2010년 독일에서 추진한 제조업과 정보통신의 융합을 위한 "Industry 4.0"에서부터 시작되었다. 4차 산업혁명을 실현시키는 대표적인 기술이 ICBM(IoT, Cloud, Big data, Mobile)이다.

차·례

CHAPTER 7 대안의 선택과 평가

CHAPTER 8 구매 행동과 조직 구매

CHAPTER 9 구매 후 행동

PART III 심리에 기초한 소비자 정보처리

CHAPTER 10 동기, 개성과 자아

CHAPTER 11 지각을 통한 정보처리

CHAPTER 12 학습과 기억

CHAPTER 13 태도와 태도 변화

PART IV 소비자 행동에 영향을 주는 환경

CHAPTER 14 집단과 사회계층

CHAPTER 15 라이프스타일과 가족

소비자 행동론 학습 맵

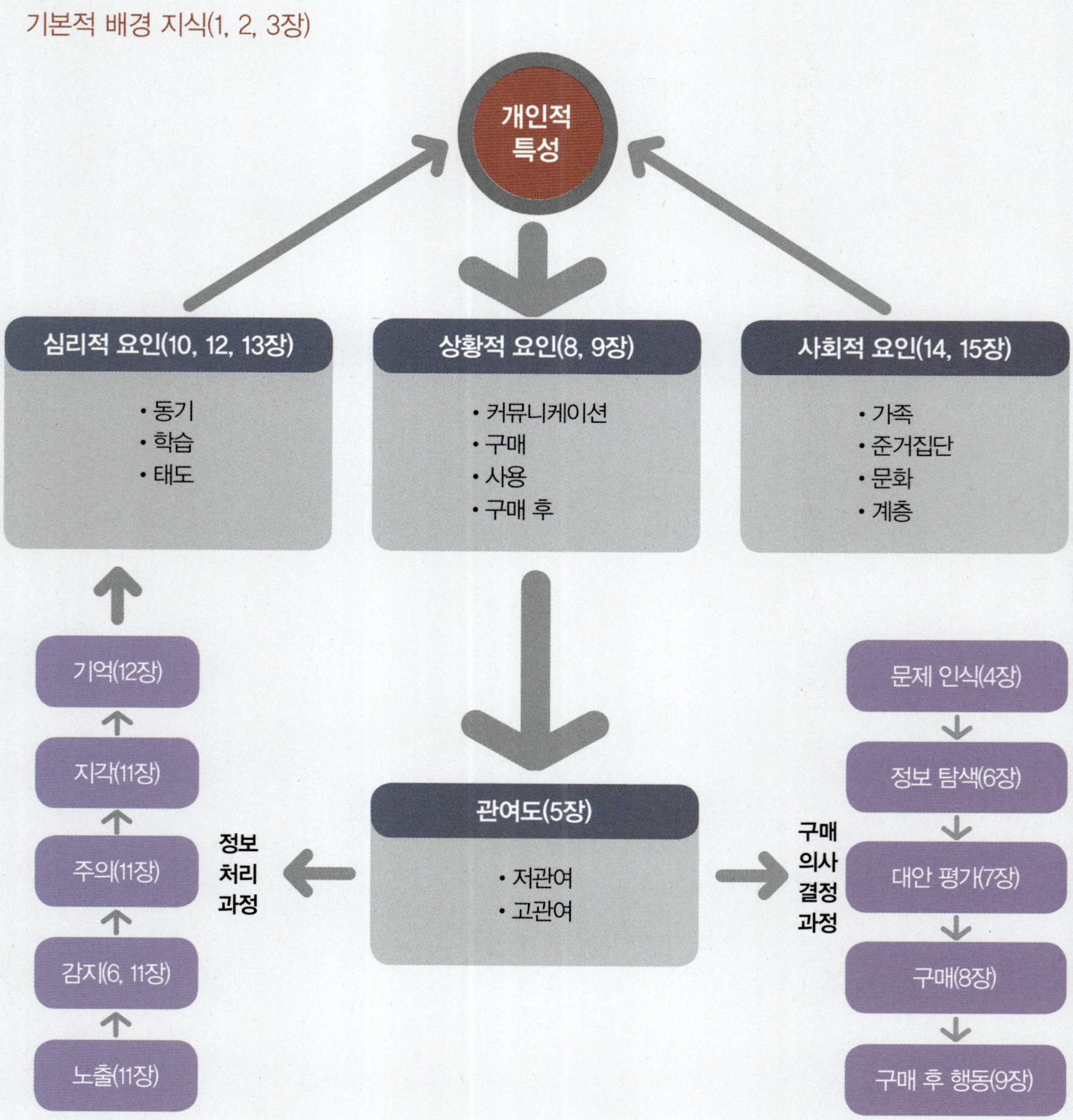

기본적 배경 지식(1, 2, 3장)
개인적 특성
심리적 요인(10, 12, 13장)
• 동기
• 학습
• 태도
상황적 요인(8, 9장)
• 커뮤니케이션
• 구매
• 사용
• 구매 후
사회적 요인(14, 15장)
• 가족
• 준거집단
• 문화
• 계층
관여도(5장)
• 저관여
• 고관여
정보 처리 과정
노출(11장)
감지(6, 11장)
주의(11장)
지각(11장)
기억(12장)
구매 의사 결정 과정
문제 인식(4장)
정보 탐색(6장)
대안 평가(7장)
구매(8장)
구매 후 행동(9장)

소비자 행동론

PART I 소비자와 소비자 행동의 이해

Photograph Boundless.com

1 CHAPTER

소비자 행동의 개요

학습 목표

- 소비자 행동의 전반적인 이론을 이해한다.
- 소비자의 특성, 유형, 역할, 상황 등이 소비자 행동에 미치는 영향을 학습한다.
- 소비자 행동 연구의 필요성과 소비자 행동 분석의 방법 및 절차를 이해한다.

Photograph HEC Paris

1.1 소비자 행동이란?

1.1.1 소비자 행동의 정의

싸움에서 이기는 장수는 싸움을 시작하기 전에 이기는 조건을 만들고, 싸움에서 지는 장수는 싸움을 어떻게 이길지 알지도 못하면서 싸움을 시작한다.

– 손무, 《손자병법》

소비자(Consumer)는 "기업이 제공하는 상품과 서비스를 생활을 위하여 구입하거나 사용하는 사람이다." 이 정의에서 소비자는 생산된 상품과 서비스의 최종적 사용자로서의 역할에 초점을 둔 개인을 말한다. 소비자는 보통 특정한 상품과 서비스를 선호하는데, 소비자의 수입은 특별한 상품과 서비스에 대한 요구를 결정하는 중요한 요인이다.

호이어(W. D. Hoyer)와 맥클니스(D. J. Maclnnis)는 소비자 행동을 정보 수집자, 영향력 행사자, 구매자, 사용자 등으로 불리는 소비자가 제품의 소비, 서비스 활동, 아이디어의 취득과 관련된 의사 결정을 하는 총체적인 활동이라고 정의한다. 또한 쉬프만(L. G. Schiffman)과 캐넉(L. L. Kanuk)은 소비자 행동을 소비자가 그들의 욕구 충족에 맞는 제품과 서비스를 탐색 · 구매 · 사용 · 평가 및 처분하는 데 나타내는 행동이라고 정의하고, 엥겔(J. F. Engel)과 블랙웰(R. D. Blackwell)은 소비자가 경제적인 재화와 서비스를 획득하기 위해 나타내는 개인의 행동과 그 행동을 결정하는 여러 의사 결정으로 정의한다.

종합하면, 소비자 행동(Consumer Behavior)은 개인 및 조직이 제품이나 서비스 구매와 관련한 일련의 모든 행동과 심리적 의사 결정 과정을 하는 것이라 할 수 있다. 다시 말해, 소비자 행동은 개인이나 조직이 제품이나 서비스 등의 자원을 획득하고 사용하며, 이를 통해서 얻은 경험에서 보이는 행동 및 사회적 관계를 말한다.

과거 제조업 중심의 사회에서 고객의 입지는 중요하지 않았다. 시장에 상품이 많지 않았고, 상품들은 시장에 공급되는 즉시 소비자에게 팔려나갔다. '공급이 수요를 창출한다.'는 세이의 법칙(Say's Law)이 지배하는 시장 상황에서 상품을 만들어 내기만 하면 시장 수요가 그것을 모두 충족시키고도 남을 만큼 충분했다. 그러나 제2차 세계대전 이후 제조 기술이 급속도로 발전하면서 시장에는 초과 공급이 발생하였

세이의 법칙(Say's Law)

고, 더 이상 시장 수요가 시장 공급을 따라갈 수 없을 정도로 시장 공급이 폭발적으로 증가하였다. 이러한 시장 구조의 흐름에 따라 '수요가 공급을 창출한다.'는 개념이 정립되기 시작하였고, 기업들은 소비자가 원하는 제품을 만들어 시장에 내놓아야 했다.

이제 소비자는 단순히 재화를 사들이는 구매자가 아니라, 재화의 생산에 지대한 영향을 미치는 고객이 되었다. 모든 기업들은 시장에서 승리하기 위해 소비자의 요구(Needs)를 파악하는 데 모든 노력을 쏟아부었다. 시장은 고객의 니즈에 기반한 상품들로 변화되어 채워지기 시작하였다. 이렇게 시장이 변화하면서 마케팅 활동은 경영 전략에 있어 핵심적인 과제로 떠올랐다. 마케팅 활동은 기본적으로 소비자와 어떠한 기관(기업, 정부, 단체) 사이의 거래 과정에서 중간 다리를 놓아 주고, 소비자로 하여금 자사의 상품을 구매하도록 유도하는 역할을 하는 것이다. 이러한 마케팅 활동 과정에서는 소비자가 원하는 것을 발견하고 만족시켜 줄 수 있는 역량이 필요하다.

과거에는 기업 중심의 공급주의 마케팅이 활발하였다. 기업이 공급하면 소비자는 구매한다는 방식의 거래 행위가 주로 발생하였다. 하지만 기업들이 경쟁 체제에 들어서고 제품의 차별화가 진행되면서, 더 이상 판매자는 이전의 지배적 지위를 소비자에게 적용할 수 없게 되었고 소비자를 유인해야 하는 처지가 되었다. 구매자 중심의 마케팅 전략이 등장하게 된 것이다. 따라서 소비자의 구매 행동에 대한 예측은 기업이 직면한 필수 과제가 되었다.

소비자의 필요(Wants)와 욕구(Needs)를 충족시켜 주기 위해서는 소비자가 어떠한 패턴으로 소비하는지, 특정한 소비 시기나 항목이 있는지, 상품에 대한 선호도가 어떠한 순서로 나열되어 있는지 등을 파악하여야 한다. 특히, 고객에 대한 마케팅에서 고객의 정보를 활용하여 고객 행동을 이해하고 고객이 원하는 혜택을 제공함으로써 고객과의 장기적인 관계를 구축하는 고객관계관리(CRM; Customer Relationship Management)가 요구되었다.

고객관계관리(CRM)

기업이 만든 제품이 고객에게 외면받지 않으려면, 지속적인 혁신이 필요하다. 고객에 대한 더 상세한 분류가 없이는 소비 행위로 이어지는 연결 고리를 파악하기 어렵다. 따라서 판매자의 입장에서 소비자의 행동을 예측하고 연구하는 것은 현대 마케팅 프로세스에서 핵심적인 역할이 되었다.

소비자 행동 연구는 모든 소비 활동과 그와 연관되는 기업의 서비스 활동을 포괄하는 과정에 대한 연구이다. 이를 위해서 소비자의 소비 활동과 의사 결정 과정을 분석하는 것이 중요하다. 이는 소비자의 거래 행동을 분석하는 중요한 원천이 된다. 소비자 행동 연구는 다음과 같은 항목에 기반하여 소비 행위를 분석하고 평가하며 예측하는 것이다.

첫째, '무엇(What)을 구매할 것인가?'로서 어떠한 제품이나 브랜드 또는 서비스를 의미한다.

둘째, '왜(Why) 구매하는가?'로서 구매를 결정한 이유에 대한 평가이다.

셋째, '언제(When) 구매하는가?'로서 특정한 날짜나 시간을 의미한다.

넷째, '어디서(Where) 구매하는가?'로서 구매 장소에 대하여 평가한다.

다섯째, '얼마나 자주(How often) 구매하는가?'로서 구매 패턴과 주기를 의미한다.

여섯째, '얼마나 자주(How often) 사용하는가?'로서 제품 사용 주기를 평가한다.

연구 결과를 바탕으로 판매자는 판매 전략을 수정하거나 구상하는데, 주로 제품 개발, 가격 전략, 광고 프로모션 전략을 시도한다.

소비자 행동은 현대 마케팅의 개념을 실현하기 위한 가장 핵심적인 학문 분야로서 소비자가 어떻게 재화와 서비스를 얻고 사용하며, 구매 의사 결정을 하는지 연구한다. 또한 그러한 전 과정에 영향을 미치는 요인이 무엇인지를 규명한다. 따라서 소비자에 대한 올바른 이해와 소비자의 구매 의사 결정 과정 및 그 영향 요인들에 대한 이해가 선행되어야 한다. 이와 더불어서 소비자의 행동 패턴과 의사 결정을 종합하여 소비자의 미래 소비를 예측할 수 있는 빅데이터 분석의 이해와 그에 따른 마케팅 전략 수립이 필요하다.

빅데이터 분석

1.1.2 소비자 행동의 특성과 구성 요소

소비자는 다음과 같은 행동 특성이 있다.

첫째, 소비자는 자주적인 사고를 한다. 이는 소비자가 스스로 다양한 자주적 사고와 행동 반응을 나타낸다는 것을 의미한다.

둘째, 소비자의 동기와 행동은 조사를 통해 이해할 수 있다. 즉, 소비자의 행동 과정은 다양한 내 · 외적 요인에 영향을 받기 때문에 조사를 통하여 소비자의 동기와 행동을 이해할 수 있다.

셋째, 소비자는 목표 지향적이다. 소비자는 자신이 바라는 욕구나 필요를 충족시켜 줄 수 있다고 판단되는 행동을 한다.

넷째, 소비자가 취할 제품과 서비스의 혜택은 특정 기업으로부터 방해받지 않도록 보장받아야 한다.

다섯째, 소비자는 마케팅 활동에 영향을 받는다. 이는 소비자의 욕구를 파악하여 그에 맞는 제품과 서비스를 제공한다면 소비자의 동기와 행동에 영향을 미칠 수 있음을 의미한다.

소비자 행동에 영향을 미치는 구성 요소를 살펴보면 다음과 같다.

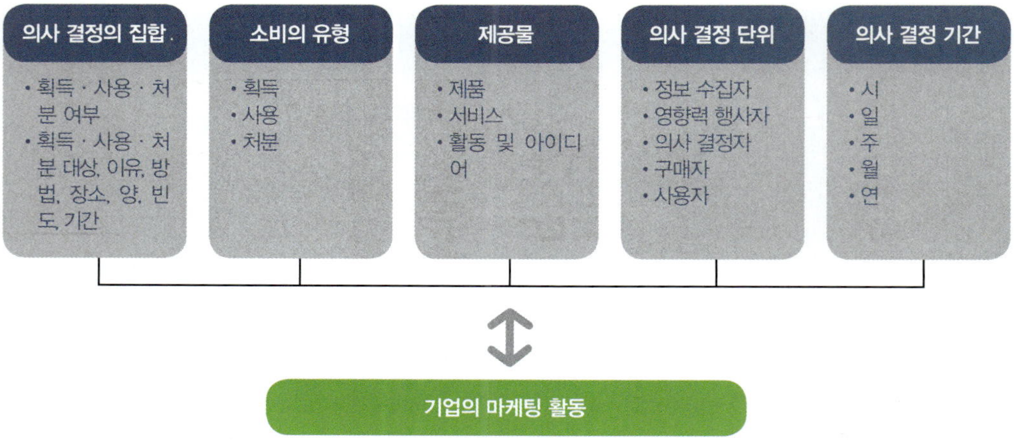

[그림 1-1] 소비자 행동의 핵심 구성 요소

소비자 행동의 구성 요소는 의사 결정자인 소비자가 어떤 시점에서 제공물 소비와 관련하여 내리는 의사 결정의 집합체이다. 소비자 행동의 구성 요소는 소비의 유형, 제공물, 의사 결정 단위 및 기간, 의사 결정들의 집합을 기준으로 분류할 수 있다.

첫째, 소비의 유형은 소비자가 제품이나 서비스를 획득 · 사용 · 처분하는 등의 행동으로 일정한 기간에 걸쳐 순차적으로 발생하는 동적 요소이다.

둘째, 제공물은 소비자에게 제공되는 제품, 서비스, 활동 및 아이디어 등을 말한다.

셋째, 의사 결정 단위 및 기간은 정보 수집자, 영향력 행사자, 의사 결정자, 구매자, 사용자 등 소비자의 다양한 역할과 이에 소요되는 시간을 말한다.

넷째, 소비자는 제공물의 획득 · 사용 · 처분과 그러한 행동을 하는 원인과 관련된 다양한 형태의 의사 결정을 한다.

기업의 마케팅 활동에서 이러한 소비자 행동의 구성 요소를 파악하는 일은 매우 중요하다.

1.2 소비자의 이해

1.2.1 고객과 소비자

고객(Customer)은 직접 마케팅을 하는 대상으로 연속적인 재구매 의사가 강한 손님을 의미하며, 구체적인 특정 상품 · 기업 · 점포에 반응한다. 이들은 가치 창출의 대상이며, 이를 위하여 기업은 고객관계관리를 구축한다. 그리고 이들을 일반 고객, 단골 고객, 옹호자, 파트너 등으로 분류하여 지원(Support), 서비스(Service), 만족(Satisfaction) 등의 전략을 제공한다.

소비자(Consumer)는 경제적이고 학문적인 개념으로 생산자(Producer)와 반대된다. 이들은 생산된 부가가치를 소비하는 일반 대중이고, 비연속적인 재구매의 특성을 가지는 까다로운 사람이다. 기업은 이들을 위한 전략으로 시장세분화(Segmentation), 타깃 설정(Targeting), 포지셔닝(Positioning)의 STP를 실행한다. STP 전략에는 행위(Behavior), 조사(Research), 불평(Complaint) 분석 등의 전략이 필요하다.

STP(Segmentation, Targeting, Positioning)

소비자는 제품과 서비스를 어떤 목적을 이루거나 도구로서 사용하기 위해 구매한다. 또한 소비자는 제품이나 서비스를 정서적 혹은 심미적 반응의 경험으로서 소비한다. 이러한 소비자의 소비는 자신을 드러내거나 사회적인 위치를 나타내기 위해서이며, 소비자는 구매하는 브랜드를 통하여 자신의 정체성을 표현하거나 어떤 계층에 귀속되거나 분류되기도 한다.

1.2.2 역할에 따른 소비자

셰스(J. N. Sheth)는 소비자를 역할에 따라 구매자(Buyer), 지불자(Payer), 사용자(User)로 구분한다.

소비자의 역할은 소비자가 자신이 속한 특정 그룹에서 어떠한 기능을 하고 있는

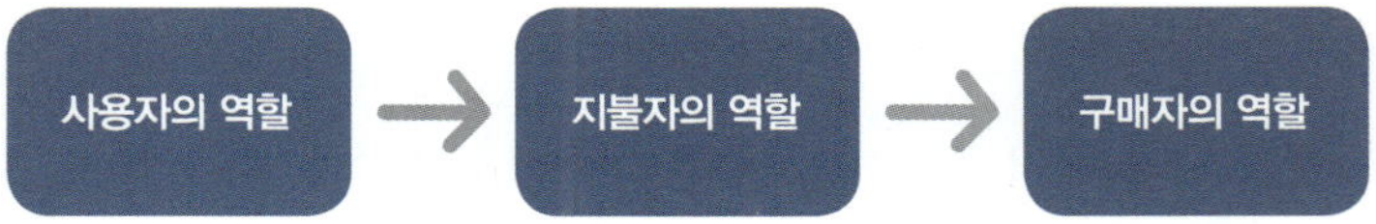

[그림 1-2] 소비자 역할에 따른 분류

지를 말한다. 소비자의 역할에 따라 생산되는 제품 취득에 관여하는 구매자로서의 소비자, 구매에 대한 지출을 하는 지불자로서의 소비자, 제품이나 서비스를 이용하고 편익을 취하는 사용자로서의 소비자로 나눈다. 이를 다시 세분화하면 7가지로 구분할 수 있다.

첫째, 영향력 행사자(Initiator)는 의사 결정 과정을 시작하는 스타트업 소비자의 역할을 한다.

둘째, 정보 제공자(Information Gatherer)는 의사 결정에 관련된 정보를 수집하는 역할을 한다.

셋째, 전달자(Gate Keeper)는 제품과 관련된 정보를 의사 결정자에게 전달하는 역할을 한다.

넷째, 의사 결정자(Decider)는 최종 결정을 내리는 소비자의 역할을 한다.

다섯째, 구매자(Buyer)는 최종 구매 행위를 하는 소비자의 역할을 한다. 이들의 역할은 기술의 발전, 특히 인터넷의 대중화로 그 형태가 다양해졌다. 구매 프로세

구매 프로세스

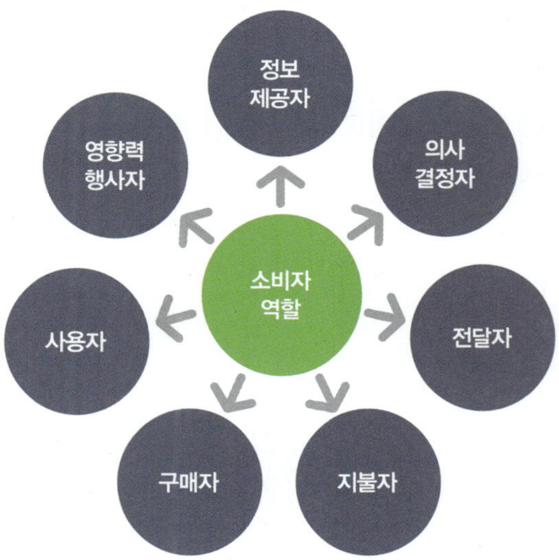

[그림 1-3] 소비자 역할에 따른 분류

스를 변화시키거나 공급사슬에서 불필요한 부분을 없애고, 일반적인 구매 프로세스에서 무엇을 어떻게 살 것인가와 관련되어 구매자의 역할을 개선한다.

여섯째, 지불자(Payer)는 구매 대금을 지불하는 소비자의 역할을 한다. 이들은 전통적인 제품 기반 경제에서 커다란 관심을 받아 왔고, 실제로 많은 서비스들이 지불자를 중심으로 제공되었다. 기존 경제체제에서는 무엇에 대해 지불하느냐보다는 어떻게 지불하느냐에 초점이 맞추어져 있다.

일곱째, 사용자(User)는 제품을 실제로 사용하는 소비자의 역할을 한다. 즉, 실제로 특정 서비스나 제품을 사용하여 가치창출을 하는 역할이다. 사용자는 서비스나 제품을 사용하는 과정에서 가치를 창출하는데, 서비스나 제품에 대한 지식 · 기술 · 시간의 부족 등의 많은 문제를 경험한다. 이로 인하여 제품이나 서비스를 통해 얻고자 하는 가치가 제한받을 수도 있다.

1.2.3 소비자의 유형

소비자는 크게 개인 소비자와 조직 소비자로 분류한다. 개인 소비자는 자신이나 친구를 위해 제품이나 서비스를 구매하는 소비자이고, 조직 소비자는 기업, 정부, 단체의 이익을 위하여 제품이나 서비스를 구매하는 소비자이다. 기업에서 제공하는 제품이나 서비스에 대해 소비자가 어떻게 생각하는가에 따라 3가지 범주로 구분한다.

첫째, 미충족 고객(Undershot Customer)은 기업에서 제공하는 제품의 성능과 서비스가 부족하다고 느끼는 고객이다.

미충족 고객(Undershot Customer)

둘째, 과충족 고객(Overshot Customer)은 기업에서 제공하는 제품의 성능과 서비스가 과다하다고 생각하는 고객이다.

과충족 고객(Overshot Customer)

셋째, 비사용자(Nonconsumer)는 현재 기업의 목표 고객에 해당하지 않는 고객이다.

비사용자(Nonconsumer)

이러한 분류는 고객의 행동을 기준으로, 고객이 제공되는 제품에 대한 문제점을 해석하는 방법에 기반한다. 이들에 대한 대응 방안은 다음과 같다.

(1) 미충족 고객

제품의 내용이 부족하다고 생각하는 미충족 고객에게는 이들이 무엇이 부족하다고 생각하는지 찾아내는 것이 핵심이다. 이들은 기존 제품의 성능이나 서비스 개선에 얼마든지 가치를 지불하고자 하는 의지를 가진 고객이고, 제품이 항상 완벽하기를 바라는 니즈를 가지고 있는 집단이다. 미충족 고객은 제품에 대한 충성도가 매우 높아서 기업들은 이들의 니즈를 조사하여 제품에 반영하고자 노력한다. 하지만 이들은 항상 일정 정도의 불만족을 가지고 개선 사항을 요구한다. 따라서 이들의 요구를 충족시킬 수 있는 제품이나 서비스가 가장 우선적으로 제공되어야 한다.

(2) 과충족 고객

주어진 기능을 제대로 활용하지 못하는 과충족 고객에게는 제품의 기능 중에서 어떠한 점이 이들에게 불필요하게 작용하는지를 찾아내는 것이 중요하다. 이들은 자신이 필요한 기능보다 과다한 기능이 탑재되어 있다고 생각하며, 적정 정도의 상품이나 자신이 요구하는 최소의 수준만 갖춘 제품을 원한다. 이러한 과충족 고객은 최신 기술이나 첨단 방식보다는 어느 정도 일반화되고 기초적 기능을 갖춘 저렴한 제품을 선호한다. 이로 인해서 제조사에 대한 일방적 충성보다는 타사의 저렴한 제품이 출시되었을 때 바로 갈아타는 유동적인 계층이다. 따라서 제품이나 서비스가 개선되었다 하더라도 이에 크게 중점을 두고 반응하지 않으며, 프리미엄 가격을 지불할 생각이 없는 고객이다. 이들은 개선된 성능이나 서비스보다는 할인 가격이나 제휴 제품을 더 중요하게 여기기 때문에 이를 고려하여 대응한다.

프리미엄 가격

(3) 비사용자

제품을 사용하고 있지 않은 비사용자들에게는 제품에 접근할 수 있도록 유도해야 한다. 이들은 제품의 성능이 복잡하다고 생각하여 제대로 이용할 수 없거나 불편하게 느끼는 고객이다. 또한 제품을 사용하지 않고 있는 집단으로, 어느 특정 기업에 충성하지 않는 백지 상태의 고객이다. 이러한 고객에게는 일단 저가 전략으로 구매의 진입장벽을 최소한으로 낮추는 것이 중요하다. 또한 과충족 고객과 동일하게 핵심적인 주요 기능만 탑재하여 최대한 간편하고 저렴한 가격으로 설득해야 한다.

진입장벽

〈표 1-1〉 문제 해결에 따른 고객의 분류

고객의 유형	문제점	대응 방안
미충족 고객	성능과 서비스의 부족	지속적인 개선
과충족 고객	성능과 서비스의 과잉	다른 편익 제공: 가격 할인, 제휴, 포인트 적립 등
비사용자	사용하지 않음	새로운 접근 방법 소개

(4) 제품, 사람, 상황에 따른 소비자 행동

소비자의 행동은 소비자 개인적 특성, 제품적 특성, 상황적 특성에 따라서 다르게 나타난다.

개인적 특성은 소비자 개인의 개성, 자아, 라이프스타일, 추구하는 가치 등으로 행동에 영향을 미친다. 개인적 특성은 개인의 동기 · 학습 · 태도와 같은 심리적 요인과 가족 · 준거집단 · 문화 · 사회계층과 같은 사회적 요인을 포함한다. 제품적 특성은 제품이 가지고 있는 고유한 특성으로 소비자가 제품을 구매하는 행동에 영향을 준다. 상황적 특성은 제품 구매 상황에서 일어나는 다양한 커뮤니케이션, 구매 행동, 구매 후 행동 등이다.

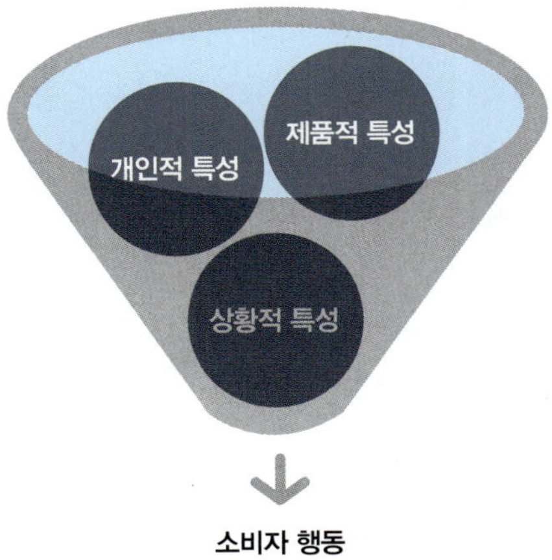

[그림 1-4] 제품 · 사람 · 상황에 따른 소비자 행동

1.3 소비자 행동 연구

1.3.1 소비자 행동 연구의 필요성

산업혁명은 기업의 활동에 지대한 변화를 가져왔다. 재화와 서비스 시장은 판매자 중심의 시장에서 구매자 중심의 시장으로 변화하였다. 그 과정에서 더 이상 기업은 소비자를 지배하는 것이 아니라 소비자를 고객으로서 대하여야 하는 상황에 직면하였다. 상품을 구입하는 소비자의 기호에 맞는, 즉 소비자가 어떻게 상품을 인지

하고 평가할 것인가에 대해 초점을 맞추어 전략을 구사하는 마케팅 중심 시장으로의 변화가 일어난 것이다. 따라서 현대사회에서의 기업의 경쟁은 소비자 행동 연구를 통한 마케팅 경쟁이라고 할 수 있다. 더 정교한 마케팅을 하는 기업이 소비자 유인에서 우위를 확보할 수 있는 것이다.

제품수명주기(Product Life Cycle)

산업혁명 후 시장에 수많은 제품이 공급되면서 제품의 구매부터 폐기까지의 기간인 제품수명주기(Product Life Cycle)가 급진적으로 단축되었다. 하나의 제품으로 10년, 20년을 사용하던 근대와는 달리 1~2년 사용하고 제품을 버리거나 재판매하는 방식의 순환이 일어났다. 이에 대한 당연한 결과로 제품에 대한 수요가 기존과는 비교할 수 없을 정도로 폭증하였다. 또한 제품의 다양화로 소비자는 여러 개의 제품을 비교하고 구매하는 패턴을 가지게 되었고 소비자 욕구도 다양해졌다. 이에 기업은 같은 제품에 자사만의 특정한 패턴이나 기능을 추가하여 제품의 차별화를 시도하였다. 이러한 제품 차별화의 기반에는 정교한 소비자 행동 연구가 있었다.

제품 차별화

소비자 행동에 대한 연구는 기업의 마케팅 과정에서 꼭 필요한 절차이며 실제 경영전략 분야에서 매우 중요하게 다루어진다. 기업에서 소비자 행동 연구가 필수인 이유는 다음과 같다.

첫째, 소비자가 어떻게 행동하고 최종 소비 활동을 하는지에 대한 구조적이고 이론적인 설명을 제시해 준다.

둘째, 구매 행위와 관련된 소비를 예측하는 데 커다란 도움을 준다.

셋째, 소비자의 미래 소비를 구상하여 경영전략을 펼칠 수 있게 해 준다.

넷째, 인지를 기반으로 이루어지고, 연구 결과는 마케터들에게 경영전략을 구상할 수 있게 한다.

소비자 행동 연구의 필요성을 좀 더 구체적으로 살펴보자.

첫째, 일상생활과 밀접한 관련이 있다. 예를 들면, 매일 우유, 김밥, 샴푸 등의 제품을 구매하고 소비한다. 소비자는 항상 기업의 제품 및 서비스에 관한 촉진 활동에 노출되어 있고, 제품이나 서비스의 구매를 위해 주위 친구나 가족과 대화를 나눈다.

둘째, 소비자와 마케팅 관리자 모두에게 이익을 준다. 우선, 소비자 측면에서 소비자 행동 연구는 누구를 위해 무엇을 얼마나 생산하고, 경제적 자원의 배분을 어떻게 하며, 생활의 전반적인 질과 수준의 향상을 높이는 등의 연구를 하기 때문이다. 마케팅 관리자 측면에서는 다른 기업이나 조직의 목표를 보다 효과적이고 효율적으로 달성하도록 도와준다. 이는 마케팅 전략의 수립과 달성에 영향을 미치고, 이를 통해 시장경쟁에서 우위를 차지할 수 있다. 시장경쟁

하지만 이러한 연구는 직접 관찰이나 통제가 불가능하고, 시간의 경과에 따라 변화가 다르게 나타나는 문제가 있다. 특히, 특정 대상에 대한 개인의 행동 반응이 서로 상이하게 나타나는 행동의 주관성, 내적(심리적, 감정적, 생리적) 요인과 외적(경제적, 사회문화적, 자연적) 요인 등과 같은 다양한 영향 변수가 개입한다. 이러한 영향 변수들은 상호 영향을 주면서 각각의 효과를 확대하고 축소하며 재조정하는 문제점이 있기 때문에 이들 변수들의 파악도 중요하지만 상호작용에 대한 연구도 중요하다.

1.3.2 소비자 행동 모델

소비자 행동 모델은 소비자의 행동에 영향을 미치는 변수들의 상호 관계와 소비자의 의사 결정 과정 등을 이해하기 쉽게 단순화시켜서 도표화한 것이다. 이 모델은

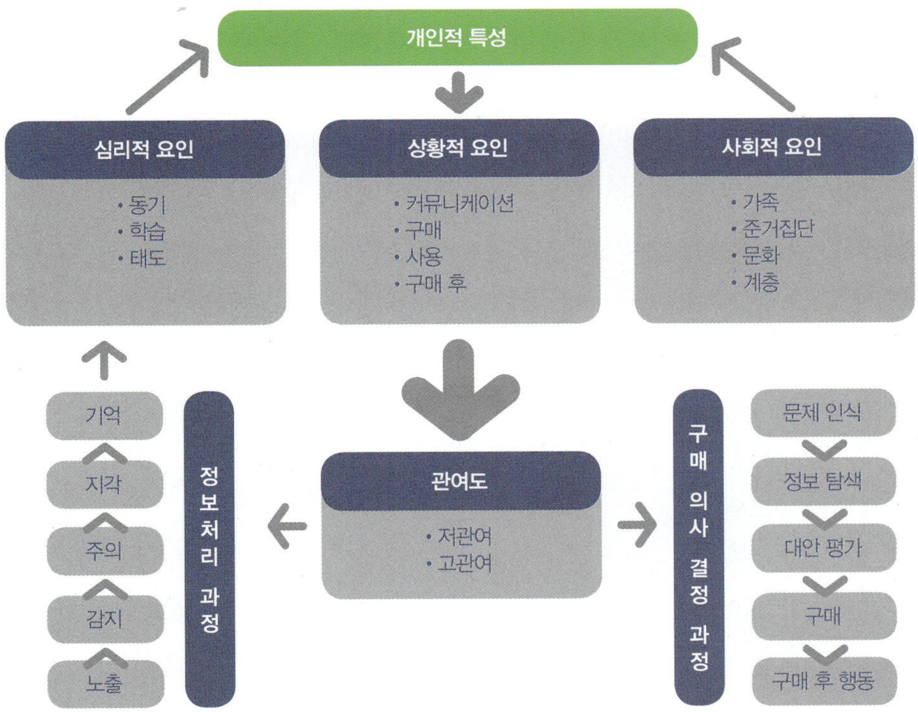

[그림 1-5] 소비자 행동 모델 개념도

여러 변수들의 단순한 나열이 아니라 변수들 간의 관계를 나타내고, 소비자 행동이 어떻게 이루어지고 어떻게 영향을 주고받는지를 나타내고 있다.

소비자 행동 모델 개념도는 태도와 행동 변화에 영향을 미치는 요소들로 분류할 수 있다. 소비자는 자신만의 정보처리 과정을 통해서 제공된 제품이나 서비스에 대한 구매 의사 결정을 한다. 이 과정에서 소비자가 제품이나 서비스에 대한 관심의 정도인 관여도가 중요하고 소비자 개인적 특성에 영향을 받는다. 소비자 행동 모델은 소비자 행동을 흐름으로 표시하고, 개인을 모델의 중심 요소로 생각한다. 그리고 소비자를 문제의 근본 결정자로 간주하고, 환경 요소는 제약이나 영향 요인 등으로 파악한다. 또한 소비자의 태도 변화(Attitude Change)를 행동 변화(Behavior Change)의 선행 요인으로 간주한다.

관여도

(1) 전통적 모델

초기의 소비자 행동 연구는 경제학적 접근과 프로이트의 심리 분석적 접근을 근간으로 하여 이루어졌다. 전통적 모델에서 소비자는 제품에 대한 완전한 정보를 수집하고, 이에 기초하여 합리적인 의사 결정을 한다. 즉, 소비자는 적정한 만족 수준을 제공하는 대안을 선택하고, 주어진 조건하에서 최대의 효용을 얻을 수 있는 제품과 구매량을 결정한다. 이 모델과 관련해서는 프로이트 심리 분석 이론, 귀인 이론, 인지 부조화 이론, 사이코그래픽스, 효용 극대화 이론, 특성 이론 등이 있다. 연구 모델로는 자극-반응 모델(Stimulus-Response Model), 블랙박스 모델(Blackbox Model), 경제학적 모델, 정신분석 모델(Psychoanalytic Model) 등이 있다.

① 자극-반응 모델(S-R 모델)

인간의 행동을 자극(Stimulus)과 반응(Response)의 관계로 설명한다. 러시아의 파블로프가 동물 실험(개)을 통해 주장하였고, 인간의 반사적이고 무의식적인 행동은 어느 정도 설명이 가능하지만 복잡한 인간 행동 전체를 설명하기에는 부족한 모델이다.

② 블랙박스 모델

인간은 여러 변수들을 종합하여 반응하는데, 인간의 머리는 블랙박스와 같아서 알 수 없다는 모델이다. 이 모델은 자극(제품, 광고)이 직접적으로 반응(구매, 호의적 태도)에 영향을 미치지 않고, 매개변수(블랙박스)의 영향에 의해 수정된다는 모델이다.

[그림 1-6] 블랙박스 모델

③ **경제학적 모델**

고전경제학자인 마샬(Alfred Marshall) 등이 제안하였고, 효용 극대화와 합리적인 소비자를 지향한다. 여기서 합리적인 소비자란 소비자는 합리적이어서 항상 지출한 비용에 대해 편익이 가장 높은 제품을 구매한다는 주장이다. 이 모델은 완전한 정보를 토대로 한 합리적인 의사 결정으로, 주어진 소득 수준과 제품 가격하에서 최대의 효용을 얻도록 제품의 종류와 구매량을 결정한다는 모델이다. 하지만 합리적 행동에 대한 정의의 어려움이 있고, 현실적으로 효용을 극대화시키는 최적 대안 대신에 적정한 만족의 대안을 선택하는 경우도 있다. 예를 들면, 가격이 싼 승용차 대신 자신의 이미지를 강화시켜 주는 승용차를 구매하는 경우인데, 이때의 소비자가 비합리적인가의 여부를 판단하는 경우이다.

④ **정신분석 모델**

이 모델은 특정의 제품이나 상표의 구매가 소비자에게 주는 심리적 의미에 초점을 맞추고, 심층이나 표적집단 면접법을 통해 구매에 영향을 미친 심리적 요인을 규명하는 방법으로 주로 활용한다. 하지만 이 모델은 소수의 소비자 집단과 면접에 의존하여 일반화된 조사 결과를 얻기 힘들며, 조사 결과에 대한 분석자의 주관적 판단이 들어간다는 비판을 받는다.

이 외에도 심리학과 사회학의 연구를 토대로 한 다양한 접근의 소비자 행동 연구인 다원적 접근법이 있다. 이 방법은 소비자의 개성과 구매 행동 간의 상관관계를 연구하고 있지만, 개성 변수가 소비자의 구매 행동을 충분히 설명하지 못하고, 동료 집단(준거집단)이 개인의 제품 구매에 미치는 영향이나 가족의 구매 의사 결정 또는 조직의 구매 행동 등을 설명하지 못하는 문제점이 있다. 준거집단

(2) 현대적 모델

전통적 모델의 단점들을 보완하여 정보처리 과정에 근거를 둔 모델로, 하워드-셰스(Howard-Sheth) 모델, 니코시아(Nicosia) 모델, 엥겔-콜라트-블랙웰(Engel-Kollat-Blackwell) 모델, 베트맨(Bettman) 정보처리 모델 등이 있다. 현대적 모델에서 소비자는 논리적이며 체계적인 의사 결정자이고, 의사 결정 과정에 많은 인지적 노력이 투입된다고 가정한다. 전통적 모델에서 소비자의 복잡하고 광범위한 행동을 행동 과학적 방법으로 설명하는 한계를 인식하고 새롭게 개발한 소비자 행동 모델이다.

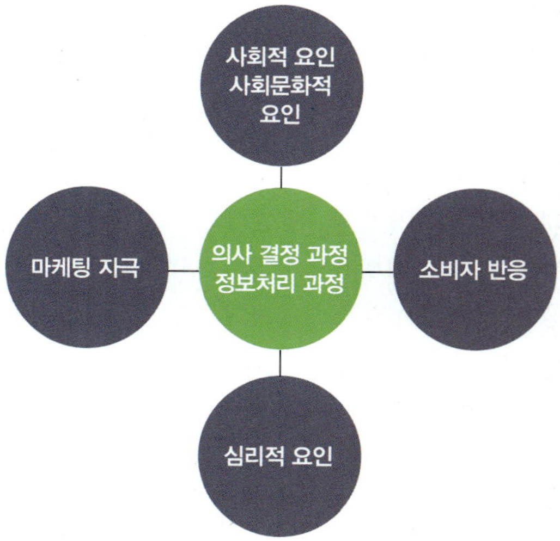

[그림 1-7] 의사 결정 과정에 영향을 주는 요소

① 하워드-셰스 모델

이 모델의 핵심은 개개의 소비자이고, 이들의 내면적 상태는 하나의 시스템으로 취급된다. 이 모델에서는 의사 결정 과정의 핵심을 소비자의 동기와 결부시키고, 선택 기준은 두 가지 관점에서 관찰한다. 그 하나는 제품 측면에서 제품이 소비자에 의해 요구되는 속성을 가지고 있다고 믿는 것이고, 다른 하나는 소비자 측면에서 소비자가 상품으로부터 요구하는 필요조건을 제품 속성이 얼마나 가지고 있느냐는 것이다. 이러한 두 가지의 중요한 관점은 제품 분류와 지각의 과정에서 광범위하게 다루어진다.

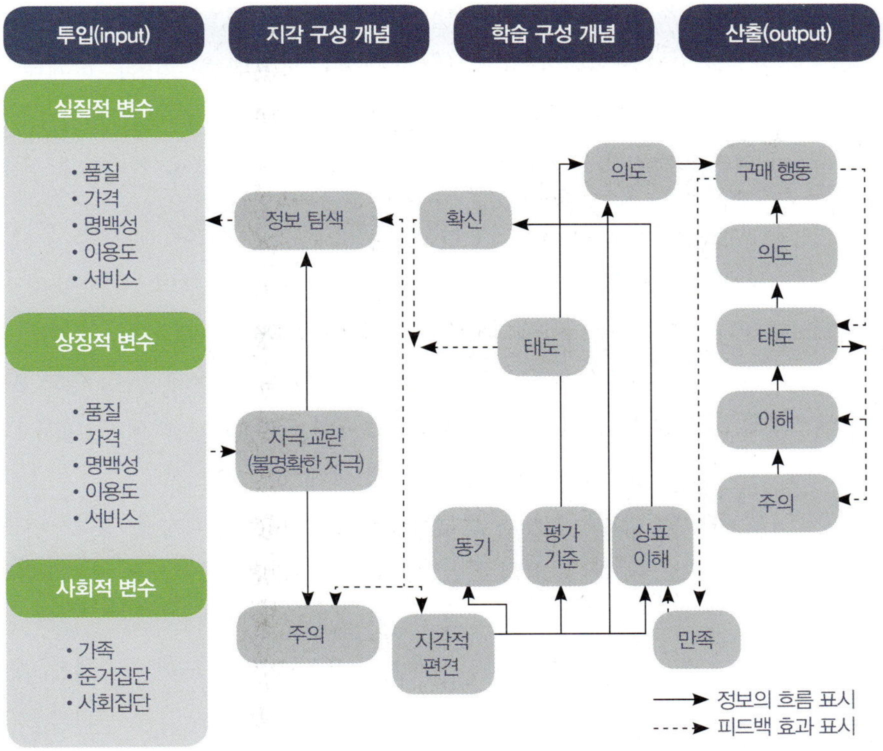

[그림 1-8] 하워드-셰스 모델

인간의 행동은 욕구와 추진력에 의해 시작되고, 구매 빈도나 구매량이 아닌 시간의 경과에 따라 소비자가 상품을 선택하는 행위라고 설명한다. 투입 변수에는 마케팅과 사회 환경의 자극으로 제품과 브랜드 정보의 형태로 마케터로부터 제공되는 품질, 가격, 명백성, 입수 가능성 및 실질적 자극, 상징적 자극 등이 있다. 그리고 가족, 준거집단, 사회 계급 및 문화 등 소비자의 사회 환경으로부터 주어지는 사회적 자극이 있다. 하워드-셰스 모델의 특징 중의 하나는 산출 변수이다. 구매를 단순한 산출로 인식하지 않고 주의, 이해, 태도, 의도 및 구매 행동으로 연결되는 5가지 산출 변수를 포함한 점이다. 산출 변수는 투입 변수와 소비자의 내적 상태 사이의 상호작용의 결과로 나타나는 반응이다.

이 모델은 특정 현상의 중요성을 충분히 설명하지 못하고, 구매 선택을 결정할 때 사회 계급은 언제 영향력이 강해지는가를 제시하기 어렵다. 반면에 다른 모델에 비해 소비자 행동을 예측하고 통제하는 데 중요한 속성을 실증할 수 있다.

② **니코시아 모델**

이 모델은 기업과 잠재적 소비자 간의 상호 관계에 초점을 둔다. 기업은 마케팅 메시지를 통해 소비자와 의사소통을 하고, 소비자는 구매 반응으로 기업과 의사소통을 한다. 이 모델은 기업과 소비자 간의 상호작용과 순환적 과정을 설명하고, 의사결정 과정을 4개의 영역으로 분류한다.

목표시장

영역 1은 기업의 메시지에 기초한 소비자의 태도이다. 하위 영역 1은 소비자 태도에 영향을 미치는 기업의 마케팅 환경과 의사 전달 노력으로 제품 특성, 경쟁 환경, 대상 매체의 성격, 메시지 추구, 목표시장의 특성을 나타낸다. 하위 영역 2는 기업 메시지에 대한 개인의 수용을 중재하는 소비자의 선입견을 나타낸다. 영역 1의 산출은 메시지에 대한 소비자의 제품에 대한 태도이다.

기업의 브랜드

영역 2는 탐색과 평가로, 소비자는 정보의 탐색과 그에 따른 대안을 생각하며 해당 기업의 브랜드 평가를 한다. 영역 2의 산출은 해당 기업의 브랜드를 구입하려는 동기이다.

영역 3은 구매 행동으로, 소비자의 동기에 따라 해당 기업의 브랜드를 실제 구입하는 단계이다.

영역 4는 구매 경험으로 나온 피드백이다. 여기에는 판매 자료 형태의 기업에 대한 피드백과 경험으로서의 소비자에 대한 피드백이 있다. 제품에 대한 소비자의 경험은 개인의 태도 및 기업의 미래의 메시지에 영향을 미친다.

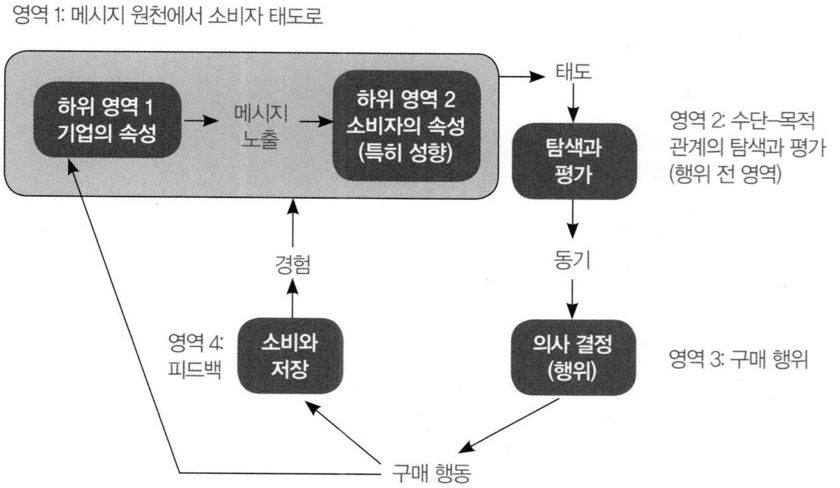

[그림 1–9] 니코시아 모델

니코시아 모델의 주요 특징을 살펴보자.

첫째, 소비자는 소비가 목적이고, 최적의 만족을 주는 방향으로 의사 결정 과정을 거쳐 구매 행동을 하는 존재로 정의한다.

둘째, '깔때기' 개념으로, 처음 개괄적인 범주에서 시작한 상품이 탐색과 평가 과정을 거치면서 특별한 브랜드에 이르기까지 선택하는 소비자 성향에 중점을 둔다.

셋째, 소비자 행동으로부터의 피드백으로, 이 피드백은 마케팅 활동에 영향을 주고 시장에서의 반응에 따라 조절된다. 피드백은 소비자 성향에도 영향을 주는데, 구매 활동 경험을 통해 강화되거나 수정된다.

이 모델의 한계점은 소비자가 제품에 대해 사전 지식이 없다는 것이고, 태도나 동기 및 경험이 실제 반드시 모델이 제시하는 연속 관계로 발생하지 않는다는 점이다.

③ 엥겔-콜라트-블랙웰 모델

1968년 개발된 이후 여러 차례 수정이 된 학습 과정에 기초를 둔 모델이다. 이 모델은 의사 결정 과정을 명확히 하고, 소비자가 지향하는 바에 따라 제품이 탐색 · 평가되며, 사전 경험으로 미래의 구매가 영향받는 일련의 과정을 설명한다.

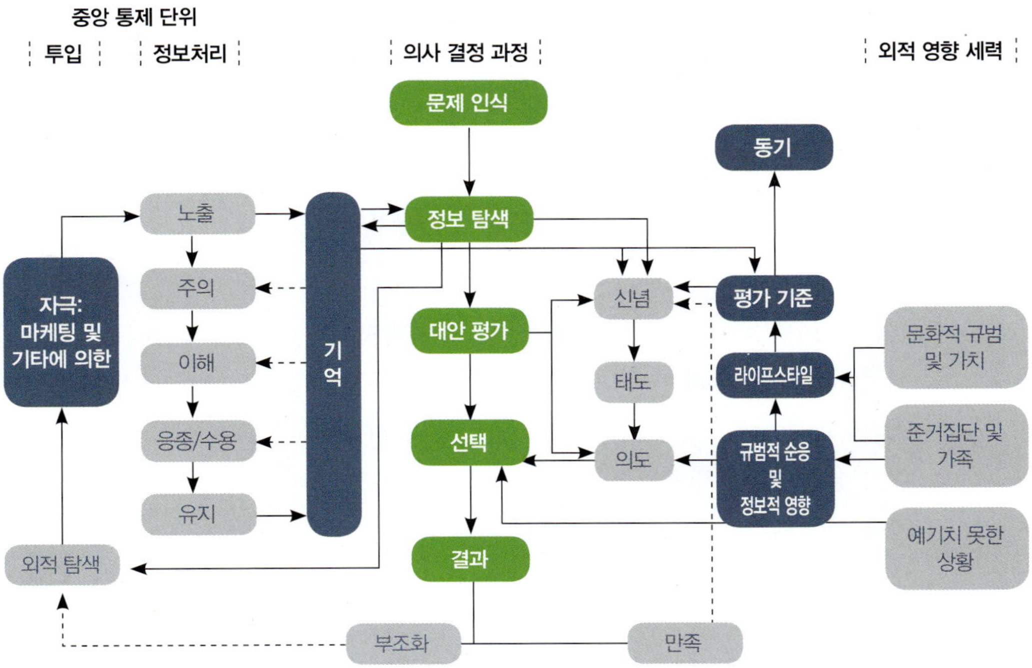

[그림 1-10] 엥겔-콜라트-블랙웰 모델

이 모델을 그림 1-10과 함께 구체적으로 살펴보자.

첫째, 중앙 통제 단위(Central Control Unit)는 외부 자극에 대해 반응하고, 의사 결정 과정을 진행시키는 기능을 가지고 있다. 여기서는 유입되어 여과된 정보에 대해 반응을 하며 소비자의 경험, 태도, 개성에 의해 조정된다.

둘째, 정보처리(Information Processing)는 외부 자극이 여과 과정을 통해서 중앙 통제 단위의 일부가 되는 과정이다. 여기에서는 외적 자극에 대한 노출(Exposure), 외적 자극을 인지하는 주의(Attention), 자극의 이해(Comprehension), 미래 사용을 위해 저장되는 보유(Retention)의 4단계를 거치게 된다.

셋째, 의사 결정 과정(Decision Process)에서 소비자는 자극에 대한 반응으로 어떤 행동을 취할 것인가를 결정하는 5단계를 거친다. 5단계의 의사 결정 과정을 거치는 상태를 흔히 고관여(High Involvement)하의 의사 결정이라 한다. 고관여하의 의사 결정은 문제 인식, 정보 탐색, 대안 평가, 선택, 결과라는 단계를 거친다. 일단 정보가 받아들여지면 소비자는 대안을 생각하고 구매 의사 결정에 이르는 대안 평가 과정을 거치게 된다.

고관여(High Involvement)

넷째, 외적 영향 세력에는 소득, 문화, 가족, 사회 계급, 그리고 예기치 못한 상황이 포함되는데, 이들 요인들은 의사 결정의 각 단계에 개입하며 투입되는 자극을 효과적으로 검토한다.

이 모델은 특정 변수가 언제 다른 변수에 영향을 미치는지와 그 영향력이 어떻게 발생하고 영향력의 강도는 얼마인지를 설명하지 못하며, 본질적으로 개별 소비자의 구매 상황에만 적용된다는 한계를 가지고 있다.

(3) 최근 패러다임

1980년 이후 소비자 행동 연구는 소비자의 쾌락적 · 경험적 관점의 연구가 주를 이루었다. 이 연구에서 소비자는 정서적 동기에서 구매 행동을 하며, 소비 과정에서 즐거움과 환상을 경험하고자 한다. 즉, 제품은 사랑, 긍지, 지위 등을 표현하는 주관적 상징물로서 자아 연출의 도구가 된다. 예를 들어, 소비자는 '샤넬 No.5'를 아름다운 향 때문이 아니라 자아 이미지의 강화를 위해 구매한다.

강화

최근 소비자 행동 연구의 패러다임은 논리 경험주의와 해석주의의 바탕 위에서 이루어지고 있다. 논리 경험주의는 인간의 이성이 모든 것을 지배하고, 과학에 의해 발견될 수 있는 단일의 객관적 진리가 존재한다고 주장한다. 또한 관심 대상의 기능적 측면을 강조하고, 제품의 가치는 삶의 질서를 창출하는 데 도움이 되는 도구일 때 발생한다고 본다. 소비자 행동 분석은 주로 설문지나 실험과 같은 정량적 조사 기법을 활용한다. 반면에 해석주의는 상징적이고 주관적인 경험을 강조한다. 여기서 개개인은 자신의 독특한 경험 및 다른 사회 구성원과의 공유된 문화적 경험을 토대로 자신만의 의미를 구성하고, 제품의 가치는 소비 과정에서 다양한 경험을 제공하는지의 여부에 의해 결정된다.

해석주의 접근 방식의 하나인 자연주의 연구는 소비 경험에 대한 조사자의 직접 관찰이나 심층 면접을 통해 소비자 행동을 연구한다. 이 연구는 특정 현상이 존재하는 현장에서 직접 의미를 찾고자 하고, 특정 상황 속에서 일어나는 현상을 계속 추적해 나가므로 조사 자체가 미결정된 상태에서 진행된다. 현장에서 감지될 수 있는 암묵적인 지식, 즉 동작, 상징물, 분위기, 감정적 표현 등이 최대한 활용되며, 관찰 또는 심층 면접과 같은 정성적인 방법이 주로 사용된다. 또한 표본의 대표성보다는 표본의 분산성을 추구하고, 귀납적 분석 방법을 사용하며, 조사가 진행되면서 조사 설계가 더욱 정교해지고 구체적이 된다.

표본의 분산성

1.3.3 소비자 행동 분석과 연구 절차

소비자 행동을 분석하고 연구하는 과정은 소비자 집단의 특징에 달려 있다. 예를 들면, 한 번에 과소비를 하는 소비자도 있고, 계획적인 소비를 하는 소비자도 있다. 따라서 소비자 행동 분석은 정답이 정해져 있는 것이 아니라 대상을 기준으로 매번 변화하는 특성을 가진다. 기본적으로 거시적 분석법과 미시적 분석법을 사용한다.

(1) 소비자 행동 분석법

① 거시적 분석법

거시적 수준의 소비자 행동 분석은 주목하고자 하는 소비자 집단을 특정짓지 않고 무작위 방식으로 추출한다. 이를 위하여 많은 개별 상점과 광고, 프로모션 전략에 대한 정보를 전부 수집하고, 군집 단위로 분석한다. 이 분석법은 소비자의 소비 동향이나 유행 등과 같은 트렌드를 파악할 수 있지만 특정 소비자 집단에 대한 분석은 불가능하다.

② 미시적 분석법

미시적 수준의 소비자 행동 분석은 소비자 개인의 특정한 소비 성질에 주목한다.

특정한 이슈나 제품에 대해서 개별 소비자의 소비 패턴을 분석하므로 훨씬 정교한 분석이 가능하고 실제 활용 가능성이 높다. 하지만 소비자 행동 분석을 위한 자료 수집 기간이 길며 비용도 많이 발생한다.

(2) 소비자 행동 연구 절차

마케터들은 자신들의 마케팅 전략으로 소비자의 구매 행동을 유인하려 한다. 마케팅 전략 수립은 소비자 행동 연구를 통해 이루어지는데, 그 연구에는 일정한 절차가 있다. 이를 도식화하면 다음과 같다.

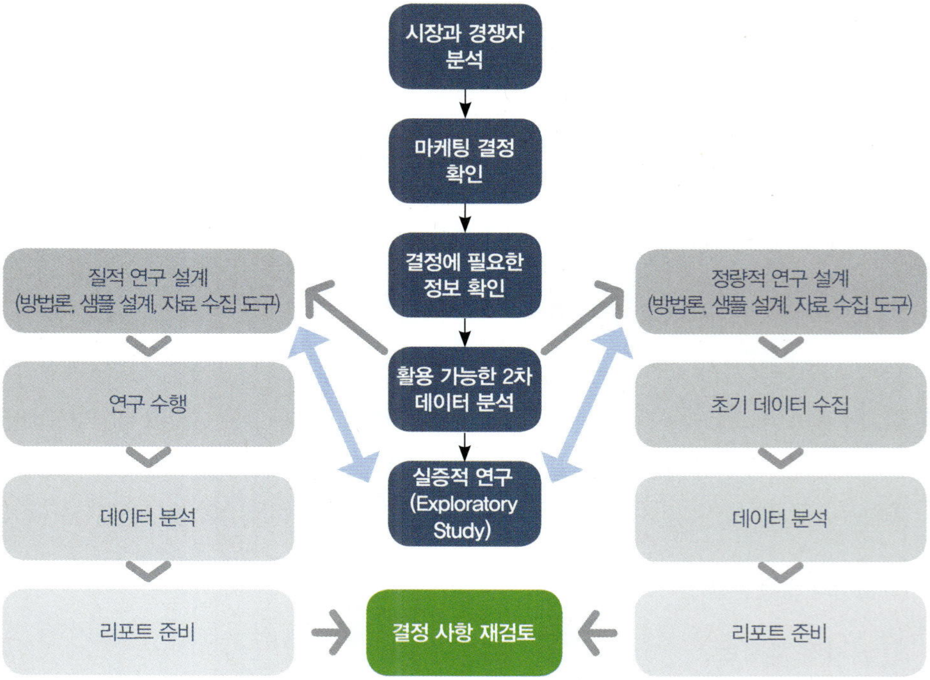

[그림 1-11] 소비자 행동 연구 절차

소비자 행동 연구는 우선 선행적인 마케팅 연구에 기초하여 경쟁적인 환경을 가정하고 시작한다. 그리고 시장에서 마케팅 활동을 위한 마케터가 직면한 전략 옵션을 정의하고, 결정한 뒤에는 식별할 수 있는 정보를 수집한다. 다음으로는 1차적인 연구 방식을 구상하고,수집된 데이터를 분석한 후에 최종 결과 보고를 준비한다.

연·습·문·제

※ 다음 빈칸에 해당하는 용어를 넣으시오.

1. (　　　)(은)는 "기업이 제공하는 상품과 서비스를 생활을 위하여 구입하거나 사용하는 사람이다."라고 정의한다.

2. (　　　　　)(은)는 개인 및 조직이 제품이나 서비스 구매와 관련한 일련의 모든 행동 및 심리적 의사 결정을 하는 행위를 말한다.

3. (　　)(은)는 마케팅적이고 실용적인 개념으로 연속적인 재구매 의사가 강한 손님을 의미하며, 구체적인 특정 상품, 기업, 점포에 반응하는 대상이다. 이들은 고객 가치 창출의 대상이다.

4. 소비자를 서비스나 제품에 대해 어떻게 생각하는가에 따라 (　　　　　　　　　), (　　　　　), (　　　　)(로)으로 구분한다.

5. (　　　　　　　)은(는) 인간의 행동을 자극과 반응의 관계로 설명한다.

6. 소비자 행동 분석은 (　　　) 분석법과 (　　　) 분석법을 사용한다.

※ 다음 내용에 대하여 설명하시오.

7. 소비자를 역할에 따라 분류하여 설명하시오.

8. 최근 소비자 행동 연구의 패러다임은 논리 경험주의와 해석주의의 바탕 위에서 연구되고 있다. 이들에 대해서 설명하시오.

※ 다음 주제에 대하여 토론하시오.

9. 제품의 구입에서, 둘 이상의 역할에 따른 소비자가 개입되는 상황을 설정하여 토론하시오.

10. 고객 관리에서 1 : 1 고객 대응이 반드시 필요한 이유를 사례를 들어서 토론하시오.

쉬면서 생각하는 4차 산업혁명 꿀팁!

Step 1

4차 산업혁명이란 용어는 2016년 제46회 다보스 포럼에서 "제4차 산업혁명 마스터하기"라는 주제로 논의를 하면서 주목받기 시작했다. 하지만 4차 산업혁명은 이미 2010년 독일에서 추진한 제조업과 정보통신의 융합을 위한 "Industry 4.0"에서부터 시작되었다. 4차 산업혁명을 실현시키는 대표적인 기술이 ICBM(IoT, Cloud, Big data, Mobile)이다.

2

CHAPTER

소비자 행동의 이해를 위한 기초

학습 목표

- 소비자 행동과 관련된 마케팅 전략을 이해한다.
- 기업들의 독점적 경쟁과 차별화 전략을 살펴본다.
- 소비자 행동 분석을 위하여 사용되는 빅데이터의 분석 과정과 활용 방법을 학습한다.

Photograph study.com

2.1 마케팅의 기초

2.1.1 마케팅의 개요

모든 진보는 현재의 생각에 도전함으로써 시작되고 기존의 제도를 밀어냄으로써 실행된다.

– 조지 버나드 쇼
(George Bernard Shaw)

(1) 마케팅의 정의

마켓(Market) + 팅[ing(動)]의 글자에서 보듯이, 마케팅은 시장 활동에서의 고객의 욕구(Needs), 필요(Wants)를 찾아 충족시킬 수 있는 제품을 기획하고 판매하는 것이다. 즉, 마케팅은 고객이나 사회 전반에 걸쳐 가치를 가지는 제품이나 서비스를 창조하고 커뮤니케이션하는 행위로, 개인이나 조직의 목표를 충족시켜 주기 위해 시장 활동을 관리하는 과정이라 할 수 있다.

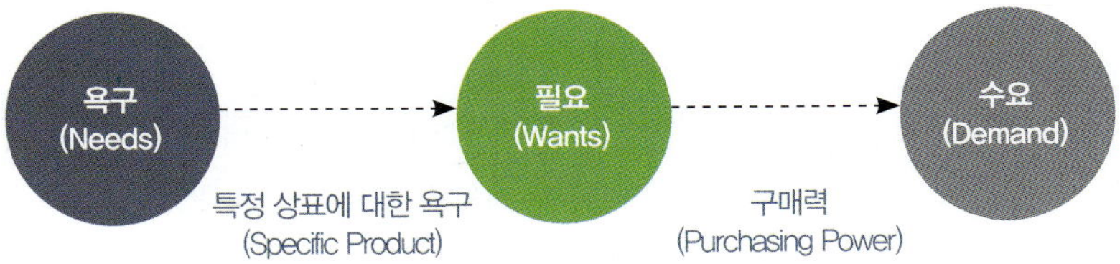

[그림 2-1] 소비자의 수요 창출 과정

욕구(Needs)는 어떤 기본적인 만족이 결핍됨을 느끼는 상태로서 생리적 욕구, 안전 욕구, 소속 욕구, 존경 욕구 등으로 나타난다. 필요(Wants)는 기본적인 욕구를 충족시킬 수 있는 구체적인 것에 대한 바람이다. 수요(Demand)는 상품을 구입할 능력과 의지, 즉 구매력이 뒷받침되는 특정 상품에 대한 욕구이다. 마케터는 수요의 원천인 소비자의 니즈를 만드는 것이 아니라, 이미 존재하고 있는 니즈를 찾아 소비자가 이를 인식하도록 유도하는 역할을 해야 한다.

마케팅의 긍정적 견해는 소비자가 원하는 제품과 서비스를 제공하고, 부정적 평가를 받은 제품을 재구매하지 않도록 하는 것이다. 이에 대해 마케팅의 비판적 견해는 소비자에게 필요하지 않거나 건강에 유익하지 않은 제품에 대한 구매 욕구를 창출하는 것이다.

(2) 마케팅 개념의 변천

마케팅의 개념은 생산 개념, 품질 개념, 판매 개념, 마케팅 개념, 사회 지향적 개념의 다섯 단계로 변천 과정을 보이고 있다.

[그림 2-2] 마케팅 개념의 변천

첫 번째 단계는 마케팅이 생산이라는 개념이다. 이 개념은 상품의 수요가 공급을 초과하는 경우에 공급이 곧 수요인 시대의 마케팅 콘셉트이다. 대량생산을 기초로 한 포드의 모델 T가 대표적이다.

포드의 모델 T

두 번째 단계는 마케팅이 품질이라는 개념이다. 이 개념은 소비자는 최고의 품질과 성능을 선호한다는 가정하에서 생산자가 생각하는 품질은 고객이 생각하는 바와 다르다고 가정한다.

세 번째 단계는 마케팅이 판매라는 개념이다. 이 개념은 기업이 적극적인 판매 및 촉진 노력을 해야 한다는 주장이며, 그대로 둘 경우 소비자는 상품을 구매하지 않는다고 가정한다. 즉, 팔릴 수 있는 것을 만드는 것이 아니라 만들어진 것을 판매하는 것이라는 의미이다.

네 번째 단계는 마케팅 개념으로 시장과 고객 중심적인 정의이다. 이 개념에서 시장 중심적 개념은 기업이 전체 시장의 모든 고객을 만족시키는 것이 불가능하며, 시장세분화, 표적시장 선정 및 포지셔닝이 필요하다는 주장이다. 반면에 고객 중심적 개념은 상품이 아니라 고객을 사랑하여야 하고 고객의 취향에 따라서 상품을 맞추어야 한다는 주장이다. 이는 고객 만족을 넘어 고객을 기쁘게 하는 것으로 만족한 고객보다 불만족한 고객이 더 중요하다는 것이다.

마지막 단계인 사회 지향적 마케팅 개념은 환경오염, 자원 고갈, 인구 증가와 같은 산업화의 폐해가 늘어나면서 사회 전체의 장기적인 복지를 고려한 경영 활동의 필요성에 따라 대두된 개념으로서 그린(Green) 마케팅이 대표적이다.

그린(Green) 마케팅

2.1.2 마케팅 전략의 개요

(1) 마케팅 전략의 정의

마케팅 전략은 하나의 제품 시장을 세분화하여 표적시장을 선정하고, 각 시장에서 경쟁 우위를 달성할 수 있는 제품의 위치를 확보하여, 통제 가능한 마케팅 계획을 수립하는 것이다. 마케팅 전략 수립은 분석적 요소 파악을 위하여 3C(Customer, Company, Competitor) 분석을 사용하고, 개념적 요소 분석을 위하여 STP(Segmentation, Targeting, Positioning) 전략을 연결시키며, 실천적 요소로 4P(Price, Product, Place, Promotion) 전략을 활용한다. 이들의 관계는 다음과 같다.

3C
STP
4P

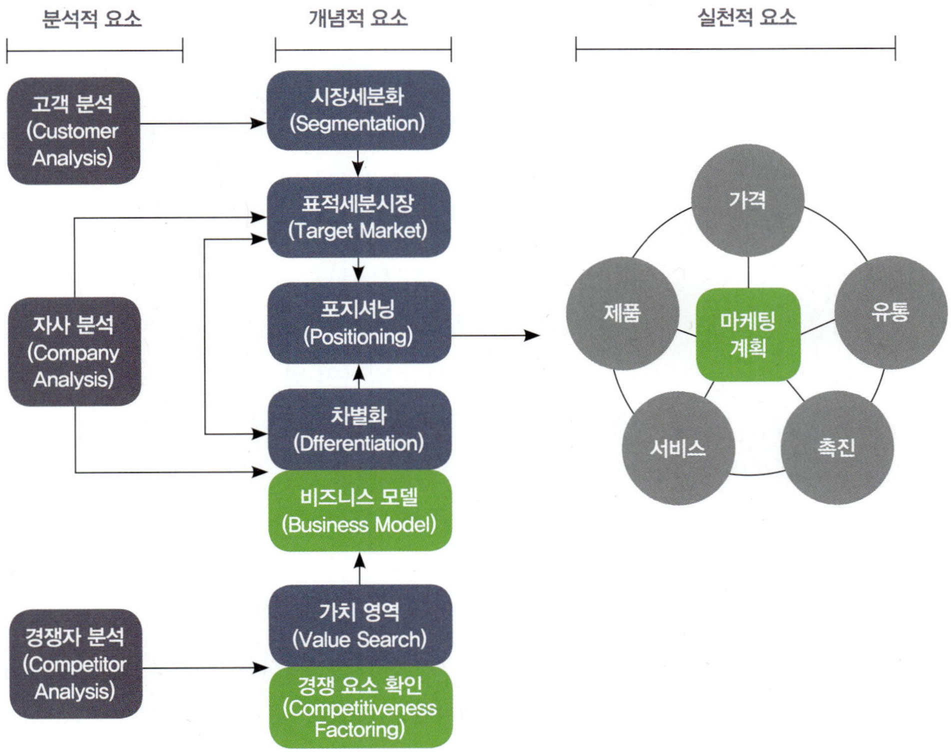

[그림 2-3] 마케팅 전략의 체계

마케팅 전략은 시장세분화, 제품 포지셔닝, 4P를 활용한 마케팅믹스 계획의 수립과 실행으로 구성되며, 각 단계별로 관련 소비자 정보가 수집되어야 한다.

마케팅믹스

첫째, 시장세분화와 표적시장 선정을 위한 소비자 정보는 표적세분시장의 인구통계적 특성, 사이코그래픽 특성, 행동적 특성 변수 등을 활용한다.

둘째, 제품 포지셔닝을 위한 소비자 정보는 자사 상표들에 대한 소비자 지각, 경쟁 상표들에 대한 소비자 지각, 제품 사용 후 만족·불만족 요인 등을 반영한다.

셋째, 마케팅믹스 계획 수립을 위한 소비자 정보는 상표명, 패키지에 대한 소비자 평가, 가격, 품질 지각, 가격탄력성, 광고 카피 평가, 점포 선택 및 선호도, 점포 이미지 등을 활용한다.

이처럼 소비자 정보를 기초로 하여 고객의 행동에 대한 관찰과 분석 결과를 마케팅에 적용하여야 효과적인 마케팅 전략 수립이 가능하다.

(2) 시장세분화의 개요

시장(Market)

시장(Market)이란 제품과 서비스에 대하여 실제적이고 잠재적인 소비가 이루어지는 곳이다. 여기서 소비자는 구매의 중심이 되고, 구매 형태로 개인과 조직이 있다. 소비자는 제품과 서비스의 구입에 대한 필요와 욕구를 가지며 구매할 능력이 있다. 소비자의 니즈와 그들이 상품을 구매함으로써 얻고자 하는 편익을 인구통계적 요인 등을 기초로 시장을 분류하는 것이 시장세분화(Market Segmentation)이다.

시장은 이질적 욕구를 가진 다양한 소비자로 구성되어 있으며, 특정한 제품군에 대한 태도, 의견, 구매 행동 등에서 유사한 집단이 있다. 이러한 비슷한 성향의 소비자를 다른 성향을 가진 사람들의 집단과 분리하여 하나의 집단으로 묶는 과정이 시장세분화이다. 시장세분화는 집단 사이의 이질성과 집단 내의 동질성을 극대화하는 방향으로 설정한다. 잘 정의된 시장세분화는 소비자에게 서비스의 제공을 증가시키고, 경쟁자들보다 효과적인 매출 증대를 일으키며, 차별화된 목표 달성을 이룰 수 있다.

시장의 매력도

시장세분화의 목적은 첫째, 소비자의 욕구나 구매동기를 기초로 정확한 시장 상황을 파악하기 위해서이고, 변화하는 시장의 수요에 적극적으로 대응하기 위해서이다. 둘째, 기업의 강점과 약점을 확인하여 목표에 해당하는 경쟁 좌표를 설정하기 위해서이다. 셋째, 마케팅 활동에 대한 소비자의 반응을 분석하고, 효과적인 마케팅 자원을 배분하기 위해서이다. 넷째, 세분시장의 매력도 분석 결과에 부합하는 정확한 목표시장의 설정으로 마케팅 전략의 방향을 설정하고 집중하기 위해서이다.

(3) 표적시장의 개요

기업의 한정된 자원을 가장 효과적으로 활용하기 위하여 각 세분시장의 매력도를 분석하여 시장을 선택하는 것이 표적시장(Targeting)이다. 기업은 이익을 창출할 수 있을 정도의 충분한 현재와 미래의 시장 규모가 필요하고, 미래의 수요를 고려한 잠재적 경쟁을 가진 시장이 있어야 한다. 이를 위해서 기업은 기업 목표와 표적시장의 일치가 중요하고, 자신들이 가지고 있는 능력과 자원을 고려해야 한다.

세분시장의 구조적 매력도 분석법으로 마이클 포터(Michael E. Porter)의 5-요인 분석법(5-Forces Model)이 있다. 이 분석법은 대상 시장의 충분한 규모와 높은 성장률을 고려하고, 장기적인 매력도에 영향을 주는 구조적인 요인들을 분석하는 데 많이 사용된다.

마이클 포터
(Michael E. Porter)

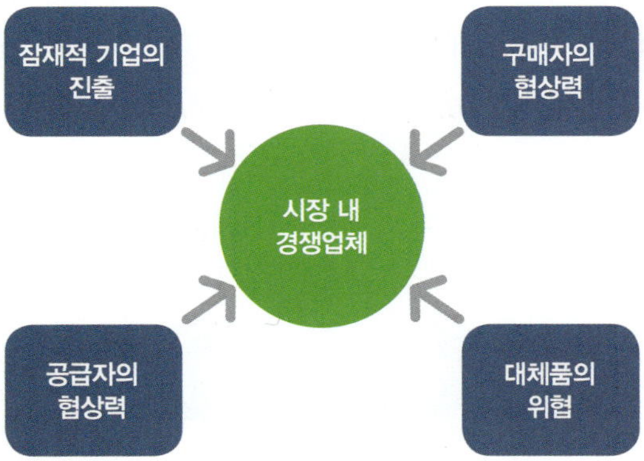

[그림 2-4] 마이클 포터의 5-요인(Force)

시장에서 제품의 구조적 매력도는 5가지 요인에 따라서 달라진다.

첫째, 잠재적 기업의 진출은 새로운 기업이 현재 시장에 들어오려고 할 때 진입장벽이 높을수록, 또 탈출장벽이 낮을수록 매력적인 시장이다.

둘째, 구매자의 협상력이 약할수록 세분시장은 매력도가 높다.

셋째, 세분시장 내에서 경쟁업체들 간의 경쟁이 적으며, 시장이 성장하고 있을 경우 매력적이다.

넷째, 대체품의 위협이 작을수록 매력적이다.

다섯째, 마지막으로 공급업체의 협상력이 약할수록 세분시장이 매력적이다.

이 외에도 시장 진입의 위협 요소로는 정부의 규제, 대규모 초기 투자 비용, 고도의 기술로 인한 상품의 높은 차별성, 제한된 채널로 새로운 판매 채널 확보의 어려움, 높은 이탈장벽, 구성원의 강력한 저가 정책 등이 있다.

(4) 제품 포지셔닝의 개요

기업의 이미지나 상품을 고객의 마음속에 인식시키는 것이 포지셔닝(Positioning)이다. 포지셔닝은 상품(서비스, 기업, 사람)에서 시작되는 것으로 어떠한 상품 자체에 대하여 무엇을 행하는 것이 아니라 잠재 고객의 마음속에 자신의 이미지와 상품을 인식시키는 것이다. 즉, 포지셔닝은 상품이나 서비스 등 기업의 모든 고객 대상 활동에서 가능한 인식(Perception)의 상태를 말한다. 기업이 어떠한 세분시장에 진입할지 결정한 후에 대상 시장에서 자사의 제품을 어떠한 자리에 위치시킬 것인가의 문제에 대한 해결책을 제품 포지셔닝이라 한다. 이는 소비자의 인식 속에 자사의 제품이 경쟁 제품에 대비하여 차지하고 있는 상대적 위치를 의미한다. 제품 포지셔닝은 제품 특징이나 이미지를 고객에게 적절히 인식시키기 위한 촉진 활동과 밀접한 관계가 있는 공급 측면의 개념이다.

제품의 포지셔닝은 다음과 같은 3단계를 통하여 이루어진다.

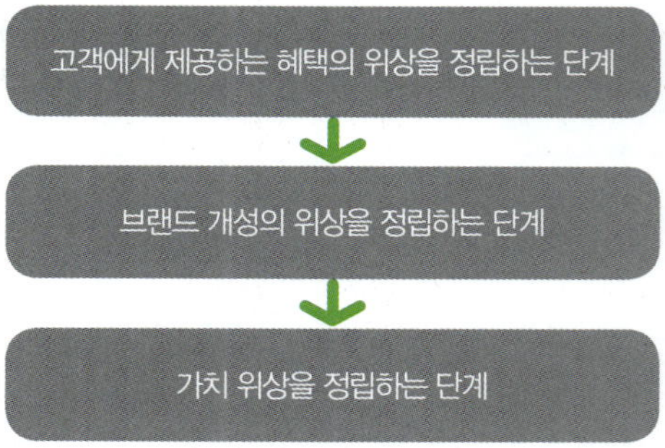

[그림 2-5] 제품 포지셔닝 단계

첫째, 제품을 구성하는 구체적인 속성으로부터 고객이 얻는 편익을 중심으로 고객의 마음속에 위치하는 단계이다.

둘째, 자사 상표를 경쟁 상표와 구별되도록 하는 차별적인 개성을 지닌 상표로 인식시키려는 노력이다.

셋째, 제품을 사용하거나 소비함으로써 소비자가 얻고자 하는 가장 기초적이고,

근본적인 요구를 표현하는 단계이다.

2.1.3 독점적 경쟁과 차별화 전략

(1) 경영전략의 유형

차별화란 회사가 만드는 제품이나 서비스를 경쟁자들 또는 자신의 제품이나 서비스와 구분되게 만들어서 특정한 표적시장에서 고객이 보다 매력적으로 받아들이도록 하는 것을 말한다. 차별화는 기본적으로 고객의 욕구를 이해하고 이에 맞는 제품이나 서비스를 만드는 데서 시작하기 때문에 기업의 핵심 경쟁 전략으로 인식되고 있다. 마이클 포터는 《경쟁 전략(Competitive Strategy)》(2008)이라는 책에서 본원적 경쟁 전략(Generic Competitive Strategy)을 제시하였다. 여기서 기업의 기본적인 경쟁 전략을 원가 우위 전략, 차별화 전략, 집중화 전략의 세 가지로 제안했다.

본원적 경쟁 전략(Generic Competitive Strategy)

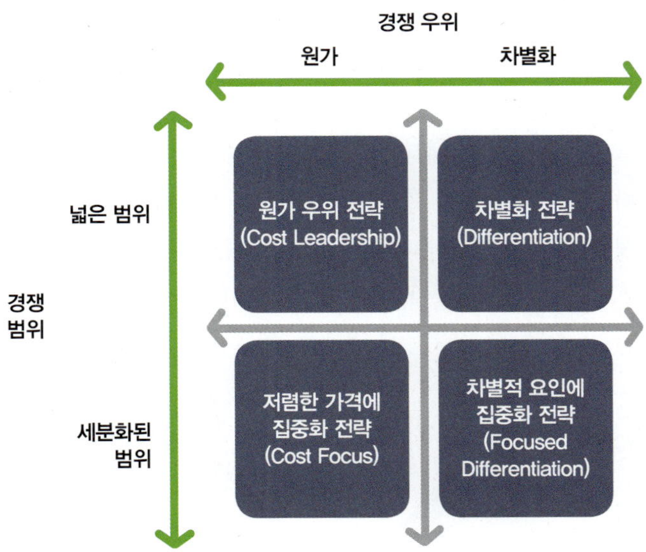

[그림 2-6] 본원적 경쟁 전략

첫째, 원가 우위 전략은 고객에게 상대적으로 싼 가격에 적정한 가치를 제공하는 전략으로, 싼 가격을 유지하기 위해 다양한 역량과 시스템을 구비해야 한다. 둘째, 차별화 전략은 제품이나 서비스의 특성 또는 고객이 인지하는 가치를 차별화하여 시장에서 경쟁력을 확보하는 전략이다. 셋째, 집중화 전략은 차별적인 서비스나 제품을 가지고는 있으나 회사의 자원이 부족하여 특정한 니치 마켓을 집중 공략하는 전략이다.

니치 마켓

원가 우위 전략과 차별화 전략은 넓은 범위의 시장을 대상으로 한다. 원가 우위 전략은 경쟁사들보다 제품의 가격을 저렴하게 하여 시장 우위를 확보하는 전략이고, 차별화 전략은 제품에 특별한 가치를 부여하는 전략이다. 반면에 세분화된 시장을 대상으로 특정한 제품에 집중하는 집중화 전략이 있는데, 이는 대상의 범위가 세분화된 특정한 시장으로 한다.

경쟁 우위

이 전략들은 서로 다른 방법을 통해 기업의 경쟁 우위를 확보하는 방법처럼 보이지만 차별화라는 관점에서 보면 사실은 차별화의 포인트가 다를 뿐이다. 원가 우위 전략은 기본적으로 가격에서의 차별화를 추구하는 것이고 차별화 전략은 제품이나 서비스의 특성 또는 가치에서의 차별화를 강조하는 것이며, 집중화 전략은 기업이 진입하고자 하는 표적시장의 차별화를 강조하는 것이다. 어떤 전략을 추구하든 기업이 가지고 있어야 하는 운영 역량이나 동적 역량 등 핵심 역량은 기본적으로 변함이 없고, 가장 중요한 것은 고객이 인식하는 가치를 차별화하고 특화하는 것이다.

(2) 완전경쟁의 차별화

가격 협상력

차별화는 고객 입장에서 보면 가격이든 기술적 특성이든 프로세스 혁신이든 특정한 차별화 포인트를 통해서 경쟁 제품이나 서비스보다 더 나은 가치를 제공받는다는 것을 의미한다. 하지만 기업의 경쟁 전략이라는 차원에서 보면 특정한 제품이나 서비스의 특성에 기반하여 이루어지는 가격의 비교 자체를 무의미하게 만들어 고객과의 관계에서 가격 협상력을 높이는 것을 의미한다. 이러한 의미에서 차별

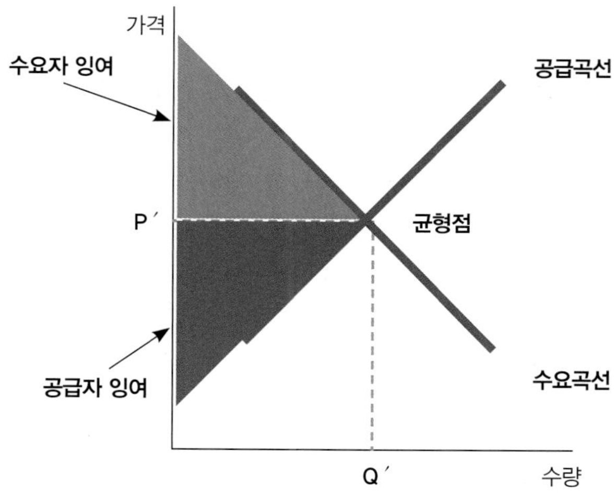

[그림 2-7] 완전경쟁시장에서의 수요와 공급

화 전략은 에드워드 챔벌린(Edward Chamberlin)이 《독점적 경쟁 이론(Theory of Monopolistic Competition)》(1933)에서 주장한 독점 전략과 같은 의미를 가진다.

그렇다면 기업들의 입장에서 완전경쟁과 비교했을 때 독점이 가지는 이점은 무엇일까? 우선 완전경쟁시장의 특성을 살펴보자. 그림 2-7은 완전경쟁시장에서의 수요 · 공급과 잉여를 나타낸다.

수요자가 현재 시장가격보다 높은 가격을 지불하고도 물건을 살 의사가 있지만 시장가격을 주고 사게 되므로 시장가격과 자신이 의도한 가격의 차이를 잉여(그림의 회색 부분)로 가져가게 된다. 예를 들어, 수요자는 100원에라도 물건을 살 의사가 있지만 시장에 가면 50원에 물건을 살 수 있으니 50원만큼의 잉여를 가지게 된다. 공급자 입장에서는 시장가격보다 싼 가격으로 물건을 공급할 의사가 있으나 시장가격을 지불받게 되므로 시장가격과 자신이 공급하려던 가격의 차이만큼 잉여(그림의 파란색 부분)로 가져가게 된다. 예를 들어, 공급자는 50원에라도 물건을 공급할 의사가 있지만 시장에 가면 100원에 물건을 팔 수 있으니 50원만큼의 잉여를 가지게 된다. 이처럼 완전경쟁시장에서는 수요자와 공급자 모두가 잉여를 가져가게 되므로 공평한 거래가 이루지게 된다. 하지만 공급자 입장에서는 자신이 가격을 결정하는 데 있어 아무런 통제를 할 수 없으므로 경쟁 우위를 가지기가 어렵다. 이러한 가격 통제 또는 가격 결정권에 대한 이슈를 해결하기 위해 공급자는 독점적 지위를 누릴 수 있는 환경을 만들고 싶어 한다.

(3) 독점경쟁의 차별화

독점시장에서의 수요 · 공급과 잉여 문제를 살펴보기로 하자.

독점시장

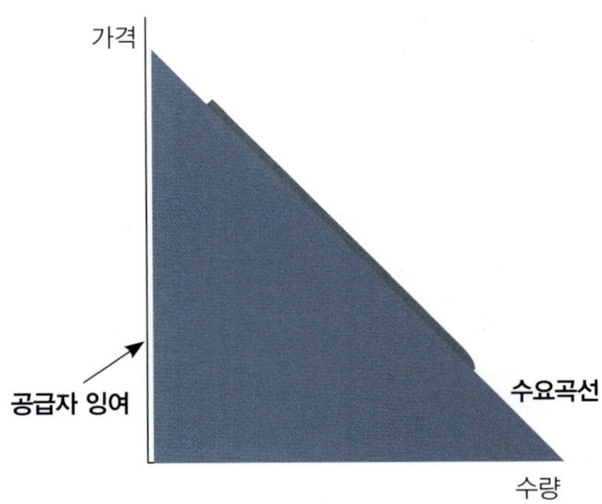

[그림 2-8] 독점시장에서의 수요 · 공급과 잉여

완전경쟁시장

독점시장에서는 완전경쟁시장과는 다르게 공급곡선이 없다. 독점기업에 의해 공급이 이루어지기 때문에 공급곡선이 있을 이유가 없는 것이다. 공급기업은 수요자가 원하는 만큼의 양을 그들이 원하는 가격에 팔게 되고 수요자는 자신이 원하는 양을 원하는 가격에 사게 된다. 이러한 독점 상황에서는 수요자의 잉여는 없고 공급자 잉여만 발생하게 된다. 이것이 기업들이 독점을 추구하는 이유이다. 독점시장에서는 공급자가 가격에 대한 절대적인 결정권을 가지고 있어서 어떤 협상에도 유리하다. 이러한 가격 결정권은 기업의 이익을 극대화하는 데 많은 기여를 한다.

그렇다면 기업들은 어떻게 독점을 추구하는가? 경제학 이론에서는 독점이 발생하는 원인을 규모의 경제가 존재하거나, 대규모 자본에 대한 요구가 있거나, 원가우위가 존재하거나, 기술적 수월성이 있는 경우라고 정의한다. 마이클 포터가 제시한 세 가지 기본적 전략은 이러한 독점 발생의 원인을 다른 말로 표현한 것에 불과하다. 따라서 기업 경쟁 전략의 기본은 모두 차별화를 통해서 독점을 하고자 하는 의지를 나타낸 것이라고 할 수 있다. 물론 이러한 차별화를 통한 독점이 기업이 원한다고 그냥 이루어지는 것은 아니다. 고객에 대한 근본적인 이해, 고객 문제에 대한 심층적 고찰, 고객의 문제를 해결하기 위한 혁신적 솔루션의 개발과 이를 실행할 수 있는 역량의 축적 등이 반드시 필요하다.

2.2 소비자 행동과 마케팅

2.2.1 소비자 행동과 마케팅 전략

(1) 소비자의 이해와 마케팅

최근 마케팅 전략의 초점이 소비자 지향적(Customer Oriented)으로 바뀌고 있다. 이는 소비자 구매에 영향을 주는 요소들에 대한 과학적인 측정 방법의 필요성과 소비자의 특성에 따른 시장세분화의 필요성이 증가하였다는 것을 의미한다. 또한 소비자 욕구 충족을 위한 제품의 포지셔닝의 중요성이 강조되고 있다는 것을 말한다. 소비자 행동 연구의 변화에 따라서 마케팅의 목표도 소비의 극대화, 소비자 만족의 극대화, 선택의 극대화 및 품위 있는 삶의 극대화로 변화하고 있다. 아무리 기술적으로 훌륭한 제품이나 서비스도 소비자(소비자 행동)나 여기에 영향을 주는 요인에 대한 이해 없이는 성공할 수 없다. 즉, 소비자 행동의 연구는 마케팅 활동의 출발점이며, 따라서 소비자 이해를 위한 정보는 중요하다.

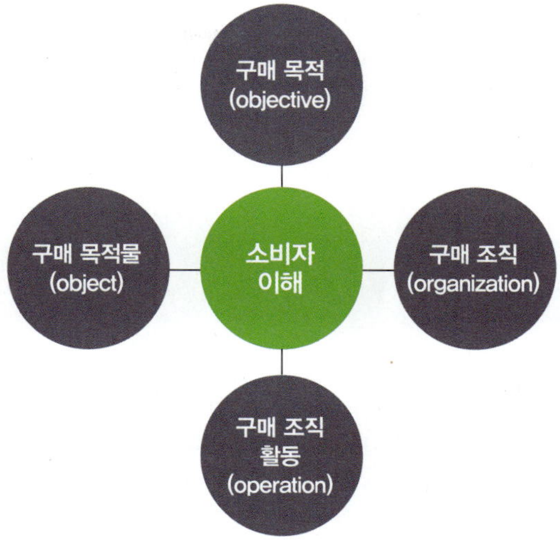

[그림 2-9] 소비자 이해를 위한 정보

소비자 이해를 위한 정보들 중에서 구매 목적물이란 소비자가 무엇을 사는가를 의미한다. 예를 들어, 내구재나 비내구재, 편의품, 선매품, 전문품 등의 여부이다. 구매 목적은 소비자가 왜 그 제품을 구매하는가를 요구 단계별로 이해하는 것이다. 구매 조직은 누가 구매를 결정하고 실제 구매 후 소비하는지의 여부로서 가족 의사 결정 구조를 의미한다. 구매 조직 활동은 소비자가 어떻게 구매를 하는지의 여부로서 계획 또는 충동 구매, DM(Direct Marketing), 의사 결정 트리 등이 여기에 해당된다.

소비자 행동의 이해는 소비자 스스로 자신의 욕구와 구매동기를 잘 이해할 수 있고, 기업의 마케팅 전략을 잘 이해함으로써 자신의 소비 행위에 반영할 수 있다. 그리고 의사 결정 과정을 이해함으로써 효율적인 의사 결정 및 합리적 구매가 가능하다.

(2) 소비자 행동과 마케팅믹스

소비자 행동의 이해를 통하여 마케팅 콘셉트를 실현할 수 있고, 기업의 이윤을 창출하는 포지셔닝을 개선할 수 있다. 그리고 시장세분화를 가능하게 하고, 신제품 실패와 관련된 비용 및 자원의 낭비를 감소시킬 수 있다. 이로 인하여 건전한 소비

경제 생활을 유도할 수 있으며, 소비자에 대한 통찰력을 증대시킬 수 있다. 기업은 마케팅 관리자들로 하여금 더 나은 의사 결정을 위한 정보를 이용하도록 만들어야 한다.

시장세분화와 표적시장 결과를 기반으로 한 마케팅 전략의 단계는 다음과 같다.

[그림 2-10] 시장세분화에 따른 마케팅

규모의 경제

대량 마케팅(Mass Marketing)은 한 종류의 제품을 모든 구매자에게 판매하는 방식으로 생산 개념(Production Concept), 규모의 경제(Economics of Scale), 경험의 효과(Experience Effect)를 통해서 원가절감과 저가격 제공으로 경쟁 우위를 확보한다. 제품 다양화 마케팅(Product-Variety Marketing)은 판매자가 제품의 형태, 질, 크기 등에서 차이를 보이는 둘 또는 그 이상의 제품을 생산하여 소비자에게 판매하는 것이다. 표적시장 마케팅(Target Marketing)은 판매자가 세분시장을 인식하고 그들 중에서 하나 또는 여러 개의 시장을 선택한 뒤에 각 시장에 적합한 제품이나 마케팅믹스를 개발하는 것이다.

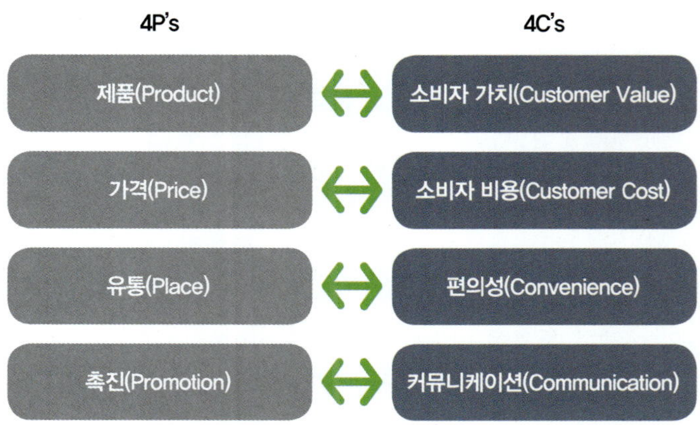

[그림 2-11] 마케팅믹스와 소비자 행동

소비자 행동과 마케팅믹스의 관계에서 일반적으로 마케팅의 4P's를 많이 활용하는데, 이는 기업의 관점에서 정리한 마케팅 전략이다. 기술과 환경의 변화와 발달은 정보의 대칭적 구조를 가져왔고, 이제는 소비자 중심의 마케팅 전략이 필요하여 4C's를 고려하는 전략으로 확장되었다.

소비자 행동은 기업의 마케팅믹스의 바탕하에서 이루어졌다. 즉, 소비자에 대한 마케팅의 책임으로 제품의 출시 전 충분한 안전성 테스트를 실시하고, 소비자에게 정확한 정보를 제공하며, 다양한 선택으로 욕구를 충족시킬 정도의 제품을 제시해야 한다. 그리고 소비자 불만에 대해 명확한 답변과 환경오염에 대한 방지 및 천연자원 사용을 고려하고, 높은 가격이나 불충분한 정보 및 낡은 유통 경로로 인하여 불이익을 당하는 것을 방지해야 한다. 이를 위하여 소비자와의 커뮤니케이션이 중요한데, 소비자에 대한 교육 프로그램을 개발하고, 소비자 자문 기구나 소비자 불만 청취 기구를 설치하는 등 소비자 문제에 대한 전담 부서를 배치해야 한다.

소비자 행동에 기반한 마케팅 전략의 유용성은 다음과 같다.

첫째, 새로운 시장 분석을 통한 시장 기회를 찾을 수 있게 한다. 즉, 소비자의 충족되지 않은 욕구를 탐색하여 이를 충족시킬 수 있는 새로운 제품이나 서비스 또는 기존 제품을 변형한 마케팅 활동을 가능하게 하여 소비자 시장의 세분화를 가능하게 한다.

둘째, 소비자의 특성을 중심으로 다양한 소비자를 동질 또는 이질 집단으로 묶을 수 있다. 이는 시장 규모 측정 가능성, 해당 시장 접근 가능성, 수익 가능성 등의 요인 분석에 활용되어 마케팅믹스 전략을 효율적으로 수립할 수 있게 한다.

셋째, 가격 결정의 효율성, 유통 경로 결정의 효율성, 프로모션 활동의 효율성 등 제품 결정에 효율성을 준다.

2.2.2 시장세분화 전략

시장세분화 기준으로 소비자 개인이 어떠한 특성을 가지고 있는가를 분석하는 데 인구통계학적, 지리적, 심리적, 행동적 변수 등을 사용한다.

첫째, 인구통계학적 변수인 나이, 성별, 가족의 규모, 소득 수준, 직업, 교육의 정도, 가정생활의 주기, 종교, 인종, 국적, 인구 등을 기준으로 세분화한다.

둘째, 지리적 변수인 지역, 도시 규모, 인구밀도, 기후 등을 기준으로 세분화한다.

셋째, 심리적 변수인 사회계층, 라이프스타일, 개성, 성격, 사교성, 자율성, 보수성, 리더십 등을 기준으로 세분화한다. 일반적으로 라이프스타일을 세분화 기준으로 사용할 때 인구통계학적 특성을 함께 고려한다.

넷째, 행동적 변수인 경험, 상표에 대한 애호도, 사용량, 사용 기회, 직 · 간접 수입 동향, 서비스 제공 비용 등을 기준으로 세분화한다. 이를 위해서는 소비자의 구매나 제품 사용 현황, 추구하는 편익, 제품의 사용 경험, 사용률, 충성도, 태도, 구매 과정 등에 대한 선행 지식이 있어야 한다.

이들 중 한 가지만을 이용하여 시장세분화를 하기도 하나, 이는 한계를 가질 수 있어서 대부분의 경우 기업은 자신들의 경영전략에 맞추어서 여러 종류의 변수를 다차원적으로 활용하고 세분화에 사용하고 있다.

인구통계학적 변수나 지리적 변수는 비교적 쉽게 관찰되고 측정이 가능하며 접근이 용이하다. 이처럼 정보의 측정 및 획득이 용이해야 표적시장과의 관련성을 높일 수 있다. 그리고 접근이 가능해야 시장에 구체적으로 접근할 수 있어 광고나 유통 경로 파악이 가능하다. 또한 명확한 구분성과 차별화된 반응성이 있어야 마케팅 활동에 대한 서로 상이한 전략을 구현할 수 있다. 더불어서 일관성과 지속성이 있어야 정확한 세분화가 가능하다.

2.2.3 표적시장 전략

표적시장 선정을 위한 마케팅 전략은 집중적 마케팅 전략(Concentrated Marketing Strategy), 차별적 마케팅 전략(Differentiated Marketing Strategy), 비차별적 마케팅 전략(Undifferentiated Marketing Strategy)으로 분류한다.

첫째, 집중적 마케팅 전략은 세분화의 결과로 나타난 여러 세분시장 중에 가장 적합한 하나를 표적시장으로 선정하는 전략이다. 이 전략은 인적 · 물적 · 기술적 자원이 비교적 제한된 기업에서 주로 사용하고, 하나의 작은 시장에서 높은 시장 점유율을 추구하고자 하는 경우에 사용한다. 이 전략은 표적시장 내에서 강한 경쟁적 우위를 확보할 수 있으나 높은 위험을 감수해야 한다. 즉, 소비자의 욕구나 취향이 변하면 표적시장을 빠르게 상실할 위험이 크다. 예로서, 미국의 블랙 프라이데이가 있다. 이는 국내의 추석과 유사한 미국의 추수감사절 시즌에 많은 지출이 발생하는 소비 심리를 이용한 집중적 마케팅 전략이다. 이 블랙 프라이데이 기간에는 많은 할인 행사가 진행되고 행사의 규모도 커 미국 연간 소비의 20% 이상을 기록하기도 한다.

둘째, 차별적 마케팅 전략은 자신들만의 독특한 서비스와 제품을 가지고, 둘 혹은 그 이상의 세분시장들을 표적시장으로 선정하는 전략이다. 이 전략은 집중적 마케팅 전략에 비하여 인적 · 물적 · 기술적 자원이 풍부해야 한다. 즉, 다수의 잠재 고객에게 호소하는 전략이고, 각각의 세분시장에 적합한 여러 가지 마케팅믹스를 구사해야 하기에 많은 비용이 지출된다. 또한 기업의 제한된 자원이 여러 세분시장으로 분산되므로 효율적인 성과를 기대하기 어렵다는 문제점도 있다. 예로서, 의류업체인 유니클로는 '히트텍'이라는 보온성이 보장된 기능성 겨울 내의를 출시하여 겨울 속옷의 새로운 콘셉트를 창출하였다는 반응과 함께 커다란 호응을 얻고 있다.

셋째, 비차별적 마케팅 전략은 세분화를 실행하지 않는 하나의 마케팅 전략으로 전체 시장에 있는 고객들의 필요와 욕구를 충족시키는 전략이다. 이 전략은 소비자의 욕구 중 공통된 부분에 초점을 맞추는 전략으로 하나의 제품이나 서비스를 가지고 세분화되지 않은 전체 시장을 공략하는 대량의 마케팅 전략이다. 이 전략은 마케팅 비용이 절감되지만, 세분시장의 차이를 무시하기 때문에 시장 우위를 차지하기 힘들다. 예로서, 야후나 알타비스타와 같은 검색엔진이 대표적이고, 포드의 T 시리즈나 모나미 볼펜 153도 해당된다.

2.2.4 제품 포지셔닝 전략

(1) 제품 포지셔닝 전략의 유형

제품 속성

제품 속성에 의한 포지셔닝은 소비자가 가장 중요하게 생각하는 속성을 자사가 차별적으로 가지고 있다는 것을 나타내는 방법이다. 예를 들면, 남양유업의 우유가 들어간 프렌치카페, 메디안 치약, 볼보 등의 광고가 대표적이며, 다음과 같은 유형이 있다.

첫째, 이미지에 의한 포지셔닝은 제품에 특정한 이미지를 부여하는 것이다. 고급화장품, 보석, 고급 패션 의류 등에 많이 사용한다.

둘째, 사용 상황에 의한 포지셔닝은 소비자가 제품을 사용할 수 있는 상황과 자사 제품을 연결시키는 방법이다. 예를 들면, 게토레이, 컨디션, 제주의 미역국, 괴산의 배추된장국, 주문진의 오징어볶음 등의 광고가 해당된다.

셋째, 제품 사용자에 의한 포지셔닝은 표적 소비자를 대상으로 자사 제품이 가장 적절하다는 것을 어필하는 방법으로 소비자가 소속된 준거집단의 가치를 강조한다. 예를 들면, 도브, 하이모 가발, 제주항공의 최저가 등의 광고가 해당된다.

넷째, 경쟁 제품에 의한 포지셔닝은 소비자의 마음속에 인식된 경쟁 제품 대비 자사 제품의 차별성을 강조하는 방법으로 비교 광고가 대표적이다. 예를 들면, 맥카페 광고의 "별도 콩도 잊으라!"는 경쟁사인 스타벅스와 커피빈즈를 고려한 광고 메시지이다.

다섯째, 모델에 의한 포지셔닝은 특정 모델과 제품을 연관시키는 방법으로 모델의 이미지를 통해 자사의 브랜드를 차별화하는 방법이다. 예를 들면, 김연아를 내세운 맥심 커피, 타이거 우즈를 내세운 나이키, 육체 노동자를 내세운 밀러 맥주 등의 광고가 있다.

마지막으로, 상징 대상에 의한 포지셔닝은 제품에 특정 이미지를 부여하여 상징 대상을 통해 제품을 인식시키는 방법이다. 예를 들면, 말보르 광고는 카우보이 이미지를 상징으로 활용한다.

(2) 재포지셔닝

재포지셔닝(Repositioning)은 원래 제품이 가지고 있거나 고객이 가지고 있는 이미지를 변경하여 소비자에게 제품에 대한 새로운 콘셉트를 제시하는 방법이다. 예를 들면, 빵을 부풀리는 용도인 베이킹파우더가 냉장고 탈취제로 사용되는 경우이다.

포지셔닝 전략을 수립하는 과정은 다음과 같다.

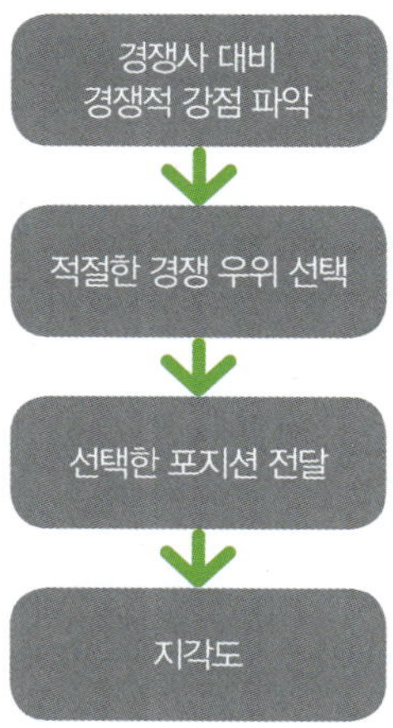

[그림 2-12] 포지셔닝 전략 수립 단계

기업은 마케팅 포지셔닝 전략을 위하여 경쟁사와 비교하여 자신들의 강점을 파악하고, 적절한 경쟁 우위를 선택한다. 선택한 위치를 기준으로 소비자에게 지각도를 이용하여 분석한 제품의 정보를 전달한다. 제품이나 상표의 위치를 여러 가지 평가 차원에 따라서 나타내는 포지셔닝 맵이 지각도이다.

포지셔닝 전략을 기반으로 기업은 자사의 제품이나 서비스를 소비자의 기억 속에 위치시키려고 노력하는데, 여기서 사용하는 실천적 방법은 다음과 같다.

첫째, 고객의 기억 속에 최초나 최고가 되는 전략이다. 소비자는 대부분 최초나 최고로 인식된 것이 가장 좋은 것이라고 생각하는 경향이 있고, 이는 시장이 아니라 고객의 기억 속에서 최초가 되는 것이다. 예로서, 음식점 앞에 '원조'라는 수식어를 붙이는 것이 대표적이다.

둘째, 현재의 위치를 강조하거나 상위 그룹을 형성하여 상위라는 것을 주장하는 등 틈새를 찾는 전략이다. 이 전략은 현재의 위상을 강조하고 인정하면서 상위 그룹에 자사의 제품을 포함시켜서 이미지를 끌어올리는 방법으로, 기존 경쟁 기업들의 빈틈을 찾아서 호소하는 전략이다. 예를 들어, '한류의 3대 천왕', '이동통신의 3사' 등의 광고가 있다.

셋째, 경쟁 상대를 재포지셔닝하는 전략이다. 이 전략은 소비자 마음속의 경쟁사의 상품을 재포지셔닝함으로써 자신의 포지션을 구축하고, 자사 상품이 아닌 경쟁 상품에 대한 소비자의 생각을 바꾸는 것인데 비교 광고가 자주 활용된다. 예를 들어, '부작용이 없는 타이레놀' 광고는 두통약의 약효보다는 부작용을 강조하는 재포지셔닝의 사례이다.

넷째, 지속적으로 집중하는 전략으로서 기업이 가진 기준, 즉 원가나 차별화 포인트를 지속적으로 유지하는 방법이다. 예로서, 홈플러스가 이마트보다 가격이 비싸면 환불해 준다는 광고가 해당된다.

2.3 소비자 행동과 빅데이터 활용

2.3.1 빅데이터의 개요

빅데이터는 디지털 환경에서 생성되는 모든 데이터를 의미하며, 규모가 방대하고 생산 주기가 짧은 정보 폭발(Information Explosion)로 정의한다. 더그 레이니

(Doug Laney)는 2001년 빅데이터를 "3차원 데이터 관리(3D Data Management)로서 통제된 자료의 용량(Controlling Data Volume), 속도(Velocity), 다양성(Variety)이다."라고 정의하였다.

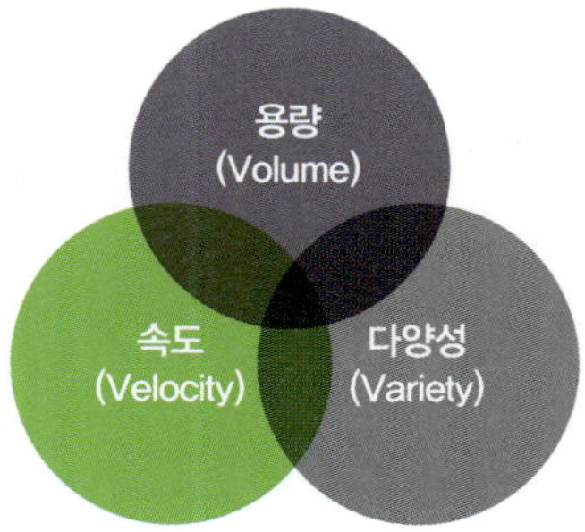

[그림 2-13] 3Vs로 정의된 빅데이터

2008년 브렛 스완슨(Bret Swanson)과 조지 길더(George Gilder)는 2015년 미국의 인터넷으로의 교환 정보가 1제타바이트가 될 것이며, 저장 규모는 2006년과 비교하여 최소 50배 이상 커진다고 주장하였다. 케네스 쿠키어(Kenneth Cukier)는 2010년 〈이코노미스트〉에 'Data, data everywhere'라는 슬로건을 통하여 "세계는 상상할 수 없을 만큼의 디지털 정보를 가지고 매우 빠르게 커져가고 있다."고 주장하였다. 이는 빅데이터의 범위가 비즈니스에서 과학자, 정부로 또 예술까지 넓어질 것을 예측한 것이었다.

가트너

2012년 가트너에서는 "빅데이터는 빠른 용량, 빠른 속도, 다양성이 높은 정보로 이를 바탕으로 의사 결정이나 새로운 관점의 통찰을 찾아내고, 프로세스의 최적화를 향상시키기 위해서는 새로운 형태의 처리 방식이 필요한 자료이다."라고 정의하였다. 여기에 IBM은 정확성(Veracity) 요소를 추가하고, 최근에는 데이터의 가치(Value)를 포함하여 그 의미를 확장하여 활용하고 있다.

빅데이터는 활용되는 데이터의 다양성을 기준으로 정형, 반정형, 비정형 데이터로 분류한다. 정형 데이터는 데이터의 형태에 따라서 고정된 필드에 저장된 데이터를 의미하고, 고정된 필드에 저장되어 있지는 않지만 메타 데이터나 구조(스키마)를 포함하는 데이터가 반정형이며, 고정된 필드에 저장되어 있지 않은 데이터가 비정형 데이터이다.

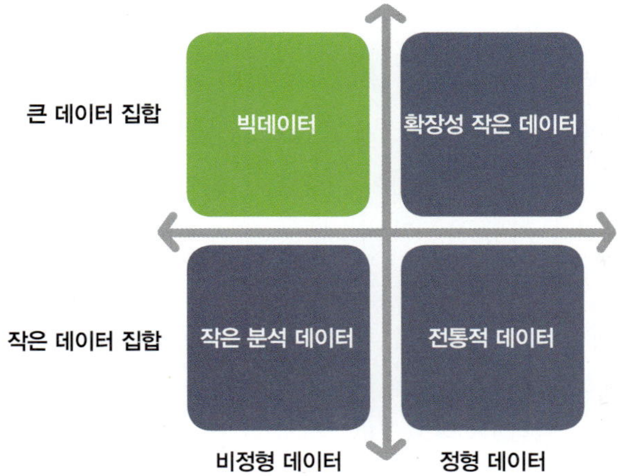

[그림 2-14] 빅데이터의 분류

이러한 빅데이터를 기반으로 하여 사람들의 행동이나 위치 정보 등의 패턴을 분석하고, 이들 간에 유용한 상관관계를 유추하여 유용한 정보를 추출하고 의사 결정에 활용하는 것이 데이터 마이닝(Data Mining)이다.

데이터 마이닝(Data Mining)

빅데이터는 관점에 따라서 네 가지 측면이 있다.

첫째, 소스(Source)로서 빅데이터는 대용량 자료나 문제 해결 및 분석을 위한 원천 자료를 의미한다.

둘째, 분석(Analytic)으로서 빅데이터는 자료의 분석과 해석에서 어떠한 의미를 도출하는 과정이다.

셋째, 시각화(Visualize)로서 빅데이터는 데이터의 시각화나 시각화 이전 현상을 구조화하거나 패턴화한다.

넷째, 문화(Culture)로서 문화를 발견하고 이해하고 예측하는 도구로서의 빅데이터를 의미한다.

빅데이터는 검증된 소비자에서 추출된 자료들을 통하여 추측이나 상상이 아닌 소비자의 라이프스타일과 행동을 자연스럽게 조사할 수 있도록 하고, 그 객관화된 자료들을 기반으로 미래 현상의 예측을 가능하게 함으로써 정확하고 효율적인 기업의 의사 결정에 중요한 역할을 한다.

2.3.2 빅데이터 분석 과정

마케터에게 빅데이터를 기반으로 한 소비자 행동의 패턴을 파악할 수 있다는 것은 커다란 무기이고, 이는 소비자가 시장을 주도하는 형태로 마케팅 패러다임이 변화하는 원천이 되기도 한다. 또한 기업이 시장을 점유하기 위해 소비자를 이해하고, 원활한 커뮤니케이션을 지원하는 원천(Source)을 제공하는 마케팅의 중요 포인트이다.

빅데이터 분석 과정에서 가장 우선되어야 하는 것은 데이터를 어디로부터 가져오는가(Where), 데이터 분석 결과가 왜 필요한가(Why), 누구를 위해 사용할 것인가(Who)를 정의하여 활용 기준을 삼는 것이다. 일반적으로 많이 사용되는 분석 방법으로는 Eye Tracking, 로그 분석(Goole Analytics), Scrolling Heatmap Analysis, Confetti Analysis, Video Recording Analysis, On-line 포털사이트 분석, SNS 분석, Community 분석 등이 있다.

빅데이터를 처리하는 과정은 기존의 데이터와 속성이 다른 데이터를 수집, 저장, 처리, 분석, 표현하는 단계로 이루어지고, 이 과정은 새로운 접근들을 포함한다. 각 과정별로 새롭고 다양한 기술들이 등장하는데, 대부분의 기술들이 자료의 수집 단계에 많이 집중되어 있다. 보통 IT 기반의 기술들이 많이 활용되는데, 대표적인 방법으로 검색엔진을 통한 데이터 수집 기법인 크롤링(Crawling)이 있고, 수집된 소

크롤링(Crawling)

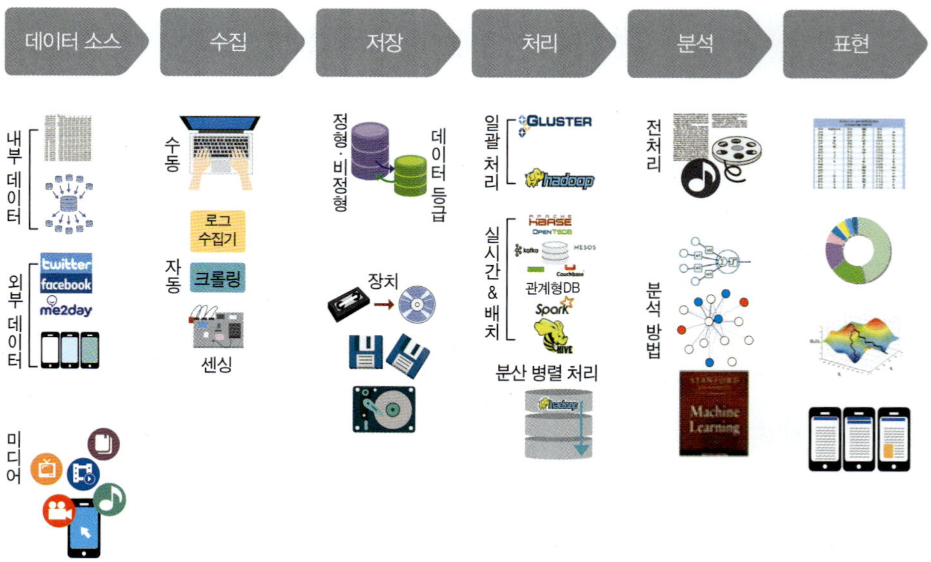

[그림 2-15] 데이터 처리 과정

스 데이터에서 원하는 정보의 추출, 전송, 변환, 적재를 위한 적합한 방법들이 개발되고 있다.

빅데이터 분석에 사용하는 기술은 대부분 통계학과 컴퓨터 분야의 기계 학습 및 데이터 마이닝 기법들이다.

첫째, 텍스트 마이닝(Text Mining)은 자연적으로 사용된 비정형 텍스트에서 유용한 정보를 추출하거나 다른 데이터의 연계성을 파악하여 분류나 군집화 등을 통해서 텍스트에 숨겨진 의미와 정보를 찾아내는 방법이다.

둘째, 웹 마이닝(Web Mining)은 인터넷에서 수집한 정보를 데이터 마이닝 기법으로 분석하는 방법이다.

셋째, 오피니언 마이닝(Opinion Mining)은 다양한 온라인 뉴스나 소셜 미디어의 댓글 또는 사용자가 생성한 콘텐츠에 표현된 의견들을 분석해 내는 방법으로 텍스트 내의 감정과 상태를 주로 분석한다. 바이럴(Viral)이라고도 한다.

넷째, 리얼리티 마이닝(Reality Mining)은 휴대용 기기를 활용하여 소비자의 행동을 추론하는 방법으로, 통화 정보 등을 기반으로 소비자의 행동 특성을 추출한다.

다섯째, 소셜 네트워크 분석(Social Network Analysis)은 그래프(Graph Theory)를 기반으로 소셜 네트워크 서비스의 연결 구조와 연결 강도를 분석하는 방법으로, 소비자의 영향력 등을 분석한다.

여섯째, 분류(Classification)는 미리 알려진 클래스들을 분류하고 새로이 추가되는 데이터를 새롭게 데이터 군으로 나누는 방법이며, 이들을 다시 비슷한 데이터로 그룹화하는 방법이 군집화(Clustering)이다.

일곱째, 기계 학습(Machine Learning)은 인공지능 분야에서 인간의 학습 방법을 모델링하는 것으로, 컴퓨터가 학습할 수 있도록 알고리즘과 기술을 개발하여 수신한 정보를 판단한다. 기계 학습에는 의사 결정 트리(Decision Tree), 베이지언(Bayesian), 마르코프(Markov) 등이 있다.

빅데이터를 활용한 소비자 행동 예측은 대부분 과거의 데이터 분석을 통해서 소비자가 어떤 서비스와 제품에 관심을 갖는지에 대한 포괄적인 지도인 인지 맵(Cognitive Map)을 활용한다. 이러한 소비자 행동 예측을 통해 제품을 만들기 전부터 소비자의 욕망을 분석하여 적합한 제품을 추천하는 일이 가능하다. 그러기 위해서는 과거 소비자가 보여준 자료, 즉 빅데이터를 기반으로 소비자 행동에 선행

인지 맵(Cognitive Map)

된 심리적인 맥락(Context)을 파악하여 인지 맵을 작성하는 과정이 필요하다. 사회학이나 문화인류학의 연구를 통해 소비자의 잠재 심리와 문화 등을 이해할 수 있는데, 이는 의사 결정을 하는 데 기초가 되는 인지 맵의 틀이 된다. 현재는 이 인지 맵을 기반으로 소비자 행동을 예측하여 기업의 마케팅에 활용하는 사례들이 증가하고 있다.

2.3.3 공공데이터 포털

공공데이터

공공데이터를 효율적으로 제공하려고 구축한 통합시스템으로 다양한 공공데이터를 국민에게 개방하는 사이트(http://www.data.go.kr)이다. 공공데이터(Open Data, Public Information)란 공공기관이 만들어 내는 모든 자료나 정보, 국민 모두의 소통과 협력을 이끌어 내는 공적인 정보를 의미한다. 행정자치부는 「공공데이터 제공 및 이용 활성화에 관한 법률」에 의해 공공데이터 포털을 구축 및 관리하여 활용을 촉진하고 있다. 한국은 OECD 30개 국가 중 공공데이터 개방지수 1위이고, 공공데이터 개방지수는 가용성(Availability), 접근성(Accessibility), 정부 지원(Government Support) 등 3개 분야로 구성된다.

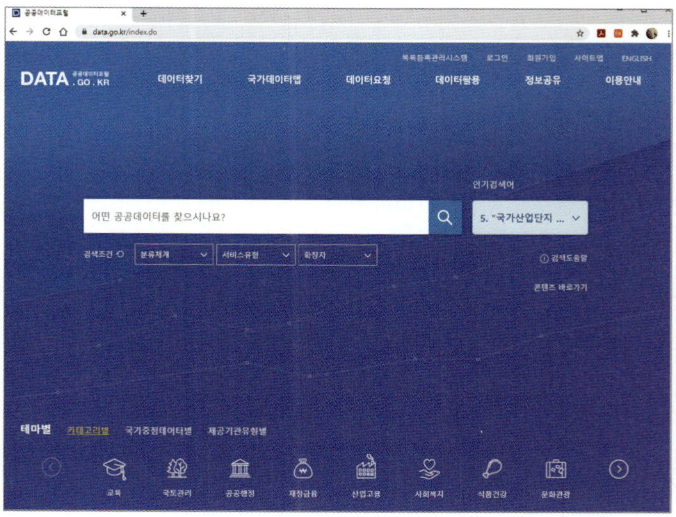

[그림 2-16] 공공데이터 포털

여기서 제공되는 국가 중점 데이터 22개는 건강보험심사평가원의 병원 진료 정보, 약품 표준 코드 정보, 환자 질병 정보 등 건강 진료 정보 12종이다. 개방된 데이터로 전문 의료기관 정보, 관심 질병 정보, 안심 의약품 정보 등 개인 맞춤형 서비스를 제공한다. 대표적인 활용 사례로는 파밍노트, 호갱노노, 크레딧잡 등의 앱이 있고, 향후에 데이터 개방을 확대하고, 인공지능, 사물인터넷(IoT), 빅데이터 등 관련 데이터를 지속적으로 발굴할 계획이다.

데이터 랩

네이버의 데이터 랩은 빅데이터 솔루션 구현의 기본 방향은 활용되는 빅데이터의 영역에 적합하도록 분석 기능을 포함하는 것이다. 왜냐하면 빅데이터의 분석 결과를 바탕으로 응용되어야 할 영역이 다양하기 때문에 전체를 포괄할 수 있는 대표 솔루션 개발은 현실적으로 어렵기 때문이다. 대중적인 포털 사이트인 네이버는 기업이나 개인이 빅데이터를 활용할 수 있도록 자체 사이트에서 데이터 랩(Data Lab)을 구축하여 서비스하고 있다. 온라인 바이럴 마케팅을 하는 기업들을 중심으로 이곳에 제공된 분석 결과가 다양하게 활용되고 있다.

바이럴 마케팅

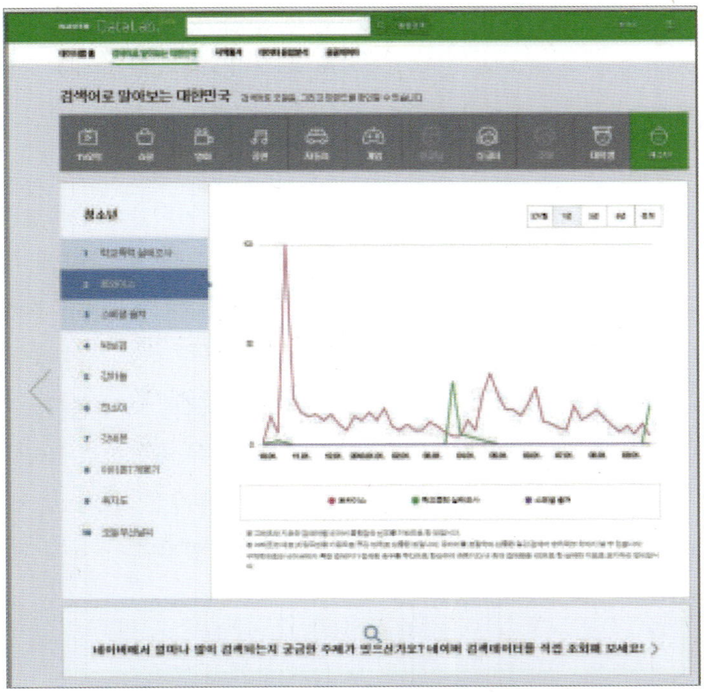

[그림 2-17] 데이터 랩의 검색 화면

네이버 데이터 랩의 핵심은 이용자들이 다양한 민간 및 공공 데이터를 제공받아 자신이 보유한 데이터에 융합하여 활용할 수 있다는 점이다. 데이터 랩은 네이버 검색 데이터를 개인 이용자가 보유한 데이터와 융합하여 분석할 수 있는 데이터 융합 분석 기능이 있다. 그 밖에 위치 정보를 기반으로 지역별 특정 분야의 데이터를 시각적으로 보여 주는 지역 통계 기능과 현재 인기 검색어들의 기간별 트렌드를 파악할 수 있는 검색어로 알아보는 대한민국 정보 기능 등이 있다. 데이터 융합 분석 기능은 이용자의 데이터를 네이버 검색 데이터에 융합하여 분석하는 기능이다. 이 기능은 새로운 사업 방향이나 아이디어를 모색하는 중소기업이나 스타트업 등의 사용자에게 유용하다. 예를 들어, 의류 쇼핑몰 관련 업체는 데이터 랩의 테스트를 통해 특정 상품의 구매 기간을 예측하고, 재고 확보 및 온라인 판매의 적정 시기 등에 대한 주요 데이터 분석을 할 수 있다.

민간 기업의 정보와 공공 데이터를 시각적으로 결합한 지역 통계 기능은 네이버의 지역 서비스에 등록된 업체와 해당 지역의 검색 사용자 수를 비교하여 업종별분포도를 네이버 지도상에서 시각화하여 제공한다. 이 기능은 공공 기관이 제공하는 데이터가 네이버 지도에 융합된 서비스이다. 예를 들어, 이용자들은 국토교통부가 제공하는 실거래가 공개 시스템과 연계하여 읍 · 면 · 동 단위로 세분화된 아파트 실제 매매가와 전 · 월세 거래량 등을 지도상에서 확인할 수 있다.

검색어로 알아보는 대한민국 정보 기능은 2007년부터 현재까지 각 분야별로 라이프스타일에 따라 분류한 10여 년간의 인기 검색어 데이터를 바탕으로 한다. 사용자가 관심 있는 검색어에 대해 최소 3개월에서 최대 10년까지의 변화 추세를 확인할 수 있다. 이곳에서는 설정 기간 내 해당 검색어의 최대 검색량을 100으로 산출한 상대적 수치 형태로 결과가 제공된다. 예를 들어, 현재 공연 분야의 인기 검색어에 오른 특정 뮤지컬의 최근 3개월 내의 검색량을 그래프로 보여 준다.

이 외에도 데이터 랩은 통계청, 공공 데이터 포털 등이 제공하는 13만 건 이상의 공공 데이터를 제공한다. 데이터 랩은 포털 사이트 이용자를 기준으로 제공되는 정보로써 소비자의 트렌드 전체를 대표하기에는 제한이 있지만, 소비자 행동 분석을 위한 기초 데이터로써 활용할 수 있다.

연·습·문·제

※ 다음 빈칸에 해당하는 용어를 넣으시오.

1. (   )은(는) 고객이나 사회 전반에 걸쳐 가치를 가지는 제품이나 서비스를 창조하고, 커뮤니케이션하는 행위로, 개인이나 조직의 목적을 충족시켜 주기 위해 시장 활동을 관리하는 과정이다.

2. (   )은(는) 시장세분화, 제품 포지셔닝, 4P를 활용한 마케팅믹스 계획의 수립과 실행으로 구성되며, 각 단계별로 관련 소비자 정보가 수집되어야 한다.

3. 소비자의 니즈와 그들이 상품을 구매함으로써 얻고자 하는 편익을 인구통계적 요인 등을 기초로 시장을 분류하는 것이 (   )이다.

4. 기업의 한정된 자원을 가장 효과적으로 활용하기 위하여 각 세분시장의 매력도를 분석하여 시장을 선택하는 것이 (   )이다.

5. 기업의 이미지나 상품을 고객의 마음속에 인식시키는 것이 (   )이다.

6. 본원적 경쟁 전략(Generic Competitive Strategies)에는 기업의 기본적인 경쟁 전략인 (   ) 전략, (   ) 전략, (   ) 전략의 세 가지가 있다.

7. 시장세분화의 기준으로 소비자 개인이 어떠한 특성을 가지고 있는가를 분석하는 데 (   ), (   ), (   ), (   ) 변수 등을 사용한다.

8. 표적시장 선정을 위한 마케팅 전략은 (   ), (   ), (   )으로 분류한다.

9. (   )은 원래 제품이 가지고 있거나 고객이 가지고 있는 이미지를 변경하여 소비자에게 제품에 대한 새로운 콘셉트를 제시하는 방법이다.

10. 빅데이터는 3차원 데이터 관리(3D Data Management)로서 통제된 자료의 (　　), (　　), (　　　)이다.

11. 오피니언 마이닝(Opinion Mining)은 다양한 온라인 뉴스나 소셜 미디어의 댓글 또는 사용자가 생성한 콘텐츠에 표현된 의견들을 분석해 내는 방법으로 텍스트 내의 감정과 상태를 분석하는 데 사용된다. 이를 대부분 (　　　)이라고 한다.

12. (　　　　)은 인공지능 분야에서 인간의 학습 방법을 모델링하는 것으로 컴퓨터가 학습할 수 있도록 하는 알고리즘과 기술을 개발하여 수신한 정보를 판단하는 방법이다. 여기에는 의사 결정 트리(Decision Tree), 베이지언(Bayesian), 마르코프(Markov) 등이 있다.

※ 다음 내용에 대하여 설명하시오.

13. 마케팅 개념의 변천 과정을 설명하시오.

14. 시장세분화에 따른 마케팅의 유형을 설명하시오.

15. 빅데이터에 활용되는 데이터의 형태를 설명하시오.

※ 다음 주제에 대하여 토론하시오.

16. SPA 브랜드의 시장세분화가 기본적인 다른 의류와 어떻게 차이가 나는지 토론하시오.

17. 고객의 프로 파일을 100개 이상 수집한 후, 이 자료들을 기초로 시장세분화를 어떻게 진행할지 토론하시오.

쉬면서 생각하는 4차 산업혁명 꿀팁!

Step 2

4차 산업혁명의 본질은 '소유'에서 '공유'의 삶을 지향하는 공유 경제이고, 시간이 경제의 핵심 자원이다. 이를 위하여 인간과 기계(인공지능: Artificial Intelligence)의 협업인 "AI as a Service" 시대가 개막되고 있다. 하지만 이전의 산업혁명에서도 나타났듯이 기술혁명이 사람들의 일자리를 줄이지는 않을 것이다. 왜냐하면 기술 도입으로 생산성이 증가되지만 시장에서 이를 찾는 다양한 수요도 함께 증가하기 때문이다.

3

CHAPTER

데이터 마케팅의 이해

학습 목표

- 소비자 행동과 관련된 데이터 마케팅을 이해한다.
- 데이터 마케팅의 영역을 살펴본다.
- 데이터 마케팅을 통하여 소비자 행동 분석 과정과 활용 방법을 학습한다.

네이티브 애드 광고 레알 마드리드 CF의 크리스티아누 호날두 나이키 광고는 호날두의 선택이라는 스토리를 토대로 축구화에 대한 구체적인 가치 정보 제공으로 제품의 기능을 돋보이게 하는 네이티브 애드 광고이다.(본문 73~74쪽)

3.1 데이터 마케팅의 개요

3.1.1 데이터 마케팅이란?

(1) 의사 결정의 정의

측정할 수 없다면 관리할 수 없다. 관리할 수 없으면 개선시킬 수도 없다.
If you can't measure it, you can't manage it. If you can't manage it, you can't improve it.
- 피터 드러커
(Peter Drucker)

데이터 마케팅

데이터 마케팅(Data marketing)이란 데이터를 활용하여 마케팅의 기획, 이행, 성과 측정까지 전 분야를 아우르는 마케팅 기법을 말한다. 온라인에서 일어나는 마케팅 활동과 결과를 한 번에 분석해 낼 수 있는 것이 디지털 마케팅의 목표이다. 여기서는 전통적으로 마케팅의 효과를 측정하기 위해서 사용된 척도인 ROI(Return On Investment), KPI(Key Performance Indicator) 등을 대신해서 온라인에서 수집된 노출 수, 조회 수, 클릭 수 등을 기반으로 하는 DPI(Digital Power Index), VOI(Value Of Index) 등의 새로운 측정 도구를 사용한다. 그리고 마케팅을 위한 데이터 분석에 웹사이트 추적, 광고 네트워크 전환 추적, CRM 추적 등을 이용한다. 이 결과들을 통해서 마케팅 효과가 있는 부분과 그렇지 않은 부분을 분석하고, 향후 효과를 높이기 위하여 무엇에 집중해야 하는지를 찾을 수 있으며, 예산을 최적화한 전략 수립이 가능하다.

최근에는 마케팅에 기술을 접목시킨 마테크(Mar-tech)가 있는데, 이는 마케팅(Marking)과 테크놀로지(Technology)의 합성어로 기술적인 마케팅을 가능하게 하는 응용 프로그램 및 플랫폼, 혹은 이러한 툴을 활용한 방법이다. 데이터 마케팅에서 마케팅 영역의 효과를 측정하기 위하여 마테크를 통하여 데이터를 수집하고 활용하여 의사결정을 내리고 있다. 즉 마케팅 담당자는 마테크를 이용하여 디지털 환경 안에서 잠재고객들을 찾거나 관계를 맺기도 하고, 그들의 특징이나 행동패턴 등을 분석하여 새로운 마케팅 전략을 설계할 수 있다.

마테크 활용
광고 사례

이온 음료 시장에서 게토레이는 경쟁 제품인 포카리스웨트에 비하여 시장에서 외면받고 있는데, 그 주된 이유가 젊은 세대의 음료가 아닌 중장년 세대의 음료라는 이미지가 강하기 때문이다. 이러한 제품 이미지를 개선하기 위하여 게토레이 제품을 마테크를 활용하여 최신의 기술을 제품 이미지에 포함시켜 젊고 에너지 넘치는 음료라는 인식 개선에 성공하였다.

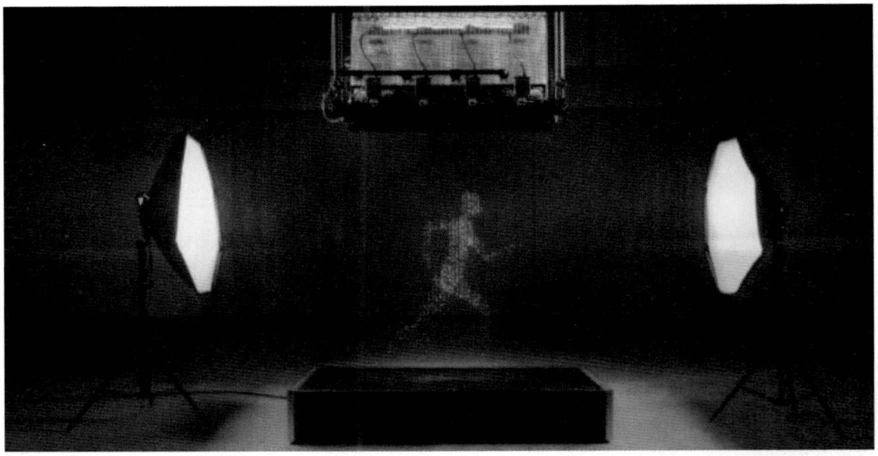

[그림 3-1] 게토레이 물의 역동성 광고

물방울이 떨어지는 속도를 계산해 러닝하고 있는 사람 형태를 만들고, 음료수를 거꾸로 일렬로 세운 채 방울을 떨어뜨린다. 이를 통해 만들어진 사람은 달리고 점프하고 복싱을 하는 광고이다. 이는 게토레이의 신제품 음료 G Active의 프로모션을 위해 제작되었는데, 모션 캡처 기술을 이용해 사람의 움직임을 나타내고, 3D Liquid 기술로 실제 물방울을 설정한 구멍 위치에 정확하게 떨어지도록 유도했다. 이는 운동 중에 잃은 것을 대체해주고, 움직이는 데 도움이 되는 물과 전해질을 공급할 수 있다는 메시지를 담고 있다.

마테크

마테크는 IT 발달로 인해서 마케터들에게 요구되는 디지털 마케팅 기술이기도 하며, 마케터들은 예전과 같은 방식으로 고객을 찾아가는 것이 아니라 빅데이터 분석을 바탕으로 다양한 프로그램과 플랫폼을 활용하여 마케팅 효과를 극대화시키고 있다.

마테크 관련 분야는 크게 자동화 분야인 Sales Automation, Marketing Automation & Campaign가 있는데, 이들은 채널을 자동화시스템으로 관리하는 기술이다. 그리고 콘텐츠 마케팅 분야인 Social Media Marketing & Monitoring, Content Marketing은 콘텐츠 노출과 반응에 대한 빅데이터 분석과 즉각적인 피드백 제공 기술이다. 더불어 애드 테크(Ad Tech: Advertising Technology)인 Display & Programmatic Advertising은 프로그램이 자동으로 사용자를 분석하고 이를 바탕으로 타깃에 맞춤형 광고를 진행하는 방식이다. 이는 프로그래매틱과 관련된 기술로써 모바일과 SNS, 빅데이터의 이해를 바탕으로 한 광고 기술이다.

네이티브 애드

네이티브 애드(Native Ad)는 해당 웹사이트에 맞게 고유한 방식으로 기획 및 제작된 광고를 의미한다. 기존 광고와는 달리 웹사이트 이용자가 경험하는 콘텐츠 일부로 작동하여 기존 광고보다 사용자의 관심을 적극적으로 끄는 형식을 사용하며 브랜디드 애드라고도 한다. 그리고 재미있는 영상에 광고가 잠시 등장하는 형태를 가지고 있다. 또한 오래전부터 배너광고 형태로 많이 사용되었지만, 인터넷으로 콘텐츠를 소비하는 것이 일반화되면서 데이터 마케팅의 발전과 동시에 점점 더 중요시 되고 있다. 여기서는 공감을 일으키거나 중요한 정보를 제공하거나 트렌드가 되고 있는 이슈에 집중하여 제품 자체에 초점을 맞추지 않고도 제품을 광고하는 방법이다.

네이티브 애드
광고 사례

나이키가 2016년 출시한 머큐리얼 슈퍼플라이 V FG는 폭발적인 스피드에 초점을 맞춘 기능화이다. 프로 선수들을 위해 개발된 머큐리얼 슈퍼플라이 V FG는 천연 잔디 구장에서 최고 출력의 스피드를 뽑아내기 위해 제작되었다.
공개된 레알 마드리드의 연습 장면에서 호날두가 신고 있어 더욱 화제가 된 머큐리얼 슈퍼플라이는 3D 구조의 신발 바닥면인 플레이트와 정교하게 배열된 신발 밑창에 징 모양으로 돌출된 부위인 스터드로 설계되어 뛰어난 접지력을 가지고 있다. 이를 통해 가속과 정지에 탁월한 성능을 발휘할 수 있다. 만약 당신이 축구화를 선택해야 한다면, 축구 선수들이 선택한 기준에 따라보는 것은 어떨까? 프로 선수들의 목표를 공유하는 멋진 아마추어로의 한 걸음이 이보다 더 쉬울 수는 없을 것이라고 광고한다.

[그림 3-2] 레알 마드리드 CF의 크리스티아누 호날두 나이키 광고

축구화의 스피드는 육상선수의 신발처럼 질주만을 의미하지 않는다. 러닝 크로스나 급정지 뒤에 따라오는 볼 컨트롤에 최적화되어 있어야 하는 것이다. 머큐리얼 슈퍼플라이 V FG는 2년 만에 탄생한 나이키 최신 기술의 집약체인만큼 기존의 어떤 축구화보다 뛰어난 착화감과 접지력을 제공한다. 호날두와 산체스를 비롯한 수많은 스타플레이어들이 유로 2016 대회에서 머큐리얼 슈퍼플라이를 선택한 것은 바로 이 때문이다.

이 광고는 축구화 선택에 있어서 호날두의 선택이라는 스토리를 토대로 착화감과 접지력에 대한 구체적인 가치 정보 제공으로 제품의 기능을 돋보이게 하는 광고 사례이다.

네이티브 애드 **광고 사례**

티몬의 신선식품 판매 서비스인 티몬 슈퍼마트가 네이티브 애드의 사례로 커다란 화제가 되고 있다. 서비스 출시 7개월 만에 월 80% 이상의 성장률을 보이면서 고객들의 많은 선호를 얻고 있다. 이러한 성공은 신선한 사랑이라는 주제를 가진 스토리가 재미와 웃음을 유발하여 확산의 주요한 역할을 하였기 때문이다.

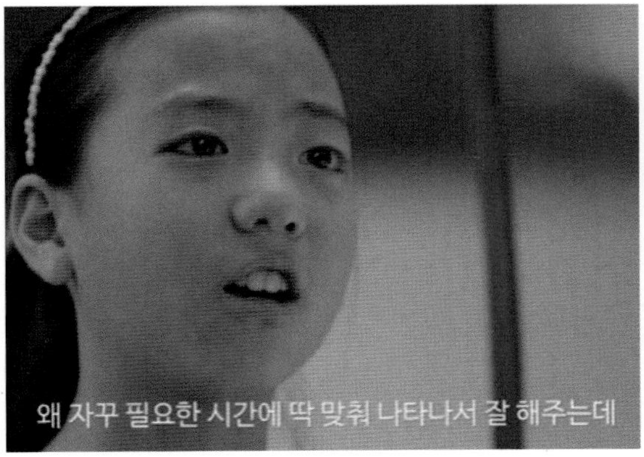

[그림 3-3] 티몬의 가지마 광고

티몬 슈퍼마트 서비스의 성공 요인에는 가장 핵심이 되는 가격 경쟁력, 빠른 배송 그리고 다양한 상품 구성이다. 그리고 티몬 슈퍼마트 서비스가 성공적으로 평가받는 부분 중 하나는 소비자에게 효과적으로 알리는 광고이다. 티몬은 마트를 뚝딱! 슈퍼마트라는 영상 광고를 시작으로 조금 더 공격적인 마케팅을 진행하고 있고, 아역 배우들이 등장하는 바이럴 영상은 다시 한번 화제가 되었다.

네이티브 애드는 광고주에 의해서 제공되는 정보로, 기사들과 함께 보이면서 마치 기사처럼 보이도록 디자인된 광고이다. 주로 웹사이트, 특정 서비스 플랫폼, 모바일에서 사용되고 있으며, 기존 콘텐츠 영역을 활용하여 광고에 대한 추가 영역을 확보할 필요 없이 유익한 정보를 제공하고, 신뢰할 만한 정보를 재미있게 전달한다.

네이티브 애드는 설문, 알림 등을 활용하는 참여형, 비주얼 콘텐츠나 인포그래픽 혹은 동영상을 이용하는 뉴스형, 참여형과 뉴스형을 결합한 형태가 있다. 네이티브 애드의 성공 사례가 증가되면서 이전보다 광고 콘텐츠의 질이 더욱 좋아져야 한다는 이슈가 핵심이 되고 있다.

네이티브 애드의 성공 사례

3.1.2 데이터 마케팅과 소비자 행동

데이터 마케팅은 모든 고객이 기록을 남긴다는 점에 착안하여, 마케터는 해당 사이트에 고객의 방문 기록을 확인하고, 그 과정을 따라서 관심 있는 콘텐츠를 보여주

소비자 행동을 파악하는 과정

는 형태로 진행된다. 대부분의 데이터 마케팅에서 소비자 행동을 파악하는 과정은 다음과 같다.

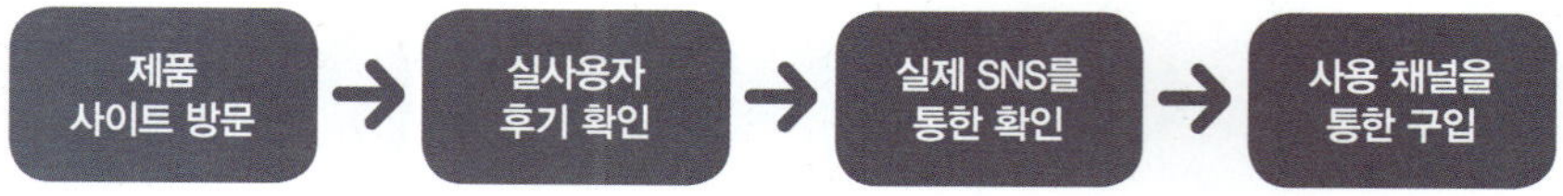

[그림 3-4] 데이터 마케팅 관점의 소비자 구매 과정

소비자는 구입하려는 제품의 사이트를 방문하고, 실사용자들의 후기를 다양한 버즈(Buzz)를 통하여 확인한다. 그리고 실제로 사용하고 있는 사람들의 블로그나 SNS를 통하여 사용자 후기의 진위를 파악하고, 자신들이 자주 사용하는 G-마켓, 11번가 등의 유통 채널을 통하여 해당 제품을 구매하는 과정을 거친다. 이 과정에서 소비자는 방문 기록을 남기는데, 이 빅데이터를 기반으로 하여 마케팅 전략을 수립한다. 기업은 자사 브랜드에 대한 소비자의 선택을 증가시키기 위하여 경쟁 브랜드보다 우월한 특성을 가진 제품을 개발하고 소비자가 수용할 수 있는 수준의 정보를 노출하여 손쉽게 구매할 수 있도록 마케팅 노력을 하고 있다.

3.2 데이터 마케팅의 영역

3.2.1 마케팅을 위한 의사결정

데이터 마케팅을 기반으로 하는 의사결정은 다음과 같은 과정을 거친다.

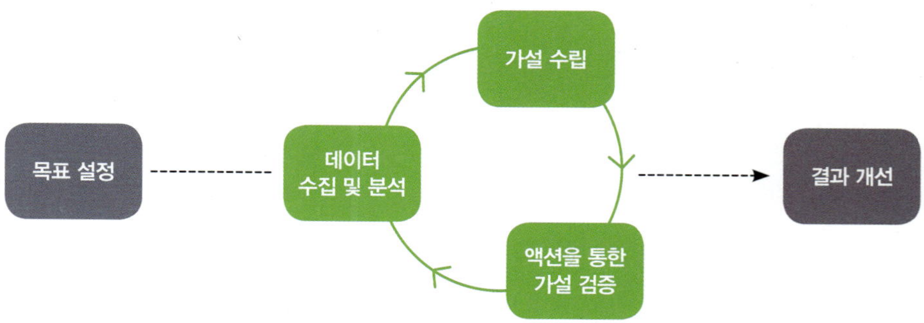

[그림 3-5] 데이터에 기반한 의사결정 과정

데이터 마케팅에서는 온라인에서 수집한 고객의 노출 수, 조회 수, 클릭 수, 구매 전환율 등을 기반으로 하여 제품의 매출량을 예측할 수 있다. 즉 제품과 관련된 데이터의 학습을 의사결정을 하는 방법이며, 최근에는 인공지능 기술도 활용된다.

데이터 마케팅의 **의사결정 사례**

소비자들이 제품의 페이지를 얼마나 조회하는지, 조회라는 소비자 행동과 회원가입이라는 행동이 연관성 있는지를 분석해 보자.

〈표 3-1〉 페이지 뷰 상위 100건

순번	페이지	페이지 뷰 수(상위 100건)
1	메인 페이지	약 110,000
2~15	로그인/카테고리/상품 상세 페이지	약 2,700~15,000
16	샘플 신청 페이지	약 2,300
17~22	상품 상세 페이지	약 1,700~2,000
23	회원 혜택 페이지	약 1,600
24~100	상품 상세 및 기타 이벤트 페이지	약 420~1,500

회원 혜택 페이지 뷰는 약 1,600이고, 동일 웹사이트 내의 다른 페이지들과 비교하였을 때도 적지 않은 수준의 페이지 조회가 일어나고 있다. 그리고 이 페이지는 얼마나 많은 회원가입을 유도하는지를 빅데이터 분석을 통해서 살펴볼 수 있다. 분석 결과, 회원가입과 거래 수 사이에 상관관계가 있더라도 두 변수가 인과관계를 지닌다고는 할 수 없다. 즉 샘플 신청 페이지 조회는 회원가입 결과를 이어지지 않는다. 하지만 두 데이터의 높은 연관성은 샘플 신청 페이지를 조회하면 회원가입을 할 확률이 높다는 근거가 된다. 이를 바탕으로 샘플 신청에 대한 마케팅 전략 수정이라는 의사결정을 할 수 있다.

데이터를 분석하는 것은 분석 후에 가설을 수립하고, 이를 검증하는 일이 지속적으로 반복된다. 그래서 끊임없는 전략의 실행과 검증이 실무진들에게 필수적인 요소이고, 이 과정은 사람의 감에 의한 의사결정보다는 판단의 오류를 최소화하는 효율적인 방법이다.

3.2.2 시장 트렌드 예측

기업은 자신들의 제품을 얼마나 판매할 수 있는지, 혹은 어떠한 제품에 집중해야 하는지 등에 대한 미래 예측이 중요하다. 기존에는 시계열 분석, 즉 이전을 기반으로 올해도 비슷한 패턴을 가질 것이라는 가설에 의거하여 마케팅 전략을 수립하였다. 하지만 데이터 마케팅에서는 판매된 제품에 달린 댓글이나 후기 등을 통한 판매량을 예측한다. 여기서 사용되는 척도가 DPI(Digital Power Index)와 VOI(Volume Of Index)이다. DPI는 소비자의 반응 댓글을 측정하는 척도로써 이는 자신들이 예측하고자 하는 키워드에 데이터를 붙여서 미래를 예측하고, VOI는 반응이나 댓글을 포함하여 예측한다. 다음은 대표적인 디지털 매체들의 이용률 추이를 나타낸다.

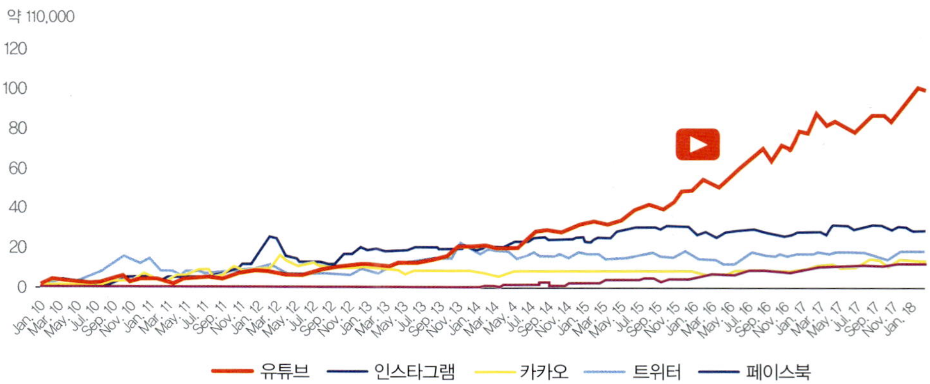

[그림 3-6] 디지털 매체의 검색 트렌드 추이

DPI

온라인상의 영향력을 나타내는 척도가 DPI(Digital Power Index)인데, 이는 유튜브와 페이스북에 있는 채널들의 팔로워 수, 조회 수, 검색량 등을 기준으로 최근에 더 주목받고 있는 콘텐츠 플랫폼에 좀 더 가중치를 부여한 결과이다. 이를 통해서 유튜브 구독자 수, 페이스북 팔로워 수, 네이버 검색량은 비례한다는 점을 알 수 있다. DPI에 가장 영향력이 높은 매체가 유튜브이고, 이 채널을 통한 1인 미디어가 다양한 영역에서 활발한 활동을 하고 있다. 여기서 이들을 통한 트렌드 예측의 과정은 다음과 같다.

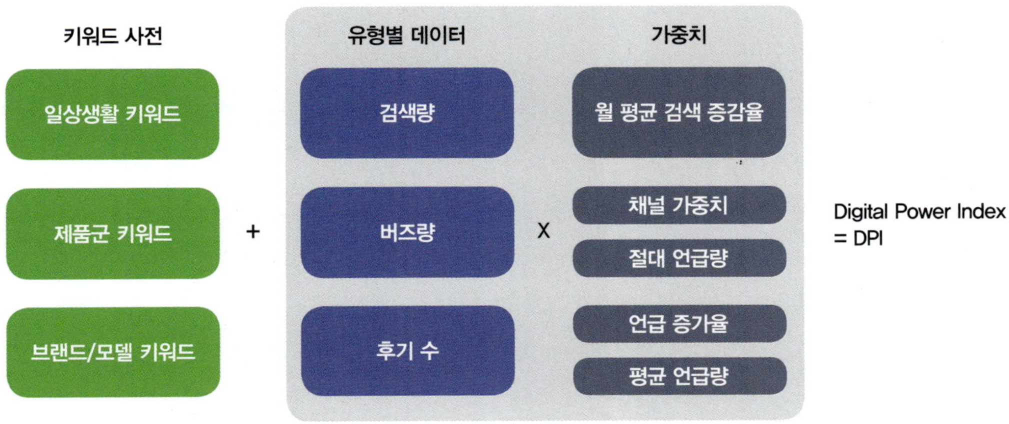

[그림 3-7] 시장 예측을 위한 DPI 산출 과정

데이터 마케팅의 **시장예측 사례**

다가오는 계절에 가장 많이 팔릴 가전제품이 무엇인지 예측하고 싶은 경우에 가전별로 각각의 검색량 기반의 DPI를 분석해 본다. 분석 결과 DPI의 상승률이 전년 대비 가장 높은 가전은 의류 관리기로 나타났다.

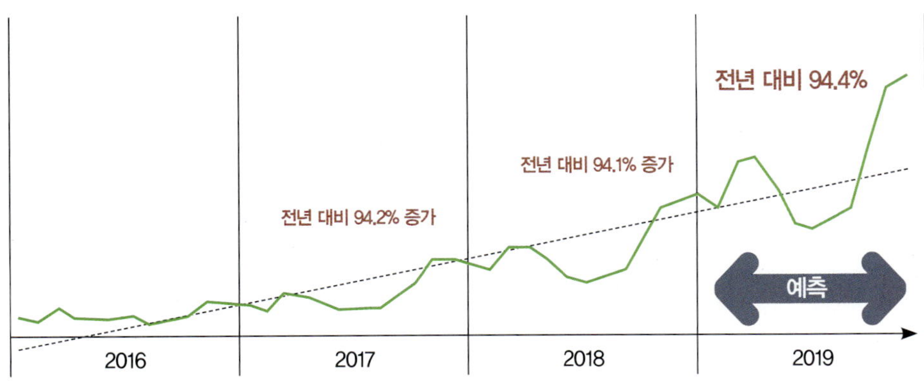

[그림 3-8] 의류 관리기에 대한 DPI 검색 결과

결과를 바탕으로 새로운 계절에 가장 히트할 가전인 의류 관리기를 확보하고, 이와 관련된 광고 콘텐츠 제작에 집중한다.

데이터 마케팅의 시장예측 사례

소비자들의 취향을 제대로 저격해서 큰 화제를 모은 유머 콘텐츠가 인기를 얻고 있는데, 이는 김두한식 협상을 활용한 버거킹의 'ALL DAY King, 4딸라'라는 광고이다. 드라마 〈야인시대〉의 김두한 역을 맡은 배우 김영철이 일관되게 '사달라'를 외치며 협상하는 말투와 표정, 그리고 협상 성공 후 여유 있는 미소를 짓는 광고로, SNS에서는 지인들에게 자신들이 갖고 싶은 음식과 물건을 사달라고 조를 때 사용하는 짤방으로 유명하다. 버거킹은 이러한 트렌드 이슈를 빨리 캐치하여 '하루 종일 킹처럼 즐겨라'라는 테마의 'All Day King, 4딸라'를 제작하였다.

[그림 3-9] 버거킹의 4달러 광고

버거킹의 4달러 광고는 VOI 측면에서는 유튜브 560만 조회수를 기록하여 약 1억 9천만 원의 가치를 창출했는데, 이는 광고에 투자된 비용에 아주 작은 부분이다. All Day King 4딸라 캠페인은 패러디를 통해, 제품의 브랜드를 유쾌하고 센스 있게 메뉴의 강점을 쉽게 전달하였고, 김영철이 외치는 사딸라는 재미만을 위해 활용한 것은 아니다. 품질 좋은 버거킹의 메뉴들을 4달러라는 저렴한 가격으로 즐기는 캠페인의 경쟁력을 소비자들에게 효과적으로 인지시켰고, 4달러를 환율을 고려하면 정말로 4,900원이라는 부분도 큰 이슈가 되었다.

3.2.3 신규 고객 탐색

DMP 데이터 마케팅은 데이터 관리 플랫폼(Data Management Platform)을 사용하여 신규 고객을 탐색할 수 있다. DMP는 모든 종류의 정보 소스, 예를 들면 회원가입 정보, 사이트 방문 이력, 키워드 검색 이력 등에서 잠재 고객 및 캠페인 데이터를 저장하는 소프트웨어이다. 이는 디지털 담당자가 모바일 식별값 및 쿠키값 같은 데이터에 접근하고, 게시자는 이를 사용하여 온라인 사용자에 대한 데이터를 저장할 수 있다. 이 데이터를 다양한 기준으로 분류하여 자신의 잠재 고객 세그먼트를 카테고리화하거나 패키지화하여 광고주에게 제공한다. 즉 온오프라인이나 모바일 등을 포함한 모든 소스에서 대상 데이터를 수집, 구성 및 활성화하는 통합 플랫폼이다.

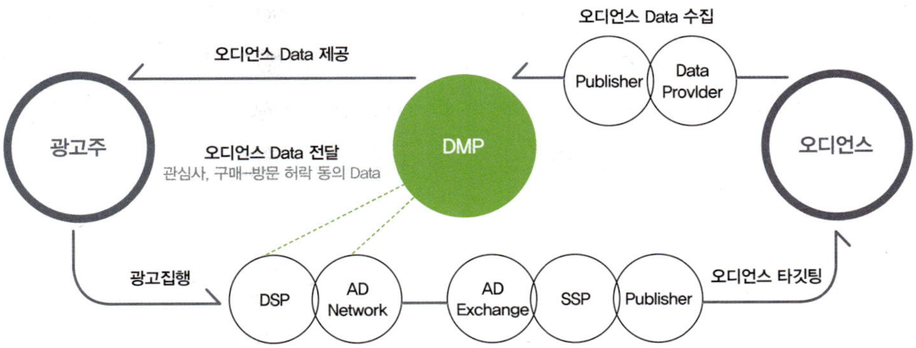

[그림 3-10] DMP 구성도

전 세계 모든 산업의 전문가와 기업은 DMP를 이용하여 현명하고 정보에 입각한 결정을 내릴 수 있다. IT 또는 네트워킹 전문가는 DMP를 사용하여 회사 전체의 시스템을 유지 및 관리하고 기계, 소프트웨어 등을 선택하는 데 사용할 수 있는 도구에서 통찰력을 얻을 수 있다.

DMP의 기본 비즈니스는 게시자, 마케팅 담당자 및 대행사의 세 그룹으로 나눌 수 있다. DMP가 데이터 수집을 시작하면 기존 고객 및 청중을 프로파일링하고 데이터에서 의미를 추출하며, 최대 마케팅 캠페인 성과를 위해 캠페인을 개선할 수 있다.

DMP는 마케팅 프로세스 및 전략의 핵심이며, 어떤 광고 및 마케팅 자료가 청중에게 가장 공감할 것인지, 어떤 콘텐츠가 고객과 청중의 참여를 가장 많이 유도하는지, 어떤 메시지가 제품을 구매하거나 서비스 비용을 지불하도록 유도하는지 이해하는 데 도움이 될 수 있다. 그러나 더 중요한 것은 수집하는 모든 데이터로 무엇을 할 수 있는지, 집중할 수 있는 몇 가지 사항과 이를 통해 수행할 수 있는 작업을 파악하는 것이다.

- **오디언스 타깃팅 및 타깃 광고**: 비디오, 비주얼 및 콘텐츠를 통해 오디언스를 지정하고 관심과 니즈를 타깃팅
- **콘텐츠 및 제품 추천**: 웹 및 모바일 사용자를 위한 개인화된 경험 제공
- **TV DMP**: TV 및 디지털에서 잠재 고객을 일치시켜 구매할 준비가 된 시간과 장소에서 동일한 잠재 고객에게 도달
- **수익 창출 또는 데이터 판매**: 추가 수익을 위해 귀중한 데이터 판매
- **잠재 고객 강화**: 잠재 고객이 웹사이트 또는 기타 사이트에 있을 때하는 일을 넘어서 더 자세한 정보 파악
- **잠재 고객 또는 고객 기반 확대**: 신규 고객의 건전한 공급을 찾아 브랜드 충성도를 구축
- **유료 검색**: DMP 기반 잠재 고객을 사용하여 유료 검색 캠페인을 타킷팅, 억제 또는 동적으로 업데이트
- **유료 소셜**: 페이스북 및 트위터의 개별 사용자 지정 대상 솔루션을 사용하여 소셜 환경 내에서 DMP 기반 대상 구매 실행

특히 마케팅에서 이러한 모든 시나리오 중에서 고객에게 개인화된 경험을 제공하는 것이 가장 중요하고, 고객의 관심과 필요에 초점을 맞춰 고객과의 관계 또는 관계를 구축한다. 데이터를 사용하여 자신의 경험을 개인화하는 것은 좋은 방법이고, 이는 바로 Amazon과 같은 브랜드가 고객이 과거에 본 것과 유사한 제품으로 권장이라는 서비스를 제공하고 있다.

데이터 마케팅의
신규 고객 탐색 사례

아마존은 회원들의 소비 패턴을 분석해 구매 가능한 상품을 추천하는데, 아마존 성장의 중요한 요소로 매출의 35%가 추천 상품에서 발생한다. 아마존은 자사의 추천 시스템을 A9이라 부르고 특허로 등록했다.

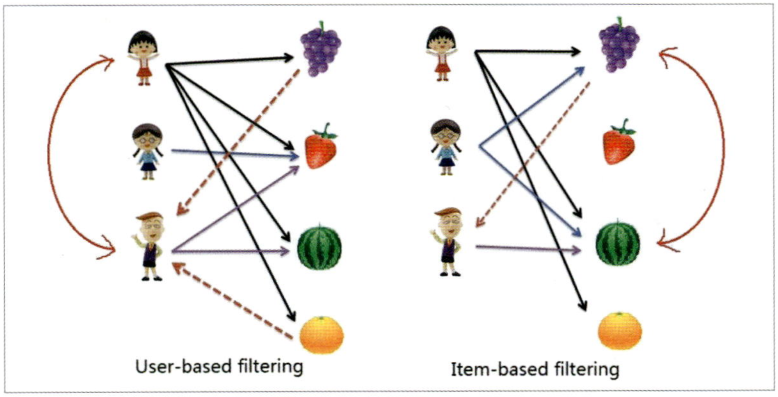

[그림 3-11] 아마존 추천 시스템 로직

기존의 데이터를 통해 상품을 추천하는 알고리즘인데, 고객 수나 아이템 수와 관계없이 대량의 데이터를 처리해서 고품질의 추천을 해준다. 상품 간의 상관관계를 결정하는 아이템 매트릭스를 만든 후 고객의 최신 입력 데이터를 기반으로 고객의 기호를 유추해서 상품을 추천한다. 즉 기존의 온라인 쇼핑몰에서 자주 활용하던 소비자의 패턴 분석에 의한 추천 방식이 아닌 구매한 물건 혹은 검색한 물건을 중심으로 추천하는 방식이다.

아마존 검색엔진의 목적은 구글 검색엔진과는 달리 방문자가 구매를 하게 만드는 데 있다. 따라서 방문자가 검색어를 입력했을 때, 아마존 검색엔진은 어떤 상품을 상위에 노출했을 때 고객이 가장 마음에 들어 할지, 즉 어떤 상품이 전환율이 높을지를 고민한다. 구글이 클릭 수나 고객이 나가는 바운스 비율, 페이지에 머무르는 시간 등을 가지고 검색 결과를 결정하는 것과는 다른 방법이다.

아마존 랭킹 알고리즘

아마존 랭킹 알고리즘에 영향을 주는 직접적인 요소는 텍스트 매치 적절성, 재고 히스토리, 가격 판매 속도 등이 있다. 반면에 간접적 요소로는 배송 방식, 리뷰, 이미지, 브랜드 콘텐츠, 광고 프로모션 등이 있다.

연·습·문·제

※ 다음 빈칸에 해당하는 용어를 넣으시오.

1. (   )이란 데이터를 활용하여 마케팅의 기획, 이행, 성과 측정까지 전 분야를 아우르는 마케팅 기법을 말한다.

2. 최근에는 마케팅에 기술을 접목시킨 (   )가 있는데, 이는 마케팅(Marking)과 테크놀로지(Technology)의 합성어로 기술적인 마케팅을 가능하게 하는 응용 프로그램 및 플랫폼, 혹은 이러한 툴을 활용한 방법이다.

3. (   )는 해당 웹사이트에 맞게 고유한 방식으로 기획 및 제작된 광고를 의미한다. 기존 광고와는 달리 웹사이트 이용자가 경험하는 콘텐츠 일부로 작동하여 기존 광고보다 사용자의 관심을 적극적으로 끄는 형식을 사용하며 브랜디드 애드라고도 한다.

4. 온라인상의 영향력을 나타내는 척도가 (   )인데, 이는 유튜브와 페이스북에 있는 채널들의 팔로워 수, 조회 수, 검색량 등을 기준으로 최근에 더 주목받고 있는 콘텐츠 플랫폼에 좀 더 가중치를 부여한 결과이다.

5. (   ) 는 모든 종류의 정보 소스, 예를 들면 회원가입 정보, 사이트 방문 이력, 키워드 검색 이력 등에서 잠재 고객 및 캠페인 데이터를 저장하는 소프트웨어이다.

※ 다음 내용에 대하여 설명하시오.

6. 데이터 마케팅에서 소비자의 구매 행동 과정을 설명하시오.

7. 네이티브 애드에서 가장 중요한 성공 요소에 대해서 설명하시오.

8. 데이터 마케팅으로 활용 가능한 영역을 설명하시오.

※ 다음 주제에 대하여 토론하시오.

9. 아마존과 넷플릭스의 추천 시스템을 비교하고 토론하시오.

10. 데이터 마케팅에서 추가될 수 있는 소비자 분석 부분을 토론하시오.

쉬면서 생각하는 4차 산업혁명 꿀팁!

Step 3

매슬로의 욕구 5단계설과 산업혁명을 비교하면 1단계 생리적 욕구와 2단계 안전의 욕구는 물질의 소비를 강조하는 1차 산업혁명과 2차 산업혁명에 닿아 있다. 3단계 사회적 욕구는 커뮤니케이션과 참여가 강조되는 3차 산업혁명과 궤를 같이 한다. 4단계 존경의 욕구와 5단계 자아실현의 욕구는 자신을 중심으로 자기실현이 중요해진 4차 산업혁명으로 연결된다.

소비자 행동론

PART II 소비자의 의사 결정과 구매 행동

Photograph Business Wire

CHAPTER 4

소비자 의사 결정 과정과 문제 인식

학습 목표

- 소비자의 의사 결정 과정과 문제 인식에 대하여 이해한다.
- 의사 결정의 단계와 소비자의 문제 인식 유형 및 측정 방법을 학습한다.
- 소비자의 문제 인식을 기반으로 하는 광고 사례와 빅데이터 활용 사례를 학습한다.

문제 인식 기반 광고 코웨이는 영유아를 대상으로 사회 공헌 캠페인 '물쉼표 시간 시즌 2'를 진행하고 있다. (본문 100~101쪽)

4.1 의사 결정 과정

4.1.1 의사 결정이란?

과거, 현재, 그리고 미래의 구분은 고집스럽게 지속되는 착각일 뿐이다.

– 알베르트 아인슈타인
(Albert Einstein)

(1) 의사 결정의 정의

의사 결정(Decision Making)은 일정한 목표를 달성하기 위하여 여러 가지 대안들(Alternatives)로부터 특정 상황에 가장 유리한 행동을 선택하는 합리적인 과정이다. 의사 결정은 현재의 시점에서 과거의 자료를 바탕으로 미래를 예측하는 행위이며, 사실적 판단에 입각한 예상되는 행위라는 특성이 있다. 홉슨의 선택(Hobson's Choice)은 소비자가 선택할 대안이 없을 때 특정한 구매 결정을 하도록 강요된 경우를 말한다. 하지만 현실적으로 선택의 여지가 없는 구매나 소비 상황이란 거의 찾아보기 어렵다. 소비자가 어떤 특정한 제품, 상표 및 점포를 선택하는 것은 기업이 시장에서 생존과 성장을 결정하는 중요한 요인이므로 마케터는 이러한 의사 결정 과정을 주의 깊게 살펴야 한다.

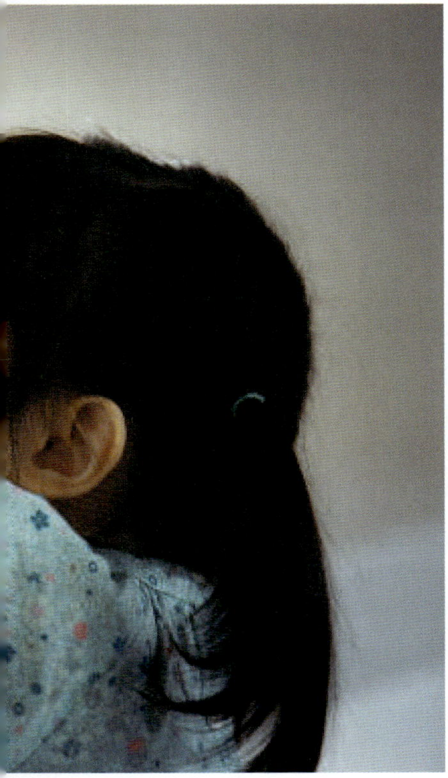

의사 결정을 이해하기 위한 개념

현상(Situation)은 소비자가 현재 직면한 상태나 형편으로, 다양한 문제의 집합으로서 현상을 파악하는 것을 문제의 탐색이라 할 수 있다.

문제(Problem)는 현재의 상태와 소비자가 희망하는 목표 상태의 차이를 의미한다.

과제(Issue)는 소비자가 문제에 직면할 경우에 우선적으로 해결해야 할 선택된 문제로서 문제를 해결하고자 하는 소비자의 의사가 반영된다.

인식(Recognition)은 소비자가 해결해야 할 문제를 정확하게 분석하고 정의하는 것이다.

의사 결정은 문제 해결을 위하여 문제를 진단하고 대안을 설계하며 제시된 대안 중에서 선택을 하는 행위로, 문제의 탐색에서 대안의 선택까지의 영역을 포함한다. 문제 해결(Problem Solving)은 소비자의 현재 상태와 목표 상태 사이의 차이를 최소화시키는 것으로, 의사 결정의 영역에서 선택된 대안을 실행하는 영역까지를 포함한다.

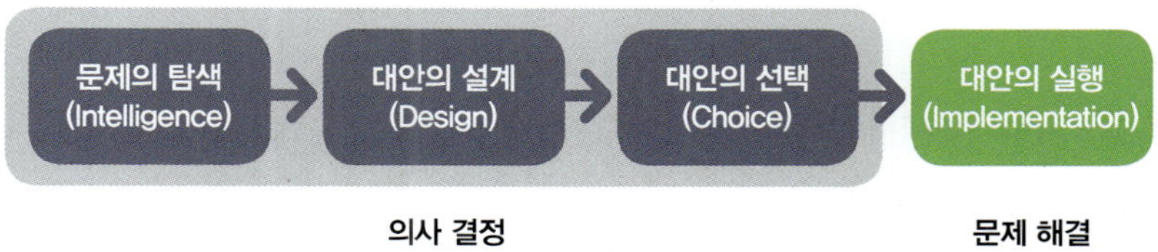

[그림 4-1] 의사 결정과 문제 해결

의사 결정에 영향을 미치는 요인으로는 크게 외부 환경 요인과 내부 결정 요인이 있다. 외부 환경 요인으로는 문화, 사회계층, 사회집단, 가족 등이 있고, 내부 결정 요인으로는 개인의 지각, 학습, 개성, 라이프스타일, 태도 등이 있다. 소비자는 자신이 속해 있는 외부 환경과 각자의 내적인 심리적 요인들이 제각기 다르므로 의사 결정 과정에서 다양한 형태의 행동으로 나타난다.

라이프스타일

(2) 의사 결정의 유형

의사 결정의 유형은 의사 결정 구조, 의사 결정 상황, 의사 결정 조직 계층의 수준, 의사 결정 주체 등에 따라서 다음과 같이 나눈다.

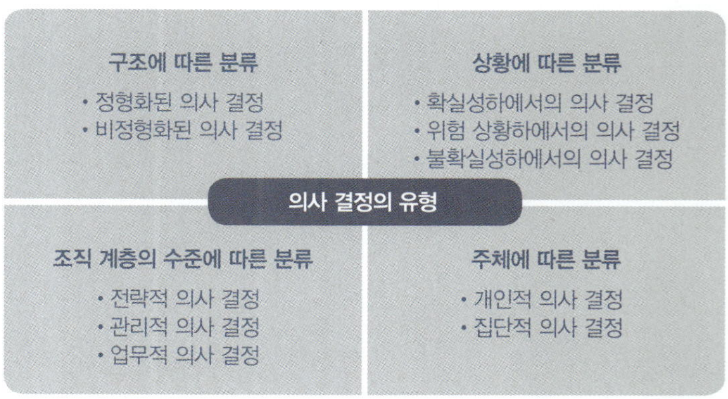

[그림 4-2] 의사 결정의 유형

첫째, 의사 결정 구조에 따른 분류는 의사 결정이 얼마만큼 구조화, 체계화, 정보화되어 있느냐의 여부가 기준이 된다(H. A. Simon). 정형화된 의사 결정(Programmed Decision)은 하위 관리자들에 의해 이루어지며 대체로 단기적 성격이다. 비정형화된 의사 결정(Non Programmed Decision)은 최고경영자 수준에서 이루어지며, 장기적인 예측 사항과 조직의 생존과 관련된다.

둘째, 의사 결정 상황에 따른 분류는 의사 결정 결과의 명확성 여부에 따른다(E. Gutenberg). 확실성(Certainty)하에서의 의사 결정은 의사 결정에 따른 각 대안별로 상황의 발생 결과를 확실하게 예측할 수 있으므로 불확실하지 않다. 위험(Risk)하에서의 의사 결정은 의사 결정에 따른 결과를 확실하게 예측할 수 없고, 단지 일정한 확률을 가지고 예측할 수 있는 상황하의 의사 결정이다. 불확실성(Uncertainty)하에서의 의사 결정은 발생할 수 있는 결과를 추정할 수 있으나 그 발생 확률을 알 수 없는 경우이다.

경영관리

셋째, 의사 결정 조직 계층의 수준에 따른 분류는 경영관리 조직 계층을 기준으로 해서 나눈다(H. I. Ansoff). 전략적 의사 결정(Strategic Decisions)은 기업의 외부 문제, 특히 제품의 선정과 관계되는 의사 결정, 최고경영자의 책임인 전략적 의사 결정의 문제로 기업 목표의 변경, 성장 계획, 다각화 계획, 제품 시장 지위(Product Market Position) 및 신제품 개발 계획 등을 포함한다. 관리적 의사 결정(Administrative Decisions)은 전략적 의사 결정을 구체화하기 위하여 변환 과정의 효율을 최적화하는 것을 목적으로 구체적으로는 조직 구조의 변경, 정보의 흐름, 유통 경로, 입지 결정 등이 속한다. 이 외에도 필요한 자본, 자재, 설비의 조달과 획득, 인력 관리와 개발에 관한 것들이 해당된다. 업무적 의사 결정(Operating Decisions)은 자원 변환 과정의 능률을 극대화하는 의사 결정으로서 전략적 및 관리적 의사 결정을 구체화한다.

넷째, 의사 결정 주체에 따른 분류는 개인 의사 결정과 집단 의사 결정으로 나뉜다. 개인 의사 결정(Individual Decision Making)은 자신의 이해관계를 중심으로 개인의 식견이나 인격에 근거한 의사 결정으로, 합리성이 부족하고 정보력 면에서 다소 취약한 측면이 있다. 반면에 집단 의사 결정(Group Decision Making)은 집단의 의사 결정이 개인보다 우월하다는 가정하에 중요성이 검증되었다. 따라서 조직에서 중요한 의사 결정을 해야 하는 경우, 조직에 포함된 구성원의 결정보다는 전문가 집단인 각종 위원회, 연구 팀, 태스크 포스(Task Force) 등 집단의 의사 결정을 반영한다.

태스크 포스(Task Force)

(3) 의사 결정의 모형

의사 결정의 모형에는 합리적-경제인 모형(Rational-Economic Model), 만족화 모형(Satisfying Model), 점증적 모형(Incremental Model), 최적 모형(Optimal Model), 혼합 모형(Mixed Scanning Model) 등이 있다.

최적 대안

첫째, 합리적-경제인 모형은 의사 결정이 완벽히 합리적으로 이루어지는 것으로 보는 견해로서, 결정자의 전지전능성을 가정하고 최적 대안을 채택하는 모형이다. 이상적인 의사 결정 모형으로 자료 분석 및 종합에서 재량적 방법이 강조된다.

둘째, 만족화 모형은 의사 결정이 합리성의 제약 속에서 이루어지는 것으로 보는 견해로서, 의사 결정자가 만족할 만한 수준에서 최종안을 채택하는 모형이다. 이 모형은 인간은 기억 용량의 한계나 지식 또는 정보 부족 등으로 실제 상황에서 합리적인 행동을 하지 못하는 상황이 있다고 가정한다. 이는 의사 결정이 상황에 따라 절대적 합리성보다는 제한적인 기준을 적용하거나 최선책이 아닌 차선책도 수용할 필요가 있다는 의미이다.

셋째, 점증적 모형은 인간의 현실적이면서 보수적 성향을 가장 많이 반영하는 것으로, 현실보다 약간 향상된 수준에서 의사 결정이 이루어진다고 본다. 이 모형에서는 문제가 복잡하고 불확실하며 갈등이 많은 경우, 현재 상황과 유사한 제한된 몇 가지 대안에 대하여 그 결과를 계속적으로 비교한다.

초합리성(Extra-Rational Factor)

넷째, 최적 모형은 합리성뿐 아니라 직관, 판단, 창의 등 초합리성(Extra-Rational Factor)에 의해서도 의사 결정을 할 수 있다고 본다. 변화가 심하고 불확실성이 높은 상황은 초합리성에 의존하는 경향이 있다고 보는 것이다. 이 모형에는 올바른 의사 결정을 위해 대안을 검토하고 결정하는 단계와 의사 결정을 준비하는 단계 및 정책을 실행하는 단계가 있다.

다섯째, 혼합 모형은 이상적인 합리 모형과 현실적인 점증 모형의 장점만을 상호 보완한 것이다. 즉, 기본적이며 장기적인 의사 결정은 합리 모형으로, 지엽적이고 단기적인 의사 결정은 점증 모형으로 결정하는 모형이다. 합리적 모형의 지나친 이상주의와 비현실적인 단점, 점증 모형의 기존의 틀은 변하지 않는 보수주의와 비혁신적인 단점을 보완하기 위해서 만들어진 모형이다. 이 모형은 넓은 영역에 대한 의사 결정을 합리 모형에 의하여 개괄적으로 탐색하고, 그중 세부적인 관심을 가져야 할 좁은 영역을 점증 모형의 입장에서 비교하고 탐색한다.

4.1.2 소비자 의사 결정의 과정

(1) 의사 결정의 단계와 역할

소비자의 구매 의사 결정 과정은 대상이 되는 제품을 구입하는 과정이다. 해당 문제를 인식하고, 원하는 바가 무엇인지를 정의하며, 다양한 대안들을 비교하고 평가하여 구매 의사 결정을 내리고, 제품을 구매하게 된다. 이 과정에서 소비자의 상황적 요인에 따른 제품에 대한 관여도와 개인이 대안을 평가하는 정보처리 과정이 최종 결정에 영향을 미친다.

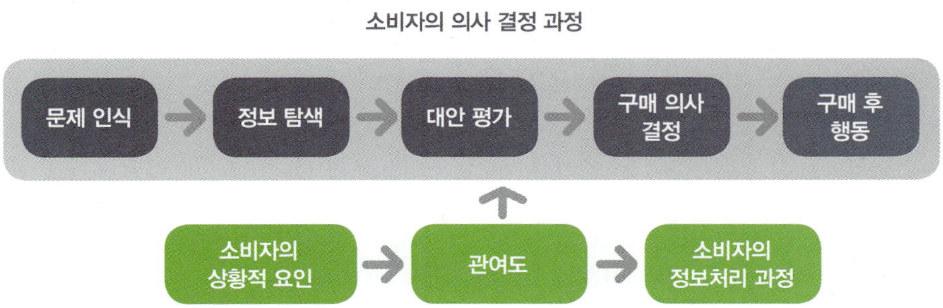

[그림 4-3] 소비자의 구매 의사 결정 과정

문제 인식 단계는 소비자가 현재 상태와 바람직한 상태 사이의 차이를 인식하는 단계로, 소비자는 이를 해소하기 위해 구매 욕구를 느낀다. 그러나 이러한 소비자의 부족에 대한 인식이 반드시 구매 의사 결정 과정을 유발하지는 않는데, 그 이유는 개인적으로 처한 상황적 요인이 다르기 때문이다. 구매 욕구

문제 인식 기반 광고 사례

맥도날드는 자사의 제품을 알리기 위하여 맥카페의 가격이 2,000원인 점을 강조하여 광고하고 있다. 이는 소비자가 무의식적으로 선택해서 마시는 스타벅스와 커피빈의 커피 가격이 높다는 문제를 환기시키는 데 커다란 성과를 거두고 있다. 이 사례는 가격이라는 속성으로 소비자의 합리적인 의사 결정을 자극하고, 소비자가 매일 마시는 커피에 대한 일상적인 문제를 즉각적으로 해결하였다. 즉, 스타벅스와 커피빈의 높은 가격 문제를 소비자가 인지하고 내일부터 가격이 저렴한 맥카페를 구매하도록 유도한 것이다.

[그림 4-4] 맥도날드의 맥카페 광고

정보 탐색 단계는 소비자에게 인식된 욕구 충족을 위하여 필요한 정보를 찾는 과정이다. 정보에는 소비자의 기억에 저장된 내적 정보가 있고, 이 정보가 충분할 경우에는 바로 의사 결정으로 이어질 수 있다. 그러나 소비자가 보유한 정보가 없거나 부족한 경우는 외적 탐색을 통해서 의도적으로 정보를 수집한다.

문제 인식 기반 **광고 사례**

3M은 최근의 공기청정기가 아주 작은 미세먼지를 필터링하지 못한다는 문제를 소비자에게 부각시켜서 미세먼지를 걸러내는 필터 제품을 광고하고 있다. 이를 통해서 소비자는 기존 자신들이 사용하는

[그림 4-5] 3M의 공기청정기 필터 광고

공기청정기 필터에 대한 필터링 성능을 의심하기 시작하였고, 건강과 맞물리면서 커다란 호응을 얻고 있다. 이 사례는 소비자가 기존에 쓰는 일상용품에 대한 문제 인식을 부각시켜서 성공한 것이다.

대안 평가 단계는 소비자가 정보를 탐색하면서 선택된 대안들에 대한 평가를 하는 과정으로 소비자는 가장 합리적인 대안을 선택하게 된다.

빅데이터 **활용 사례**

신한카드의 고객 맞춤형 빅데이터 센터는 문제 인식 기반에서 출발한 서비스로 기업 경영에 활용하는 주요 데이터들을 제공한다. 카드업계의 경쟁이 치열한 상태에서 2,200만 고객의 정보를 새로운 가치로 재창출하여 다수가 아닌 고객 맞춤형 마케팅에 주력하자는 아이디어에 기초하고 있다. 이를 위하여 신한카드는 빅데이터 센터를 영업 부문이 아닌 경영 기획 부문에 배치하여 상품 개발, 영업, 상담 등 전사적 관점에서 활용하고 있다.

전사적 관점

신한카드는 소비자의 카드 소비 성향 패턴을 분석하고, 그에 맞는 서비스를 제공하는 콤보(combo) 서비스를 선보였다. 콤보 서비스는 각 소비자별로 분석한 결과를 바탕으로 선호도가 가장 높은 품목에 대해서 할인 혜택을 집중적으로 제공하여 커다란 반응을 일으키고 있다. 이는 소비자의 정보 탐색의 과정을 시스템화하여 의사 결정자들이 합리적 전략을 수립한 마케팅 사례이다.

[그림 4-6] 신한카드의 콤보 서비스

구매 의사 결정 단계에서 소비자는 선택된 대안들을 비교하고 평가하여 자신의 능력에 가장 합리적인 대안으로 구매를 하게 된다. 이 단계에서는 특별한 브랜드에 대한 구매 결정뿐만 아니라 브랜드를 취급하는 점포의 선택 과정도 포함된다.

문제 인식 기반 **광고 사례**

소비자 불만

롯데카드는 소비자 불만을 해결하기 위하여 포인트 유효 기간을 폐지하고, 탈퇴 회원의 포인트는 결제 대금으로 사용하거나 현금처럼 쓸 수 있는 기프트 카드로 교환하는 것을 지원한다. 이는 자사의 제품을 구매한 소비자의 상태를 분석하여 포인트 유효 기간에 대한 소비자 불만을 다른 서비스로 충족시켜 줌으로써 제품에 대한 만족도를 높이려는 전략이다.

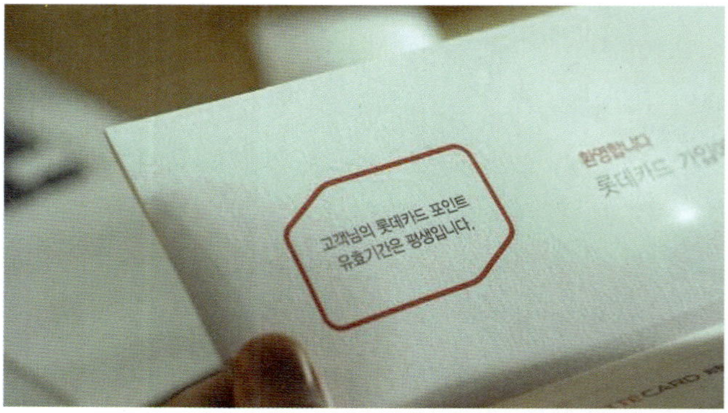

[그림 4-7] 롯데카드의 포인트 유효 기간 폐지

구매 후 행동 단계는 소비자가 제품을 구매한 후에 만족이나 불만족을 경험하는 단계이다. 만족한 경우에는 다음 의사 결정이나 타인의 구매 의사 결정에 영향을 주고, 불만족한 경우에는 선택되지 않은 대안에 대하여 심리적 불안감을 가진다. 이를 해소하기 위하여 소비자는 자신이 가지고 있는 정보를 탐색하여 선택된 대안에 대한 긍정적인 정보를 찾는다.

소비자의 문제 인식을 자극하기 위한 마케팅 전략으로 마케터는 소비자의 욕구를 만족시킬 수 있는 제품을 개발하거나 변경한다. 그리고 고객의 욕구에 따라서 유통 채널을 수정하고, 가격 정책을 변경하며, 소비자의 제품에 대한 충동적인 욕구를 유도할 수 있도록 광고 전략을 수립한다. 마케터는 기존 제품의 장점과 단점을 파악하고, 소비자의 라이프스타일을 자극하며, 상품이 제공하는 특별한 기능과 성능을 분석하여 파악하는 노력이 필요하다. 즉, 소비자의 현재 상태와 희망 상태의 차이를 재정적인 측면과 시간의 제약성들을 고려하여 최소화하여 활용한다.

(2) 의사 결정의 영향 요인

소비자가 구매 의사 결정을 할 때 영향을 미치는 요인으로 환경적인 외적 요인과 개인적인 내적 요인이 있다.

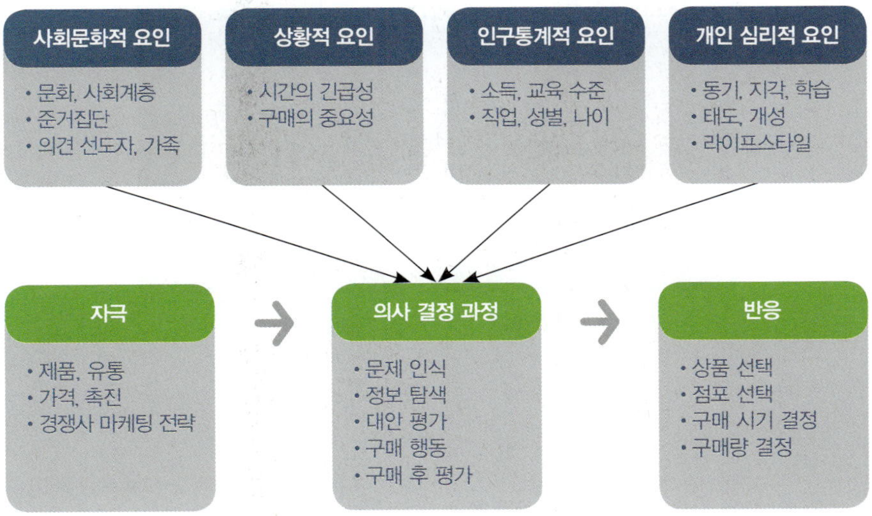

[그림 4-8] 소비자 의사 결정의 영향 요인

외적 요인에는 사회문화적 요인, 인구통계학적 요인, 상황적 요인 등이 있으며, 기업이 진행하는 외적인 환경과 마케팅 전략에 따라서 결과는 다르게 나타난다. 내적 요인은 소비자가 가지고 있는 개인적이고 심리적인 요인으로서, 개인에게 인지된 정보, 학습, 문제에 대한 동기, 개성, 태도 등이 포함된다. 소비자는 내·외적으로 다양한 환경에 노출되어 있으므로 단편적인 요인으로 소비자의 행동을 단정하기는 어렵다.

문제 인식 기반 **광고 사례**

악사(AXA) 보험회사는 자동차를 많이 이용하는 소비자나 그렇지 않은 사람이 동일하게 자동차 보험료를 낸다는 문제 제기를 통해서 소비자의 커다란 호응을 이끌고 있다.

악사는 자신이 주행한 만큼의 마일리지를 반영한 자동차 보험료를 연동하여 보험료를 산정하는 상품을 제시하여 문제를 해결하였고, 자동차 보험의 새로운 변화를 시도하였다. 자동차 보험은 문제의 긴급도와 중요도 측면에서 1년이라는 가입 기간을 고려하면 많은 비용을 지불하는 문제가 있다. 하지만 긴급하지 않다는 점이 문제 인식을 무디게 하는 측면도 있어, 이 부분을 마일리지라는 포인트로 부각하여 긴급성을 인지하도록 한 사례이다.

[그림 4-9] 악사의 자동차 보험 광고

4.2 소비자의 문제 인식

4.2.1 문제 인식이란?

소비자의 의사 결정의 첫 번째 단계는 의사 결정의 문제를 확인하고 규정짓는 단계이다. 즉, 소비자에게 발생되는 의사 결정 문제를 올바르게 인식하고, 목표에 따른 결정의 기준이 무엇인가를 계획하며, 원하는 목표를 효과적으로 달성하는 단계이다. 이 단계에서 소비자는 문제에 대한 올바른 인식을 위하여 현상을 정확히 파악하는 것이 필요하다. 문제 인식은 실제 상태(Actual State)와 바람직한 상태(Desired State) 간의 차이를 소비자가 깨닫는 소비자의 욕구 환기(Need Arousal)이다. 이를 위해서 소비자는 자신이 인지한 욕구에 대하여 정확한 문제 정의가 필요하다.

욕구 환기(Need Arousal)

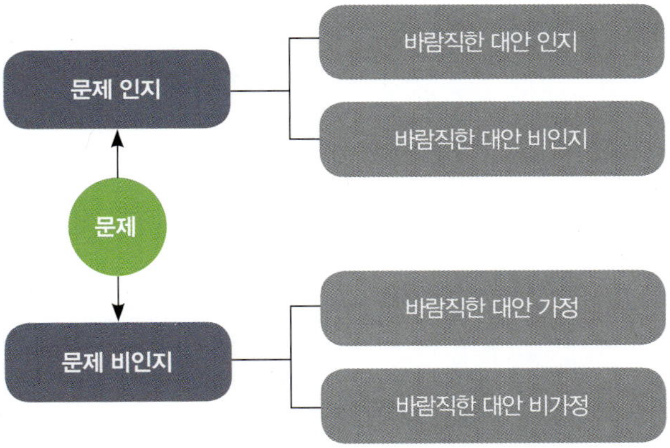

[그림 4-10] 문제 인식 형태

소비자가 문제에 대하여 정확하게 알고 있는지의 여부를 파악하는 것은 매우 중요하다. 그에 따라 바람직한 대안이나 결과를 알고 있는 경우와 그렇지 못한 경우를 명확하게 파악해야 한다.

문제 인식 기반 **광고 사례**

담뱃갑 경고 그림은 담배의 유해성을 이미지를 통해서 인식시키는 상징적인 효과가 있다. 이 경고 그림의 금연 캠페인은 흡연이 건강에 해롭다는 문제를 극단적인 암의 문제로 자극하여 공포를 유도하는 방법을 사용한다. 최근에는 소비자가 가족이나 자신의 건강한 삶을 추구하기 위한 설득의 형태로 캠페인 광고를 하고 있다. 이 사례는 공포를 통해서 금연을 강조하는 측면이 있지만, 현재의 상태와 희망의 상태에 대한 의사 결정의 갈등을 극적으로 제시한다.

설득의 형태

[그림 4-11] 금연 캠페인 광고

소비자가 문제를 인식하는 데 영향을 주는 요인은 희망 상태에 영향을 주는 요인과 현실 상태에 영향을 주는 요인으로 나눌 수 있다. 희망 상태에 영향을 주는 요인으로는 문화, 사회계층, 준거집단, 가족 특성, 동기, 감정, 상황, 재정 상태, 이전의 결정, 개인의 학습 정도 등이 있다. 현실 상태에 영향을 주는 요인으로는 욕구 환기 정도, 과거 구매 결정, 상품의 유용성, 규범, 제품(브랜드)의 성능, 개인의 학습 정도, 소비자 그룹의 노력, 제도적 노력 등이 있다.

내적인 욕구 변화

소비자의 문제 인식은 낮은 단계의 욕구가 충족되면 보다 높은 단계의 욕구가 활성화되는 내적인 욕구 변화로 일어난다.

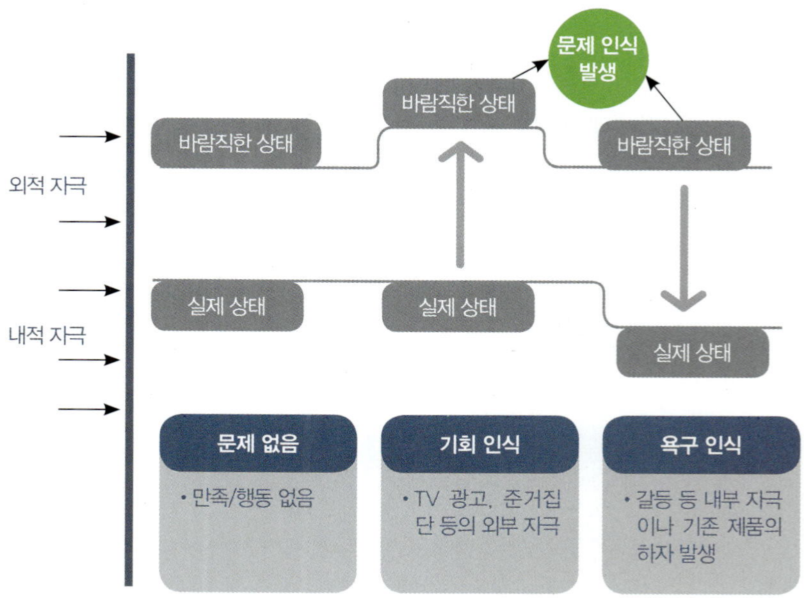

[그림 4-12] 실제 상태와 바람직한 상태

문제 인식 기반 **광고 사례**

코웨이는 영유아를 대상으로 사회 공헌 캠페인 '물쉼표 시간 시즌 2'를 진행하고 있다. 이 광고는 물 마시기의 중요성을 알리고, 올바른 습관을 심어 주기 위한 건강한 물 마시기 캠페인이다. 2013년에는 탄산음료를 즐겨 마시는 10대 청소년을 대상으로 하였고, 2014년부터는 물 습관이 형성되는 시기인 영유아를 위해 전국 1,000여 개의 유치원과 어린이 집에서 '물쉼표 시간' 캠페인을 진행하였다. 캠페인성 광고는 소비자에게 자사의 제품을 통해서 현재의 상태(물을 마시지 않는 습관)와 희망하는 상태(어려서부터 물 마시는 습관 형성)의 차이를 인식시켜 간극을 줄이려는 코웨이의 노력을 보여 준다.

현실에서는 불규칙하게 물을 마시는 현상, 즉 만족 모형의 의사 결정을 선택하고 있지만, 가능하면 물 마시는 시간을 조직화하여 최적의 의사 결정 형태를 취하도록 하는 사례이다.

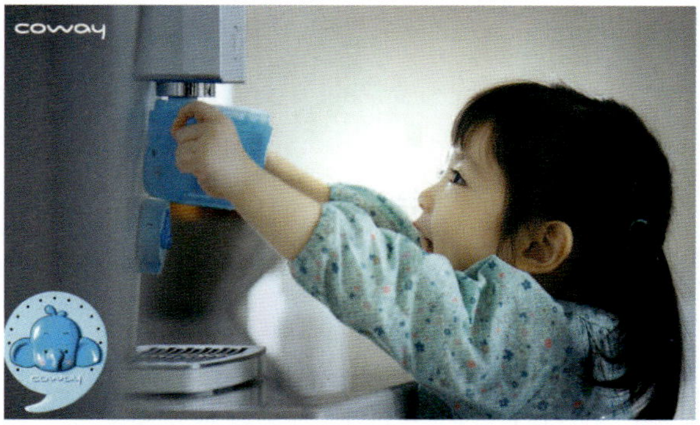

[그림 4-13] 코웨이의 물쉼표 시간 광고

이처럼 기업이 제공한 광고를 통한 자극 또는 가족이나 친구, 직장 동료 등의 준거집단의 자극을 통해서 문제에 대한 인식이 일어난다. 또한 사용 중의 제품이 고장 나거나 사용하는 제품의 기능에 대하여 불만족한 경우에 욕구 인식이 일어난다.

4.2.2 문제 인식 유형

문제 인식이 의사 결정 과정으로 이어지기 위한 조건은 충분한 동기부여가 있어야 한다. 이 경우 문제 인식이 의사 결정 과정을 거쳐 구매로 진행된다. 여기서 동기부여의 정도는 실제 상태와 바람직한 상태 간의 차이와 당면한 문제의 중요성에 의해 결정된다. 문제 인식의 유형은 문제 해결의 긴급성과 사전 발생 가능성에 따라서 다음과 같이 분류한다.

동기부여

〈표 4-1〉 문제 인식의 유형

해결의 긴급성 / 사전 발생 가능성	즉각적 해결	점진적 해결
가능	일상적 문제	계획성 문제
불가능	긴급성 문제	발현성 문제

일상적 문제(Routine Problem)는 실제 상태와 바람직한 상태 간의 차이로 일어나는, 예상되고 즉각적으로 해결할 필요가 있는 문제이다. 예를 들면, 생활용품 부족에 관련된 문제들이다.

계획성 문제(Planning Problem)는 예상은 되나 즉각적으로 해결할 필요가 없는 문제이다. 예를 들면, 오래된 가전제품을 신제품으로 교체하거나 재구매에 대한 문제들이다.

긴급성 문제(Emergency Problem)는 갑자기 발생한 예상치 못한 문제로서 즉각적으로 해결해야 할 문제이다. 예를 들어, 갑자기 내린 폭설로 인해서 스노우 체인을 장착해야 하는 문제들이다.

발현성 문제(Evolving Problem)는 예상하지 않고, 즉각적으로 해결할 필요가 없는 문제로 집안의 가전제품의 기능적인 업그레이드에 대한 고민 등이다.

문제 인식 기반 **광고 사례**

동방신기의 팬들은 신문 1면 하단에 '당신의 근무 환경은?'이라는 카피로 광고를 게재하였다. 이 광고는 13년 전속 계약과 전속 계약 해지 시 막대한 위약금, 멤버들의 휴가 없는 스케줄 등을 문제화하여 동방신기의 현실을 알리는 데 활용되었다. 이 광고는 문제 인식의 측정법 중에서 'Why-Method' 기법을 활용한 것인데, 동방신기의 근무 환경을 'Why'라는 형태로 질문하고 그에 대한 답을 하면서 문제에 접근하였다.

동방신기의 팬들은 소속사 SM 엔터테인먼트에 전속 계약 효력 정지 가처분 신청 제기를 위한 고발 내용을 알리기 위하여 신문광고라는 적극적인 방법을 활용하였다. 이 광고로 인하여 소속사는 공식적인 해명을 하였고, 대외적인 이미지 관리의 필요성을 알게 되었다.

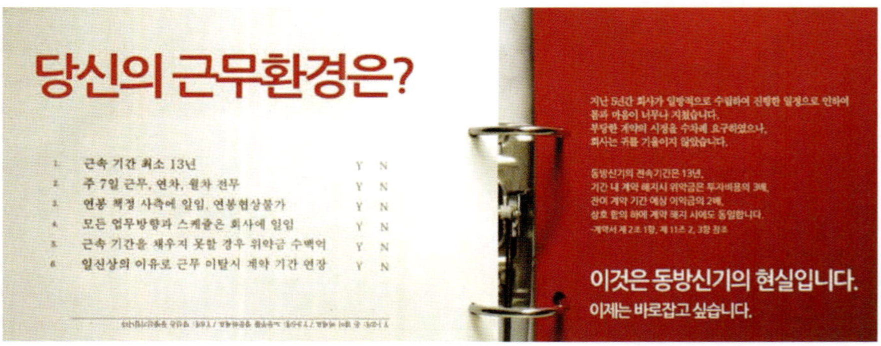

[그림 4-14] 동방신기 팬들의 광고

소비자가 문제를 인식하는 유형에는 본원적 문제 인식과 선택적 문제 인식이 있다. 특정한 제품의 범주 전체에 대한 일차적인 수요를 자극해서 한 제품에 대한 전체 시장의 규모를 확대하려고 하는 것은 본원적 문제 인식이다. 어떠한 제품 범주 내에서 특정한 브랜드에 대한 선택적 수요인 욕구의 자극으로 나타나는 것은 선택적 문제 인식이다. 다시 선택적 문제 인식은 이성적 문제 인식과 감성적 문제 인식으로 나뉜다. 이성적 문제 인식은 소비자의 이성적인 구매동기를 자극해서 기능적이고 실용적인 욕구를 환기시키는 것으로 직접적인 비교 광고가 효과적이다. 감성적 문제 인식은 감성적 구매동기, 즉 사랑 · 성 · 두려움 · 놀라움 등의 감성적인 소구 방법을 이용해서 소비자의 감성을 환기시키는 것이다.

문제 인식 기반
광고 사례

약국에서 쉽게 구입할 수 있는 해열진통제는 대부분 부작용이 크지 않고 효과도 비슷비슷해 보인다. 하지만 성분별로 자세히 살펴보면 해열 효과, 진통 기전, 소염 효과, 부작용 등에서 차이가 있다. 미국 식품의약품안전국(FDA)은 최근 미국인들이 진통제를 너무 많이 사용하고 있고, 또 이들을 섞어서 복용하고 있다고 판단하여, 약국에서 판매하는 진통제를 안전하게 사용하기 위한 캠페인을 시도하였다. 캐나다 토론토 도심에 설치된 옥외광고는 두통으로 괴로워하는 남성 이미지에 크레인이 남성의 머리를 관통하고 있는 모습이다. 이 광고는 두통의 심각함을 강조하면서 "정상적인 삶으로 돌아가세요(Get back to normal)"라는 광고 카피를 통해 타이레놀을 먹으면 두통에서 벗어날 수 있다는 메시지를 전달한다.

미국 식품의약품안전국(FDA)

[그림 4-15] 타이레놀의 옥외광고

아스피린은 가장 오래되고 안전한 두통약의 대명사이다. 아스피린은 두통 치료 이외에 해열 효과와 소염 작용도 있어 관절염 치료에도 흔히 처방되고 다른 염증에도 광범위하게 쓰인다. 그러나 가장 큰 약점은 위점막을 손상시킨다는 것이다. 아스피린은 위점막을 유지하는 프로스타글란딘이라는 물질이 만들어지지 못하도록 하기 때문에 위벽 보호 기능을 떨어뜨린다. 이러한 문제를 타이레놀이 활용하여 '부작용이 없는 진통제'로 제품을 광고하였고, 두통약의 선두 주자인 아스피린을 누르고 진통제 시장 점유율 1위로 올라섰다. 타이레놀이 아스피린이 가지고 있는 부작용을 소비자에게 인식시키는 데 성공하였기 때문이다.

선택적 문제 인식은 특정한 제품의 범주 내에서 자사 제품이나 브랜드의 시장 점유율을 유지하고 상승시키는 데 초점을 두고 있는 반면에 본원적 문제 인식은 특정한 제품의 전체 시장 자체를 확대하기 위한 것이다.

4.2.3 문제 인식 측정법

소비자가 문제를 인식하기 위한 측정 방법에는 문제 우선순위 분석 기법(Problem Priority Analysis), 가치 나무 기법(Value Tree Analysis), Why-Method 기법, 던커(Duncker) 기법, 문제 재정의(진술-재진술) 기법 등이 있다.

문제 우선순위 분석 기법은 의사 결정자에게 당면한 문제의 중요도와 긴급 정도를 고려하여 우선적으로 해결해야 할 문제를 선정하는 방법이다. 이 방법에서는 의사 결정자가 당면한 문제 중 중요도와 긴급한 정도를 기준으로 우선적으로 해결해

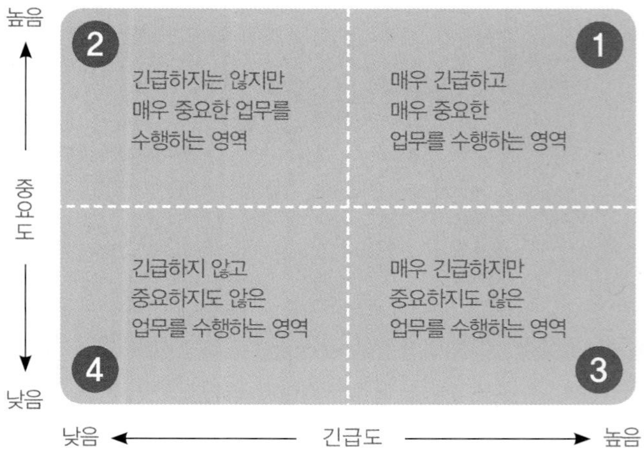

[그림 4-16] 문제의 긴급도와 중요도

야 할 중요 문제들을 선정한다. 일상적으로 발생하는 많은 문제들을 해결할 때 의사 결정자는 당면한 문제 중 어떤 문제를 우선적으로 해결해야 하는지에 대하여 그림 3-16과 같은 순서로 판단의 기준을 삼는다.

가치 나무 기법은 의사 결정 목표를 의사 결정자의 총 만족도로 설정하고, 관련 속성을 찾아 의사 결정 목표와 수단을 탐색하는 과정을 통해 얻어진 객관적인 평가 기준으로 문제를 선정하는 방법이다. 이 방법은 의사 결정의 문제 진단 과정에서 문제를 분석하거나 정의하는 데 사용되고, 대안을 선택하고 비교할 때에도 이용된다. 가치 나무 기법에는 총 만족도, 속성, 목표, 측정 수단의 순서로 접근하는 하향식(Top-Down) 방식과 반대로 접근하는 상향식(Bottom-Up) 방식이 있다.

하향식(Top-Down)

상향식(Bottom-Up) 방식

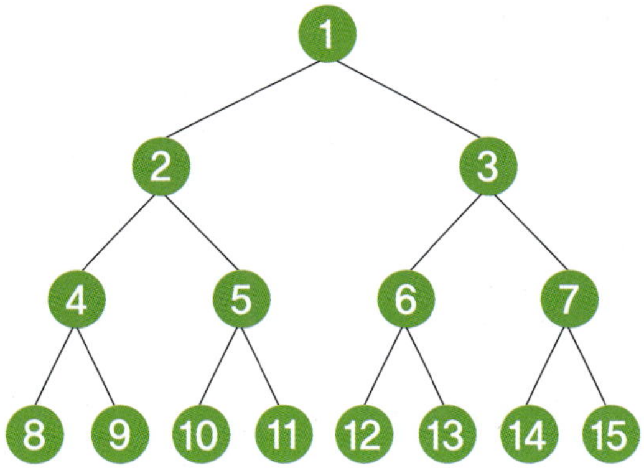

[그림 4-17] 가치 나무 기법(하향식)

Why-Method 기법은 초기에 정의된 문제를 Why라는 형태로 질문하고, 그에 대한 답을 하면서 문제를 이해하고 영역을 넓히는데, 재정의를 통하여 다양한 측면에서 문제에 접근하는 방법이다.

던커 기법은 현재 상태와 희망 상태에 대한 진술을 만족하는 해결책을 얻기 위한 방법이다. 이를 위하여 현재 상태에서 희망 상태, 즉 수용할 만한 문제를 해결하는 과정을 통해 문제를 정의한다.

진술-재진술 기법은 문제를 재정의하며 해결하고자 하는 문제를 다양한 각도와 혁신적인 방법으로 진술하거나 재진술함으로써 문제를 정확히 찾아내는 방법이다.

빅데이터 활용 사례

LG전자의 트롬 스타일러는 신개념 의류 관리기라는 타이틀로 출시되었다. 다시 입기는 찜찜하고, 세탁이나 드라이클리닝을 하기에는 애매한 옷을 새 옷처럼 입고 싶어 하는 소비자의 빅데이터 분석 결과에 기반한 제품이다. 스타일러는 착용한 의류를 냄새, 구김, 살균, 건조까지 한꺼번에 처리하는데, 소비자의 생활 속에서 발생하는 문제를 자사의 새로운 제품으로 해결한 대표적인 사례이다. 더욱이 제품에서 제시하는 스팀 기능과 항균-탈취 작용 등은 하이브리드 가전이 가져야 할 새로운 기능에 발상의 전환을 가져다준 계기가 되었다.
이 사례는 빅데이터 분석을 통해 소비자의 문제를 인지하고, 그 문제를 해결하는 방법을 대안으로 제시하여 제품 구매를 유도한 마케팅 전략이다.

[그림 4-18] LG전자의 스타일러 광고

연·습·문·제

※ 다음 빈칸에 해당하는 용어를 넣으시오.

1. (   )이란 일정한 목표를 달성하기 위하여 여러 가지 대안들(Alternatives)로부터 특정 상황에 가장 유리한 행동을 선택하는 합리적인 과정이다.

2. (   ) 단계는 소비자가 현재 상태와 바람직한 상태 사이의 차이를 인식하는 단계로 소비자는 이를 해소하기 위해 구매 욕구를 느낀다.

3. (   ) 단계는 소비자에게 인식된 욕구 충족을 위하여 필요한 정보를 찾는 과정이다. 정보에는 소비자의 기억에 저장된 내적 정보가 있고, 이 정보가 충분할 경우에는 바로 의사 결정으로 이어질 수 있다.

4. (   ) 단계는 소비자가 정보를 탐색하면서 선택된 대안들에 대한 평가를 하는 과정으로 소비자는 가장 합리적인 대안을 선택하게 된다.

5. (   ) 단계에서 소비자는 선택된 대안들을 비교하고 평가하여 자신의 능력에 가장 합리적인 대안을 이용하여 구매를 하게 된다.

6. (   )단계는 소비자가 제품을 구매한 후에 만족이나 불만족을 경험하게 되는데, 만족한 경우에는 다음 의사 결정이나 타인의 구매 의사 결정에 영향을 주고, 그렇지 못할 경우에는 선택되지 않은 대안에 대하여 심리적 불안감을 가진다.

7. 소비자가 구매 의사 결정 시에 영향을 미치는 요인은 크게 (   )와(과) (   )으로 분류된다.

8. 문제 인식이란 (   )와(과) (   ) 간의 차이를 소비자가 깨닫는 소비자의 욕구 환기(Need Arousal)이다.

※ 다음 내용에 대하여 설명하시오.

9. 의사 결정 구조화 정도에 따른 분류는 의사 결정이 얼마만큼 구조화, 체계화, 정보화되어 있느냐의 여부에 따라 분류된다. 이에 대해 설명하시오.

10. 의사 결정 모형에 대해서 설명하시오.

11. 문제 인식의 유형을 문제 해결의 긴급성과 사전 발생 가능성에 따라서 분류하여 설명하시오.

※ 다음 주제에 대하여 토론하시오.

12. 여러분이 버거킹의 명동점 마케팅 매니저로 새로이 내정되었다고 가정한다. 상황적 환경을 고려한 마케팅 전략을 토론하시오.

13. 마케터의 입장에서 저관여 제품 판매를 촉진하기 위하여 제공되어야 할 소비자 행동과 관련된 빅데이터의 영역에 대하여 토론하시오.

쉬면서 생각하는 4차 산업혁명 꿀팁!

Step 4

소유보다 공유를 추구하고 정보기술(IT)에 친숙한 4차 산업혁명 세대인 밀레니얼(Millennial) 세대(1982~2000년 생)가 미국의 오프라인 소매점들을 사라지게 하고 있다. 이들은 건강과 식생활에 아낌없이 투자를 하는 등 먹고 마시는 '경험'에 치중하기 때문이다. 이들은 온라인(아마존 등)을 통해서 생활필수품을 구매하고, 자체 브랜드(PB; Private Brand)에 대한 거부감이 없어 저렴하면서 품질이 유사한 제품을 선택한다.

5

CHAPTER

상황적 영향과 관여도

학습 목표

- 상황적 요인이 소비자 행동에 미치는 영향과 소비자가 가지고 있는 관여도에 대해서 이해한다.
- 상황에 따라서 달라지는 소비자의 행동과 관여도를 측정하는 방법을 학습한다.
- 상황적 영향에 기초한 광고 사례와 관여도, 빅데이터를 활용한 사례를 살펴본다.

상황적 영향 기반 광고 해변가에 필요한 샤워 시설을 음료 디스펜서의 모양으로 설치한 스프라이트의 옥외광고는 시원한 제품의 이미지를 체험한다는 점에서 효과적이다. (본문 117~118쪽)

5.1 상황적 영향

5.1.1 상황적 영향이란?

지옥으로 향하는 가장 안전한 길은 경사가 심하지 않고, 바닥은 부드러우며, 갑작스런 굴곡과 이정표와 표지판이 없는 완만한 길이다.

— C. S. 루이스
(Clive Staples Lewis)

(1) 상황적 영향의 정의

소비자 행동에 영향을 미치는 상황은 개인의 내적 지식과 선택할 수 있는 대안의 속성과는 그리 깊은 상관관계가 있지 않다고 보는 견해가 지배적이다. 그에 따라 벨크(R. W. Belk)는 상황을 소비자의 현재 행동을 설명하면서 의사 결정에 체계적인 영향을 미치고 관찰하는 시간과 장소에 따라 독특하게 나타나는 모든 요소를 포함하는 개념으로 설명한다. 또한 상황을 개인이나 자극 대상과 구별된 객관적 관점으로 고려하면서 개인이 인지하는 것이 아닌 관찰에 의해 측정되는 것으로 간주한다. 다시 말해, 상황을 개인의 지식과 대상의 자극 속성에서 비롯된 것이 아닌 외부적인 관찰에 의해 측정되는 외생적인 변수로 소비자 행동에 영향을 주는 요소로 인식한다.

이에 반해 심리적 상황은 개인의 심리적 과정과 표출된 행동에 의해서 설명이 가능하고 의사 결정에 체계적인 영향을 미친다. 러츠(R. J. Lutz)와 카카르(P. Kakkar)는 심리적 상황을 관찰의 시간과 장소에 따라서 독특하게 나타나는 모든 요소에 대한 개인의 내적 반응 또는 해석으로 정의한다. 그들은 상황을 개인의 심리적 혹은 주관적 관점뿐 아니라 객관적으로도 정의한다. 따라서 상황이 행동에 영향을 주는 방법을 알기 위해서는 개인의 내적 심리적 과정을 잘 관찰해야 한다. 즉, 객관적 상황이 소비자 행동을 보다 잘 설명한다고 하더라도 개인이 어떻게 상황을 행동으로 변화시키는지를 규명할 필요가 있기 때문에 주관적 관점에서 상황을 정의할 필요가 있다고 본다.

소비자 행동에서는 이러한 상황과 함께 상황 변수가 행동에 미치는 다른 심리적 반응이나 의사 결정 과정 행동으로 이행하는 과정을 고려해야 한다.

상황적 요인은 어떤 특정 대상물에 대해 일시적으로 나타났다가 사라지는 요인이다. 즉, 특정한 상황으로 인해 순간적으로 나타나는 현상으로, 예를 들어 졸업이나 입학 선물에 고가의 선물을 사 주는 등의 특별한 순간이 해당된다. 상황적 영향력은 소비자의 상황적 요인이 일관되게 의사 결정 과정에 상당한 영향력을 행사하는 것을 말한다. 소비자는 동일한 제품이라도 구매 상황이나 소비 상황에 따라 전혀 다른 의사 결정 과정이나 형태를 취한다. 예를 들어, 가족이 마시는 포도주와 손님 대접을 위한 포도주를 선택하는 경우에 브랜드나 가격에 차이가 있다. 그리고 소비자가 의류를 구입할 때 시간에 제약이 있는 경우 평소에 사용 경험이 있어서 충성도가 형성된 브랜드를 집중 쇼핑하는 것 역시 상황적 영향의 사례이다. 특수한 상황 변수에 따른 상황적 영향력이 있는데, 여기에는 문제 인식 없이 구매를 하는 충동구매(Impulse Buying)와 지출이 목적인 중독구매(Addictive Purchase)가 있다.

충동구매(Impulse Buying)

중독구매(Addictive Purchase)

(2) 상황적 영향의 유형

소비자의 심리적 관점에 근거한 상황적 영향의 유형은 다음과 같다.

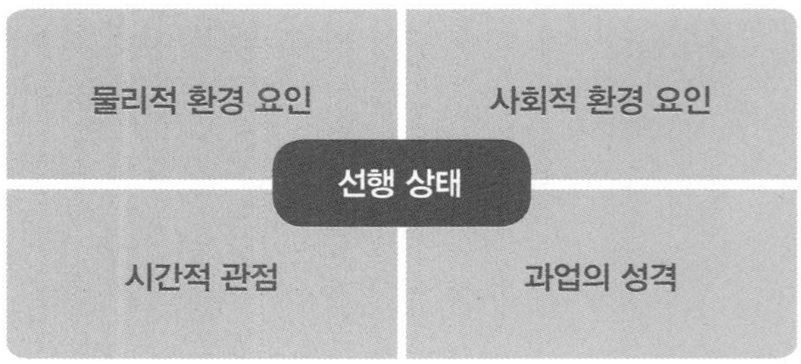

[그림 5-1] 상황적 영향의 유형

물리적 환경 요인(Physical Surroundings)은 소비자 활동을 둘러싸고 있는 환경 중 구체적인 물리적 공간의 상황적 영향으로서 점포와 관련된 요인이 해당된다. 즉, 소비자 행동에 영향을 미치는 모든 형태의 비인적인 요소이며, 점포의 지리적 위치, 실내 장식, 음향, 조명, 냄새, 진열 등이 포함된다. 점포 이미지는 소비자에 의해 지각된 점포의 전반적인 인상으로서 점포의 객관적 속성과 주관적 속성의 상호작용으로 형성된다. 객관적 속성은 관찰 가능한 기능적인 속성으로 상품 구색, 가격과 신용 정책 등이며, 주관적 속성은 소비자의 심리와 관련된 속성으로 쾌적한 분위기, 매장에서 느끼는 즐거움, 편안함 등이다.

점포 이미지에 영향을 미치는 요소에는 취급하는 상품의 패키지와 품질, 가격, 서비스, 점포 시설물의 특성, 편의성, 광고 및 판촉, 점포 분위기, 고객의 특성, 점원 등이 있다. 그중 점포 분위기는 점포의 물리적 특성으로 소비자의 정서적 상태에 많은 영향을 미친다. 상징적 점포 이미지와 소비자의 자아 이미지는 점포가 경쟁력을 가지기 위해서 소비자의 라이프스타일이나 개성 차원에서 파악하는 접근 방법이다. 이때는 두 이미지 간의 일치성 유지가 중요하다. 상징적 점포 이미지는 소비자가 특정 점포에 대해 가지고 있는 고정관념이다. 소비자가 특정 점포에 대해 가지는 이미지는 소비자가 점포를 방문하는 동안에 노출되는 다양한 마케팅 자극을 통해 형성된다. 소비자에게 좋은 점포 이미지를 주기 위해서는 자사와 경쟁사 점포의 장단점을 비교하고 분석하여 호의적인 이미지가 형성되도록 점포 속성을 변화시켜야 한다. 이를 위하여 점포 속성들이 상호 조화를 이룰 수 있도록 조정하고, 경쟁 점포에 의해 모방이 쉬운 객관적 속성보다는 주관적 속성에 기초하여 점포 이미지를 형성하여 점포를 차별화해야 한다.

마케팅 자극

사회적 환경 요인(Social Surroundings)은 소비자 행동에 영향을 미치는 인적인 요소로서 타인의 존재 여부, 타인의 특성이나 역할, 사람 간의 상호작용 등이다. 즉, 다른 사람들이 소비자의 구매 상황에 미치는 영향으로서 판매 사원, 쇼핑 동반자 등이 해당된다.

시간적 관점(Temporal Perspective)은 계절, 시간 제약, 소요 시간 등 시간과 관련된 요인이다. 특정 시간, 계절적 요소, 구입 시점으로부터의 시간 간격, 주어진 시간 압박 등이 소비자의 구매 행동에 영향을 준다. 예를 들어, 소비자는 시간이 촉박하고 바쁠수록 정보 탐색 시간이 줄어든다.

정보 탐색 시간

과업의 성격(Task Definition)은 특정 제품을 구매하고 소비하고 싶은 욕구가 일어나도록 하는 특성과 관련된 요인이다. 소비자가 제품에 대해 구매동기를 얻기 위해서나 특정한 구매를 선택하기 위해 관련된 정보를 획득하려는 의도나 욕구이다. 예를 들어, 자신이 사용하기 위한 것인지 선물인지를 결정하는 기분, 신체적 느낌, 현금 소유 등이 소비자 행동에 영향을 미친다.

선행 상태(Antecedent States)는 소비자가 경험하게 되는 생리적, 인지적, 감정적 상태로서 소비자가 구매나 소비를 할 때의 순간적인 기분이다. 과업의 성격과 마찬가지로 구매 목적이 선물인지 본인이 쓸 것인지의 여부에 따라 다르게 소비자 행동에 영향을 미친다.

5.1.2 상황적 영향의 형태

상황은 반응하게 되는 자극 대상의 특성이나 개인의 내면적 특성과는 무관하게 발생되는 외부적 요인의 집합이다. 이 상황에는 소비 상황(Consumption Situation), 구매 상황(Purchase Situation), 커뮤니케이션 상황(Communication Situation)이 있다.

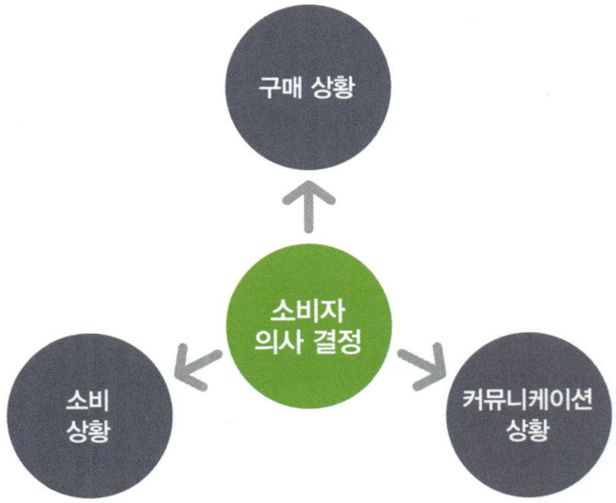

[그림 5-2] 소비자 의사 결정에 영향을 주는 상황

(1) 소비 상황

소비 상황은 제품을 사용하는 과정에서 영향을 미치는 사회적, 물리적 요인으로서 소비자가 실제로 제품을 사용하거나 소비하는 시점에서의 환경이다. 소비 상황은 다시 예상되는 단 한 번의 소비 상황에 적용하기 위해 제품을 구매하는 단일 사용 소비 상황과 기대되는 소비 상황에 따라 다양한 소비자 욕구를 만족시킬 수 있는 구매 상황인 복수 사용 소비 상황으로 나눌 수 있다. 예를 들어, 손님 접대를 위해 원두커피를 구매하는 경우와 혼자 마시기 위해 즉석 커피를 구매하는 경우를 들 수 있다. 손님 접대 커피는 낮은 가격 제품을 탐색할 시간이 없으므로 비싼 가격으로 구매하는 반면에 자기가 마시는 커피는 저렴한 믹스 커피를 선택하는 경우가 많다.

상황적 영향 기반 광고 사례

제품 콘셉트

오리온의 장수 브랜드 '오!감자'는 감자를 으깨어 구멍 난 파스타 모양으로 예쁘게 만들어 맛있게 튀겨 내고, 특별한 시즈닝으로 맛과 향을 더한 감자 스낵이다. 하지만 한동안 소비자들은 제품 콘셉트가 분명하지 않아서 감자 스낵인지조차도 몰랐고, 당연히 판매가 부진하였다.

1999년 출시된 이후 특별한 콘셉트 없이 13년의 시간을 보낸 '오!감자'는 2012년 다양한 상황에서 제품을 소비하는 광고 메시지를 통해서 대형 마트 위주의 판매 수익에서 커다란 상승 효과를 내었다. 이 광고는 소비자의 다양한 상황을 일반적인 소비자 경험과 연계하여 공감을 끌어내어 감자 스낵으로서의 제품 이미지 재구축에 성공한 사례이다.

소비자 경험

[그림 5-3] 오리온의 오!감자 광고

(2) 구매 상황

구매 상황은 제품을 구매하는 과정에 영향을 미치는 환경 요인으로서 점포 내 환경, 구매 목적, 소비자의 기분 상태, 예기치 않은 사태의 발생 등이 해당된다. 이 상황에서는 제품 구입 가능성, 가격 변화, 경쟁적 할인 및 쇼핑의 편리성 등과 같은 상황적 요인이 소비자 선택과 깊은 관계가 있다. 소비자는 점포 내의 환경적 영향을 많이 받으므로, 마케터는 가격 변경, 진열, 판매원의 영향력의 효과 등을 고려해야 한다.

상점 입지는 중요한 구매 상황으로 소비자 행동에 많은 영향을 주고, 상점의 유형에 따라 입지의 영향이 달라진다. 예를 들면, 패스트푸드 식당은 사람 왕래가 많은 쇼핑몰 내에 위치한다. 점포 내의 제품 위치 또한 소비자가 제품과 접할 수 있는 배치여야 하는데, 백화점 에스컬레이터 부근에 특별 상품을 진열하거나 편의점 계산대 부근에 껌, 사탕 등 충동구매 물품을 배치한다.

관련 진열 기법은 소비자가 깜빡 잊거나 찾아다니기 귀찮아 그냥 가는 것을 예방하기 위해 커피 옆 설탕, 당면 옆 식용유, 배추 옆 액젓, 세제 옆 고무장갑 등을 배치하는 방법이다. 점포 내의 내부 배치 방법으로는 격자식과 자유 흐름식이 있다. 격자식은 모든 진열대나 선반 등을 서로 직각으로 배치하여, 상품 진열대로 소비자의 움직임을 막고 소비자가 빈번하게 구매하는 제품을 맨 뒤쪽에 나열하는 방식이다. 이 경우 소비자는 다양한 상품을 보고 지나가면서 구매동기가 일어난다. 자유 흐름식은 점포 내 어디서든지 모든 곳을 볼 수 있게 배치하여 소비자가 편리하게 쇼핑하고 구매하도록 유도하는 방법이다. 이때 소비자가 사용하는 의자 배치는 편안하게 대화를 나눌 수 없도록 디자인하여 휴게실이나 식당으로 유도한다.

구매동기

상황적 영향 기반
광고 사례

롯데마트는 특정 시간대 소비자가 매장에서 쇼핑하는 모습을 기록하여 제품 진열에 반영하고 있다. 이를 위하여 매주 8~12개 점포를 방문 조사하여 매장 진열대 위의 상품을 관찰과 통계에 따라 진열의 위치를 변경한다. 대형 마트 진열대는 약 1.8~2m 높이의 6단으로 되어 있는데, 성인의 눈높이에 맞춘 진열대로 골든존이 있다. 업계에서는 보통 남성 및 여성 평균키(160~170cm)와 시야(좌우 90cm, 상하 50cm)를 고려해 3~4단(130~140cm)에 핵심 상품을 올려놓는 전략을 세우고 있다. 일반적으로 3~4단 오른쪽에 올려진 상품이 주력 상품이다. 진열대의 양끝에 상품을 진열했을 때 가공식품의 경우에는 5~10배까지 판매량에 차이가 난다. 대부분이 관련 상품을 근거리에 배치하는 연관 진열이 가장 많다. 예를 들면, 라면과 양은냄비를 함께 진열하거나 캠핑족을 위하여 소시지와 새송이버섯을 함께 판매하는 것 등이다.

연관 진열

[그림 5-4] 롯데마트의 소비자 동선 기반 제품 진열

점포 내 부착된 사인은 특정 상품에 대한 소비자의 주의를 환기시키고, 제품이 주는 편익과 가격 정보를 제공하는 유용한 수단이다. 점포 내에 흐르는 음악도 템포를 조정하여 소비자의 구매 행동에 영향을 줄 수 있다. 예를 들어, 빠른 음악은 빠른 동작을 유도하여 구매를 빨리 하도록 돕지만 소비자가 적을 때는 느린 음악을 제공한다. 점포 내의 색상은 소비자의 인지와 행동에 영향을 준다. 예를 들면, 따뜻한 색상은 차가운 색상보다 사람들을 더 모이게 하고, 차가운 색의 실내가 따뜻한 색의 실내보다 더 호의적이고 멋있으며 편안하다고 느낀다. 향기는 매장 분위기를 연출하는 중요한 상황 요인으로, 향기로움은 학습에 의해 형성되므로 소비자는 점포에 대한 공통된 견해를 가질 가능성이 크고 주변 환경에 따라 변할 수 있다. 혼잡성은 어떤 상황이든지 최적 수준의 밀도가 중요하다. 점포 내의 판매원은 다른 상황 변수가 일방적 환경으로 제시되는 것에 비하여 쌍방향 커뮤니케이션이 가능한 요소로, 구매 시점의 소비자의 구매 목적, 심리 상태, 특징 등을 파악하여 소비자의 상황에 맞는 적절한 메시지를 전달할 수 있어야 한다.

최적 수준의 밀도

소비자가 점포를 방문하는 동기에는 제품 구매동기 이외에 개인적 동기와 사회적 동기가 있다. 개인적 동기는 사회생활에서의 다양한 역할 수행이나 일상의 단조로움에서 벗어나기 위한 기분 전환으로 마음에 드는 상품을 구매하는 것이다. 이로 인해서 개인이 가지고 있던 일상의 불만을 해소하고, 최신 경향에 대한 정보를 얻을 수도 있으며, 운동 부족을 해소할 수도 있다. 사회적 동기는 새로운 사람을 사귀거나 이웃과 친구를 만나기도 하고, 단순히 사람들을 구경하면서 간접적 사회 접촉을 하기 위해 점포 방문을 하는 것이다. 또한 전문 점포에서 비슷한 관심을 가진 사람들과 대화를 나누거나 정보를 교환할 수도 있다. 청소년의 특정 점포에 대한 선호도는 동료 집단의 구성원이 되고자 하는 욕구이다.

상황적 영향 기반
광고 사례

해변가에 필요한 샤워 시설을 대형 음료 디스펜서의 모양으로 만들어 설치한 탄산음료 스프라이트의 옥외광고는 시원한 제품의 이미지를 체험한다는 점에서 효과적이다. 이는 우리가 흔히 알고 있는 간판 모양의 옥외광고가 아닌 조형물을 이용한 광고로서, 해변가 장소의 특성과도 맞아 떨어져 스프라이트라는 브랜드가 가지고 있는 시원함과 더운 해변에서의 샤워를 통한 시원함을 한번에 체험해 보게 하는 광고 전략이다.

제품의 이미지

[그림 5-5] 스프라이트의 옥외광고

소비자는 비교 쇼핑에 의해 구매를 하기도 하고, 판매원으로부터 친절한 대우를 받음으로써 자신의 권위가 인정되는 느낌을 통해 구매를 하기도 한다. 이러한 구매는 소비자가 구매 행동에서 다른 사람보다 현명한 구매를 하였다는 사실에 자부심을 느끼는 동기가 된다.

(3) 커뮤니케이션 상황

커뮤니케이션 상황은 소비자가 인적 · 비인적인 매체를 통해 제품 정보에 노출되는 상황이다. 이 상황에는 소비자가 주고받는 커뮤니케이션 메시지의 내용, 커뮤니케이션의 맥락, 소비자의 구매 상황에서의 분위기 상태의 세 가지 유형이 있다. 커뮤니케이션의 광고 메시지가 모호할 경우, 소비자는 인지적으로 반응하게 된다. 예를 들어서, 아파트의 주차장이 넓다는 메시지에서 주차장이 넓다는 기준은 사람마다 다르게 지각되고, 이로 인해서 발생하는 효과는 제각각이다.

상황적 영향 기반
광고 사례

세계적으로 모바일 게임의 시장이 늘어나면서 국내 광고에서 게임사들이 주요 고객으로 주목받고 있다. 그 시작이 신작 모바일 게임인 '클래시 오브 클랜' 광고이고, 'COA for Kakao' 광고는 샐러리맨의 애환을 그린 인기 드라마 〈미생〉을 게임에 활용하여 커다란 반응을 얻었다. 이 광고는 직장 생활의 스트레스를 게임으로 해소하라는 메시지 전달로 소비자의 마음을 움직였다.

[그림 5-6] 미생 드라마를 활용한 모바일 게임 광고

소비자 행동에서의 상황은 객관적 관점에서 해석하는 연구가 대부분이다. 이 연구는 제품, 상황, 개성의 세 변수를 동시에 고려하고, 이들 변수 간의 상호작용에 의한 설명을 검증한다. 상황적 영향을 규명하거나, 태도 모델에 상황 변수를 도입시켜 태도의 예측력을 검증하는 방법으로 상황 변수의 영향을 검증하기도 한다. 하지만 소비자의 행동은 상황에 의해서만 영향을 받는 것이 아니라 상황과 제품 및 개성의 상호작용에 의해서도 일어나는데, 이는 소비자가 제품과 상황을 함께 고려해서 제품을 구매하기 때문이다. 상황은 객관적 입장뿐 아니라 주관적 관점에서 소비자의 심리적 상태에 영향을 미치는데, 이는 소비자의 지각이 상황마다 달라질 수 있다는 것을 의미한다. 심리적 상태

커뮤니케이션 맥락은 소비자의 인지와 감정에 영향을 미친다. 예를 들면, 슬픈 내용보다는 즐거운 내용의 광고가 소비자에게 더 호감을 준다. 소비자의 분위기는 기분이 좋을 때 커뮤니케이션 메시지가 더 긍정적으로 인지되는 경향이 있다.

5.1.3 상황과 소비자 행동

(1) 상황 변수와 소비자 행동 모형

소비자 행동에 영향을 미치는 요소에는 상황, 제품, 소비자가 있다. 이들 중 소비자만이 다른 변수에 관계없이 소비자 구매 행동에 동일한 영향을 미친다. 왜냐하면 소비자 행동은 상황, 제품, 소비자와의 상호작용으로 영향을 받는데, 상황과 제품이 소비자에게 영향을 주는 선행 요인이기 때문이다. 선행 요인

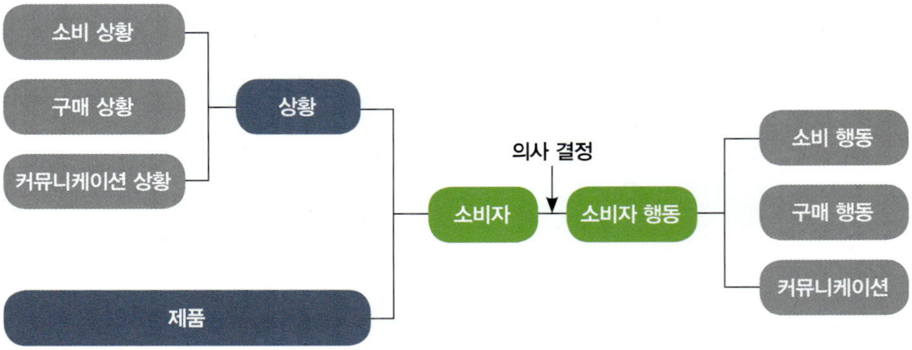

[그림 5-7] 상황적 영향을 고려한 소비자 행동 모형

충성도

소비자의 제품에 대한 충성도가 높을수록 상황이 미치는 영향은 감소하고, 지속적으로 제품에 대한 관여도가 높을수록 상황적 요소의 영향은 감소한다. 예를 들어, 소비재 포장 제품의 경우에는 한 번 사용하는 비내구재이지만, 특정 상표의 충성도가 높고 지속적으로 제품 관여도가 높으면 여러 번 사용하는 경우일지라도 상황이 제품 선택에 영향을 미치는 정도가 낮다. 일반적으로 시간 간격이 짧은 경우에 상황이 소비자의 구매 행동에 크게 영향을 미치고, 시간적 간격이 길 경우에는 상황이 소비자의 구매 행동에 영향을 미치는 정도가 낮다.

(2) 분위기와 쇼핑 행동

심리적 상황에서 선행되는 것은 소비자가 구매하거나 소비할 때 일시적으로 가지는 생리적 상태로서 배고픔, 목마름, 수면 부족, 피곤함, 기분 등이다. 이에 따라 소비자의 구매 행동이 달라질 수 있다. 또한 제품에 대하여 각각의 대안을 어떻게 구성하느냐에 따라 소비자의 다른 선택이 유발될 수 있다. 동일한 대안인데도 어떻게 구성하느냐에 따라 소비자는 이득으로 느끼기도 하고, 손실로 느끼기도 한다. 예를 들면, 차량 구매 시 기본 가격에 옵션을 추가하여 가격을 점차 높이는 방법과 풀 옵션의 가격에서 필요 없는 옵션을 제거하면서 가격을 낮출 때, 후자를 택하는 경우가 더 많다. 즉, 어떻게 제시하느냐에 따라서 이면에 동일한 이익도 다르게 연출되는 것이다. 이와 관련하여 심리적 상황의 한 현상으로 후광 효과가 있다. 이는 어떤 사물이나 사람에 대한 한 가지 특성의 좋은 평가가 다른 특성에 전이되거나 어떤 사물이나 사람에 대한 평가가 이와 유사한 다른 사물이나 사람의 평가에 영향을 미치는 효과로서 쇼핑 행동에 영향을 미친다.

후광 효과

상황적 영향 기반 **광고 사례**

이랜드그룹의 스탭(STAFF)은 북유럽 패션 브랜드의 감성으로 모던 SPA 브랜드를 표방한다. 스탭은 자신들의 제품을 상황에 따라 연출하는 광고 메시지로 언제나 스타일리시한 자신만의 생활을 지향한다는 상황적 설정이다. 가수 빅스를 모델로 선정하여 개성과 실력을 겸비한 아이돌이자 모델 같은 세련된 외모를 브랜드 이미지와 함께 소비자에게 제공하여 커다란 반응을 이끌고 있다.

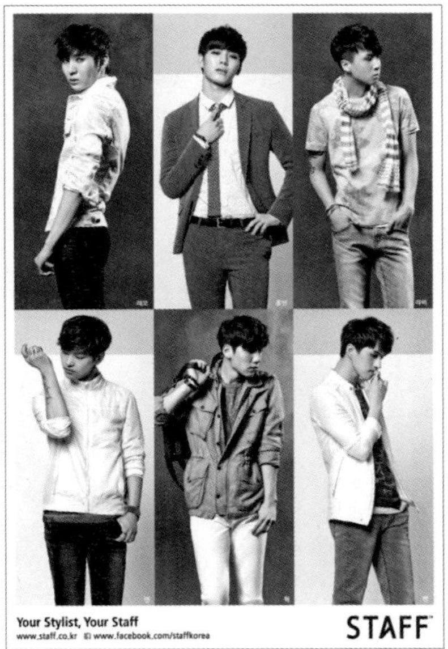

[그림 5-8] 이랜드의 스탭(STAFF) 의류 광고

상황을 고려한 태도나 의도 모델이 그렇지 않은 전통적 태도 모델보다 예측력이 높은데, 태도의 행동 예측력에는 여러 견해가 있지만 태도 모델에 상황 변수를 도입함으로써 예측력을 높일 수 있다. 상황은 태도의 구성 요인에 미치는 영향을 규명할 수 있고, 의도와 행동의 불일치 원인을 설명할 수 있다는 면에서 소비자 행동의 중요 영향 요인으로 평가된다. 따라서 상황은 시장세분화의 기준이나 제품 포지셔닝에 적용할 수 있고, 신제품 개발이나 광고 표현 전략에도 유용하게 활용할 수 있다.

시장세분화

리얼타임 소비는 IT 기술의 급속한 발전과 함께 등장한 대표적인 소비 트렌드이다. 소비자가 어떤 제품이나 서비스에 대한 욕구를 느끼는 순간, 시간과 장소에 구애받지 않고 곧바로 IT 인프라에 접속하여 쉽게 정보를 탐색하고, 대안들을 평가한 후 원하는 제품과 서비스를 선택하여 구매하는 소비자 행동이다. 리얼타임 소비는 쉽고 빠른 정보 탐색이 중요한데, 인터넷, TV, 모바일 등 다양하고 편리한 채널을 활용하여 소비자가 실시간으로 접근할 수 있는 채널의 다양화가 매우 중요하다. 인터넷 쇼핑, TV 홈쇼핑, 모바일 쇼핑 등에 이용된다. 정보 탐색은 내적 탐색보다 전적으로 외적 탐색에 의존하고, 정보 탐색과 동시에 대안을 평가한다. 구매나 구매 후 행동을 쉽게 하는 환경 조성은 구매 위험성을 떨어뜨려 더 신속한 구매 의사 결정을 유도한다.

웰빙 소비는 자신과 가족이 건전하고 건강한 삶을 유지하기 위한 소비의 형태이다. 환경과 건강에 대한 높아진 관심과 TV와 신문, 잡지 등을 통해 제공되는 웰빙 정보를 통해 빠른 속도로 확대되면서 소비자의 구매 행동으로 표출되었다. 웰빙 소비는 기업의 제품, 서비스에 많은 영향을 주고, 차별화된 웰빙 상품과 서비스에 대한 니즈를 만들고 있다. 또한 봉사 활동, 환경보호 캠페인 등 소비자의 사회 활동과 연결되어 빠르게 확대되고 있어, 기업은 이를 활용하여 지속적인 사회 활동을 수행함으로써 기업의 이미지 향상을 위해 노력하고 있다.

상황적 영향 기반 **광고 사례**

기업의 이미지

포스코는 철이 건물을 구성하는 원료라는 점을 광고를 통하여 알리면서 소비자가 의식하지 않은 집이라는 완제품의 영역까지 호소하고 있다. 즉, 철이 만드는 따뜻한 세상이라는 광고로 소비자에게 기업의 이미지를 변화시키고 있다.

[그림 5-9] 포스코의 철 광고

양면적 소비는 두 가지의 극단적인 소비 행태가 동시에 나타나는 소비 현상이다. 이 현상은 소득의 양극화로 인해 고소득층을 중심으로 질적 풍요를 추구하는 가치관이 확산되면서 다양하고 새로운 라이프스타일이 등장하고, 그에 따른 우수한 제품과 서비스의 중요성이 부각되면서 나타나고 있다. 양면적 소비는 세 가지 요인이 영향을 미친다. 첫째, 기술적 요인으로 디지털화를 통한 소비자의 정보 접근 능력의 숙련도와 정보력을 바탕으로 보다 합리적 사고를 하는 요인이다. 둘째, 사회·심리적 요인으로 다양한 문화에 대한 수용성이 증가하는 요인이다. 마지막으로, 인구통계적 요인으로 저출산·고령화로 자녀 중심 소비와 건강에 대한 관심 증가에 따른 문화 생활의 질적 추구 등이 원인이 되는 요인이다.

인구통계적 요인

감성 중심 소비는 이성적이고 합리적인 기준으로 제품을 평가하기보다는 디자인, 색채, 스타일, 이미지와 같은 감성적 요소들을 중심으로 제품을 평가하고 구매하는 소비이다. 제품과 서비스에 대한 느낌이나 정서가 소비 행동을 결정짓는 현상으로, 이를 활용한 마케팅 방법은 크게 네 가지가 있다.

감성적 요소

첫째, 감성 마케팅은 소비자의 기분과 감정에 영향을 미치는 감성적인 자극을 통해 제품·서비스와 브랜드 간의 유대 관계를 강화시키고, 소비 경험을 즐겁게 해

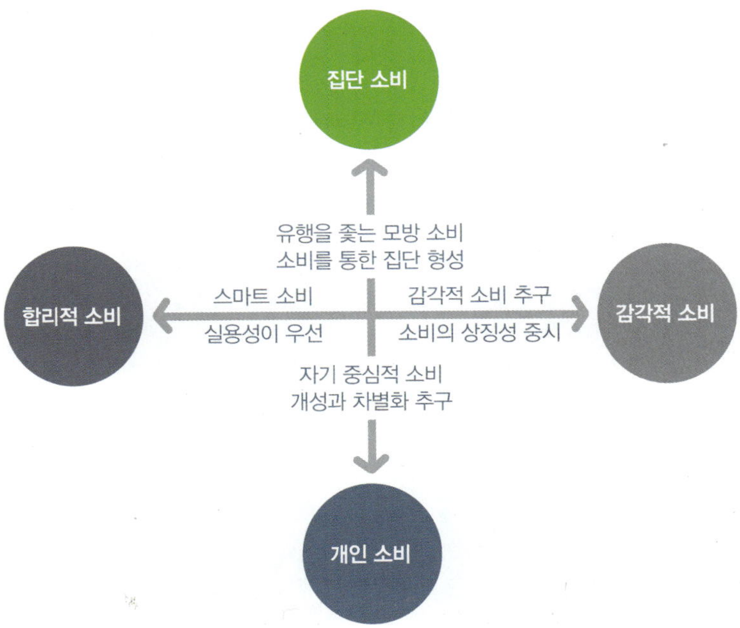

[그림 5-10] 양면적 소비의 형태

줌으로써 자사의 제품과 서비스를 소비하도록 유도하는 전략이다.

둘째, 감각 마케팅은 시각, 청각, 후각, 미각, 촉각 등 인간의 오감을 자극하여 마케팅 효과를 높이려는 방법이다. 예를 들면, 코카콜라의 빨간색, 펩시콜라의 병 따는 소리, 백화점 시식 코너, 향기 마케팅, 뮤직 마케팅 등이 대표적이다.

셋째, 문화 마케팅은 드라마, 영화, 공연, 게임 등의 문화 콘텐츠를 자사의 제품이나 서비스와 자연스럽게 연결시켜 브랜드에 대한 우호적인 이미지를 형성하려는 마케팅 방법이다.

넷째, 감동 마케팅은 독특한 경험, 재미, 감동을 주어 자사 브랜드에 대한 우호적인 이미지를 형성하고 브랜드를 차별화하려는 마케팅 활동이다.

상황적 영향 기반 광고 사례

포지셔닝

상황적 영향 기반의 마케팅 전략으로는 크게 시장세분화와 제품 포지셔닝 전략이 있다. 대부분의 경우에 소비자가 가지고 있는 상황을 세분화하고, 이를 기반으로 포지셔닝을 위한 광고 메시지를 전달하는 방법을 사용한다.

대만에서의 스티브 잡스를 닮은 사람이 나오는 차리왕(茶裏王)이라는 대중적인 녹차 광고가 대표적이다. 광고에 등장하는 배우 브룩스 홀은 스티브 잡스의 말투와 제스처를 비슷하게 연출한다. 제품 이벤트 상품으로는 애플의 아이패드를 주어, 마치 애플 브랜드와 유사한 상황 연출을 하고 있다. 이는 초기의 브랜드 이미지 상승을 위한 것으로 애플의 브랜드 이미지로 형성된 소비자 시장에 자연스럽게 어필할 수 있도록 한 것이다. 즉, 음료라는 저관여 제품을 고관여 제품인 애플의 이미지와 연결하여 포지셔닝을 한 사례이다.

[그림 5-11] 대만의 녹차 광고

소비자의 소득수준이 높아지고 여가 시간이 늘어나면서 소비자는 물질적인 상품에서 점점 더 가치나 의미를 찾으려 하고, 이에 대한 구매 결정은 이성적이기보다 감성적으로 변할 것이므로 감성 중심의 소비 트렌드는 지속적으로 이어질 것이다. 이를 위해 기업은 보다 적극적으로 상품이 아니라 상품에 담겨 있는 감성을 판매해야 한다는 마인드를 가져야 한다.

소비 트렌드

5.2 소비자의 관여도

5.2.1 관여도란?

(1) 관여도의 정의

관여도(Involvement)란 주어진 상황에서 특정 대상에 대한 개인의 중요성 지각 정도(Perceived Personal Importance) 또는 관심도(Interest)를 말한다. 즉, 주어진 상황에서 특정 대상에 대하여 개인이 가지고 있는 지각의 정도(Perceived Personal Relevance)로서 특정 상황하의 자극에 의한 개인적인 중요성이나 관심도의 수준이다.

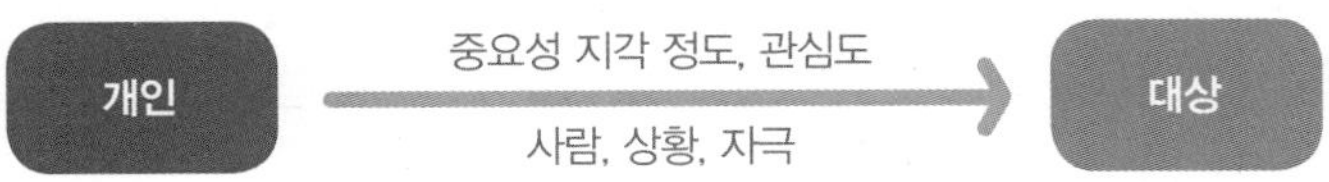

[그림 5-12] 관여도

관여도는 소비자의 관심 정도에 따라서 고관여(High Involvement)와 저관여(Low Involvement)로 나눈다. 고관여 소비자는 어떤 제품군에서 선택할 상표를 결정하기 위하여 제품 정보를 충분히 탐색하고, 제품 평가 시에 그 제품에 대하여 보다 많은 노력을 하는 소비자이다. 이들은 상표들 간의 차이에 보다 관심이 많고, 광고에 상당한 주의를 기울이는데, 이러한 관심은 개인의 지각과 신념, 태도 등에 따라 정도가 다르다. 저관여 소비자는 상표에 대한 정보가 수동적이어서 반복 노출과 수동적 학습을 통해 비로소 상표 친숙도가 형성되는 소비자이다.

반복 노출

상표 친숙도

제품에 대한 관여도가 높으면, 의사 결정에 많은 노력을 기울이고, 관련 제품 정보에 많은 주의를 기울이며 깊이 생각한다. 관여도 수준은 제품과 서비스의 구매와 사용을 위한 의사 결정에서 소비자가 위험을 보이는 정도이며, 인지된 위험은 관여의 정도에 영향을 미친다. 관여도는 소비자의 정보 탐색, 정보처리, 구매 의사 결정 과정, 태도 형성 과정, 촉진 자극의 수용 등 소비자 행동 전반에 걸쳐 커다란 영향을 미치기 때문에 매우 중요하다.

의사 결정의 측면에서 깊이 생각하지 않고, 빠른 결정을 내리는 경우에는 관여도가 낮으며, 오랜 기간 동안 생각하며 다양한 정보를 수집하는 경우에는 관여도가 높다. 관여도는 개인의 욕구 수준이나 동기부여 정도에 따라 다르며, 개성이나 라이프스타일에 따라 다르다. 또한 관심의 대상에 따라, 어떤 제품인지에 따라 다르고, 동일한 제품이라도 가격이나 디자인 등에 따라 다르다. 즉, 관여도는 절대적이 아닌 상대적인 개념으로 개인, 제품, 상황에 따라 다르게 나타난다.

(2) 관여도의 결정 요인

관여도의 결정 요인에는 개인적 요인, 제품 요인, 상황적 요인이 있는데, 각각 다르게 구매 의사 결정 과정에 영향을 미친다.

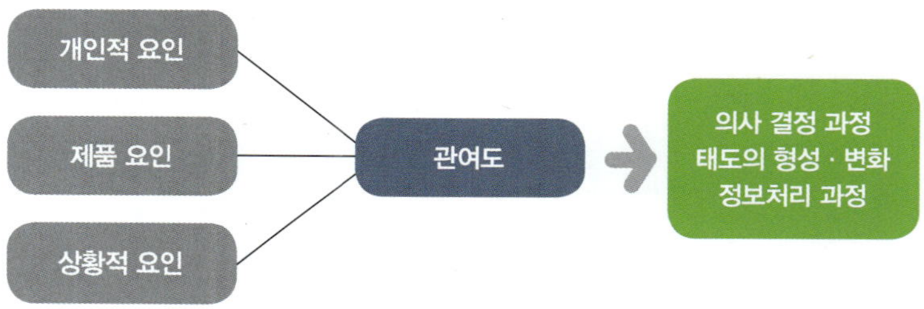

[그림 5-13] 관여도 결정 요인

개인적 요인은 개인이 어떤 제품군에 대하여 지속적으로 가지는 관여로, 한 제품에 대한 관여도는 개인에 따라 다르기 때문에 제품에 따라 영향을 주는 정도에도 차이가 있다. 즉, 개인이 가지는 가치관, 이미지, 목표나 욕구 등이 제품의 관여에 영향을 미치는 요인이다. 제품에 대한 개인의 관여도는 상황에 따라서도 달라진다. 예를 들면, 담배를 많이 피우는 사람은 신제품 담배 광고에 대해 비흡연자보다 담배 광고에 더 많은 관심을 가진다. 이를 지속적 관여(Enduring Involvement)라고 하는데, 개인이 어떤 대상에 대해 지속적으로 가지는 관여로서 대상이 자신의 중요한 가치나 자아와 관련될수록 높아진다.

지속적 관여 (Enduring Involvement)

제품 요인은 소비자 자신이 중요하게 생각하는 가치와 욕구를 충족시켜 주는 제품에 높은 관여도를 보이는 것으로, 제품이 자신의 중요한 가치와 관련되거나 자아와 관련될수록 크게 영향을 미친다. 즉, 제품에 대해 소비자 자신이 즐거움과 쾌락적 가치를 부여하거나, 제품과 관련해 높은 수준의 지각된 위험을 가질 때 높게 관여된다. 이때 지각된 위험(Perceived Risks)은 제품 구매와 사용에 의해 유발되는 부정적 결과에 대한 불안감으로 지각된 위험이 높을수록 관여도는 높아진다. 지각된 위험의 유형은 성능 위험, 신체적 위험, 심리적 위험, 사회적 위험, 재무적 위험, 시간 손실 위험으로 나눌 수 있다. 성능 위험은 제대로 성능을 발휘하지 못할 것에 대한 염려로서 중고차와 새 차 사이의 관여이다. 신체적 위험은 제품의 사용 결과 소비자가 해를 입을 가능성에 대한 불안감으로서 약품과 같은 제품의 관여이다. 심리적 위험은 자신의 이미지에 부정적 영향을 미칠 수 있는 위험으로 외출복과 내의 사이의 갈등이다. 사회적 위험은 준거집단으로부터 부정적 평가를 받을 위험으로 고가 외제품 구입에 따른 사람들의 비난 등이다. 재무적 위험은 비용 손실의 부담에 따른 위험으로 주식 투자 등이다. 시간 손실 위험은 잘못된 경우 다시 구매하는 데 필요한 시간에 대한 염려이다.

준거집단

상황적 요인에서의 상황적 관여(Situational Involvement)는 상황에 따라 변화하는 관여도이다. 예를 들어, 손님 접대를 위해 음료수를 구매할 때는 평소와는 다르게 제품 선정에 관여도가 높아진다.

상황적 관여
(Situational Involvement)

(3) 관여도의 유형

지속적 관여와 상황적 관여는 관찰 시간과 장소 등 현재 행동에 설명이 가능하고 체계적으로 영향을 미치는 요소를 기준으로 분류한다.

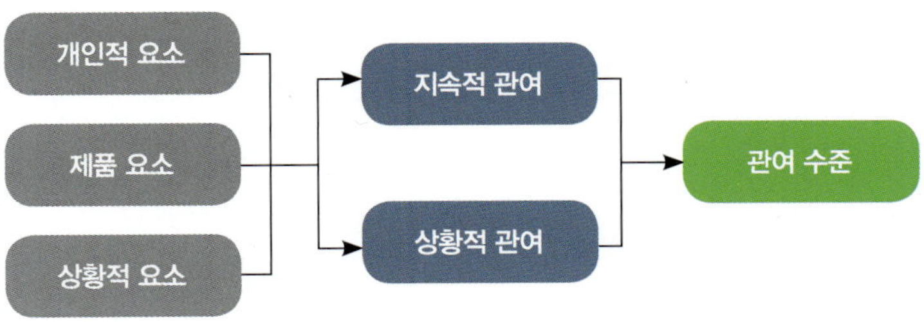

[그림 5-14] 지속적 관여와 상황적 관여

지속적 관여는 제품에 개인적 관련성이 지속되는 경우로, 과거 경험을 기억한 후 개인적으로 관련된 수단이나 방법을 사용한다. 예를 들어, 같은 색상의 옷을 입음으로써 동류의식이나 우월감을 표현하는 경우이다. 상황적 관여는 자극에 의하여 일시적으로 발생하는 자기 관련성의 내용을 기억하거나 이에 적합한 제품 지식을 연결하는 것이다.

관여도 기반 광고 사례

애경은 이전에 판매하던 제품인 '2080 치약'에 잇몸 질환의 핵심 원인균인 진지발리스를 억제한다는 신개념을 추가한 '2080 진지발리스 프로젝트 K 치약'을 새로 출시하였다. 충치 예방이 가능하다는 제품의 중요 속성을 부각시킨 것으로 제품 출시 6개월 만에 누적 판매량 200만 개를 돌파하였다.

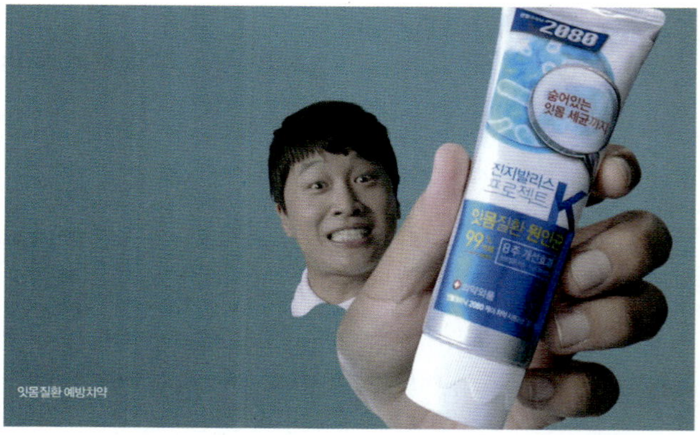

[그림 5-15] 애경의 2080 진지발리스 프로젝트 K 치약 광고

습관적인 구매

소비자가 습관적인 구매를 하는 경우에는 제품의 다양성을 추구하는데, 시장 선도자의 위치에 있는 상표는 소비자가 타성을 갖게 하여 습관적인 구매를 하도록 해야 하고, 소비자에게 잘 알려져 있지 않은 상표라면 다양성 추구를 권하는 방향으로 마케팅 전략을 세우는 것이 바람직하다.

소비자의 인지 구조를 토대로 구매 의사 결정을 분석하면, 제품의 특징에 따라서 소비자의 구매 행동은 다음 4가지 유형으로 분류된다.

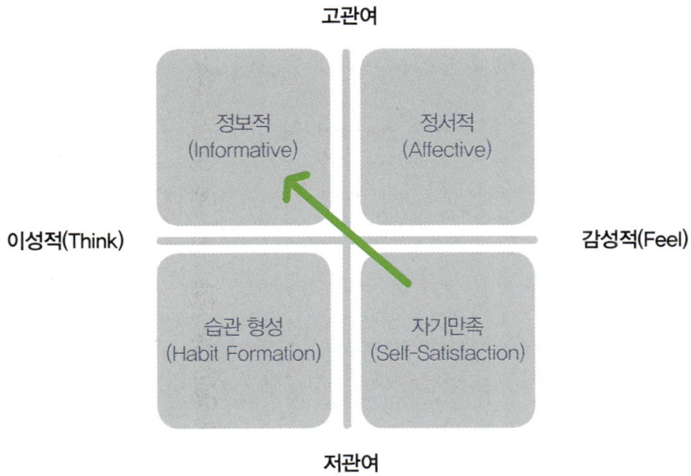

[그림 5-16] 구매 행동 유형

정보적 유형은 인지→감정→행동 순으로 소비자 구매 행동이 이루어진다. 따라서 소비자의 인지 형성 과정에서 중요한 상품의 기능과 특징에 대하여 구체적인 정보를 제공해야 효과적이다. 자동차, 가구, 냉장고 등과 같이 고가의 제품을 구매하는 경우가 해당된다.

[그림 5-17] 현대자동차의 제네시스 광고

정서적 유형은 감정→인지→행동 순으로 소비자 구매 행동이 이루어진다. 따라서 소비자가 제품에 대해 느끼는 감성과 이를 강화시키기 위한 강력한 브랜드 이미지 중심 전략이 효과적이다. 의류, 화장품, 보석 등의 사치품을 구매하는 경우가 해당된다.

습관 형성 유형은 행동→인지→감정 순으로 소비자 구매 행동이 이루어진다. 따라서 소비자에게 제품에 대한 반복적인 노출 광고가 중요하다. 치약, 샴푸 등과 같은 식료품이나 생필품을 구매하는 경우가 해당된다.

자기만족 유형은 행동→감정→인지 순으로 소비자 구매 행동이 이루어진다. 따라서 소비자의 순간적이고 즉각적이면서 충동적인 관심을 유도해야 구매 행동을 유발할 수 있다. 술, 담배, 커피 등과 같은 기호 제품을 구매하는 경우가 해당된다.

관여도 기반
광고 사례

초청 이벤트로 플라시도 도밍고 내한 공연을 접목하여 제품의 이미지를 상승시키는 광고를 현대자동차 제네시스에서 진행하였다. 고가 자동차에 관심이 있는 소비자가 고관여라는 사실에 근거하여 고급 공연을 함께 기획한 것이다.
고가의 자동차 마케팅은 연령층이 높고, 사회적 지위가 높은 사람들을 타깃으로 하기 때문에 라이프스타일을 고려하여 유명 아티스트의 값비싼 공연과 연결하여 브랜드의 품격을 대변하는 방법을 사용한다.

기업은 소비자의 관여도에 따라 행동으로 이어지는 과정을 고려하여 마케팅 전략을 수립해야 한다.

5.2.2 관여도 측정과 관련 이론

관여도의 측정은 여러 학자들마다 관점이 다르나 보통 라이프스타일, 상표 간 차이 인지 여부, 제품 속성, 제품의 중요성 등의 기준에 따라 측정한다. 라이프스타일 변수를 이용하여 여성의 패션에 대한 관여도를 측정하고(Summers & Tigert), 상표들 사이의 차이의 인지 정도를 100점 척도로 표시하여 관여도를 평가한다(Jocoby). 그리고 관여도가 높을수록 고려되는 제품 속성의 수는 증가하고(Rothschild & Houston), 제품의 중요성 차원을 20여 개의 의미 있는 차별화 항목으로 개발하여 각 항목에 대한 응답자의 점수를 집계하여 관여도를 측정한다(Zaichkowsky).

(1) 로렌과 캐퍼러 척도

로렌(G. Laurent)과 캐퍼러(J. N. Kapferer)는 한 제품에 대한 관여도가 높아지는 이유가 다양하기 때문에 단일 차원에 의한 측정은 부적절하다고 주장한다. 이들은 소비자의 관여를 인지적 관여와 감정적 관여로 구분한다. 관여도는 제품의 중요성 지각, 잘못된 선택을 할 가능성, 쾌락적 가치와 즐거움을 줄 수 있는 능력, 소비자가 제품에 부여하는 상징적 가치 또는 사인 가치 등으로 나누어 측정한다.

상징적 가치
사인 가치

중요성 지각: ______는 나에게 매우 중요하다.
______를 잘못 선택한다는 것은 나에게 커다란 문제이다.
잘못 선택할 가능성: ______를 잘못 선택할 가능성은 매우 높다.
즐거움 가치: ______는 내게 큰 즐거움을 준다.
사인 가치: 나는 다른 사람이 선택하는 ______를 보고 그 사람을 진실로 판단할 수 있다.

[그림 5-18] 로렌과 캐퍼러 측정 항목의 예시

(2) 자이코프스키 척도

제품의 중요성

자이코프스키(J. L. Zaichkowsky)는 제품의 중요성을 강조하고, 제품에 대하여 20개의 항목을 7점 척도로 의미를 차별화하여 구성한다. 개인별 점수는 20~140 사이에 분포하는데, 측정 결과가 20에 가까울수록 저관여 소비자로, 140에 가까울수록 고관여 소비자로 분류한다.

	1	2	3	4	5	6	7	
중요하다	___ :	___ :	___ :	___ :	___ :	___ :	___ :	중요하지 않다
관련이 크다	___ :	___ :	___ :	___ :	___ :	___ :	___ :	무관하다
의미가 크다	___ :	___ :	___ :	___ :	___ :	___ :	___ :	의미가 작다
유용하다	___ :	___ :	___ :	___ :	___ :	___ :	___ :	유용하지 않다
가치가 크다	___ :	___ :	___ :	___ :	___ :	___ :	___ :	가치가 작다
중대하다	___ :	___ :	___ :	___ :	___ :	___ :	___ :	하찮다
유익하다	___ :	___ :	___ :	___ :	___ :	___ :	___ :	유익하지 않다
관심이 많다	___ :	___ :	___ :	___ :	___ :	___ :	___ :	관심이 없다
매력적이다	___ :	___ :	___ :	___ :	___ :	___ :	___ :	매력적이지 않다
원한다	___ :	___ :	___ :	___ :	___ :	___ :	___ :	원하지 않는다
바람직하다	___ :	___ :	___ :	___ :	___ :	___ :	___ :	바람직하지 않다
필요하다	___ :	___ :	___ :	___ :	___ :	___ :	___ :	필요하지 않다

[그림 5-19] 자이코프스키의 PII(Personal Involvement Inventory) 항목 예시

(3) 크루그먼의 학습 이론

수동적 학습

크루그먼(H. E. Krugman)은 단지 전달하고자 하는 정보를 반복하는 경우에 학습 효과는 일어나지만 태도 변화는 잘 일어나지 않고, 수동적 학습에 의해 먼저 구매

활동을 한 후 브랜드 태도가 형성된다고 주장한다. 예를 들면, TV와 같은 방송 매체는 반복에 의한 수동적 학습과 관련된 저관여 매체이므로 감정과 정서에 호소하는 감각적, 감성적 광고가 효과적이다. 그에 반해 신문 등의 인쇄 매체는 관여도가 높은 상황에서 효과적이다. 따라서 관여도가 높은 소비자에게는 인지 반응을 창출할 수 있도록 메시지를 소구하고 관여도가 낮은 소비자에게는 상표와 긍정적인 연상을 할 수 있는 모델, 배경, 음악으로 어필한다.

빅데이터 **활용 사례**

드라마 스토리, 트렌드 및 가성비 등을 고려하여 최적의 배우를 캐스팅하는 것은 매우 중요하다. 배우의 연기력 및 이미지 등에 관한 다양한 요소를 고려한 빅데이터를 수집하여 최적의 캐스팅에 활용하는 것도 이 때문이다.

고객의 선호도

넷플릭스는 전 세계 가입자 4,400만 명의 시청자 데이터를 분석하고 회원이 좋아할 만한 콘텐츠가 포함된 빅데이터를 활용하여 배우, 감독에 대한 고객의 선호도를 조사하여 드라마를 만들었다. 넷플릭스가 이처럼 고객의 선호도를 예측하여 만든 드라마 〈하우스 오브 카드(House of Cards)〉는 워싱턴 정가를 배경으로 한 정치 드라마로서, 미국의 소비자에게 커다란 호응을 얻었으며 국내에서도 넷플릭스 서비스로 제공되고 있다.

[그림 5-20] 넷플릭스의 〈하우스 오브 카드〉

고관여 상황에서 소비자는 정보를 능동적으로 처리하고 학습하지만 저관여 상황에서는 수동적인 정보 수집가로서 학습한다. 저관여 소비자는 반복된 광고에 노출되면 친숙성이 높아져 인지적 과정 없이 구매하고, 구매한 다음 상표를 평가하고 태도를 형성한다. 그리고 상표에 대한 만족의 극대화보다 적당 수준의 만족을 모색하고, 구매 시 개성과 라이프스타일 그리고 준거집단의 영향력이 적다.

(4) 셰리프의 사회 판단 이론

셰리프(M. Sherif)는 소비자가 외부 환경의 자극에 반응할 때 수용 영역, 거부 영역, 중립 영역의 세 가지 반응 영역이 존재하는데, 이들 반응 영역의 범위는 관여 수준에 따라 달라진다고 주장한다. 이 이론에서 대조 효과(Contrast Effect)는 자신의 신념에 일치하는 메시지만을 수용하고 대부분 자극을 거부하여 메시지를 실제보다 더 부정적으로 해석하는 현상이다. 동화 효과(Assimilation Effect)는 자신의 신념이나 지식에 관계없이 대부분의 정보를 수용하며 메시지를 실제보다 더 긍정적으로 해석하는 현상이다. 소비자가 설득적 메시지에 노출되었을 때, 그 메시지가 수용 영역에 속하면 설득, 중립 영역에 속하면 수용도 거부도 아닌 입장을 취한다.

대조 효과(Contrast Effect)

동화 효과(Assimilation Effect)

고관여 소비자는 광고 메시지에 더욱 주의를 기울이고 자신의 지식이나 신념에 비추어 판단하기 때문에 많은 상표를 거부할 가능성이 높다. 하지만 저관여 소비자는 광고 메시지에 덜 주의를 기울이고 별다른 생각 없이 받아들이기 때문에 많은 상표를 수용할 가능성이 높다. 즉, 고관여 소비자가 다수의 속성을 이용하여 소수의 상표를 평가하고 선택하는 반면, 저관여 소비자는 다수의 상표에 적은 수의 속성을 적용하여 선택한다.

빅데이터 **활용 사례**

아마존은 미국 인구의 3분의 1이 넘는 1억 2,000만 명의 고객들이 무엇을 검색하고 어떤 상품을 구매했는지에 대한 데이터를 확보하고 있다. 이를 바탕으로 아마존을 이용하는 고객의 구매 내역을 데이터베이스에 기록하고, 이 데이터를 분석해서 소비자의 소비 취향과 관심사를 파악하여 고객별로 추천 상품을 제공하고 있다.

도서 추천 시스템은 도서 구매 데이터를 기반으로 특정한 책을 구매한 사람이 추가로 구매할 것으로 예상되는 도서를 추천하면 할인 쿠폰을 지급하는 방법의 마케팅 전략이다. 이를 위하여 데이터 분석 경험에 기반하여 하드웨어를 빌려주는 클라우드 서비스를 제공하고, 비정형 데이터 처리를 위한 데이터베이스를 새로이 개발하여 빅데이터 수집 기법을 강화하고 있다.

5.2.3 관여도와 소비자 행동

소비자의 관여도는 제품, 상표, 점포, 광고 등은 물론이고 구매 상황이나 구매 행위 자체에도 영향을 받을 수 있다. 또한 제품, 속성, 상황이 소비자와 얼마나 관련되어 있는지도 중요하다. 고관여 결정은 소비자가 구매하고자 하는 품목이 자신에게 중요하고, 잘못된 결정을 내리면 입게 될 위험이 일정 수준 이상일 때 발생한다. 소비자는 여러 가지 경로를 통해 얻은 정보와 과거 경험 및 지식에 기초하여 상표에 대한 태도를 먼저 형성한 후, 상표를 평가하고 제품을 구매하는 의사 결정 과정을 거친다. 저관여 결정은 소비자가 구매하고자 하는 품목이 별로 중요하지 않고, 잘못된 결정을 내려도 겪는 위험이 적을 때 발생한다. 고관여와 마찬가지로 구매할 상표를 결정하지만 상표가 결정되는 과정은 다르다. 통상적으로 상표에 대한 싫고 좋은 감정 없이 필요시 특정 상표를 선택해 구매하며, 구매해서 사용한 다음에 상표에 대한 태도를 형성하고, 비교적 약한 태도를 가진다.

의사 결정 과정

(1) 제품의 관여도

일반적으로 소비자는 자신의 욕구와 필요, 가치를 충족시켜 주는 제품에 관여되고, 제품이 주는 객관적 혜택과는 무관하게 소비자마다 주관적인 관여의 정도를 갖는다. 고관여 제품은 복잡한 의사 결정 과정을 거치고, 저관여 제품은 관성적으로 구매하는 단순한 의사 결정을 거친다. 고관여 제품이든 저관여 제품이든 소비자의 관여 수준은 지극히 주관적이고 상대적이며 상황적이다.

관여도 기반 **광고 사례**

시리얼의 가장 대표적 기업은 동서식품과 농심켈로그이다. 이들은 아침 대용의 일반적인 시리얼에 비타민이나 미네랄을 첨가하고, 우유에 비타민과 철분 강화 등을 강조하여 소비자의 관여도를 높이는 마케팅 전략으로 좋은 평가를 받고 있다.

[그림 5-21] 시리얼에 다양한 기능을 추가한 광고

(2) 메시지-반응과 관여도

마케팅 커뮤니케이션에서는 기업에서 제공하는 메시지를 처리하는 소비자의 관심인 반응을 매체에 대한 소비자의 관여라고 한다. TV는 시청자가 내용을 수동적으로 통제할 수 있기 때문에 반복 광고를 통한 빈도 노출을 하는 대표적인 저관여 매체이다. 인쇄 매체는 제품 정보를 중심으로 한 광고 형태가 주를 이루기 때문에 일반적으로 고관여 매체이다.

인쇄 매체

〈표 5-1〉 메시지-반응과 관여도

메시지-반응 유형	고관여	저관여
정보 탐색	광범위하고 적극적인 정보 탐색	제한된 속성이나 제한된 상표에 대한 정보 탐색
인지적 반응	모순된 정보의 배제 정당화하기 위한 반론 제기	제한된 반론과 모순된 정보 수용
정보처리	정보의 흐름을 효과 계층에 따라 처리	단순하게 인지 처리를 하며, 효과 계층이 생략되거나 변경
태도 변화	태도 형성이 어렵고, 형성된 태도는 쉽게 변하지 않음	태도 변화가 쉬우며, 변화된 태도는 지속성이 낮음
광고의 반복 효과	비효과적임	효과적임
상표 선호도	상표 선호에 의한 구매	습관적 구매
인지 부조화	크게 느낌	작게 느낌
타인의 영향	중요함	중요하지 않음

관여도 기반 **광고 사례**

코카콜라는 재미있는 광고와 캠페인으로 유명한 브랜드이지만 낮은 저관여 제품이다. 이로 인해서 코카콜라는 제품 자체에 대한 광고보다는 낭만적인 캠페인과 스토리텔링으로 제품의 이미지를 구축하는 광고 기법을 사용한다. 그중 커다란 반응을 일으켰던 인상적인 광고가 영국에서 진행된 'Love is in the Air'이다. 탄산음료의 광고들이 제품 특성상 톡 쏘고, 짜릿하고, 신나는 이미지의 광고가 대부분인데, 이 광고에서는 코카콜라가 주는 느낌을 달콤함으로 재정의하였다. 이 광고는 기념일인 발렌타인데이와 연결하여 연인 또는 연인이 아닌 이들에게까지도 달콤하고 로맨틱한 이미지로 전달되었고, 초콜릿과 사탕, 사랑이라는 키워드들로 나타내었다. 코카콜라는 발렌타인데이에 주고받는 초콜릿과 사랑만큼 달콤한 존재가 되었고 광고에서 제시되는 영상의 분위기도 따뜻하고 포근해서 새로운 느낌으로 소비자의 관심을 유도하였다.

스토리텔링

코카콜라에 초콜릿이라는 기존의 달콤함의 고정관념을 더해 톡 쏘는 짜릿한 이미지와 따뜻함이 함께 하는 캠페인으로 광고 메시지를 구성한 것이었다. 톡 쏘는 이미지가 제품의 속성으로부터 온 것이라면, 이 캠페인이 전하는 사랑의 따뜻함은 브랜드가 말하고자 하는 '코카콜라=행복'이라는 가치를 보여 주려는 노력이었다.

[그림 5-22] 코카콜라의 발렌타인데이 광고

(3) 구매 상황과 관여도

구매의 모든 과정에 미치는 소비자 관심의 수준을 구매 상황이라 한다. 구매 상황에 따른 관여도는 같은 물건을 다른 환경에서 구매할 때 발생할 수 있는 차이를 의미한다. 구매 상황에는 물리적 상황, 사회적 상황, 일시적 상황, 심리·신체적 상황, 과업 상태 등이 있다.

물리적 상황은 점포의 시설과 같이 제품을 구매하는 장소의 물리적 특성을 의미하며, 주로 점포의 분위기를 형성하는 요소로 구성된다.

상황적 영향 기반 **광고 사례**

소비자가 제품 구매 행동에 영향을 미치는 대표적인 요인으로 점포의 내부 환경이 있다. 소비자는 상점 내부의 인테리어, 디스플레이, 향기, 음악, 조명 등에 따라 무의식중에 의사 결정에 영향을 받는다. 내부 환경에 의한 소비자의 충동구매는 무의식적으로 일어나기 때문에 판매자 측에서는 소비자가 구매에 긍정적인 영향을 주도록 내부 환경을 조성해야 한다.

디지털 사이니지 (Digital Signage)

최근 지하철, 버스 정류장, 커피숍, 학교, 주유소 등 사람들의 통행이 빈번한 장소에 디지털 사이니지(Digital Signage)가 설치되어 있다. 대홍기획은 집 이외의 모든 장소에서 접할 수 있는 영상 미디어로 정의되는 디지털 사이니지를 점포에 연결하여 최신의 정보, 광고, 기타 유용한 콘텐츠를 제공하고 있다. 미국이나 일본에서는 이미 오래 전에 시장이 형성되어 버스 정류장, 야구 및 풋볼 경기장, 주유소 등에 디지털 사이니지가 설치되어 있고, 편의점 및 쇼핑 공간 외 지하철, 거리 등으로 확산되고 있다. KT 경제연구소에 따르면 매년 29%의 성장이 예측되는데, 디지털 사이니지의 활용이 점포의 고급화와 실용화 이미지를 인식시킨다고 설명한다.

[그림 5-23] 지하철 역의 디지털 사이니지

사회적 상황은 소비자가 제품을 구매하고 소비하는 과정에서 나타나는 사회적 인식에 대한 지각 상황을 의미한다.

일시적 상황은 시간이 소비자의 구매 행동에 영향을 미치는 상황적 특성을 의미하고, 시간적 여유가 있을 경우, 돌발적인 상황, 긴급 상황 등으로 나뉜다.

심리 · 신체적 상황은 선행 상태(Antecedent States)라고 하며, 소비자가 제품을 구매하기 전 또는 사용할 때 일시적으로 가지는 신체적 또는 기분 상태이다.

선행 상태 (Antecedent States)

과업 상태는 소비자가 제품을 구입하는 용도에 따라 관여도에 차이가 있다는 것을 의미한다. 예를 들면, 소비자가 제품을 선물용으로 구매할지 자신이 직접 사용할지에 따라 구매 행동이 달라지는 경우이다.

(4) 브랜드 선택과 관여도

브랜드 사이에 차이가 클 경우에 고관여는 복잡한 의사 결정을 거치고, 저관여는 다양성을 추구한다. 브랜드 사이에 차이가 작은 경우에 고관여는 소비자가 제품을 구매한 후에 겪는 인지 부조화를 감소하는 방향으로, 저관여는 습관적이면서 관성적으로 구매 행동이 일어난다.

인지 부조화

〈표 5-2〉 브랜드 차이와 관여도

구분		고관여	저관여
브랜드 간 차이	큰 경우	복잡한 의사 결정	다양성 추구
	작은 경우	인지 부조화 감소	습관적 구매

소비자의 상대적 태도에 따라서 반복 구매 정도를 충성도와 관련하여 표현하면 다음과 같다.

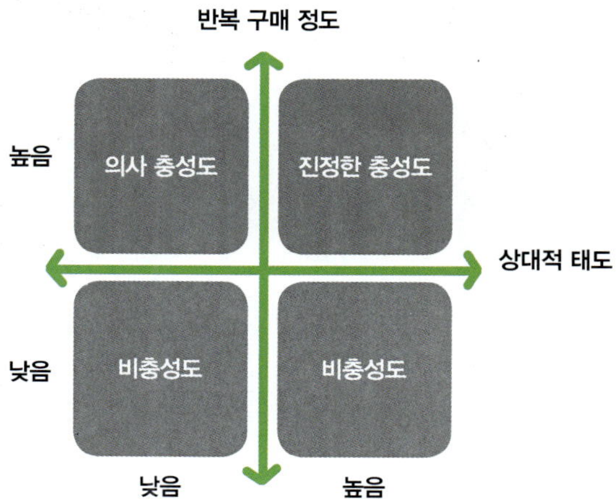

[그림 5-24] 소비자의 상대적 태도와 반복 구매 정도

소비자의 제품에 대한 상대적인 태도가 높고, 반복 구매 정도가 많으면 해당 브랜드에 진정한 충성도를 가진 고객이고, 두 요소가 낮을 경우에는 충성도가 없는 고객이라고 판단한다. 반면에 상대적 태도는 낮지만 반복 구매 정도가 높은 경우에는 제품에 대한 다양한 상황에 따라서 충성도가 형성되는 의사 충성도로 판단하고 반대의 경우에는 충성도가 없다고 판단한다.

관여도 기반
광고 사례

저관여 제품에 대한 차별적 광고 전략으로 일반적인 광고 기법이 아닌 다양한 광고 캠페인을 몇 가지 메시지에 집중하여 일관성 있게 제시하는 방법이 있다. 이때 광고 예산은 짧은 광고 메시지를 반복적으로 제공하여 소비자의 수동적 학습을 촉진하는 데 집중하여 편성한다. 또한 저관여 상황에서는 시각적 커뮤니케이션이 중요하므로 점포 내의 제품 진열이나 포장 등을 통해 경쟁 제품과 차별화하는

수동적 학습

전략을 써야 한다.

애플은 스마트폰의 선도 브랜드로서 주력 모델인 아이폰의 판매 상승세가 떨어지자 틈새시장으로 보급형 스마트폰인 아이폰 SE를 출시하였다. 이는 아이폰 보급형인 아이폰 C에 이어 두 번째이고, 애플은 자사의 새 보급형 스마트폰의 특·장점으로 가성비, 즉 가격 대비 성능의 우수성을 부각하여 광고 메시지로 전달하였다. 실제로 아이폰 SE는 애플리케이션 칩과 모션 코프로세서를 적용하여 성능은 아이폰 6s와 비슷한 수준이지만, 판매 가격은 16GB 제품이 399달러(약 46만 원), 64GB는 499달러(약 58만 원)로 30만 원 이상 더 저렴하다. 스마트폰의 선도 브랜드인 애플이 후발 주자들의 저가 전략을 방어하기 위한 전략인 것이다.

선도 브랜드

선도 브랜드의 유지 및 방어 전략으로는 막대한 광고비 및 판매 촉진 비용 지출을 통하여 제품의 시장 지배력을 유지하도록 하는 적극적인 방법과 저가격 전략을 기반으로 하여 적극적인 제품 개발과 신제품 출시 등의 방법이 있다. 저관여 제품은 마케팅 커뮤니케이션을 이용한 차별화 과정을 거치는 것이 필수이고, 기존 브랜드가 적극적이고 막대한 광고비로 시장을 확보하고 있을 경우에는 후발 브랜드의 시장 진입은 어렵다. 저관여 제품은 유통망이 중요한데, 소비자 수용 영역이 넓고 대체품이 시장에 다수 존재하기 때문에 언제라도 브랜드 전환이 가능하다. 그러므로 폭넓은 유통망 확보로 유망 지역, 점포, 진열대 위치 등을 확보하려는 전략이 필요하다.

후발 브랜드

선도 브랜드는 가격 할인 정책을 시행함으로써 후발 브랜드가 그 시장에서 살아남기가 어렵다는 인식을 심어 줄 필요가 있다. 하지만 지나친 저가 정책은 오히려 자사 브랜드 이미지를 낮추기 때문에 주의해야 한다. 제품의 중요성을 부각하는 후발 브랜드와 경쟁하기 위해서는 지속적인 품질 개선을 위해 노력하고, 틈새시장을 내주지 않기 위한 시장세분화 전략 및 신제품 개발이 필요하다.

틈새시장

[그림 5-25] 애플의 저가폰 아이폰 SE 광고

연·습·문·제

※ 다음 빈칸에 해당하는 용어를 넣으시오.

1. (　　)은(는) 소비자의 현재 행동을 설명하면서 의사 결정에 체계적인 영향을 미치고, 관찰하는 시간과 장소에 따라 독특하게 나타나는 모든 요소를 포함한다는 개념이다.

2. 환경이 개인에게 영향을 주어 일어나는 쾌락, 환기, 지배의 개념에 기초하여 소비자의 심리적 관점에 근거한 상황적 영향에는 (　　　　　　), (　　　　　　), (　　　　　), (　　　　　), (　　　　) 등이 있다.

3. 소비자 상황은 반응하게 되는 자극 대상의 특성이나 개인의 내면적 특성과는 무관하게 발생되는 외부적 요인의 집합이다. 여기에는 (　　　　　), (　　　　　), (　　　　　　　)이 있다.

4. (　　　　　　)은(는) IT 기술의 급속한 발전과 함께 등장한 대표적인 소비 트렌드로, 소비자가 어떤 제품이나 서비스에 대한 욕구를 느끼는 순간, 시간과 장소에 구애받지 않고 곧바로 IT 인프라에 접속하여 쉽게 정보를 탐색하고, 대안들을 평가하여 원하는 제품과 서비스를 선택하여 구매하는 소비자 행동이다.

5. (　　　　　)란 두 가지의 극단적인 소비 행태가 동시에 나타나는 소비 현상이다.

6. (　　　　)은(는) 주어진 상황에서 특정 대상에 대한 개인의 중요성 지각 정도(Perceived Personal Importance)이다.

7. 관여도의 결정 요인에는 (　　　　　), (　　　　　), (　　　　　) 등이 있는데, 각각 다르게 구매 의사 결정 과정에 영향을 미친다.

※ 다음 내용에 대하여 설명하시오.

8. 관여도는 소비자의 관심의 정도에 따라서 고관여(High Involvement)와 저관여(Low Involvement)로 분류한다. 이들에 대해서 설명하시오.

9. 지속적 관여와 상황적 관여에 대해서 설명하시오.

10. 소비자의 인지 구조를 토대로 구매 의사 결정을 분석하면 제품의 특징에 따라서 소비자의 구매 행동은 4가지 유형으로 분류된다. 이들을 설명하시오.

※ 다음 주제에 대하여 토론하시오.

11. "소비자가 구매에 필요한 활동에 영향을 미치는 요인을 이해하는 것은 중요하지 않다." 이 말에 대한 자신의 찬성과 반대의 입장을 정하여 토론하시오.

12. 소비자에게 제품의 새로운 카테고리의 필요성에 대해 문제 인지를 촉진하기 위하여 사용하는 마케팅 사례를 예를 들어 토론하시오.

13. 의사 결정의 요인 중 구매 행동에 가장 직접적인 영향을 미치는 요인에 대하여 토론하시오.

6

CHAPTER

정보 탐색

학습 목표

- 소비자가 의사 결정에 필요한 정보를 탐색하는 과정과 유형을 이해한다.
- 정보 탐색의 정의와 특징을 살펴보고, 정보 탐색의 측정 방법과 소비자의 구매 행동에 영향을 미치는 상품군을 학습한다.
- 정보 탐색 기반의 광고 사례와 빅데이터 활용 방안에 대하여 학습한다.

정보 탐색 기반 광고 LG 트윈 워시 세탁기는 소비자에게 제품의 정보를 구체적으로 제시한 제품 속성의 강점을 설득적인 광고로 제작하여 큰 효과를 보았다. (본문 147쪽)

6.1 정보 탐색이란?

6.1.1 정보 탐색의 개요

(1) 정보 탐색의 정의와 특징

미래의 소프트웨어는 당신이 아는 바와 모르는 바를 파악한다.
— 래리 페이지(Larry Page)

정보 탐색(Information Search)은 소비자가 욕구를 인식하면 다음으로 행해지는 단계로서, 구매하려는 대상의 판매 점포나 제품, 구매에 대해 더 많은 것을 알고자 하는 의도적인 노력이며 행동이다. 소비자가 제품 구매에 관해 문제를 인식하면, 합리적이고 만족스러운 구매를 위해 충분한 양의 신뢰할 수 있는 구매와 관련된 정보의 탐색이 필요하다.

소비자가 정보 탐색을 하는 이유는 문제 해결을 위해 이용할 수 있는 대안이 되는 제품, 서비스에 관한 정보를 획득하거나 각 제품이나 서비스를 평가하기 위한 기준을 알기 위해서이다. 즉, 평가 기준의 중요성에 관한 정보와 각 제품이나 서비스의 평가 기준 및 평가 점수에 관한 정보를 인지하고, 각 제품이나 서비스의 구매 장소와 구매 가능 시간 등 구매와 관련된 정보를 획득하기 위해서이다.

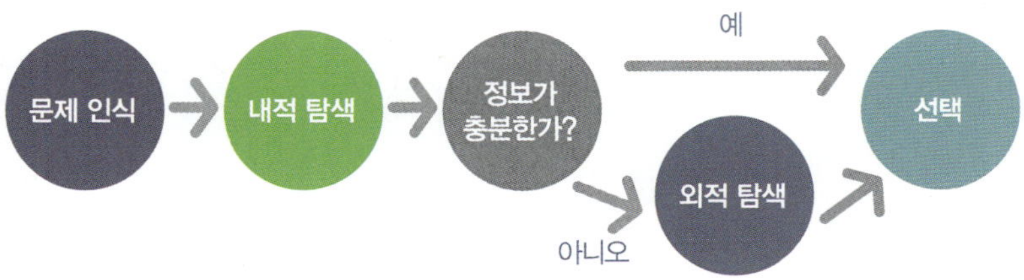

[그림 6-1] 정보 탐색의 유형

소비자는 구매 행동을 위한 문제를 인식하면 자신의 기억에 저장되어 있는 정보를 내적 탐색을 통하여 검색하고, 이 정보가 의사 결정에 충분할 경우에는 선택이라는 행동으로 바로 연결한다. 그렇지 않은 경우, 즉 의사 결정을 하기에 정보가 부족하다고 판단되면 외적인 탐색을 통하여 부족한 정보를 보충한다. 이 과정에서 소비자가 구매 행동에 적절하다고 판단되면 제품 구매를 위한 의사 결정을 한다.

(2) 정보 탐색의 원천

탐색재

경험재

소비자가 정보를 탐색하는 정도에 따라서 탐색재와 경험재가 있다. 자동차나 주택과 같은 비싼 제품의 경우에는 다양한 정보의 원천으로부터 많은 양의 정보를 수집하는데, 이러한 특징을 가진 것을 탐색재라고 한다. 반면에 소비자가 정보를 탐색하기 전 제품을 사용해 보고 평가를 내리는 생활용품과 같은 것을 경험재라고 한다. 어떤 소비자는 한 브랜드만 지속적으로 구매하는데, 이는 소비자가 정보 탐색 과정에서 다양성을 추구하지 못해 정보 탐색의 정도가 낮기 때문이다.

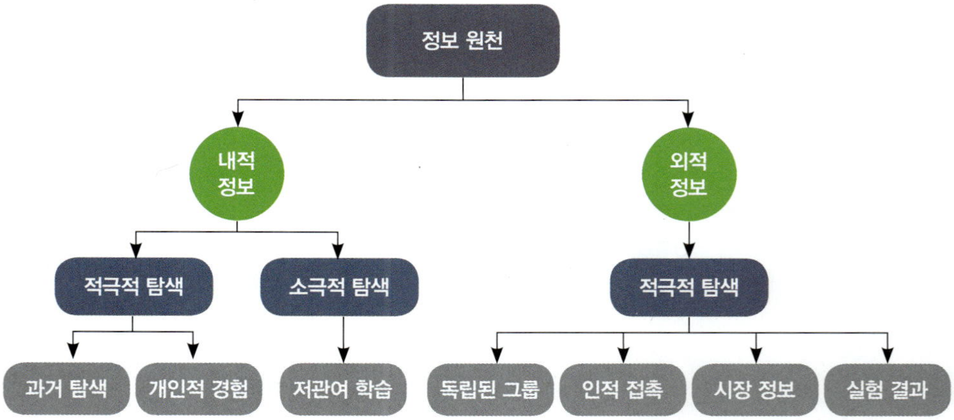

[그림 6-2] 정보 원천의 분류

정보 원천은 소비자의 기억 속에서 탐색이 이루어지는 정도에 따라서 내적 정보와 외적 정보로 나뉜다. 또 내적 정보는 과거 개인의 관심과 경험의 정도에 따라서 적극적 탐색과 소극적 탐색으로 나뉘며, 소극적 탐색은 제품에 대한 관여가 낮은 경우에 일어난다. 외적 정보는 소비자가 적극적인 정보 탐색을 하는 것으로 탐색의 대상이 무엇이냐에 따라 독립된 그룹, 인적 접촉, 시장 정보, 실험 결과 등으로 나뉜다.

이러한 기본적인 분류 외에도 정보 원천은 기업이 정보의 원천을 통제하는지 여부에 따라서 비인적 정보와 인적 정보로 나눌 수 있다. 기업이 통제할 수 있는 비인적 정보로는 광고, 소매점 정보, 포장, 온라인 검색엔진, 판매 촉진, 점포 내 전시 등이 해당되는데, 매우 단편적이며 신뢰성이 낮다. 반면에 인적 정보는 판매원, 텔레마케터, 전시회 상담원 등 고객과 상호작용을 통하여 이루어지는 정보로서 비용이 많이 든다.

기업이 통제할 수 없는 비인적 정보로는 뉴스, 온라인 커뮤니티, TV 프로그램, 정부 보고서, 연구기관 간행물 등으로 소비자의 신뢰성이 매우 높다. 반면에 인적 정보는 소비자 스스로 제품을 사용한 경험이나 구전에 의한 정보, 가족, 준거집단, 사회적 영향에 의한 정보 등으로, 제한적인 정보이지만 신뢰성이 높다.

(3) 정보 탐색의 영향 요인

소비자에게 전달되는 동일한 메시지라도 누가 전달하는가에 따라 소비자가 수용하거나 해석하는 데에 많은 차이가 있다. 소비자 행동에 영향을 미치는 정보 원천과 관련된 대표적인 변수는 신뢰성과 매력도이다.

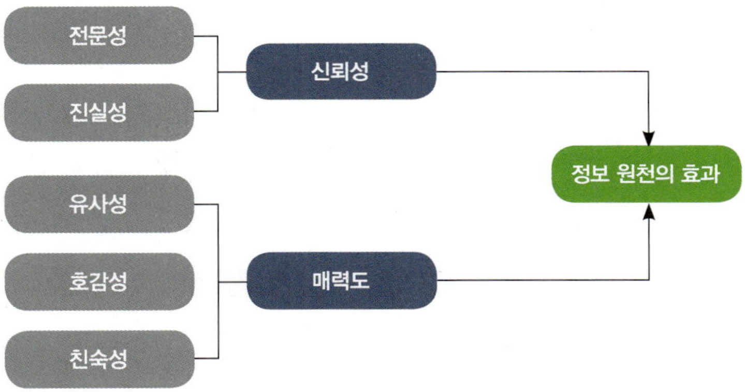

[그림 6-3] 정보 탐색의 영향 요인

정보 원천의 신뢰성(Source Credibility)은 소비자가 메시지 전달자에게서 느끼는 전문성과 진실성이다. 전문성은 의사 전달자가 상품의 특징이나 성능에 대해 타당성 있는 평가를 내릴 수 있는 능력이고, 진실성은 메시지의 전달자가 수신자에게 어느 정도 객관적이고 정직하게 보이는 정도이다. 신뢰성에 의한 효과는 해당 이슈에 대한 수용자의 초기 의견에 따라 달라지는데, 어떤 이슈에 대해 원래 호의적인 의견을 가지고 있는 사람에게는 높은 신뢰성을 가진 정보 원천보다는 중간 정도의 신뢰성을 가진 정보 원천이 더 효과적이다. 반면, 비호의적인 의견을 가지고 있는 사람에게는 높은 신뢰성을 가진 정보 원천이 더 효과적이다. 정보 원천의 매력도(Source Attractiveness)는 정보 전달자가 소비자에게 호감을 주는 정도와 소비자가 정보 전달자를 얼마나 자신과 비슷하게 느끼는가에 의해 결정된다. 정보 원천의 매력도가 높을수록 메시지의 수용도가 높다.

정보 원천의 신뢰성을 확보하기 위한 방법으로 양면적 메시지가 있는데, 이는 전문성을 갖추고 믿을 만한 의사 전달자의 경우 활용한다. 정보 원천의 매력도를 높이기 위한 방법은 소비자의 메시지 처리와 연관된 관여도에 따라 정보 원천의 성격을 달리하여 커뮤니케이션 효과를 증대시킨다.

(4) 정보 탐색의 방식

소비자가 정보를 탐색하는 방식에는 상표별 처리, 속성별 처리, 혼합식 처리 등이 있다. 상표별 처리는 소비자가 한 가지 상표를 선택하여 그 상표의 속성과 특성에 관한 정보를 처리한 후 다른 상표를 처리하는 방식이다. 속성별 처리는 한 가지 속성에 대하여 각 상표의 정보를 획득하고 처리한 후 다른 속성에 대하여 상표별로 비교 평가하는 방식이다. 혼합식 처리는 처음에는 상표별로 정보처리를 하고 다른 속성에서는 특정 상표에 집중하는 방식이다.

특정 상표

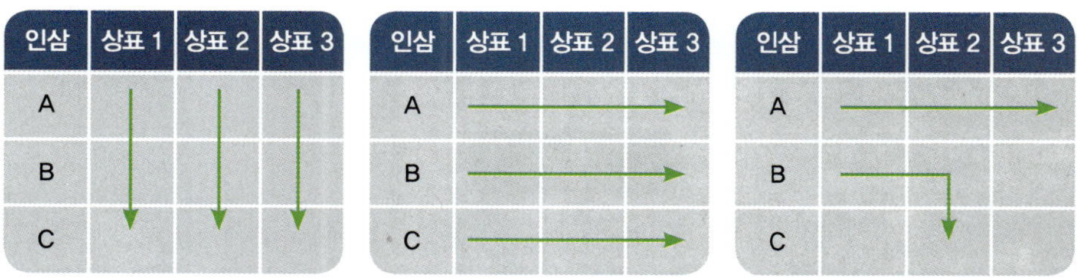

상표별 처리 속성별 처리 혼합식 처리

[그림 6-4] 정보 탐색 방식

정보 탐색 기반 광고 사례

소비자는 정보 탐색 순서에 따라 의사 결정을 한다. 초기 단계에서는 속성별로 정보를 처리하고, 후기 단계에서는 상표별로 정보를 처리한다. 코웨이는 이러한 소비자의 경향을 마케팅 전략에 활용하였다. 코웨이는 공기 속 유해 물질 제거라는 속성을 강조하여 속성별로 정보를 탐색하는 소비자를 고려한 광고를 선보였다. 소비자가 제품 구매 초기에 속성별로 제품에 접근한다는 정보 탐색 기반의 광고 사례이다.

[그림 6-5] 코웨이의 공기청정기 광고

LG전자는 세계 최초로 상단에 드럼 세탁기, 하단에 통돌이 세탁기를 결합한 트윈워시를 '하나의 보디 두 개의 세탁기'라는 설명과 함께 광고하고 있다. 이는 소비자가 제품의 속성에 따라 구매 결정을 한다는 점을 활용한 광고이다.

LG의 트윈워시 세탁기는 '분리 세탁, 동시 세탁, 공간 절약, 시간 절약'이라는 구체적인 제품 정보를 소비자에게 제시한 제품 속성의 강점을 설득적인 광고로 제작하여 커다란 효과를 보고 있다.

[그림 6-6] LG의 트윈워시 세탁기 광고

일반적으로 소비자는 의사 결정 초기에는 속성별 탐색을 실시하고, 후반부에는 상표별로 정보를 탐색한다. 정리하면, 소비자는 선택할 수 있는 대안의 수가 많지 않으면 상표별로 정보를 처리하고, 대안의 수가 많을 때에는 속성별로 정보를 처리한다. 속성별 정보 탐색이 지난 이후에는 상표별로 정보를 처리하는 경향이 있다.

6.1.2 정보 탐색의 유형

(1) 내적 탐색

소비자가 자신의 기억 속에 저장되어 있는 정보 중 의사 결정을 하는 데 도움이 되는 정보를 꺼내는 과정이 내적 탐색이다. 소비자는 탐색의 결과가 만족스러우면 구매 행동의 다음 단계로 넘어간다. 다시 말해, 당면한 문제를 해결해 줄 수 있는 제품이나 서비스에 대한 직접 경험, 기업 광고, 언론기관의 간행물, 타인으로부터 기존에 수집되어 소비자의 기억 속에 저장된 정보를 회상하는 과정이 내적 탐색이다.

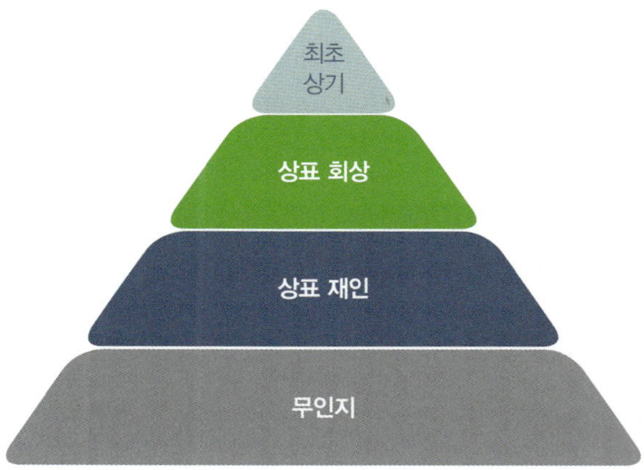

[그림 6-7] 브랜드 인지도

소비자가 특정한 제품군에 대하여 인식하거나 회상할 수 있는 정도를 브랜드 인지도라고 한다. 소비자가 기억하는 특정한 브랜드에 대한 인지는 무인지→상표 재인→상표 회상→최초 상기의 과정을 거친다. 무인지(Unaware of Brand)는 상표에 대하여 전혀 알지 못하는 상태이고, 상표 재인(Brand Recognition)은 상표에 대한 다양한 단서를 이용하여 상기하는 대로 떠올리는 비보조 회상이다. 상표 회상(Brand Recall)은 상표 재인보다 좀 더 소비자에게 깊이 인지된 형태로, 해당 제품

비보조 회상

의 단서를 이용하여 보기 중에서 해당 정보를 기억해 내는 보조 회상이다. 최초 상기(Top of Mind Recall)는 제품에 대해서 제일 먼저 떠오른 브랜드를 의미한다. 기업은 자신들의 제품이나 서비스를 소비자가 최초로 상기할 수 있도록 하기 위하여 노력하며, 이에 적합한 마케팅 전략을 실행하고 있다.

정보 탐색 기반 **광고 사례**

미국에서 헤르츠(Hertz)는 압도적인 점유율로 렌트카 시장 1위를 차지하고 있다. 반면에 애비스는 헤르츠와 커다란 격차를 보이며 렌트카 시장에서 2위의 점유율을 보이고 있다. 이러한 상황에서 애비스는 렌트카 시장에서의 2인자임을 인정하는 광고로 소비자에게 긍정적인 이미지를 심어 주어 커다란 성공을 거두었다.

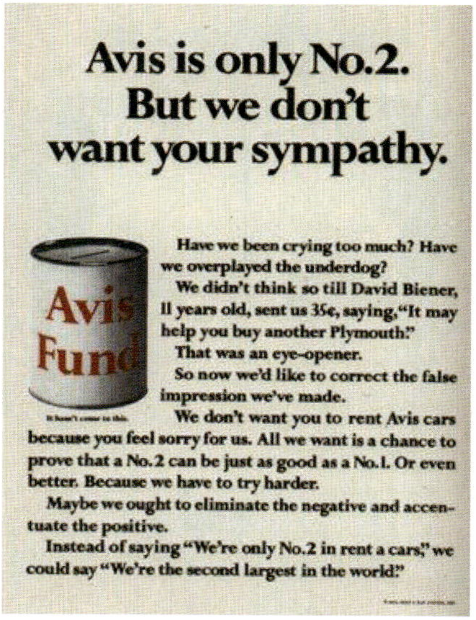

[그림 6-8] 애비스의 렌트카 광고

애비스는 1등은 아니지만 2등이기에 할 수 있는 것이 더 많다는 광고로 그보다 하위 상표들은 의미가 없다는 내용을 소비자에게 확고히 알린 것이었다. 소비자가 내적 탐색을 할 때 소비자의 상기 상표군(Evoked Set)이나 고려 상표군(Consideration Set) 안에 자사 상표가 포함되려는 노력의 일환이고, 1등으로는 어렵지만 소비자가 기억하는 고려 상품군의 두 번째 자리라도 확보하려는 마케팅 전략이다.

상기 상표군(Evoked Set)

고려 상표군 (Consideration Set)

내적 탐색은 소비자의 기억 속에서 해당 제품이나 서비스의 브랜드, 속성, 평가 결과나 태도, 경험 등을 탐색하는 것이다. 이러한 내적 정보 탐색에 영향을 주는 요인은 소비자의 제품에 대한 지식의 수준이나 기억 속에 저장된 유용한 정보의 양, 제품이나 서비스의 중요성 등이다.

(2) 외적 탐색

외적 탐색은 소비자가 자신의 기억 이외의 원천으로부터 정보를 탐색하는 활동이다. 정보 원천으로는 개인적 원천(Personal Source), 상업적 원천(Commercial Source), 공공의 원천(Public Source), 경험적 원천(Experiential Source) 등이 있다. 개인적 원천은 가족, 친구, 이웃, 아는 사람으로부터 정보를 탐색하는 것이고, 상업적 원천은 광고, 판매원, 진열, 포장, 대리점으로부터 정보를 얻는 것이다. 공공의 원천은 대중매체나 소비자 보호기관 등을 통해서 정보를 얻는 것이며, 경험적 원천은 제품의 시험 구매와 과거에 경험했던 정보를 토대로 정보를 탐색하는 것이다. 외적 탐색은 당면한 특정 문제를 해결하기 위하여 평소에 관심을 두고 비교적 지속적으로 정보를 탐색한다. 소비자의 지식과 외적 탐색 간의 관계는 다음과 같다.

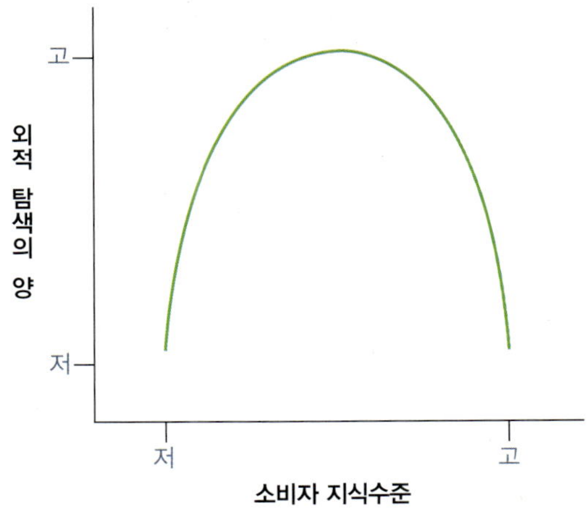

[그림 6–9] 소비자 지식과 외적 탐색 관계

지식수준

소비자의 지식수준이 중간 정도일 때 외적 탐색의 양이 가장 높다. 왜냐하면 중간 정도의 지식을 보유한 소비자는 선택 대안이 다양하기 때문이다. 지식이 낮은 사람과 높은 사람은 이미 보유한 지식수준으로 선택을 하거나 그렇지 않은 의사 결정의 방향을 가지고 있다. 하지만 중간 수준인 사람은 선택할 수 있는 대안이 양방향에서 다양하므로 가능한 많은 정보를 수집하여 자신들의 선택 방향성을 결정하려는 의도가 높다.

정보 탐색 기반 **광고 사례**

배타적 클럽

기존에 선두 기업이 형성한 소비자의 고려 상품군에 후발 기업이 들어가는 전략으로 배타적 클럽을 만드는 방법이 있다. 이를 통해 후발 기업은 선두 기업과 유사한 제품이라는 이미지를 광고한다. 이 전략으로 시장의 후발 주자는 선두 그룹과 동등한 대우를 받는 효과를 누릴 뿐 아니라 클럽에 속하지 못한 경쟁 브랜드를 더 격하시킬 수 있다. 또한 소비자의 고려 상품군을 기업이 인위적으로 구성할 수 있다.

[그림 6-10] 아파트의 배타적 클럽 형성 광고

이 광고는 다양한 아파트 브랜드들이 혼재해 있는 상황에서 대표적인 아파트의 배타적 빅 3 광고로 소비자의 고려 상품군을 기업이 인위적으로 형성하고 있다. 이렇게 함으로써 평가하기 어려운 제품을 고급 브랜드와 묶어서 소비자로 하여금 외적 정보 탐색을 쉽게 한다.

외적 탐색에 영향을 주는 요인은 제품의 특성(Product Characteristics), 소비자의 특성(Individual Characteristics), 구매 상황(Purchase Situation) 등이다.

첫째, 구매하고자 하는 제품의 특성에 따라서 정보 탐색의 정도가 다르다. 즉,

상표 대안

가격이 높을수록 외적 탐색의 정도가 높으며, 상표 대안들 간의 차별화 정도가 높을수록 외적 탐색의 정도도 높아진다. 또한 상표 대안들의 수가 많을수록 외적 탐색의 정도가 높아진다.

둘째, 동일한 상품이라도 소비자 관점에서 관여도가 다른데, 고관여 소비자일수록 정보 탐색에 적극적이다. 즉, 구매하고자 하는 제품의 관련 지식으로서 제품에 대한 소비자의 관여와 인지된 위험 등 소비자의 특성에 따라 외적 탐색의 정도가 다르기 때문이다. 또한 연령이나 소득이 높고 교육 수준이 높을수록 외적 탐색의 정도가 높게 나타난다.

셋째, 구매 상황은 상황적 특성(Situational Characteristics)으로서 소비자 욕구의 긴급성, 점포까지의 거리, 점포의 혼잡 정도 등으로 충동구매의 경우는 정보 탐색이 거의 일어나지 않는다. 하지만 충분한 시간을 두고 계획을 세워서 구매하는 경우는 정보의 양과 탐색이 적극적이다.

소비자의 의사 결정 문제의 유형과 정보 탐색은 긴밀한 관련이 있다. 일반적으로 의사 결정의 문제 유형은 일상적인 문제, 제한적인 문제, 포괄적인 문제로 나눈다. 일상적인 문제는 소비자의 저관여 상품으로 생활필수품 등의 의사 결정 문제이고, 제한적인 문제는 새로운 상표나 건강식품 등의 의사 결정 문제이며, 포괄적인 문제는 고관여 제품이면서 새로운 제품인 경우의 의사 결정 문제이다. 이들 중 포괄적인 문제가 정보 탐색의 양이 가장 많고, 제한적인 문제, 일상적인 문제 순으로 정보 탐색의 양이 작다. 일상적인 문제는 주로 소비자가 가지고 있는 내부 정보 원천을 활용하고, 포괄적인 문제는 외부 정보를 탐색한다.

일상적인 문제는 평소에 습관적이고 반복적으로 구매하는 상품으로서 위험이 상대적으로 적은 구매 상황에서 내부 정보만으로 의사 결정이 가능하다. 보통 구매 빈도가 빈번하고 저가격 제품이나 서비스에 대한 구매 의사 결정이 이루어지는 저관여 제품의 의사 결정 문제이다. 제한적 문제는 기존에 구매하던 제품에 새로운 상품을 추가적으로 고려한 의사 결정 문제이고, 일상적 문제 상황보다는 보다 많은 정보 탐색이 요구된다. 즉, 소비자가 예전에 제품을 구매해 본 경험이 있으나 이용 가능한 브랜드와 친숙하지 않은 경우에 발생하고 감성적이거나 상황적인 요구로 인하여 일어날 수 있다. 포괄적 문제는 이전에 구매해 본 경험이 없는 새로운 상품을 구매하는 경우에 제품과 상품에 대한 비교 평가 자료가 요구되는 의사 결정 문

〈표 6-1〉 구매 의사 결정 유형

소비자 구매 의사 결정 과정의 특성	포괄적(Extended)	제한적(Limited)	일상적(Habitual)
	소비자의 관여도 고 ←→ 저		
브랜드의 수	다수	소수	한 개
점포의 수	다수	소수	모름
속성의 수	다수	소수	한 개
정보 원천의 수	다수	소수	없음
탐색 시간 소비	장시간	단시간	최소 시간
정보 탐색	내적, 외적	주로 내적	내적
대안의 수	다수	소수	한 개
비용	높음	중간	낮음

제로 주로 외부 탐색을 한다. 즉, 친숙하지 못한 제품, 고가 제품, 빈번하게 구매하지 않는 제품 등을 구매할 경우에 발생하며, 가장 복잡한 고관여 제품의 의사 결정 문제이다.

소비자는 저관여 제품이나 저관여 상황에서, 여러 상표들 사이에 차이가 뚜렷한 경우에는 다양성 추구를 위한 구매 행동을 한다. 이에 따라 마케터는 본질적으로는 동일한 제품에 대하여 두 개 이상의 상이한 상표를 설정하여 별도의 품목으로 인식하게 하는 복수 상표 전략으로 제품의 차별화를 추구한다.

제품의 차별화

외적 탐색을 많이 할수록 결정 지연이나 정보 과부하 등의 문제가 따르고, 개인이나 구매 상황에 영향을 받는다. 소비자 의사 결정 문제의 형태가 포괄적, 제한적, 일상적인지에 따라서 외적 탐색의 형태는 브랜드의 수, 점포의 수, 속성의 수, 정보 원천의 수, 탐색 시간 소비, 정보 탐색 정도, 대안의 수, 비용 등에 따라 달라진다. 예를 들면, 소비자가 해결해야 할 문제가 일상적인 경우는 브랜드와 속성의 수는 한 개이고, 점포나 정보 원천은 고려하지 않고 최소 시간으로 외적 탐색을 한다.

우연적 학습

이 외에도 정보 탐색 유형으로 우연적 학습이나 계획된 정보 탐색이 있다. 우연적 학습은 광고를 보거나 친구 또는 신문 기사나 TV 프로그램에서 제품에 대한 정보를 얻는 것이고, 계획된 정보 탐색은 특정한 제품을 구매하고자 의도적으로 정보를 탐색하는 방법이다.

6.2 정보 탐색 측정

정보 탐색의 정도는 소비자 욕구의 정도, 정보 탐색 전에 보유한 정보의 수준, 추가 정보 획득의 용이성, 정보 탐색으로부터 얻은 만족 등에 따라서 달라진다. 소비자가 가지고 있는 정보 파악을 위하여 사용하는 측정 방법에는 다음과 같은 것들이 있다.

6.2.1 회고적 질문법

회고적 질문법(Retrospective Questioning)은 소비자가 의사 결정 과정에서 수행한 정보 탐색 활동을 기억해 내도록 질문하는 것으로 심층 면접과 설문 조사법이 있다. 사회조사 분야에서 가장 많이 쓰이는 방법으로, 질문지를 사용하고 질문지에 응답자가 직접 내용을 기입하도록 하는 조사 방법이다.

(1) 심층 면접

심층 면접(Depth Interview)은 소비자가 제품에 관련된 정보를 탐색하는 과정을 조사하는 것으로서 제품에 대하여 인지한 계기, 제품을 구매하는 데 가장 중요하게 고려할 점, 제품의 구매 이유 등을 인터뷰를 통하여 측정하는 질적 측정법이다. 잘 훈련된 질문자와 응답자를 비구조화된 인터뷰를 사용하여 조사하는 현장 조사의 한 방법이다. 이 방법이 성공하기 위해서는 질문자와 응답자 사이의 친밀한 관계(Rapport) 형성이 중요하며, 일정 정도의 참여 관찰이 필요하다.

질적 측정법

친밀한 관계(Rapport)

정보 탐색 기반 **측정 사례**

FGI(Focus Group Interview)

FGI(Focus Group Interview)는 집단 심층 면접으로 대부분 6~10명의 참석자들이 사회자의 진행에 따라 정해진 주제에 대해 이야기를 나누고, 이를 통해 정보나 아이디어를 수집한다. 집단 심층 면접은 구조화된 설문지를 사용하지 않는다는 점에서 양적 조사인 설문지법과 다르다. 이 방법은 질적 조사 방법으로 광고에서 활용도가 매우 높은데, 집단적 역동성을 활용해 보다 다양하고 심층적인 정보를 수집하며, 예기치 않았던 사실의 발견과 아이디어의 도출이 가능하다.

[그림 6-11] 기업의 제품에 대한 집단 심층 면접 장면

인터뷰는 특정한 임무를 수행하기 위하여 연구자가 만든 것으로 자연스러운 일상과는 다르게 인위적이다. 일상적 대화는 참여 관찰을 통하여 현지민의 라포 형성이 중요하고, 인터뷰를 필요로 하는 정보나 인터뷰에 나오지 않는 정보는 대화를 통하여 대체할 수 있다. 따라서 인터뷰나 일상적인 대화 둘 중에 하나를 선택하거나 두 가지 모두를 사용할 수 있다. 인터뷰는 질문자가 알고자 하는 모든 주제에 대해서 알려 주기보다는 일부 정보만을 제공하는 한계가 있다. 이를 해결하기 위해서는 다른 응답자나 자료를 통하여 정보를 비교하고 검토하여야 한다.

빅데이터
활용 사례

신한카드가 새로 오픈한 차세대 전산 시스템은 기존의 서비스를 수시로 변경할 수 있다. 이를 위하여 2,200만 고객의 방대한 빅데이터를 분석하고, 8차례에 걸친 고객 집중 인터뷰(FGI)를 통해 고객 선호도가 높은 서비스를 찾는다.

고객 집중 인터뷰(FGI)

그중 하나가 국내 최초로 본인이 설정한 해외 사용 규칙(Rule) 이외에는 해외 거래가 이루어지지 않는 셀프 부정 거래 방지 시스템(FDS; Fraud Detection System) 서비스이다. 부정 거래 방지 시스템이란 고객이 직접 사용 국가, 사용 기간, 거래 유형, 1회 결제액 등 규칙을 편리하게 등록할 수 있는 서비스로, 본인이 정한 규칙 이외의 거래는 자동적으로 승인이 거절되는 시스템이다. 최근 해외 부정 거래 사례가 점증하고 있는 상태에서 셀프 부정 거래 방지 시스템은 고객의 큰 호응을 얻고 있다. 특히, 해외 사용액 증가와 맞물려 최근 카드 가맹점 POS 단말기나 인터넷 사이트 등에서 개인 정보 유출이 빈번하고, 이에 따른 카드 위변조 및 명의 도용 등이 발생하고 있어, 관심이 크게 증가하고 있다.

부정 거래 방지 시스템(FDS; Fraud Detection System)

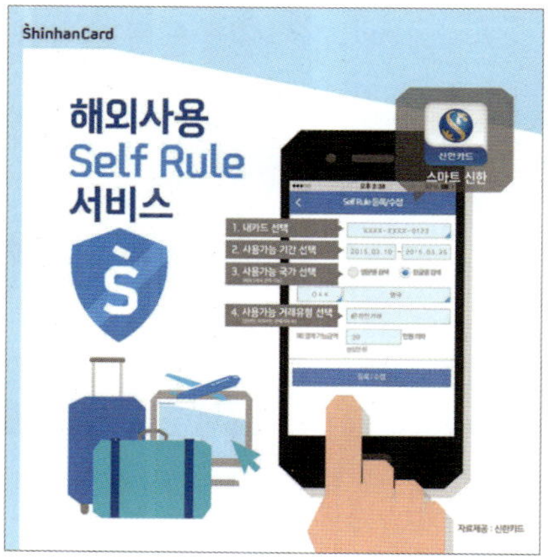

[그림 6-12] 신한카드의 셀프 부정 거래 방지 시스템

심층 면접의 장점은 심층적인 자료 수집과 보충 자료의 수집이 용이하다는 점이다. 자료 조사의 융통성과 신축성을 발휘할 수 있고, 응답자의 이해를 도울 수 있으며, 조사자와 응답자 간에 상호작용이 용이하다. 반면에 단점은 조사자의 편견이 개입될 수 있고, 자료를 통합하거나 분석하기 곤란한 경우가 있으며, 자료를 수집하는 데 많은 시간이 소요된다는 점이다.

(2) 설문 조사법

설문 조사법은 소비자가 제품을 결정하는 데 노출된 정보의 여러 원천들이 얼마나 효과가 있었는지를 설문 조사하는 것이다. 이 방법은 그 원천들이 의사 결정에 중요한 영향을 미쳤거나 지배적인 영향을 주는 결정적 효과였는지를 파악할 수 있다. 또한 정보의 원천에 대하여 더 알게 되는 데 도움은 주었지만 결정적인 영향을 미치지 않은 공헌적 효과와 정보에 노출되기는 했으나 결정에 영향을 미치지 않은 무효과 등도 알 수 있다.

자사 상표
무료 샘플

기업은 정보 원천이 되는 부분에 적절한 마케팅 활동을 통해 소비자의 자사 상표에 대한 정보 탐색을 지원해야 한다. 방법으로는 광고, 판매원, 포장지 및 설명서, 무료 샘플 등과 관련된 지원이다. 정보 탐색 과정에서 소비자가 사용하는 정보 원천을 파악하기 위하여 회송 엽서, 심층 면접, 설문 조사법을 활용한다.

기업은 설문 조사 업체에 의뢰를 하고 주제별로 선호에 대한 설문 조사를 실시한 자료를 구축하며 그 분석 결과를 광고에 활용한다. 설문 조사는 기업 내부에서 파악하는 자료들보다 현실감 있는 소비자의 의견을 반영하기에 유리하다. 기업이 자사의 광고 모델을 선정하는 데 있어서 이러한 빅데이터 분석 결과는 좋은 평가를 받고 있다.

순위	1	2	3	4	5	6	7	8	9	10
모델	김수현	김태희	이승기	김연아	유준상	아이유	원빈	소녀시대	공유	조인성

전월순위	1	4	3	2	8	6	7	17	5	13
호감률(%)	8.52	6.43	4.68	4.11	3.92	3.05	3.03	2.34	2.26	2.09
호감인구수(천명)	3,049	2,298	1,673	1,470	1,400	1,091	1,084	837	809	747
출연CM	도미노피자 캐논 SK텔레콤T 프로스펙스 삼성센스 스프리스 알앤비 쁘띠첼 엔제리너스커피 카스 피죤 비욘드 빕스	남양프렌치카페 카페믹스 LG디오스 LG전자 쿠팡 오휘 엘라스틴 블랙스미스	지펠 KB금융그룹 피자헛 강원평창수 청정원 썬키스트 액티비아 KB카드 페리오 더샘 코오롱스포츠	삼성전자하우젠 에어컨 LG사프란 KB금융그룹 퓨어 매일우유 프로스펙스 맥심화이트골드 하이트맥주 E1	하나SK카드 롯데꼬깔콘	농심신라면블랙 남양불가리스 에쓰오일 현대자동차그룹 엑시카나 홈플러스	맥심TOP 쿠쿠 뚜레쥬르 올림푸스PEN 더페이스샵 쿠쿠정수기 LG인피니아 드라이피니시D LG전자 K2	LG인피니아 롯데백화점 ACE침대 한국야쿠르트트룩 굽네치킨 다음	OB골든라거 망고식스 카누 티켓몬스터 삼성화재	아웃백스테이크하우스 LG에어컨휘센 할리스커피온바바 블랙야크 파크랜드 위니아딤채

[그림 6-13] 광고 모델에 대한 설문 조사 결과

최근에 점점 더 공격적인 광고 집행이 이루어지는 분야가 대중교통 안에서 시행되는 광고이다. 이곳에 광고를 하기 위해 소비자의 선호도 설문을 진행하였다. 그 결과는 대중교통 내 광고가 도움이 되지만 가끔 싫은 광고도 있다는 응답(34.7%, 중복 응답)과 도움도 안 되며 신경도 안 쓴다는 응답

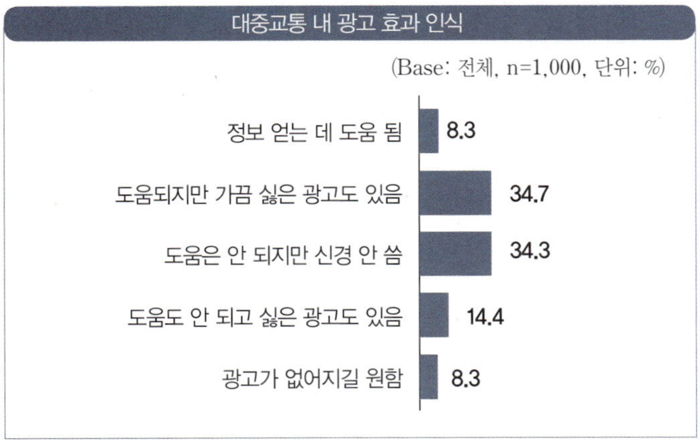

[그림 6-14] 대중교통의 광고 효과 설문 결과

(34.3%)이 비슷하게 나왔다. 그리고 도움도 안 되면서 싫은 광고도 있다(14.4%), 정보를 얻는 데 도움이 된다(8.3%)와 광고가 없어지길 원한다는 의견(8.3%)이 동일하게 나왔다.

이러한 조사 결과를 시즌별로 축적하고, 이 빅데이터를 활용하여 기업은 해당 제품의 광고료 집행 여부와 관련된 의사 결정을 할 수 있다.

설문 조사법은 짧은 시간에 많은 자료를 수집할 수 있고, 비용이 적게 들며, 수집된 자료의 분류와 해석이 용이하고, 표준화된 지표를 수집할 수 있다. 하지만 응답자가 질문을 잘못 이해할 소지가 크고, 질문지 구성에 전문적인 기술이 요구되며, 일방적인 의사소통이 이루어지고, 낮은 회수율로 자료의 정확성의 문제가 있으며, 서술식 질문인 경우 자료를 분석하고 조직화하기가 어렵다. 또한 소비자가 구매 의사 결정을 하고 경과된 시간이 길수록 정보 탐색 활동에 대한 기억도 상실되는 부분이 많아서 구체적인 정보를 획득하기 어려울 가능성이 크다.

6.2.2 관찰법

관찰법(Observation)은 점포 내에서 소비자가 정보를 선택하고 사용하는 것을 직접 관찰함으로써 탐색 활동을 측정하는 방법이다. 이 방법은 조사 대상과 조사자 간에 의사소통이 전혀 이루어지지 않은 상태에서 조사자의 일방적인 관찰에 의해서 자료를 수집하는 방법이다. 실제 현상에서 나타난 사실을 근거로 객관적으로 자료를 얻는 방식으로 대상을 관찰하는 현상이 일어날 때까지 기다려야 하므로 시간이 많이 소요된다. 더욱이 겉으로 드러나지 않는 심리적 특성, 소비자 욕구 · 동기 · 태도 · 의견과 사생활 침해와 관련된 현상은 관찰하기 어렵고, 관찰자의 관점이나 해석에 따라서 결과가 달라질 수 있다.

정보 탐색 기반 **광고 사례**

천연 화장품 브랜드 낫츠는 한 달 동안 자사 베스트 제품을 샘플을 통해 무료로 체험해 볼 수 있는 이벤트를 진행하기도 한다. 제공되는 샘플은 렛미인 공식 화장품, 여드름 화장품으로 유명한 토너와 영양 크림, 자외선 차단 썬크림 등이다. 이 샘플 체험을 통하여 소비자에게 제품 정보를 제공받는다. 이는 화장품 브랜드로 인지가 약한 후발 기업이 제품의 품질을 고객의 체험을 통해서 재인식시키기 위한 마케팅 전략의 한 방안이다. 샘플 무료 체험을 하는 고객들의 반응을 관찰하고, 그 결과로 제품의 성능을 개선하는 데 큰 효과를 거두고 있다.

[그림 6-15] 낫츠의 무료 샘플 광고

관찰법은 일상생활 중에서 지식을 학습하는 방법 중 하나로서 주관적 관찰 내용을 양적으로 객관화시킬 수 있는 자료 수집법이다. 계량적인 기준 측정치가 없어 주관적인 판단이 가능하므로, 타당도와 신뢰도를 확보하는 데 주의를 기울여야 하고, 체계적인 관찰 절차가 필요하다. 이 방법은 실험 연구와 사례 연구에서 많이 사용하고, 자료 수집상 부적합한 상황이 많기 때문에 단독으로 사용되기보다는 면접이나 설문지법과 같이 사용되는 경우가 많다. 현장에서 필요한 자료를 직접 관찰할 수 있고, 집단 역학, 조직 문화, 분위기 파악에 유리하며, 다른 조사 방법(면접, 설문지법)을 통해 얻어진 정보를 확인할 수 있다는 장점이 있다. 반면에 한 사람이 많은 수의 관찰을 할 수 없고, 관찰 명세서 작성이 어려우며, 관찰자의 편견이 개입되어 관찰자에 따라 동일한 문제를 달리 해석할 수 있고, 시간이 많이 소모되며 피관찰자가 불편함을 가질 수 있다는 단점이 있다.

관찰 명세서

관찰 조사는 공개 관찰과 비공개 관찰, 참여 관찰과 비참여 관찰, 현장 관찰과 실험실 관찰, 인간 관찰과 기계 관찰, 현재 관찰과 과거 관찰 등으로 다양하다.

6.3 정보 탐색과 소비자 구매 행동

6.3.1 구매 의사 결정과 상표군

마케터는 소비자가 정보를 얻는 정보원의 중요성을 평가하여 그 상대적 중요성 등에 관한 정보를 가져야 하며, 이를 바탕으로 표적시장에 대한 효과적인 커뮤니케이션 전략을 세워야 한다.

소비자가 내적 탐색으로 정보를 탐색할 때, 머릿속에 떠오르는 상표들을 환기 상표군(Evoked Set)이라 한다. 경험재의 경우 각 제품의 환기 상표군의 수는 평균 3~4개 정도이다. 또한 소비자가 외적 탐색으로 정보를 탐색할 때 추가되는 상표와 환기 상표군을 합하여 고려 상표군(Consideration Set)이라 한다.

고려 상표군(Consideration Set)

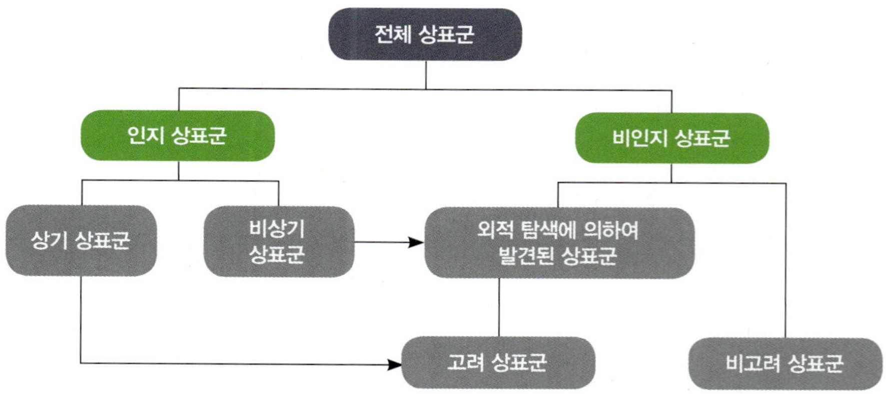

[그림 6-16] 상표군의 종류

소비자는 내 · 외적 탐색을 거쳐서 고려 상표군을 형성하는데, 이는 소비자가 최종 대안을 선택하기 전에 신중하게 구성하는 상표들의 집합이다. 소비자는 제품에 대하여 인지 → 지식 → 호감 → 선호 → 확신 → 구매라는 과정을 거치는데, 이 단계들 중에서 인지는 소비자가 어떠한 제품이 있다는 사실을 아는 단계이고, 소비자의 고려 상표군 속에 포함되는 것을 의미한다.

정보 탐색 기반 **광고 사례**

부산 유일의 소주 회사 대선주조는 "우리는 2등입니다"로 광고를 하고 있는데, 이 광고는 적극적인 자기반성과 함께 겸손한 소망을 담고 있다. 이 광고는 'C1과 즐거워'라는 카피와 함께 소주를 2등으로 세운 사진으로, 이전에는 누구도 따라오지 못할 1등이고 당연한 줄만 알았던 '부족한 1등'이었으나, 지금은 1등이 아니라는 자기비판과 반성을 하고 있다.

단순한 1등보다는 "사소한 하나하나에 최선을 다해 가장 사랑받고 자랑스러운 부산 소주가 되고 싶다"는 겸손하면서도 절절한 소망을 소비자에게 감성적으로 어필하고 있다. 그 결과, 부산 지역에서만 팔리던 제품의 시장점유율이 대도시 중심으로 확산되고 있다.

[그림 6-17] 대선주조의 소주 광고

기업의 상표 시장점유율이란 바로 이러한 소비자의 고려 상표군에서 우위를 형성한 정도이며, 브랜드 인지도와 브랜드 연상의 정도인 브랜드 자산(Brand Equity)이 큰 영향을 미친다. 어떤 브랜드가 강력한 브랜드 자산을 가지면, 소비자의 고려 상표군에 포함될 확률이 매우 높다. 마케터들은 자사의 높은 인지도와 강력한 브랜드 연상을 구축하기 위하여 소비자의 마음속에 점유율을 극대화하려는 노력이 필요하다. 브랜드 자산(Brand Equity)

소비자의 의사 결정 과정에 고려되는 상표군을 전체적으로 살펴보면 다음과 같다. 상표군

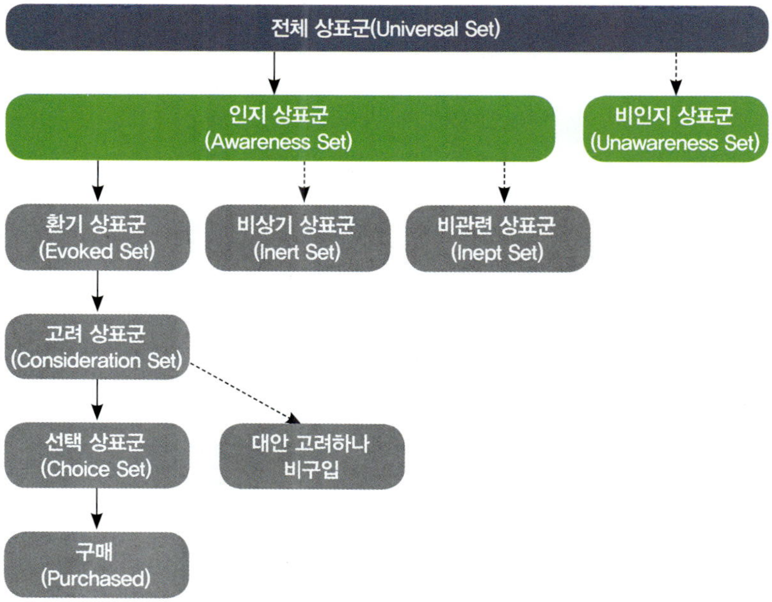

[그림 6-18] 소비자의 의사 결정 과정에 따른 상표군

전체 상표군은 어떤 제품에 대하여 존재하는 모든 브랜드를 말하고, 인지 상표군은 소비자가 이전에 들어 봤거나 사용해 본 경험이 있는 상표들이다. 환기 상표군은 소비자가 특별한 단서 없이 상기하는 상표들이고, 비상기 상표군은 소비자의 기억에는 존재하지 않지만 소비자의 최종 구매에서 떠오르는 상표들이며, 비관련 상표군은 소비자의 기억 속에는 떠오르지만 부적합하다고 생각되어서 의식적으로 고려 상표군에서 제외되는 상표들이다.

정보 탐색 기반
광고 사례

화학 분야에서 시장점유율 1위는 듀폰이다. 하지만 다우케미칼이 플라스틱의 액체 배합인 플라스틱 구리스라는 제품으로 해당 분야의 선두를 차지하고 있다.

다른 분야에서는 2등인 다우케미칼이 후발 주자로 시장에 뛰어들어서 선두 기업이 개발한 기술의 불안정성을 광고하고, 이러한 문제들을 해소한 뒤에 시장에 진입하여 성공한 것이다. 다우케미칼은 1등 기업과의 가격 경쟁을 피하고, 고수익이 나오는 플라스틱 분야에 역량을 집중하였다. 현재 시장의 대표적인 제품에 성능은 뒤떨어져도 제품의 특정 속성, 즉 간단하고 편리하며 저렴하다는 특성을 소비자에게 인지시킨 마케팅 전략 사례이다.

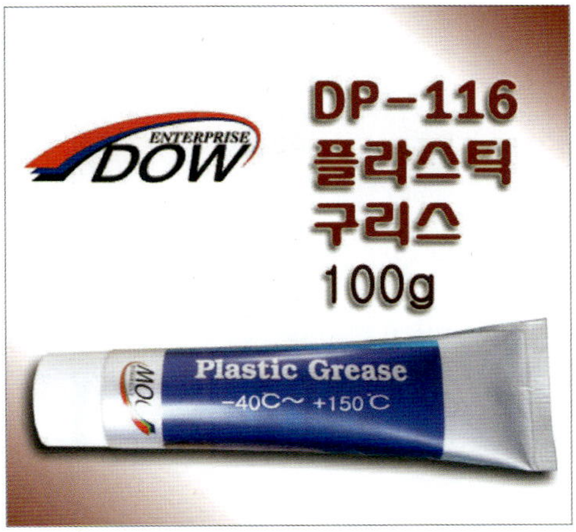

[그림 6-19] 다우케미칼의 플라스틱 구리스 광고

고려 상표군은 상표를 최종 선택할 때 같이 고려하는 상표들이고, 선택 상표군은 고려 상표군 중에서 최종 구매하기 전에 비교하는 상표들이다. 고려 상표군 중에서는 대안은 고려하지만 최종적으로 소비자의 구매 행동이 일어나지 않는 상표군이 있다. 선택 상표군 중 일부에서 최종적으로 선택이 일어나는 것을 구매라고 하며, 해당 제품의 브랜드 가치가 구매에 큰 영향을 미친다.

정보 탐색 기반 **광고 사례**

소비자의 고려 상표군에 진입하기 위한 방법으로 기존 시장에서 소비자의 선택을 새로운 선택 기준으로 대체시켜서 시장의 형태를 변화시키는 마케팅 전략이 있다.
롯데의 처음처럼은 선택 기준이 알코올 함유 정도였던 기존의 소주 시장에서 '알칼리수'로 만든 소주가 건강에 좋다는 새로운 선택 기준을 추가하였다. 이는 웰빙과 건강한 음주 문화를 소비자에게 전달하여 소주의 새로운 고려 상표군을 만드는 계기가 되었다.

[그림 6-20] 롯데의 처음처럼 광고

6.3.2 소비자 구매 의사 결정과 관여도

소비자는 대상에 대한 관여도에 따라서 다른 경로로 구매 의사 결정을 한다.

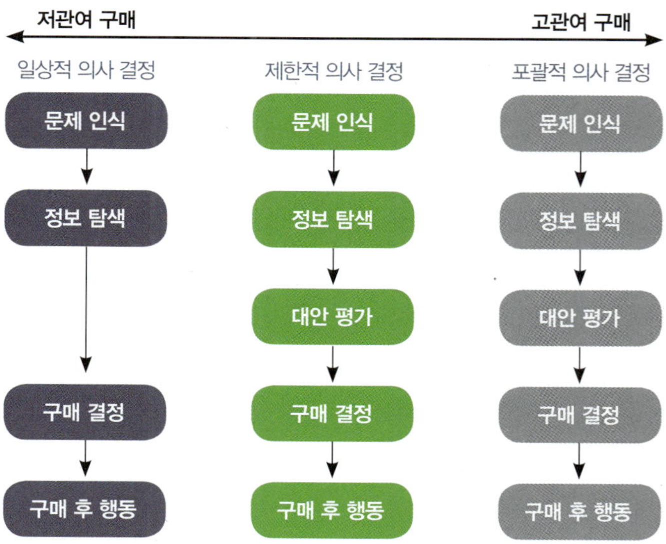

[그림 6-21] 구매 의사 결정 유형과 관여도

일상적 의사 결정을 통한 구매는 저관여 대상 제품이나 서비스로서, 정보 탐색은 소비자의 기억에 있는 제한된 내적 탐색을 활용하고 대안의 평가 단계는 생략한다. 이 경우 제품을 구매한 후에도 구매한 제품에 대한 후회인 부조화가 발생하지 않으며, 매우 제한된 평가를 한다.

제한적 의사 결정을 통한 구매 과정의 정보 탐색은 소비자가 가지고 있는 정보의 내적 탐색이나 제한된 외적 탐색으로 이루어지며, 대안을 평가할 때도 적은 속성과 대안을 기초로 단순한 의사 결정 규칙을 적용한다. 이 경우에도 구매한 제품에 대한 심리적인 부조화 갈등은 없으며, 제한된 평가를 한다.

포괄적 의사 결정의 구매는 고관여 대상 제품이나 서비스로서, 정보 탐색은 내적 탐색과 외적 탐색을 모두 활용하며, 대안을 평가할 때에도 많은 속성과 대안을 가지고 복잡한 의사 결정 규칙을 적용한다. 제품을 구매한 후에도 선택한 제품에 대한 부조화가 비교적 크게 일어나며, 복잡한 평가를 한다.

연·습·문·제

※ 다음 빈칸에 해당하는 용어를 넣으시오.

1. (   )이란 소비자가 욕구를 인식하면 다음으로 행해지는 단계로서, 구매하려는 대상의 판매 점포, 제품 및 구매에 대해 더 많은 것을 알고자 하는 의도적인 노력이며 행동이다.

2. 소비자가 정보를 탐색하는 정도에 따라서 (   )와(과) (   )가 있다.

3. 기업이 정보의 원천을 통제하는지 여부에 따라서 (   ) 정보와 (   ) 정보가 있다.

4. 소비자 행동에 영향을 미치는 정보 원천과 관련된 대표적인 변수는 정보 원천의 (   )와(과) (   )이다.

5. 소비자가 정보를 탐색하는 방식에는 (   ) 처리, (   ) 처리, 혼합식 처리 등이 있다.

6. 소비자가 자신의 기억 속에 저장되어 있는 정보 중 의사 결정을 하는 데 도움이 되는 정보를 기억 속에서 꺼내는 과정이 (   )이다.

7. 소비자가 자신의 기억 이외의 원천으로부터 정보를 탐색하는 활동이 외적 탐색이고, 이를 통해서 정보를 얻을 수 있는 원천에는 (   ), (   ), (   ), (   ) 등이 있다.

8. 소비자에게 그들의 의사 결정 과정에서 수행한 정보 탐색 활동을 기억해 내도록 질문하는 것이 회고적 질문법(Retrospective Questioning)이고, 여기에는 (   )와(과) (   )이 있다.

9. 소비자가 내적 탐색으로 정보를 탐색할 때, 자신의 머릿속에 떠오르는 상표들을 (   )이라 한다.

10. 기업의 상표 시장점유율이란 바로 이러한 소비자의 고려 상표군에서 우위를 형성한 정도이며, 이에 가장 커다란 영향을 미치는 요소는 브랜드 인지도와 브랜드 연상의 정도인 (　　　　　　)이다.

※ 다음 내용에 대하여 설명하시오.

11. 정보 원천은 소비자의 기억 속에서 탐색이 이루어지는 정도에 따라서 구분하는데, 이에 대해서 설명하시오.

12. 소비자가 기억의 내부에 특정한 브랜드에 대하여 인지하는 과정을 설명하시오.

13. 소비자의 구매 의사 결정은 대상에 대한 관여도에 따라서 다른 경로로 선택이 이루어지는데, 이들에 대해서 설명하시오.

※ 다음 주제에 대하여 토론하시오.

14. 자동차와 CD를 구매하고자 할 때 사용되는 정보의 형태를 비교하여 토론하시오.

15. 소비자가 고관여와 저관여 상태에서 제품을 구입하려고 하는 경우, 단계별로 이루어지는 구매 의사 결정 과정을 사례를 들어 토론하시오.

7

CHAPTER

대안의 선택과 평가

학습 목표

- 의사 결정에서 선택할 수 있는 대안 평가를 이해하고, 대안 평가법과 대안 선택에 관련된 이론을 학습한다.
- 소비자의 선택에 영향을 미치는 효과를 살펴보고, 대안 평가 기반의 광고 사례와 빅데이터 활용 방안을 학습한다.

대안 평가 기반 광고 비타500은 유명 모델을 도입한 인지도 확보와 건강 음료에 새로운 카테고리를 형성한 포지셔닝에 성공하여 건강 음료에서 독보적인 위치에 있는 박카스를 위협하고 있다. (본문 190쪽)

오늘이 미래에 영향을 준다.

– 스티브 잡스(Steve Jobs)

7.1 대안 평가

7.1.1 대안 평가 기준이란?

(1) 대안 평가 기준의 정의

대안 평가 기준(Evaluative Criteria)은 소비자가 대안을 비교하고 평가하는 데 사용하는 표준과 명세를 말한다. 대안 평가 기준에는 대부분 소비자의 내면적 구매 목적과 동기가 반영된다. 소비자의 구매동기에는 실용적 동기(Utilitarian Motive)와 쾌락적 동기(Hedonic Motive)가 있다. 실용적 동기는 실용적인 효용을 얻기 위하여 구매하는 경우이고, 쾌락적 동기는 즐거움을 얻고자 구매하는 경우이다. 대안 평가 기준은 구매 상황이나 구매 목적에 따라 달라지고, 객관적일 수도 있고 주관적일 수도 있다. 또한 선택할 제품 속성의 중요도를 소비자가 어떻게 인지하느냐에 따라서 달라진다. 대안 평가 기준은 여러 개가 있고 중요성에도 상이한 차이가 있는데, 그중 한두 개가 결정적 평가 기준이 된다. 대안 평가 기준의 수는 제품에 따라 다양한데, 고관여 제품에 비하여 저관여 제품의 수가 상대적으로 적다.

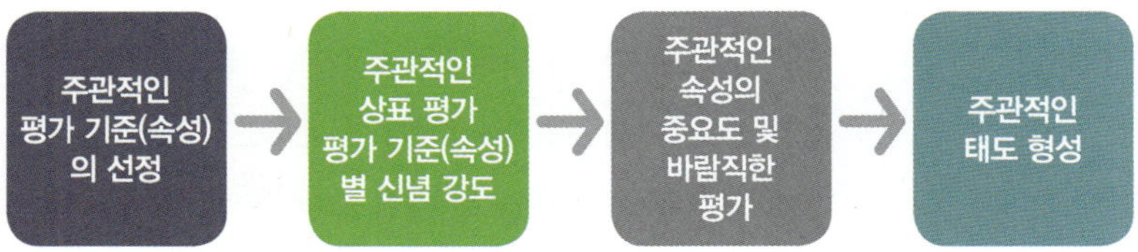

[그림 7–1] 대안 선택과 평가의 단계

대안 평가 기준에는 내재적 정보와 외재적 정보가 있다. 내재적 정보는 제품이 제공하는 구체적인 혜택을 직접적인 속성 정보에서 찾는다. 예를 들어, 자동차의 경우 연비, 엔진의 마력 수, 실내 공간, 주요 부품의 성능, 디자인 등이 내재적 정보에 해당한다. 외재적 정보는 제품의 품질을 나타내지만 제품의 혜택과 직접적인 관련이 없는 정보이다. 제품의 전반적인 품질을 나타내는 가격수준, 제조국, 취급 점포 등이 외재적 정보에 해당되는데, 소비자는 구입하려는 대상의 평가가 어렵거나 제품에 대한 지식이 부족한 경우에는 외재적 정보에 의존하는 경향이 높다.

(2) 대안 평가 기준의 영향 요인

대안 평가 기준에 영향을 미치는 요인으로는 구매 목적과 욕구, 제품의 구매동기, 소비나 구매 상황, 객관적 평가, 주관적 평가 등이 있다. 구매 목적과 욕구란 기능적, 심미적, 사회적, 호기심 동기에 의하여 소비자에게 발생되는 욕구를 말한다.

구매 상황

소비나 구매 상황이란 제품이나 서비스를 스스로 사용하느냐, 다른 사람에게 선물하느냐 등 어떤 상황에서 소비자가 사용하는지를 말한다. 객관적 평가란 소비자가 구입하려는 제품에 대하여 경쟁 브랜드 대비 품질, 기능, 마케팅 상황 등을 말하고, 주관적 평가란 객관적인 평가가 어려운 경우에 소비자의 마음속에 자리 잡고 있는 제품 포지셔닝을 기초로 결정하는 것을 말한다.

제품 포지셔닝

대안 평가 기반
광고 사례

LG전자는 새로운 평가 기준을 제시하면서 특별함을 부각하여 디오스 얼음정수기냉장고를 출시하였다. LG전자는 이 제품을 안심 정수 필터, 조각 얼음 생성, 헬스 케어 매니저 관리 등 3가지 특징을 물, 얼음, 신선함 등의 포인트로 정의하여 감각적인 영상으로 광고하였다. 광고 오프닝에 나오는 "당신의 냉장고는 만들 수 있습니까?"라는 의아한 질문은 냉장고 평가의 새로운 기준을 제시한 것으로, 기존 냉장고와 다르게 식음료를 신선하게 보관하는 것은 물론이고, 이제는 물과 얼음까지 만들 수 있는 냉장고가 필요하다는 점을 어필하였다. 즉, 새로운 디오스 얼음정수기냉장고가 기존의 냉장고보다 더 기능이 우수하다는 점을 강조하고 새로운 평가 기준으로 소비자의 선택을 이끌었다.

이 광고에서는 수돗물에 있는 잔류 염소는 물론이고 중금속, 미세 입자, 냄새 등 눈에 보이지 않는 유해 물질까지 걸러 주는 안심 정수 필터를 부각시키며 깨끗하고 안전한 '물'을 강조한다. 그리고 기능

[그림 7-2] LG 디오스의 얼음정수기냉장고

면에서 버튼으로 편리하게 만들 수 있는 '얼음'과 얼음을 이용한 음료를 만들 수 있다는 점도 강조한다. 또한 헬스 케어 매니저가 두 달에 한 번 방문하여 정수기 필터를 직접 교체하는 등 정수기 수질을 관리해 주는 '신선함(Freshness)'을 설명한다. 즉, "냉장고, 이제 만들 수 있어야 합니다"라는 핵심 메시지와 함께 '신선함'을 키워드로 얼음 정수 기능까지 가능한 프리미엄 냉장고임을 광고하고 있는 것이다. 이 광고는 정수기가 필수 생활용품이 된 상황에서 냉장고와 얼음 정수기를 동시에 구입해 얻는 효과를 냉장고 구매의 새로운 기준으로 소비자에게 제시한 사례이다.

소비자는 개인별로 신념을 가지고 대상의 속성에 대해 차이를 비교하고, 상품의 효능 등을 평가한다. 대상에 대한 평가 기준의 중요도가 높을수록 태도 형성과 선택에 미치는 영향력 또한 높아진다. 따라서 각 대안에 대한 신념의 강도와 속성의 중요도에 가중치를 반영하여 주관적인 평가를 하게 된다. 이때 대안 평가 기준의 인지적 반응과 감성적 반응은 소비자가 특정 문제를 해결하기 위하여 찾고 있는 제품이나 서비스와 관련된 여러 차원의 혜택과 특징 등을 의미한다.

대안 평가 기반 광고 사례

소비자의 대안 평가에 도움을 주고자 제품이 가지고 있는 기술적이거나 물리적인 특징을 강조하여 광고에 활용하는 사례는 많다. 롯데 핫식스는 제품의 속성으로 고카페인이라는 특성을 강조해서 소비자에게 어필하는 광고를 하고 있다. 핫식스는 제품의 사실적 요소를 그대로 제품에 적어서 드링크의 대표 주자인 박카스보다 강력한 이미지를 구축하는 데 성공하였다.

제품의 사실적 요소

[그림 7-3] 롯데의 핫식스 광고

제품의 평가는 흔히 제품의 품질, 가격, 크기 등 효용적인 특성을 중심으로 이루어진다. 하지만 감성적인 구매동기에 의하여 구매될 수 있는데, 이때의 평가 기준은 스타일, 맛, 브랜드 이미지, 성적 소구 등이다.

대안 평가 기반 광고 사례

롯데는 배우 전지현을 모델로 한 방송 광고에서 제품의 특성을 살린 새로운 카피를 통해 클라우드 맥주 시장을 확대하는 데 성공하였다. 이 광고에서 롯데는 '물에 타지 않은 리얼(진짜) 맥주'임을 집중적으로 홍보하고 있다. 롯데는 클라우드 맥주의 '노멀 그래비티 공법'이라는 특징을 소비자에게 쉽게 강조하기 위해 '물에 타지 않은 맥주'라는 카피를 고안한 것이다.

이 광고는 주류업계 시장에서 클라우드 맥주가 물을 탄 맥주인지 아닌지라는 제품 자체의 문제가 아니라 클라우드 맥주를 제외한 나머지 모든 맥주가 물을 탄 가짜 맥주로 인식하게 하고 있다. 또한 클라우드 맥주를 제외한 다른 맥주들은 물을 넣어서 싱거운 맛이 나는 느낌을 강하게 주는 효과를 내고 있다. 경쟁사들은 이를 증명할 방법을 찾지 못해 적극적으로 대처하지 못하고 있다.

[그림 7-4] 롯데의 클라우드 맥주 광고

편의품은 대안 평가 기준의 수가 극소수이거나 거의 없지만 전문적인 제품으로 갈수록 제품이나 상황적인 특성까지도 평가에 영향을 미쳐서 대안 평가 기준의 수가 많아진다. 대안 평가 기준은 중요시하는 제품의 속성과 각 제품의 속성을 평가하는 소비자에 따라 달라진다. 특히, 상황적 특성은 사용 목적에 따라 달라지는데, 소비자의 자신이 사용하기 위한 구매와 타인에게 선물하기 위한 구매는 대안 평가 기준이 크게 다르다.

7.1.2 대안 평가 기준 측정

(1) 직접 질문법과 간접 질문법

소비자에게 제품이나 서비스와 관련된 대안 평가 기준에 대한 조사 방법으로 직접 질문법과 간접 질문법이 있다. 직접 질문법은 설문지나 목표 집단을 대상으로 인터뷰하는 방법이고, 간접 질문법은 제삼자나 다른 사람들이 어떠한 평가 기준을 가졌을 것인가를 응답자에게 질문하는 방법이다.

(2) 척도법

소비자에게 제품이나 서비스와 관련된 속성들에 관해서 중요하게 생각하는 척도를 직접 표시하게 하는 조사 방법이다. 즉, 제품의 어떠한 속성을 중요한 대안 평가 기준으로 고려하는지를 척도에 의하여 측정하는 방법이다.

척도법에는 리커트 척도, 중요성 척도, 고정 총합법이 있다.

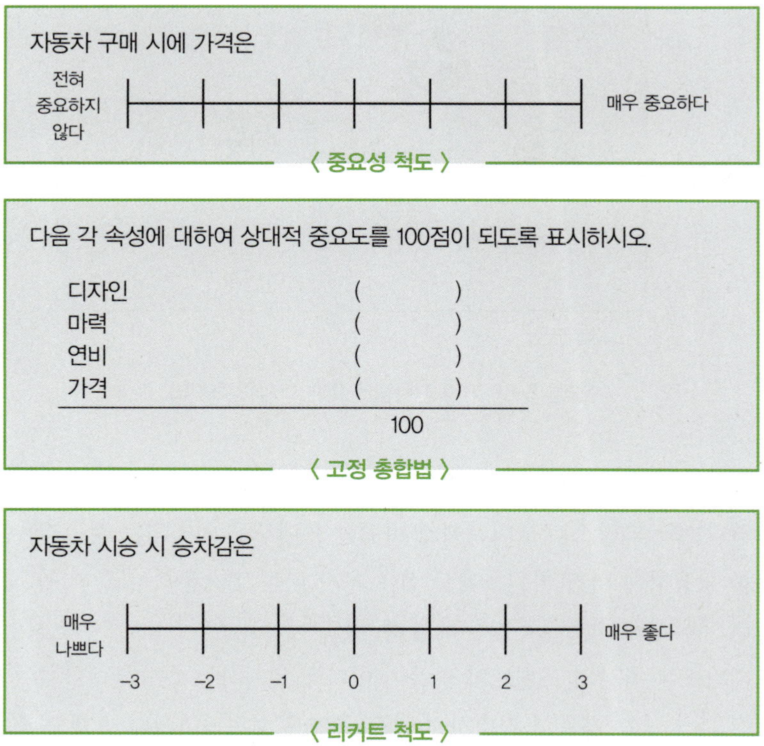

[그림 7-5] 척도법

(3) 지각도

지각도는 소비자가 제품이나 서비스의 대안 평가 기준을 결정하기 위하여 사용하는 간접법으로, 속성의 유사성을 측정해서 좌표상에 나타내는 방법이다. 지각도는 요인 분석, 다차원 척도법, 대응 분석 등으로 나타낼 수 있다. 지각도를 통해 어떠한 대상이 소비자의 마음속에 차지하는 상대적 위치를 살펴볼 수 있는데, 이를 포지셔닝 맵이라고 한다.

포지셔닝 맵

지각도를 표현하는 대표적인 방법인 다차원 척도법은 객체 간의 근접성을 시각화하기 위한 통계 기법으로, 각 브랜드가 소비자의 인식 속에 어떻게 자리 잡고 있는지 알아보기 위해서 사용하는 방식이다. 예를 들어, 커피 전문점에 대한 소비자의 인식을 살펴보면 다음 그림과 같은 결과를 얻을 수 있다.

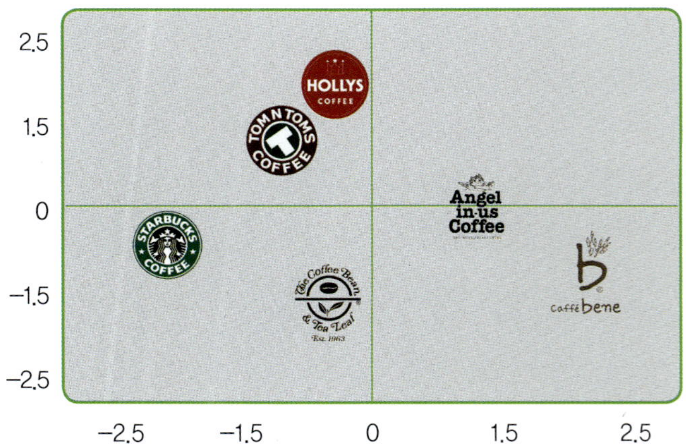

[그림 7-6] 커피 전문점에 대한 다차원 척도법

스타벅스, 커피빈, 엔제리너스, 카페베네는 각각 차별화된 브랜드로 인식되는 반면에 탐앤탐스와 할리스는 소비자에게 비슷한 브랜드로 인지되는 것을 알 수 있다. 이 결과를 활용하여 어떤 차원들에서 점수 차가 나는지를 분석하고, 이를 해결하기 위한 관련 커뮤니케이션 전략을 구축할 수 있다.

커뮤니케이션 전략

또한 지각도는 자사의 브랜드와 상품이 어디에 위치하는지를 분석할 수 있어, 이를 통해서 다른 경쟁 제품이 진출하지 않은 곳에 포지셔닝하거나 현재 경쟁 제품과 가장 가깝게 포지셔닝할 수 있다. 예를 들어, 패스트푸드점을 건강과 특별함이라는 기준으로 조사한 결과를 살펴보자.

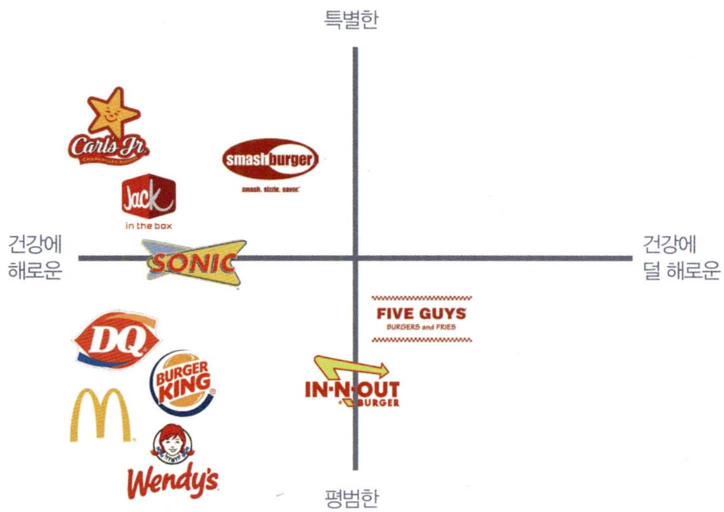

[그림 7-7] 패스트푸드점의 지각도

그림의 패스트푸드점의 지각도를 살펴보면 대부분의 제품이 평범하고 건강에 좋지 않게 소비자에게 인식되고 있다. 하지만 '파이브가이즈(FIVE GUYS)'와 같은 제품은 건강에 덜 해롭고 특별한 속성을 가진 것으로 분류되는 것을 알 수 있다.

(4) 컨조인트 분석법

컨조인트 분석법(Conjoint Analysis)은 목표시장에 가장 적합한 제품을 설계하기 위하여 사용되는 방법이다. 이를 위해 마케터는 응답자에게 각 속성에 있어서 서로 다른 수준의 값을 갖는 여러 제품 대안을 제시하고 그들로 하여금 각 대안에 대한 선호 순서를 표시하도록 한다. 마케터는 이를 바탕으로 각 속성의 중요성 정도와 가장 이상적인 속성 조합을 찾아낼 수 있다. 이처럼 소비자가 제품 선택에서 가장 중요하게 생각하는 요소를 분석하고, 이를 토대로 소비자에게 질의하는 방식으로 대안 평가 기준을 측정한다. 애플은 자사의 특허 침해 현황을 조사할 때 이 방법을 활용한다.

특허 침해 현황

〈표 7-1〉 삼성의 특허 침해 속성 분석표

구분	밀어서 잠금 해제	단어 자동 완성	데이터 태핑	통합 검색	데이터 동기화
어드마이어	×	×	×	×	×
갤럭시 넥서스	×	×	×	×	×
갤럭시 노트		×	×	×	×
갤럭시 노트 2			×	×	×
갤럭시 S2	×	×	×	×	×
갤S2 에픽4G 터치	×	×	×	×	×
갤S2 스카이로킷	×	×	×	×	×
갤럭시 S3			×	×	×
스트레토스피어	×	×	×	×	×
갤럭시탭 2				×	×

7.2 대안 평가 방법

7.2.1 보상적 방식

소비자는 반복적인 구매 경험이 있는 경우에는 기억 속에 저장되어 있는 평가 형식을 따르기 때문에 선택 대안들을 주저하지 않고 단번에 평가하는 의사 결정을 한다. 그러지 않을 경우 소비자는 내·외적 탐색을 통하여 취득한 정보를 바탕으로 새로운 평가 방법을 구성하고, 상표의 평가와 선택에 사용하는 의사 결정 규칙을 대안의 평가에 활용한다.

보상적 방식(Compensatory Rules)은 한 속성에 대하여 소비자에게 인지된 약점은 다른 속성의 강점으로 상쇄되거나 보상된다는 전제를 바탕으로 대안을 평가하는 방법이다. 즉, 각 상표에 있어서 약점인 속성을 다른 강점의 속성으로 보완하여 전반적인 평가를 한다. 이 방식은 선택할 대안의 수가 적고, 평가 기준이 많은 고관여 상황에서 주로 이용된다. 모든 대안에 대하여 평가 기준이 고려되는 방법으로, 속성의 중요도와 그 속성에서의 각 대안의 평가치 곱으로 산출된 점수로 대안을 비교하고 평가한다. 하지만 이 방식은 의사 결정을 치밀하게 수행할 수 있으나 시간이 많이 걸리는 단점이 있다.

(1) 피시바인 모델

다속성 태도 모델

피시바인 모델(Fishbein Model)은 다속성 태도 모델로서 소비자가 여러 대체적인 상표를 평가할 때 각 상표에 대하여 여러 개의 속성을 평가하고, 속성별로 중요도를 가중하여 합산하는 선형적 보상 모델이다. 이 모델에서는 태도 점수가 가장 높은 상표를 선택하게 된다.

확장된 피시바인 모델은 기존의 모델을 수정한 것으로 신념의 측정을 상표 자체가 아니라 해당 상표를 구매했을 때 나타날 것으로 예상되는 결과에 대한 신념, 즉 바람직함으로 측정한다. 이 측정은 구매 의도에 영향을 미치는 중요한 요소로서 사회적 영향을 포함한다.

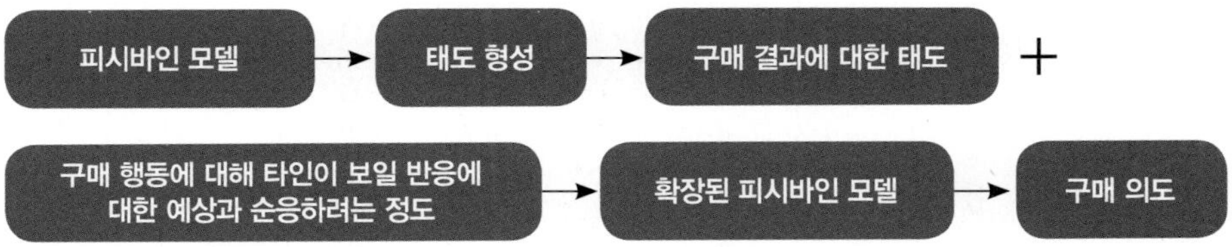

[그림 7-8] 피시바인 모델과 확장된 피시바인 모델

(2) 이상적 모델

이상적 모델(Ideal Point Model)은 소비자가 여러 가지 속성들에 대하여 이상적 수준을 확인하고, 각 상표가 가지고 있는 속성과 이상적 수준과의 차이에 따른 점수를 산정하여 최적의 대안을 선택하는 방법이다. 즉, 소비자가 각 브랜드에 대하여 어떠한 대안 평가 기준의 약점을 다른 대안 평가 기준의 강점으로 보완하여 전반적인 평가를 하는 것이다. 각 브랜드는 모든 차원 또는 속성들에 대하여 평가되며, 전체적인 평가는 각 속성들에 대한 가중 평점의 총합이 된다. 가장 높은 총합 점수를 취득한 브랜드가 구매된다.

보상적 방식을 이용하여 스마트폰을 평가하는 과정은 다음과 같다. 우선, 소비자가 스마트폰에 대하여 중요하게 생각하는 속성인 가격, 디자인, 성능, 무게, 크기를 기준으로 속성의 가중치를 설정한다. 스마트폰 브랜드별로 각 속성에 대한 평가를 한 후 결괏값을 계산한다.

〈표 7-2〉 보상적 방식에 의한 스마트폰 평가

구분	가격	디자인	성능	무게	크기	평가 결과
중요도	0.2	0.2	0.3	0.2	0.1	
삼성	9	8	9	9	9	8.8
아이폰	8	10	8	8	8	8.4
LG	8	7	8	9	7	7.9
샤오미	10	6	7	5	6	6.9

스마트폰의 평가 결과는
삼성(0.2×9+0.2×8+0.3×9+0.2×9+0.1×9=8.8),
아이폰(0.2×8+0.2×10+0.3×8+0.2×8+0.1×8=8.4),
LG(0.2×8+0.2×7+0.3×8+0.2×9+0.1×7=7.9),
샤오미(0.2×10+0.2×6+0.3×7+0.2×5+0.1×6=6.9)
순임을 알 수 있다.

7.2.2 비보상적 방식

비보상적 방식(Noncompensatory Rules)은 높은 속성 점수가 낮은 속성 점수를 보상할 수 없는 방식으로, 어떤 결정적인 속성들에 의해 태도가 결정되는 방식이다. 즉, 소비자는 매우 좋은 대안 평가 기준과 좀 덜한 대안 평가 기준을 평균한 기준으로 브랜드를 선택하는 것이다. 이 방식은 저관여 조건에서 많이 사용되고, 보상적 방법보다 다소 비합리적이지만 소비자가 의사 결정을 신속하게 할 수 있다는 장점이 있다.

(1) 사전식 모델

사전식 모델(Lexicographic Model)은 소비자가 제품의 속성을 가장 중요한 것부터 우선순위를 매기고, 그 기준으로 대안들을 비교하여 가장 우수한 대안을 선택하는 방식이다. 속성의 중요도에 따라서 우선순위를 부여하고, 1순위의 속성을 가진 가장 뛰어난 대안의 상표를 선택한다. 즉, 가장 중요시하는 대안 평가 기준에서 최상으로 평가되는 상표를 선택한다. 하지만 이 방식은 아주 작은 차이에 의해서 의사 결정이 종료되는 단점이 있다.

(2) 속성 제거식 모델

속성 제거식 모델(Elimination-by-Aspects Model)은 사전식 모델과 함께 사용하는데, 각 속성에 대하여 수용 가능한 최소 수준을 설정하여 평가하는 방식이다. 이 방식은 사전식 모델처럼 가장 중요한 속성부터 차례로 덜 중요한 속성에 이르기까지 우선순위를 매기고, 각 속성에 대하여 허용할 수 있는 최소 수용 기준을 설정하여 평가한다. 즉, 중요하게 생각하는 특정한 속성의 수용 기준을 설정하고, 이 기준을 만족시키지 못하면 속성의 중요도에 따라서 순차적으로 상표를 제거하는 평가 방식이다. 사전식 모델보다 많은 노력과 시간이 요구된다.

사전식 모델

(3) 분리 모델

분리 모델(Disjunctive Model)은 고려 중인 모든 결정적 속성 가운데 하나의 속성이라도 수용 가능한 최소 수준을 넘어선다면, 다른 속성에 대한 평가에 관계없이 고려 상표군에 포함하여 평가하는 방식이다. 소비자는 각 상표가 충족할 수 있는 최소 수용 기준을 설정하는데, 중요한 1~2가지 속성에서 최소한의 수용 기준을 정하여 그 기준을 만족시키는 대안을 모두 선택하는 방식이다. 이전의 방식들은 속성값 결합이 그리고(and)의 관계인 데 비하여 분리 방식은 또는(or)의 관계이다. 즉, 고려 대상이 되는 모든 대안들이 어느 정도 만족할 만한 수준이거나 몇 가지 평가 기준에서 상당한 약점이 있어도 한 가지만이라도 특별하게 뛰어난 대안을 추출하고자 할 때 사용한다.

고려 상표군

(4) 결합 모델

결합 모델(Conjunctive Model)은 각 대안의 속성을 평가하는 데 최소 수준(cut-off level)을 설정하고, 이 수준을 초과하는 대안만 선택하는(and-and) 이전 방식과는 다르다. 이 방식은 각 대안들의 속성을 평가하는 데 있어서 모든 제품 속성에서 모두 최소 수용 기준을 만족시키는지에 따라 평가하는 방식이다. 따라서 이 모델의 최소 수용 기준은 비교적 낮게 설정된다. 즉, 최소한의 수용 기준을 모두 속성에 적용하여 평가하기 때문에 상표별로 평가한다. 대안 평가 기준별로 각각의 최소치를 정하고 모든 대안 평가 기준에서 최저 기준을 넘는 대안을 선택하기 때문에 한 가지라도 커다란 문제가 없는 것을 선별하고자 할 경우에 유리하다.

화장품 브랜드들을 비보상적 평가 방식인 사전식 모델, 속성 제거식 모델, 분리 모델, 결합 모델에 의하여 평가하면 다음과 같다.

〈표 7-3〉 화장품의 비보상적 평가

대안 평가 기준	브랜드			
	아이오페	수려한	라네즈	더페이스샵
가격	1	3	4	4
품질	5	4	3	2
보습	4	3	2	2

사전식 모델에서는 대안 평가 기준 중에 가격을 가장 중요시하고, 품질을 그 다음으로 중요하게 고려하므로 '라네즈'가 선택된다. 속성 제거식 모델에서는 수용 기준을 각 속성 점수가 3점 이상으로 가정할 경우이므로 '수려한'이 선택된다. 분리식 모델에서는 보습을 가장 중요시하고, 최소 수용 기준을 4점으로 가정한다면 '아이오페'가 선택된다. 결합식 모델에서는 각 대안 평가 기준에 대한 최소 수용 기준을 2점으로 가정한다면 '수려한'과 '라네즈'가 선택 대안으로 고려된다.

저관여

비보상적 방식에서 저관여 제품의 경우, 소비자가 대체 상표들을 비교 · 평가하는 경향이 있다. 따라서 사전식 모델에서는 다수의 소비자가 중요시하는 속성을 조사하여 이를 강조하고, 결합 모델이나 속성 제거식 모델에서는 소비자가 대체로 수용하는 정도를 파악하여 이를 만족시키는 방향으로 마케팅 전략을 수립하는 것이 효과적이다.

7.3 대안 평가에 영향을 주는 요소

7.3.1 대안 선택과 평가에 관련된 이론

(1) 행동 경제학 이론

① 전망 이론

합리적 이성

카너먼(Daniel Kahneman)은 전망 이론(Prospect Theory)으로 2002년 노벨 경제학상을 수상하였다. 전망 이론은 인간은 합리적 이성이 아니라 감정의 영향으로 위험을 회피하기 위해 비합리적인 의사 결정을 한다는 이론이다. 이 이론은 행동 경제학 발전에 중요한 역할을 했는데, 인간의 두뇌는 빠른 사고와 느린 사고가 공존

한다고 가정한다. 빠른 사고는 감성적이며 직관적으로 즉각적인 작용을 하지만, 느린 사고는 천천히 논리적으로 생각과 행동을 통제한다. 즉, 사람이 가지고 있는 제한된 합리성은 일정한 경향이 있어서 예측 가능한 비합리성을 의미하는데, 이로 인해 대부분의 사람들은 빠른 사고를 하면서 비합리적인 결정으로 문제를 일으킨다.

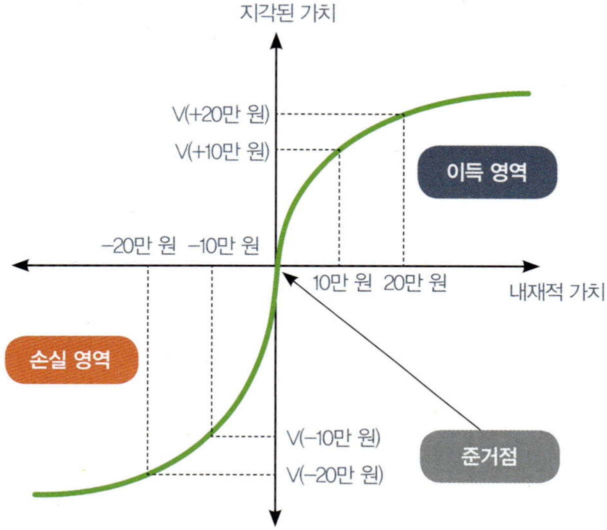

[그림 7-9] 전망 이론의 가치 함수

소비자가 인식하는 가치 함수는 이득을 본 경우에 지속적으로 증가하는 것이 아니라 어느 정도 시점에서 완만한 느낌을 가지게 되고, 손실을 본 경우에도 계속해서 감소하는 것이 아니라 어느 정도의 지점에서 완만해진다. 즉, 소비자는 이득이나 손해에 대한 체감이 일정 수준이 되면 완만해져서 무덤덤해진다.

예를 들어, 소비자가 주먹구구식 판단으로 주식이나 부동산 거래를 할 경우, 소비자는 가장 핵심적인 내용인 준거점에 의존(Reference Dependence)하는 경향이 있고, 손실을 회피(Loss Aversion)하는 성향이 있으며, 손실에 대하여 매우 민감하다. 소비자는 객관적 가치보다 주관적 가치로 상품을 평가하는데, 신제품을 구매하거나 투자할 경우 준거 가격과의 비교를 통해서 선택 상품의 개선 사항은 이득으로, 선택 상품의 단점은 손해로 인식하는 경향이 있다. 즉, 대상에 대하여 손해의 경우가 이득보다 소비자에게 더 큰 영향을 미치게 된다.

준거점

손실 회피(Loss Aversion)

② 심적 회계

심적 회계(Mental Accounting)는 소비자의 일련의 인지적 운영 활동으로, 동시에 또는 시간적인 차이를 두고 발생하는 다양한 이득과 손실을 조직화하고 평가하는 것이다. 예로 유사한 현상으로 주식시장에서 주가 상승으로 발생한 이윤을 공돈으로 여기는 경우를 들 수 있다. 다시 말해, 심적 회계는 소비자가 일상생활에서 심리적으로 지각하는 회계 장부이다. 동일한 금액의 돈이라도 심리적으로 어떠한 계정에 포함하느냐에 따라서 이익과 손실을 다르게 평가한다. 예를 들어, 월 30만 원 용돈을 쓰는 소비자가 용돈의 지출을 식비 10만 원, 교통비 10만 원, 문화생활 10만 원 등으로 마음속에 계정을 만들어 놓고는 문화생활에 15만 원을 쓰게 되면 심리적으로 갈등을 일으킨다.

대안 평가 기반 광고 사례

올리브영은 소비자의 선택에서 마음의 부담감을 덜어 주기 위하여 올리브영 데이를 크리스마스 시즌에 열고, 포인트 적립과 추가 증정 및 할인 쿠폰 증정 행사를 진행하였다. 이러한 마케팅 전략은 소비자에게 심적 회계를 가볍게 만들어서 구매를 유도하는 데 효과적이다.

[그림 7-10] 올리브영의 이벤트 광고

기업은 소비자의 이러한 심리적 측면을 활용하여 마음의 부담감을 줄여서 구매를 유도하는 전략을 쓰고 있다. 소비자는 여러 개의 손실과 이득에 관한 쾌락적인 편집 규칙을 가지고 있다. 즉, 이득은 분리하고 손실은 통합하여, 큰 이득과 작은 손실은 합하고 큰 손실과 작은 이득은 분리하는 방법이다. 소비자의 제한된 합리성을 보다 적극적으로 마케팅에 활용하는 방법으로, 이 방법을 소비자에게 제시하면 소비자의 심리적인 부담을 줄일 수 있다. 예를 들면, 1+1 행사나 할인, 쿠폰, 총 금액을 월납으로 분할하는 등의 방법으로, 이는 모두 소비자의 마음속 심적 회계의 부담을 줄이는 방법들이다.

(2) 소비자의 휴리스틱

휴리스틱(Heuristic)

휴리스틱(Heuristic)은 다양한 선택 과정에서 고려해야 하는 수많은 요인들을 동시에 고려하지 않고 경험, 직관 등에 의해 문제를 단순화시켜 해결하는 소비자의 규칙 또는 지침이다. 몇 가지 단순한 규칙 등을 이용하여 의사 결정을 내리는데, 많은 양의 정보를 필요로 하지 않기 때문에 특정 상황에의 적응도가 높으며, 사람의 인지 용량을 초과하지 않아 정보처리에도 부담이 적다.

대안 평가 기반 **광고 사례**

제품의 원산지를 표기하여 소비자의 선택을 유도하는 광고가 늘고 있다. 이 광고는 원재료가 생산되는 지역명을 구체적으로 표시하고 있어 소비자가 믿고 선택할 수 있도록 하고 있다.
생수는 소비자가 생산된 수원지가 어디인지를 가장 중요하게 생각하는 제품이므로, 이를 구체적으로

[그림 7-11] 해태음료의 강원 평창수 광고

정확하게 표기하는 것이 마케팅의 성패를 좌우한다. 해태음료의 '강원 평창수'는 60만 평의 국유림으로 둘러싸인 강원도 평창의 지하 200m 이상 깊은 지하 암반수를 원수로 하는 샘물이라는 점을 강조한다. 평창은 물이 깨끗하고 물맛이 좋은 지역으로 소비자에게 인식되어 있어, 지역명을 정확하게 표시한 브랜드명 하나만으로도 생산지에 대한 소비자의 신뢰를 얻고 있다. 생산지와 제품명을 동일시하는 소비자의 경험적 구매를 유도하는 전략이다.

경험적 구매

휴리스틱에는 브랜드나 가격에 관련된 단순한 규칙, 점포와 관련된 단순한 규칙, 광고 및 판매 촉진과 관련한 단순한 규칙 등이 있다. 점포와 관련된 단순한 규칙은 대형 점포가 소형 점포보다 값이 싸고, 할인 매장이 있는 제품들이 백화점에서 구입할 때보다 저렴하며, 잘 알려진 점포의 판매 사원들이 경쟁 점포의 판매 사원보다 제품에 대하여 더 잘 알고 있다는 것들이다. 브랜드나 가격에 대한 단순한 규칙은 가격이 비싼 브랜드가 품질이 높고, 가장 많이 팔린 브랜드가 가장 품질이 좋으며, 세일을 자주하는 브랜드의 품질이 떨어진다는 것들이다. 그리고 같은 브랜드일지라도 제조국에 따라서 차이가 있고, 같은 브랜드이면서 제조국에 상관없이 품질이 동일하면 선진국의 패션 제품들이 품질이나 디자인에서 우수하다는 것들이다. 휴리스틱은 다양한 형태로 소비자의 선택에 개입한다.

① 대표성 휴리스틱

하나의 사건이 어떠한 카테고리의 전형적인 특성을 대표하거나 속성 차원에서 유사성이 높으면 그 사건의 발생 확률을 높게 추정하는 소비자 성향이다. 예를 들면, 도박을 10번 해서 8번 진 경우에 다음번에는 이길 수 있을 거라는 편향(Gambler's Fallacy)이다. 하지만 현실에서 일어날 확률은 이기거나 지거나 50%로 언제나 동일하다.

편향(Gambler's Fallacy)

② 가용성 휴리스틱

소비자가 머릿속에 떠오르는 객관적인 정보의 내용이 아니라 얼마나 쉽게 떠오르는가를 기준으로 판단하는 성향이다. 객관적 자료보다는 인출의 용이성으로 판단을 하는 것이다. 예를 들면, 매일 교통사고 뉴스를 접하면서 실제로 사망 원인의 1위를 교통사고로 판단하는 것이다. 하지만 현실에서 가장 큰 사망 원인은 암이다.

대안 평가 기반 **광고 사례**

USP(Unique Selling Proposition)

USP(Unique Selling Proposition)는 독점적 판매 제안으로, 제품 판매를 하기 위해서는 단순히 광고를 다르게 만드는 것에 그치지 않고 제품 자체를 흥미롭게 만드는 방법이다. 이 전략은 소비자에게 제품에 대한 연상의 단서를 제공해야만 성공할 수 있다. 예를 들면, '코카콜라 제로' 광고는 소비자의 이익과 혜택을 중요시하는 상품의 속성을 강조하는 전략을 쓰고 있다. 특히, 소비자의 문제점을 지적하고 코카콜라의 맛을 유지하면서도 제로 칼로리라는 제품의 속성을 직접적으로 제품명에서 언급하고 있다. 이 광고는 다른 제품과 비교하여 차별성을 언급하고, 이 제품을 사용했을 시 얻을 수 있는 효용, 즉 동일한 콜라맛과 제로 칼로리를 약속하고 있어 USP 전략의 핵심 사례라고 할 수 있다.

[그림 7-12] 코카콜라 제로 광고

③ 기준점 효과와 조정 휴리스틱

불확실한 사건의 발생 확률이나 빈도에 대해 예측할 때 처음에 설정한 기준에 영향을 받아 객관적인 조정을 하지 못하는 의사 결정의 편향이다. 구매 의사 결정 과정이나 협상의 상황에서 광범위하게 발생한다. 예를 들면, 신입 사원의 연봉을 책정할 때 미리 기준 금액을 제시하면, 그 금액을 기준으로 위아래로 판단하게 되는 현상이다.

④ 보유 효과 휴리스틱

제품이든 사회적 지위이든 일단 소유하고 나면 그 제품을 가지고 있지 않을 때보다 그 가치를 주관적으로 훨씬 높게 평가하는 성향이다. 예를 들면, 동일한 휴대폰도 자신이 소유한 휴대폰의 가치를 높게 평가하여 중고품을 거래할 경우에 시세보다 높게 책정한다.

빅데이터
활용 사례

LG의 'G5'와 구글의 '아라 프로젝트'는 스마트폰의 새로운 평가 기준을 제시한 대표적인 사례이다. 'G5'는 향후에 스마트폰이 어떠한 기술로 발전해야 할 것인지에 대한 방향성을 제시한 제품이다.

[그림 7-13] LG의 G5 모듈 스마트폰 광고

'G5'는 '아라폰'처럼 모듈폰 분야에서 확실한 인지를 위해서 빅데이터 분석 결과로 나타난 공격적인 마케팅 전략을 실행하였다. 그 결과, 기본 보디인 'G5' 선택의 문턱을 낮추었고, 가격과 서비스를 동시에 제공한다는 점을 소비자에게 어필하여 모듈폰에서 선두 자리를 주도하고 있다. 소비자에게 스마트폰의 기존 기능에 저장 공간의 활용과 게임이라는 다른 사용 용도를 빅데이터 분석으로 새롭게 제시하여 소비자의 선택을 유도한 사례이다.

⑤ 후회 이론

소비자가 선택하고자 하는 의사 결정 대안들 사이의 결과 차가 큰 경우, 소비자는 특정한 대안을 선택하지 않을 경우에 예상할 수 있는 후회에 상대적으로 높은 가중치를 부여하여 의사 결정을 한다는 이론이다.

PAD(Pennies-A-Day) 전략

기업에서 제품의 가격 정보를 제시할 때 전체 지불할 금액을 장기간에 걸쳐서 여러 번 작은 금액으로 분리하여 제시하는 PAD(Pennies-A-Day) 전략이 있다. 이 전략에 따르면 소비자는 새로운 준거점을 기준으로 같은 금액이라도 분리하여 지불하면 상대적으로 작은 손실로 지각하게 되어 푼돈이라고 판단한다. 소비자의 휴리스틱을 기반으로 한 마케팅 전략으로 TV 홈쇼핑이나 고가의 제품을 판매하는 경우에 이 방법을 자주 활용한다.

(3) 정보 탐색과 대안 평가

소비자는 정보를 탐색하면서 대안을 평가하기도 하고 대안을 평가하다가 추가적으로 정보를 탐색하기도 한다. 이 두 과정의 상호 영향 속에서 소비자는 대안을 선택하는데, 어떤 한 가지 선택만을 하는 경우는 거의 없으며, 여러 가지의 선택을 한다. 이 경우 대안의 수와 속성의 수가 많아지는데, 소비자는 정보처리 능력의 한계 때문에 처음에는 비교적 간단한 비보상적 방식을 통해 대안을 걸러낸다. 다음으로 2~3개의 대안에 대하여 비교적 정교한 평가 과정을 거치는 보상적 방식을 통해 대안을 선택한다.

대안 평가 기반
광고 사례

인기 드라마 〈미생〉을 보면 탕비실에서 선후배가 동서식품의 '맥심' 커피를 마시면서 대화를 하는 장면이 자주 등장한다. 이러한 드라마 간접 광고는 소비자의 기억 속에 해당 제품을 인식시켜서 소비자가 대안을 선택하는 경우에 무의식적인 선택을 하게 하는 긍정적인 효과가 있다.

[그림 7-14] 드라마 〈미생〉에 사용된 맥심 광고

소비자는 친숙한 제품일수록 제품 속성에 의존하기보다는 그 제품과 관련하여 이미 형성되어 있는 전반적인 평가를 기억하면서 대안을 평가하는 경향이 있다. 이를 감정 의존식 대안 평가라고 한다. 어떤 대상에 대해 좋거나 나쁜 감정이 이미 형성되어 있는, 제품 경험에 관한 장기 기억이다. 상표들에 대한 태도를 형성하고 최적 대안을 선택하는 데 고려한 대안들 중에서 수용 가능한 대안이 없는 경우 의사결정을 포기하기도 하지만 추가적인 정보 탐색을 해서 대안을 평가하기도 한다.

7.3.2 선택의 정당화와 맥락 효과

(1) 유인 효과와 타협 효과

유인 효과(Attraction Effect)

유인 효과(Attraction Effect)는 기존 대안보다 열등한 대안이 새로이 도입됨으로써 기존 대안의 선택 확률이 증가되는 현상이다. 예를 들어, 품질 면에서 열등한 대안이라고 생각되던 대안 B보다 더 열악한 대안 C가 동시에 동일한 가격에 출시되면, 소비자는 대안 B의 품질에 대해 과거보다 덜 극단적인 평가를 갖게 된다.

타협 효과(Compromise Effect)

타협 효과(Compromise Effect)는 한 대안이 다른 대안에 지배되는 것이 아니라, 어느 한 가지 속성에 있어 극단적인 값을 가진 선택 대안군의 대안인 B의 상대 점유율이 증가하는 현상이다. 이 경우 소비자는 중간 대안을 선택한다. 이 효과를 제품 포지셔닝에 활용할 수 있는데, 극단을 피하고 다른 경쟁자들의 중간적인 위치에 자리 잡으면 상대적으로 유리하게 된다. 예를 들어, 식당의 음식 값이 소(2만 원), 중(3만 원), 대(6만 원)라면 대부분의 소비자가 중간 값인 중을 선택한다.

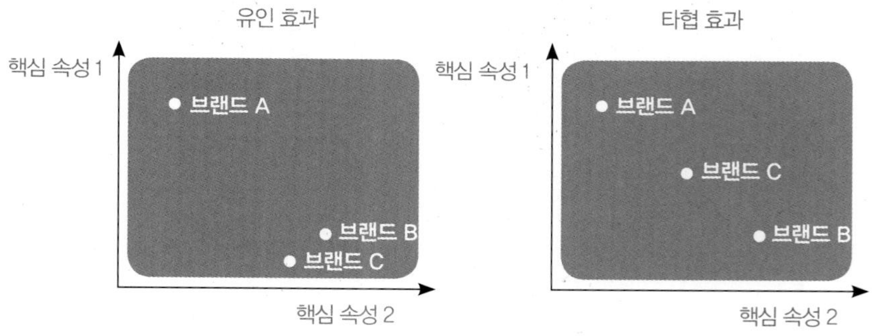

[그림 7-15] 유인 효과와 타협 효과

위의 그림에서 알 수 있듯이 유인 효과는 유사한 브랜드 C를 추가시켜 브랜드 A를 돋보이게 하여 구매를 유도하는 방법이고, 타협 효과는 브랜드 C를 중간으로 제공하여 브랜드 C를 선택하도록 하는 방법이다.

대안 평가 기반 광고 사례

유인 효과란 기존 제품에 비해서 비대칭적으로 열등한 새로운 대안이 등장했을 때 새로 진입한 대안보다 유사한 기존 대안의 선택 확률이 오히려 증가하는 현상이다. 애플의 '아이폰 5C'가 출시되었을 때 오히려 '아이폰 5S'의 판매량이 증가한 사례가 대표적이다.

[그림 7-16] 아이폰 5S와 5C

(2) 빈도 효과와 범위 효과

기업에서 자신의 브랜드가 상대적으로 우위에 있을 경우에 새로운 브랜드가 추가되면 해당 속성에 대한 빈도가 증가하여 중요도를 증가시킨다. 이로 인해 소비자는 해당 제품에 보다 많은 주의를 기울여서 선택의 가능성이 증가하게 되는데, 이를 빈도 효과(Frequency Effect)라고 한다.

빈도 효과(Frequency Effect)

기존의 시장에서 자신의 브랜드가 비대칭적으로 지배되는 경우에 새로운 브랜드를 추가하면 경쟁사가 상대적으로 우위에 있는 속성 차원의 경우 그 범위가 증가한다. 이에 따라 두 브랜드 사이의 속성의 차이에 대한 중요성을 감소시켜서 소비자

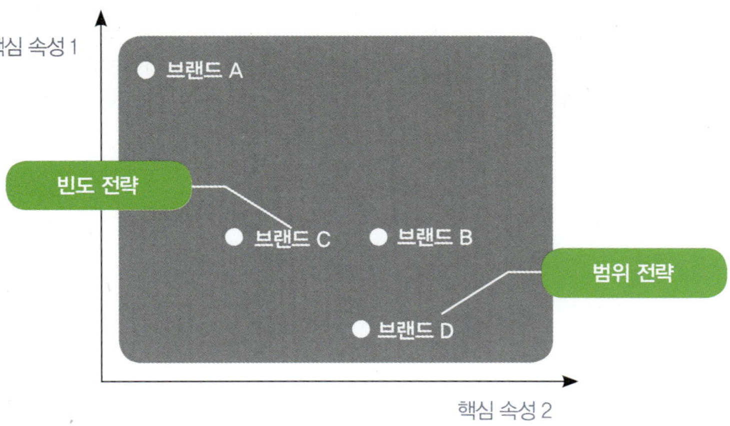

[그림 7-17] 소비자의 고려 상품군 변화 전략

범위 효과(Range Effect)

가 기존 브랜드와 경쟁 브랜드 간의 심리적 차이를 감소시키게 된다. 이를 범위 효과(Range Effect)라고 한다. 예를 들어, 소비자에게 선택받고자 하는 대안을 중간으로 보이도록 미끼 제품의 평가를 아주 높거나 낮게 책정한다.

브랜드 B에 대한 소비자의 선택을 증가시키기 위한 빈도 전략으로 추가한 브랜드 C는 브랜드 A와 브랜드 B에서 브랜드 B의 평가가 정당하게 판단되도록 한다. 범위 전략으로의 브랜드 D의 추가는 소비자가 상대적으로 브랜드 B를 선택하는 정당화 근거가 되어 브랜드 B의 구매가 늘어난다.

대안 평가 기반 광고 사례

비타500은 출시와 동시에 공격적인 마케팅으로 건강 음료에서 독보적인 위치에 있는 박카스를 위협하고 있다. 유명 모델을 도입한 광고로 인지도를 확보하였고, '한 번 더' 이벤트 촉진 활동을 통해 습관적인 구매를 유도하여 새로운 포지셔닝에 성공하였다. 그리고 건강 음료에 새로운 카테고리를 형성하였는데, 이 때문에 비타700, 비타1000 등의 모방 브랜드가 나타나기도 했다. 하지만 기존의 비타500과 차별성이 없어 오히려 비타500에 대한 충성도만 강화시키는 결과를 초래하였다.

[그림 7-18] 마시는 비타500 광고

이처럼 기존 브랜드에 도전하기 위한 유사 브랜드의 출현은 오히려 기존 브랜드의 플러스 요인이 되기도 한다. 기업에서는 이러한 효과를 활용하기 위해 시장에서 유사 브랜드(Decoy Brand)를 일부러 출시하기도 하는데, 메인 상품 A의 판매량을 늘리기 위하여 비슷한 B를 출시하여 A가 경쟁력을 갖게 하는 방법이다. 이 경우 기업은 주력 브랜드 가치를 올리기 위한 노력을 하지만 유사 브랜드는 브랜드 가치 상승에 목표를 두고 있지 않다는 특징을 가지고 있다.

서울우유는 치즈 시장에서 1등으로 기억되기 어려운 점을 파악하고, 치즈의 카테고리를 아기치즈로 확대하여 연령대별 단계에 맞춘 과학적 치즈를 선보여 커다란 성공을 거두었다. 이를 위하여 3 스텝 성장 단계별 치즈를 정의하고, 성장 시기에 따라 필요한 영양소도 달라진다는 속성을 소비자에게 인지시켰다. 서울우유는 아이들의 성장 단계별 치즈가 필요하다는 점을 광고에 적극적으로 활용하고 있다.

[그림 7-19] 서울우유의 아기치즈 광고

서울우유의 아기치즈는 기존 치즈의 마케팅 타깃을 구체화하고, 소비자의 범위를 넓히는 범위 효과를 마케팅에 적용한 사례이다.

(3) 후광 효과와 프레이밍 효과

후광 효과(Halo Effect)

후광 효과(Halo Effect)란 소비자가 상품을 평가하는 경우 상품과 관련된 일부 속성에 의해 형성된 전체적인 인상이 직접적으로 관련이 없는 다른 부분의 해석에 영향을 미치는 현상이다. 예를 들면, 삼성이 전자 제품 부분에서는 세계 일류 상품이라는 긍정적 후광 효과가 있어서 아파트에서도 삼성 로고만으로도 좋은 평가를 받는 경우이다.

대안 평가 기반 **광고 사례**

서울우유의 '철원목장 청정우유'와 매일유업의 유기농 우유 '매일 상하목장'은 자연생태계의 보고인 때묻지 않은 철원 청정 지역의 순수한 원유를 사용한 우유라는 점과 비옥한 황토와 깨끗한 물, 해풍

등 유기농을 위한 최적의 자연환경을 갖춘 전라도 고창군 상하면의 목장에서 생산된 우유라는 점을 부각시키기 위하여 지역명을 제품에 넣었다. 동원F&B도 녹차로 유명한 보성 지역의 이미지를 제품과 연결하기 위하여 원산지명을 브랜드 이름에 활용한 '보성녹차'를 선보였고, 아모레퍼시픽의 녹차 브랜드 설록도 한라산의 맑은 기운을 받고 자란 어린잎 녹차만을 사용하는 점을 부각시키기 위하여 '설록 한라'라는 브랜드명을 내놓았다.

[그림 7-20] 지역의 후광 효과를 활용한 제품들

프레이밍 효과(Framing Effect)

프레이밍 효과(Framing Effect)는 같은 내용의 정보라 할지라도 그 정보를 소비자에게 어떻게 보여 주느냐, 즉 프레이밍하느냐에 따라 다르게 소비자가 지각하여 그에 따라 대안 평가도 달라지는 현상이다. 예를 들어, 주유소에서 신용카드 결제 시 5% 할증하고 현금 지불 시에 5% 할인해 준다고 가정하면, 소비자가 현금 지불 시에 이익이라는 생각을 하게 되는 것이다. 이 예는 전망 이론의 준거점을 신용카드로 설정한 것으로, 소비자가 다르게 생각하도록 한다.

7.4 대안 평가 기반의 빅데이터 활용

7.4.1 매체 노출 정보 분석

간접 광고(PPL; Product PLacement)

소비자가 선택 대안을 고려할 때 고객이 자주 접하는 매체에 해당 제품을 노출시키는 마케팅 전략으로 간접 광고(PPL; Product PLacement)가 있다.

'꽃보다 청춘 아프리카 편'은 인기 드라마 〈응답하라 1988〉의 출연 배우 박보검,

류준열, 안재홍, 고경표의 아프리카 나미비아 여행기를 담은 리얼 버라이어티 프로그램이다. 롯데칠성음료는 이 방송에서 탄산수 브랜드 '트레비'를 앞세워 솔직한 감정들을 나누는 진정한 '스타일리시 청춘 여행'이라는 콘셉트를 잡고 광고를 하였다. 젊은 청춘들이 갑작스레 떠난 여행 속에서 느끼는 진심, 공감, 꾸밈없는 모습을 통해 칼로리, 트렌스 지방, 당류를 뺀 트레비 음료를 광고한 것이다.

[그림 7-21] 탄산수 트레비와 청춘 여행

이처럼 트레비는 프로그램과 자연스럽게 조화된 간접 광고로 20~30대 여성 시청자들에게도 크게 어필하였다. 특히, 여행 속에서 음료수를 마시는 상황을 설정하여 칼로리, 트렌스 지방, 당류는 모두 빼고 상쾌함만 남긴 트레비의 속성을 잘 매핑하여 표현한 것으로 평가받고 있다.

빅데이터 활용 사례

오바마 대통령은 대통령 선거 전략에 유권자 파악을 위하여 빅데이터를 활용하였다. 빅데이터를 통해서 오바마 후보 진영 유권자를 5가지 성향으로 나누고, 이를 바탕으로 자기 쪽으로 올 가능성이 있는 대상들을 설득하는 선거 운동을 하였다. 기술로는 클라우드와 슈퍼컴퓨팅 기술을 활용하였다.

클라우드

슈퍼컴퓨팅

이러한 빅데이터 기반의 선거 전략은 미국의 선거 연령 집단 중 부동층을 파악하여 누구에게 투표할지 뜻을 정하지 못한 사람에게 개인별로 맞춤형 선거 캠페인을 실시하기 위한 것이었다. 부동층 개개인의 성향과 취향을 파악하기 위하여 SNS 등을 이용하였고, 초고성능 컴퓨터로 향후 선거 분위기의 진행 방향에 대한 시나리오를 매일 7만 회 이상 시뮬레이션하였다. 그 결과를 바탕으로 선거 정책을

[그림 7-22] 오바마 대통령의 선거 사이트

수립하였고, 어떠한 방법으로 유권자에게 전달하여야 하는지를 세밀하게 예측하여 선거 운동을 하였다. 이러한 빅데이터를 활용한 예측은 정확하게 현실로 드러났고, 오바마는 온라인을 활용해서 선거 운동에서 승리한 최초의 미국 대통령이 되었다.

7.4.2 제품 사용 정보 분석

개인용 컴퓨터를 구성하고 있는 여러 장치 중에서 가장 핵심적인 역할을 담당하고 있는 3가지 요소가 바로 CPU(중앙처리장치), 램(주기억장치), 하드디스크(보조기억장치)이다. 이들의 성능이 컴퓨터의 전반적인 성능을 좌우한다. 그런데 CPU와 램의 동작 속도는 점점 빠르게 향상되고 있는데, 하드디스크의 속도는 더디게 발전하고 있다. 이러한 하드디스크는 다른 장치들의 걸림돌이 되고 있는데, 즉 CPU와 램의 속도가 빨라지더라도 이들에게 데이터를 공급하는 하드디스크의 속도가 느리다면 전반적인 속도가 저하되기 때문이다. 이러한 이유로 하드디스크를 대신할 대안으로서 제시된 것이 바로 'SSD(Solid State Drive)'이다.

SSD(Solid State Drive)

개인 컴퓨터 시장에서 휴대성과 유동성이 강조되면서 노트북의 위상이 높아지고 있다. 이와 관련하여 두께가 얇아지고 성능이 고도화되는 기술이 점점 발전되어 왔는데, 저장장치의 발전은 상대적으로 소홀했다. 이러한 저장장치로서 획기적인 제품이 하드디스크(HDD)의 일종인 SSD이다. SSD는 용도나 외관, 설치 방법 등이 하드디스크와 유사하지만 내부적으로 차이가 있다. SSD는 하드디스크와 달리 자기디스크가 아닌 반도체 메모리를 내장하고 있다. 따라서 SSD는 하드디스크보다 빠른 속도로 데이터를 읽고 쓰기가 가능하며, 물리적으로 움직이는 부품이 없기 때문에 작동 소음이 없고 전력 소모도 적다. 이런 특성으로 SSD를 노트북에 사용하면 배터리 유지 시간을 크게 늘릴 수 있다. 하지만 문제는 기존의 하드디스크에 비해 비싼 가격이다.

삼성전자는 SSD 시장의 후발 주자로 SSD 시장 규모의 확대와 더불어 삼성 SSD 브랜드 가치 제고의 필요성을 느꼈다. 삼성전자는 SSD에 대한 소비자의 다양한 인식의 틀을 살펴보고 반응을 검토하며 마케팅 방향을 설정할 목적으로 빅데이터 분석을 시도하였다.

SSD에 대한 기존에 소비자가 가진 인식, SSD의 현재 상황, SSD의 브랜드 조사, 온라인 버즈의 테마, 온라인 버즈의 출처 등을 기준으로 빅데이터를 분석하였다. 이를 위하여 전자 제품 포럼, 하드웨어 포럼, 구매 후기 위주의 쇼핑몰, 온라인 매체, 브랜드 사이트, 정부기관 사이트 등의 총 50만 건 이상의 방대한 데이터를 수집하였다. 포럼으로는 다음의 아고라처럼 특정 주제에 대한 이슈를 등록하면 그에 대해 의견을 나누는 게시판의 형태를 보이는 공간을 활용하였고, 쇼핑몰은 구매 후기를 중심으로 제품 구매 관련 질의응답이 이루어지는 공간을 활용하였다. 또한 특정 주제에 대한 글을 포스트 형식으로 올리는 블로그 정보가 중요하므로 전자기기 및 IT 전반을 다루는 온라인 매체 등도 주요 분석 대상이었다.

소비자의 의견을 분석하고 인터넷의 자연어로 표현되는 사용자 의견을 정확하게 수집하기 위하여 고품질 자연어 처리 기술과 텍스트 마이닝 분석 기술을 활용하였

[그림 7-23] 삼성전자의 SSD 광고

다. 이를 바탕으로 제품 또는 서비스의 모델, 항목, 세부 속성별로 평가 결과를 도출하였다.

분석 결과 SSD의 저장 기능과 하드디스크(HDD)의 기능이 유사하지만 일반 자기디스크와 달리 성능, 속도가 부각된다는 것을 알았고, 컴퓨터 성능 향상에 도움을 주는 CPU, 램과 동등하게 취급되고 있다는 것도 얻어냈다. 또한 사용자 리뷰와 질의응답에서 가격 정보를 보완하였고, 뉴스 매체에서 성능과 사용 상황을 획득하였으며, 전문가 리뷰에서 속도에 관한 주제가 주요하게 거론되는 것을 확인하였다. 일반 소비자는 전문가보다 SSD 속도에는 관대하고 가격에는 민감하다는 결과를 찾기도 하였다.

SSD의 주요 용도가 HDD와 같은 저장장치의 대체재로서, 컴퓨터 성능 향상을 기대하는 HDD의 보조로서만 머물러 있다는 분석 결과는 새롭게 마케팅 전략을 세우는 계기가 되었다. 이에 따라 소비자 인식과 욕구에 맞춰진 성능, 안정성, 기존 컴퓨터의 업그레이드 솔루션임을 강조하는 전략으로 입소문 마케팅의 일종인 버즈 마케팅을 실시하였다. 2012년 6월부터 11개국에서 SSD 캠페인을 진행하여 후발 주자임에도 불구하고 독일, 영국, 이탈리아, 한국에서 판매 1위를 차지하였고, 미국에서 2위라는 성과를 거두었다. 또한 차세대 성장 동력의 핵심 부품으로 위치를 확고히 하고 있다.

7.4.3 유동 인구 분석

서울시 통계청은 빅데이터를 활용하여 버스의 정차 시간을 정리해서 알려 주는 서비스를 실시하였다. 그 결과 학생과 직장인에게 폭발적인 인기를 끌었다. 이 서비스는 서울시 유동 인구 및 교통 데이터의 분포 패턴과 KT에서 제공한 요일별, 시간대별 유동 인구의 통화 정보를 활용한 것이다. 기존 서울시 버스 정책과 기존 심야 버스 노선을 수정하여 최적의 노선과 배차 간격을 도출하였다. 서울시 심야 유동 인구의 통화 기록을 바탕으로 출발지와 도착지를 예측한 데이터와 스마트카드를 기반으로 한 택시의 승하차 데이터를 배치 정보에 활용하기도 하였다.

스마트카드

실수요 예측

현재는 새로이 추가된 노선의 실수요 예측을 위하여 최신의 빅데이터가 활용되고 있다. 이러한 빅데이터 분석은 심야 버스 노선 수립을 지원하고, 서울시의 대중교통 정책 해결의 실마리를 제공하고 있다.

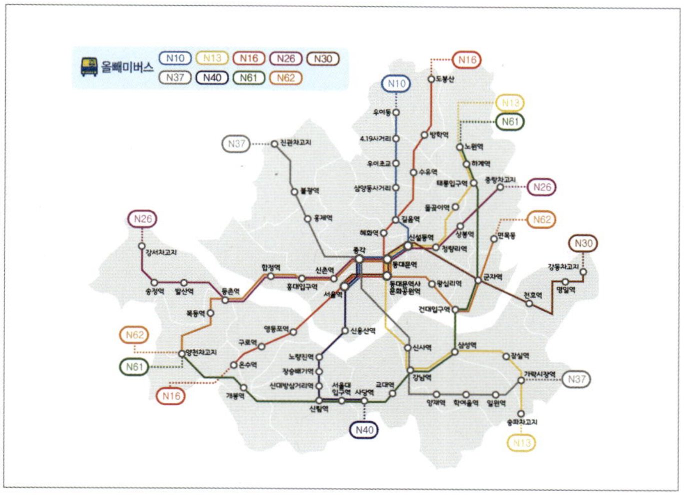

[그림 7-24] 서울시 심야 버스 노선도

빅데이터
활용 사례

뉴욕 시에는 250만 그루의 나무가 있다. 그만큼 뉴욕 시민들은 나무를 좋아한다고 한다. 하지만 이 많은 나무 때문에 해마다 시민들이 사고를 당한다. 2009년에서 2010년 사이에는 센트럴 파크에서만 4명의 행인이 떨어지는 나무에 부딪쳐 다쳤으며, 심지어 생후 6개월 된 아이가 나뭇가지에 깔려 목숨을 잃기까지 하였다.

뉴욕 시는 사고를 줄이기 위해 도시의 한 블록을 기본 단위로 설정하고, 단순 나무 가지치기 작업을 시작하였다. 이러한 가지치기는 공원 관리소가 기록한 방대한 빅데이터를 분석한 결과의 아이디어였으며, 이로 인하여 뉴욕 시의 나무로 인한 사고 발생이 현저히 줄어들게 되었다.

[그림 7-25] 뉴욕 시의 공원 관리 전략 회의

뉴욕 시의 해당 연도 가지치기 시행 결과는 기존 사고 발생 확률이 22%가량 줄어드는 효과를 가져왔고, 다른 대도시 지역의 나무에 대해서도 가지치기 작업의 필요성을 제시하였다.

연·습·문·제

※ 다음 빈칸에 해당하는 용어를 넣으시오.

1. (　　　　　　)은(는) 소비자가 대안을 비교하고 평가하는 데 사용하는 표준과 명세를 의미한다. 대부분 소비자의 내면적 구매 목적과 동기가 반영된다.

2. 소비자에게 제품이나 서비스와 관련된 대안 평가 기준에 대하여 직접 또는 간접으로 질문을 해서 조사하는 방법으로 (　　　　　　)와(과) (　　　　　　)이 있다.

3. (　　　　)은(는) 소비자가 제품이나 서비스의 대안 평가 기준을 결정하기 위하여 사용하는 간접법으로 속성의 유사성을 측정해서 좌표상에 나타내는 방법이다.

4. (　　　　　　)은(는) 한 속성에 대하여 소비자에게 인지된 약점은 다른 속성의 강점으로 상쇄되거나 보상된다는 전제를 바탕으로 대안을 평가하는 방법이다.

5. (　　　　　　)은(는) 높은 속성 점수가 낮은 속성 점수를 보상할 수 없는 모델로, 어떤 결정적인 속성들에 의해 태도가 결정되는 방식이다.

6. (　　　　)은(는) 인간은 합리적 이성이 아니라 감정의 영향으로 위험을 회피하기 위해 비합리적인 의사 결정을 한다는 이론이다.

7. (　　　　　)은(는) 소비자의 일련의 인지적 운영 활동으로, 동시에 또는 시간적인 차이를 두고 발생하는 다양한 이득과 손실을 조직화하고 평가하여 사용하는 것이다.

8. (　　　　)은(는) 기존 대안보다 열등한 대안이 새로이 도입됨으로써 기존 대안의 선택 확률이 증가되는 현상이다.

9. (　　　　)은(는) 한 대안이 다른 대안에 지배되는 것이 아니라 어느 한 가지 속성에 있어 극단적인 값을 가진 선택 대안군인 경우, 대안 B의 상대 점유율이 증가하는 현상이다.

10. (   )은(는) 기업에서 자신의 브랜드가 상대적으로 우위에 있을 경우에 새로운 브랜드가 추가되면 해당 속성에 대한 빈도가 증가하여 중요도를 증가시키는데, 이로 인해 소비자는 해당 제품에 보다 많은 주의를 기울여서 선택의 가능성이 증가하는 효과이다.

11. (   )은(는) 선택받고자 하는 대안을 중간으로 보이도록 미끼 제품의 평가를 아주 높거나 낮게 책정하는 것이다.

12. (   )(이)란 소비자가 상품을 평가하는 경우 상품과 관련된 일부 속성에 의해 형성된 전체적인 인상이 직접적으로 관련이 없는 다른 부분의 해석에 영향을 미치는 현상이다.

13. (   )은(는) 같은 내용의 정보라 할지라도 그 정보를 소비자에게 어떻게 보여 주느냐, 즉 프레이밍하느냐에 따라 다르게 소비자가 지각하여 그에 따라 대안 평가도 달라지는 현상이다.

※ 다음 내용에 대하여 설명하시오.

14. 소비자의 제품 구매동기에 대해서 설명하시오.

15. 대안 평가 기준에는 내재적 정보와 외재적 정보가 있다. 이들에 대해서 설명하시오.

16. 보상적 방식에 대해서 설명하시오.

17. 비보상적 방식에 대해서 설명하시오.

※ 다음 주제에 대하여 토론하시오.

18. 여러분이 자동차를 구매하기 위하여 300만 원을 준비하였는데, 실제 구입하려는 차는 400만 원일 경우에 여러분이 고려해야 할 요소나 속성은 무엇인지 토론하시오.

19. 확장된 피시바인 모델을 사용하여 커피 전문점을 3개 이상 평가하고, 그 결과를 토론하시오.

8

CHAPTER

구매 행동과 조직 구매

학습 목표

- 소비자의 구매 행동과 조직적으로 이루어지는 구매 활동을 이해한다.
- 구매 의사 결정에 영향을 주는 요인과 조직적 구매의 관계 설정에 대하여 학습한다.
- 구매 행동 기반의 광고 사례와 빅데이터 활용으로 이론을 적용한다.

구매 행동 기반 광고 코카콜라는 '우리를 행복하게 해 줄 일상의 작은 것들'이라는 콘셉트로 작아서 더 특별한 팝업 스토어를 설치하고 새로 출시된 미니 캔을 홍보하고 있다. (본문 208~209쪽)

8.1 구매 행동

8.1.1 구매 의사 결정

> 문명은 우리가 의식적으로 생각하지 않고서도 수행할 수 있는 중요한 작업의 수를 늘려 나감으로써 진보한다.
>
> – 알프레드 N. 화이트헤드 (A. N. Whitehead)

(1) 소비자의 관여와 구매 행동

소비자가 인지적 자원을 활용하는 데 영향을 미치는 요소에는 제품 관여도, 구매 관여도, 상황 관여도가 있다. 이들 요소를 고려하고 소비자의 제품에 대한 관여의 수준과 과거 제품 구매 경험의 정도에 따라 소비자의 구매 의사 결정 유형을 분류하면 다음과 같다.

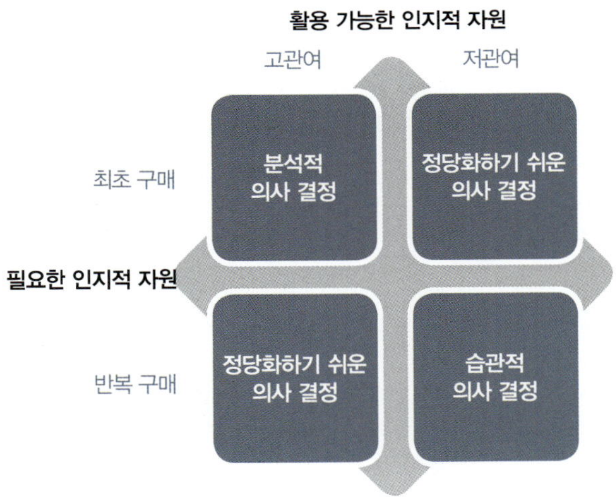

[그림 8-1] 인지적 자원에 따른 구매 의사 결정 유형

분석적 의사 결정은 소비자가 구매 행동을 하기 위하여 필요하거나 활용 가능한 인지적 자원이 높은 수준인 고관여 제품을 최초 구매할 때 나타난다. 이때의 소비자는 체계적인 정보처리 방식에 따라서 구매 행동을 결정하고, 포괄적인 문제 해결을 하면서 보상적인 평가 방식으로 대안을 선택한다.

습관적 의사 결정은 필요한 인지적 자원과 활용 가능한 인지적 자원이 낮은 경우로 구매 노력을 덜기 위하여 이전에 구매한 브랜드를 반복 구매하는 비체계적 정보처리 방식을 사용한다. 이때의 소비자는 경험에 의한 휴리스틱을 활용하여 구매 행동을 결정하고, 비보상적 평가 방식으로 대안을 선택한다.

정당화하기 쉬운 의사 결정을 하는 소비자는 체계적인 전략에 의한 구매 행동을 하는데, 필요한 인지적 자원이 낮은 반복 구매의 경우에는 자기만족을 극대화하는 방향으로 구매 행동을 한다. 이때 나타나는 것이 브랜드 충성도이며, 소비자는 대안을 평가하거나 신념 형성 등의 인지적 과정 없이 구매 욕구가 일어나면 바로 선호하는 특정 브랜드를 구매하는 반복 구매의 상황을 띤다. 또한 소비자는 적정 수준의 활성화를 계속 유지하기 위하여 새로운 대안을 지속적으로 추구하게 되는데, 구매 후에 발생할 인지 부조화를 최소화시키는 방향으로 구매 행동을 하려는 의도를 갖는다. 저관여 제품이면서 최초 구매 상황일 때 소비자는 정당화하기 쉬운 의사 결정을 한다.

(2) 구매 형태

소비자의 구매 형태는 구매 계획을 점포에 가기 전에 미리 정했는지의 여부에 따라서 계획적 구매(Fully Planned Decisions), 부분 계획적 구매(Partially Planned Decisions), 비계획적 구매(Unplanned Decisions)로 나눈다.

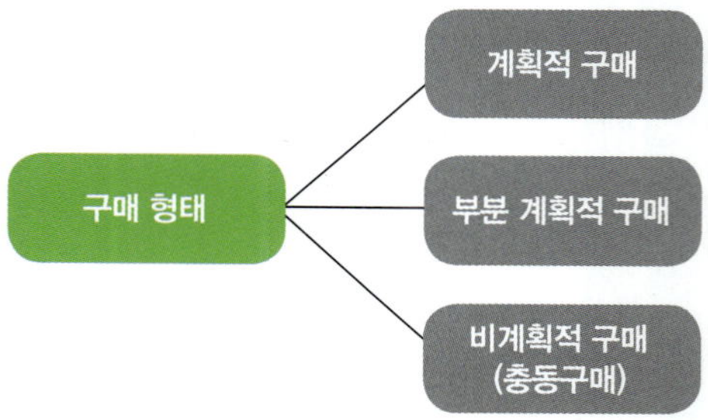

[그림 8-2] 구매의 형태

계획적 구매는 소비자가 제품을 구매하기 이전에 구매해야 할 상품이나 브랜드를 미리 결정하고 실제로 구입 행동에서도 사전에 결정한 제품을 그대로 구매하는 것이다.

부분 계획적 구매는 계획적 구매와 비계획적 구매의 중간 형태로서 사전 계획에는 있었지만 당장 구입할 의사가 없는 제품을 점포에서 구매하는 경우이다.

비계획적 구매는 문제 의식이 없거나 점포를 방문하기 전까지도 구매 의도가 없는 상황에서 발생되는 구매 행동이다. 이와 유사한 충동구매는 제품이 주는 신기함이나 자극에 의하여 즉흥적으로 구매 행동을 하는 것이다. 비계획적 구매의 유형에는 다양성이나 새로움에 대한 단순한 충동구매, 상기 효과에 의한 구매, 암시 효과에 의한 구매, 계획적 충동구매가 있다.

구매 행동 기반
광고 사례

충동구매

이케아(IKEA)는 충동구매를 부추기기 위해서 주 통로 근처에 여러 제품이 들어 있는 진열대를 배치하여 매장을 찾는 고객 중 절반 이상이 구매하도록 유도하는 구매 행동에 기반한 점포 전략을 쓰고 있다. 이케아 매장은 대부분 축구 경기장 6개 정도의 크기이고, 바닥에 표시된 화살표를 따라 둘러보는 데 평균 2시간 정도가 소요된다. 이케아에 머무는 시간은 보통 대형 마트에서 평균 머무는 시간과 비교하기 어려울 만큼 길다. 이케아는 미로 같은 매장 배치로 고객이 더 오래 있도록 하여 많은 제품 구매를 유도한다.

이케아 매장의 벽 한쪽에는 장식용 쿠션이 줄지어 진열되어 있어 멀리서부터 고객의 주의를 끈다. 주변의 진열대에는 바로 쿠션을 꺼낼 수 있는 구조로 제품을 배열한다. 이러한 배열은 소매점에서 고객이 필요한 제품을 찾도록 도와주는 점원의 역할을 강조하는 기존의 방식에서 벗어나 고객이 제품을 직접 만져 보고 스스로 구매 결정을 할 수 있도록 한 점포 내 배열의 새로운 형태이다. 그리고 기존의 획일적인 진열 방식에서 벗어나 쇼룸 형태로 제품을 진열하여 고객들의 지속적인 방문을 유도한다. 이를 통해서 자연스럽게 구매를 유도하고, 꾸준한 고객 확보가 가능하다.

[그림 8-3] 이케아의 매장 진열

충동구매에는 제품에 대하여 강한 호의적 감정이 발생되는 순간에 즉각적인 구매를 하는 즉시성이 있다. 이때의 소비자는 심리적 충동이 강하고, 저항하기 어려운 강박성이 있으며, 흥분이나 즐거움 또는 긴장감 등의 정서를 갖는다. 또한 인지적 요소가 구매하려는 제품의 평가에 반영되지 않아서 구매 후에 후회나 경제적 부담 등을 겪기도 한다.

(3) 구매 결정 순서

소비자가 구매 행동을 하기 위하여 의사 결정을 하는 순서에는 3가지 형태가 있다. 우선, 점포를 선택하고 브랜드를 선택하는 경우이다. 이때의 소비자는 첫 번째 방문하려는 점포를 결정하고 난 후에 그 점포 내에서 구매하고자 하는 브랜드를 선택한다. 다음으로는 먼저 브랜드를 선택하고 점포를 선택하는 경우이다. 이때의 소비자는 구매하려는 브랜드를 정해 놓고 그 브랜드를 판매하는 점포를 찾아간다. 마지막으로 두 가지가 동시에 일어나는 경우이다.

(4) 구매 장소

소비자가 제품을 구매하기 위한 구매 장소로 점포와 무점포가 있다. 점포는 소매점과 같이 유형의 공간을 말하며, 소비자의 점포 선택 과정은 다음과 같다.

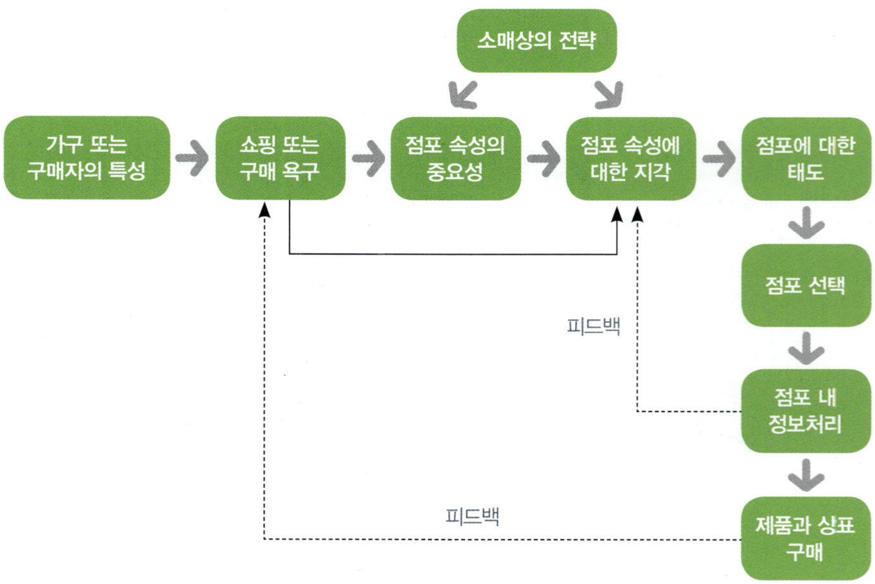

[그림 8-4] 점포 선택의 과정

소비자는 라이프스타일, 역할, 개성, 현재의 경제적 변수들을 고려하여 점포 선택을 하는데, 구매 욕구가 생기면 구매 장소에 대한 지각을 하게 된다. 이때 소매점(Retail)들이 제공하는 마케팅 전략에 영향을 받아 점포에 대한 중요성과 판단을 가지고 점포를 방문하여 제품에 대한 구매 행동을 한다.

소매점(Retail)

구매 행동 기반 **광고 사례**

에이랜드(Aland)는 2006년 신진 디자이너를 위한 편집 매장으로 등장한 이후 국내 15개, 해외 3개점을 오픈하면서 크게 성장하고 있다. 에이랜드는 오프라인 유통망을 위탁 운영하는 방식으로 약 35%의 수수료로 수익을 창출하는 대표적인 한국형 라이프스타일 숍 모델이다. 내추럴 빈티지를 콘셉트로 다양한 상품 구색을 선보이는데, 각 매장마다 독특한 수입 브랜드와 함께 텀블러, 찻잔, 비누, 샴푸, 타올, 스케이트보드 등 다양한 라이프스타일 제품을 매장에 진열하여 커다란 호응을 얻고 있다.

[그림 8-5] 에이랜드의 라이프스타일 매장

라이프스타일 매장으로서 에이랜드의 강점은 에이랜드 브랜드와 매장 안에 입점되어 있는 브랜드들과의 통일된 스타일을 보여 주는 구성력이다. 500개가 넘는 브랜드들과 숍 브랜드와의 유기적 관계는 소비자에게 다른 의류점과 확실한 차이점을 보여 주고 있는데, 이는 SPA 브랜드와 같은 형태인 슈퍼바이저 시스템으로 각 층이나 매장별로 매장 관리를 하고 있기 때문에 가능하다. 즉, 본사가 아니라 각 매장의 매니저가 관리하기 때문에 브랜드 구성, 입점 브랜드의 입출고, 재고관리, 매출 설정 등 통합적 관리가 실시간으로 가능하다.

무점포 구매 행동은 카탈로그나 우편, 전화를 통하여 소매점에서 직접 주문을 하는 행동으로서, 우리나라에서는 1976년 11월 신세계 백화점이 카드 소지자를 대상으로 주문 엽서를 통한 상품 판매를 한 것이 시작이다. 미국의 경우는 1985년 아메리칸 익스프레스가 신용카드 사업 개시와 함께 회원을 대상으로 무점포 판매를 시작하였고, 신용카드가 활성화되면서 무점포를 통한 소비자의 구매 행동이 본격화되었다. 일반적으로 고소득 가족, 전업 주부, 40세 이하의 독신 남성과 여성이 가장 선호하는 방식이다. 범세계적인 라이프스타일로 스타일리시하고, 가치 지향적이며, 편의 추구자형이 무점포를 선호한다. 최근에는 가정에서 이루어지는 구매 행동으로 인터넷 쇼핑, TV 홈쇼핑이 대중화되고 있는데, 인터넷이나 텔레마케팅, 전단지, 카탈로그 우편 등의 직접적인 마케팅 방법에 영향을 받고 있다. 인터넷 쇼핑은 양방향성과 개인화된 상호작용으로 정보를 실시간으로 활용할 수 있고 구매 행동에 따른 위험을 감소시켜 크게 증가하고 있다.

8.1.2 점포 선택에 영향을 주는 요소

(1) 점포 방문 동기

점포 방문 동기는 제품의 구매동기에 따라서 개인적 동기와 사회적 동기로 나눌 수 있다. 개인적 동기로는 개인의 역할 수행, 기분 전환 추구, 욕구불만 해소, 새로운 경향에 대한 학습, 신체적 활동, 감각적 자극 등이 있다. 역할 수행은 사회생활에서의 다양한 역할을 의미하고, 기분 전환 추구는 일상의 단조로움을 벗어나 점포를 거닐면서 느끼는 기분이며, 욕구불만 해소는 마음에 드는 상품을 구매함으로써 불만을 해소하는 것이다. 새로운 경향에 대한 학습은 유행이나 신제품의 최신 경향에 대한 정보 취득이고, 신체적 활동은 운동 부족을 해소하기 위한 수단으로 쇼핑을 하면서 가벼운 운동을 즐기는 것이다. 감각적 자극은 다양한 상품을 구경하고, 만져 보거나 입어 보면서 즐기는 것이다.

구매 행동 기반
광고 사례

코카콜라는 작아서 더 특별한 팝업 스토어 'The MINI Kiosk'로 새로 출시된 미니 캔을 홍보하고 있다. 이를 위해 독일의 주요 5개 도시에 사람 키의 절반 사이즈의 아기자기한 미니 팝업 스토어를 설치하였다. '우리를 행복하게 해 줄 일상의 작은 것들'이라는 콘셉트로 하루 평균 380개의 캔이 판매되고 있어, 일반 자판기의 275%나 많은 매출을 기록하고 있다.

[그림 8-6] 코카콜라의 팝업 스토어

경쟁사인 펩시는 런던 시내에 믿을 수 없는 일이 벌어지는 버스 정류장 'Unbelievable Bus-shelter'를 설치하였다. 버스 정류장에 스크린을 설치하여 스크린 화면에서 증강현실 디스플레이로 UFO, 괴물, 로봇이 승차장에 있는 사람들을 놀라게 하는 이색적인 캠페인이다. 처음에는 놀라지만 재미를 느낀 사람들이 포토존처럼 가상현실을 즐기며 사진을 찍는다. 이 캠페인은 젊은 사람들이 환호하고 열광할 만한 디지털 콘텐츠를 통해 적극적으로 상호작용을 유도한 마케팅 전략의 대표적 사례이다. 디지털 콘텐츠

[그림 8-7] 펩시의 버스 정류장

사회적 동기로는 사회적 경험, 동호인과의 의사소통, 동료 집단과의 일체감, 자신의 지위와 권위의 추구, 가격 흥정의 즐거움 등이 있다. 사회적 경험은 새로운 사람을 사귀거나 이웃, 친구를 만나기도 하며, 단순히 사람들을 구경하면서 겪게 되는 간접적 사회 접촉이다. 동호인과의 의사소통은 전문 점포에서 비슷한 관심을 가진 사람들과 대화를 나누거나 정보를 교환하는 것이며, 동료 집단과의 일체감 형성 동료 집단

은 청소년이 특정 점포를 선호하며 또래 문화를 형성하는 것과 같이 동료 집단과의 구성원이 되고 싶어 하는 것이다. 자신의 지위와 권위의 추구는 하이패션, 구두 등 비교 쇼핑에 의해 구매가 이루어지는 경우로서 판매원으로부터 친절한 대우를 받음으로써 자신의 권위가 인정되는 느낌을 받는 것이다. 가격 흥정의 즐거움은 흥정을 통한 구매가 다른 사람보다 현명한 구매를 하였다는 사실에 자부심을 느끼는 것이다.

구매 행동 기반 광고 사례

서울의 명동, 홍대, 강남 등 번화가를 중심으로 숍 디스플레이에 실사 출력을 활용하는 사례가 늘고 있다. 디지털 프린팅 시스템의 기술적 발전으로 표현 영역이 자유로워지면서 다양한 디스플레이 디자인이 응용되고 있다. 쇼윈도, POP 사인, 인테리어 분야로 나눠 숍 디스플레이에 실사 출력물이 활용되고 있는데, 쇼윈도(Show Window)는 숍의 이미지 확립을 위한 직접적인 표현의 장소이자 소비자의 흥미를 유발하여 구매동기를 자극하는 곳이다. 그러므로 구매 가능성이 있는 소비자의 발걸음을 매장 안으로 유도할 수 있는 계기를 만들기 위해서는 독창적이며 신선하고 흥미를 자극할 수 있는 디스플레이가 요구된다. 이에 따라 상품의 진열 또는 촬영 등을 위해서 쇼윈도를 통해 주력으로 판매하고자 하는 상품과 광고 모델의 이미지를 최대한 노출시키면서 마케팅 효과를 증대시키기 위한 노력을 기울이고 있다.

[그림 8-8] 실사 출력물을 활용한 디스플레이 매장

(2) 점포 이미지

점포 이미지는 소비자가 특정한 점포에 대하여 인식하는 전반적인 인상으로, 객관적 속성과 주관적 속성이 있다. 객관적 속성은 관찰할 수 있는 기능적인 특성으로 상품의 구색이나 가격, 신용 정책 등이고, 주관적 속성은 소비자가 느낄 수 있는 쾌적한 분위기 등이다. 점포 이미지를 구성하는 요소에는 상품의 구색과 질(Merchandise), 상품의 가격, 서비스, 점포 시설물의 특징(Physical Facilities), 편의성(Convenience), 광고 및 판촉(Promotion), 점포 분위기(Store Atmosphere), 고객의 특성(Clientele), 점포의 평판(Store Reputation), 점원(Sales Person), 과거 구매의 만족도(Post-transaction Satisfaction) 등이 있다.

점포 분위기는 주로 점포의 물리적인 특성으로 건물의 디자인, 복도의 레이아웃, 내부 인테리어나 색상 등 소비자가 보고 느낀 점포의 모습이다. 점포 분위기는 소비자 행동에 긍정 또는 부정의 영향을 미치고 정서적 반응을 유발한다. 점포의 구매 환경은 소비자의 정서에 영향을 주고 그에 따라 쇼핑 행동을 하기 때문이다. 즉, 유쾌하고 기분이 고조된 소비자는 오랜 쇼핑 시간을 즐기고 점원과의 대화를 통해서 구매가 증가된다.

[그림 8-9] 점포 분위기와 쇼핑

구매 행동 기반 **광고 사례**

영국의 서점 다운트는 점포의 레이아웃 방식의 중요성을 보여 주는 좋은 사례이다. 아마존 같은 온라인 서점으로 인해 세계적으로 서점이 위기에 놓인 상황에서 다운트는 그들만의 진열 방식으로 커다

[그림 8-10] 영국 서점 다운트의 매장 진열

란 성공을 거두었다. 다운트는 여행책은 물론이고 관련 소설이나 작품을 대부분 국가별로 분류해 놓는 등 특이한 레이아웃 방식을 택하고 있다.

특정 국가 관련 책으로 분류되어 있어 찾기가 쉬워 여행자의 서점으로 알려지게 되었고, 베스트셀러 위주의 진열 방식이 아닌 다운트가 추천하는 책을 진열하는 독특한 방식으로 다른 서점과의 차별화를 두고 있다. 특이한 방식의 레이아웃 덕분에 다운트는 여행 가이드북 〈론니플래닛〉이 2011년 선정한 세계 10대 서점 중 하나로 선정되었고, 여행을 위해 디자인된 서점이라는 명성까지 얻었다. 다운트는 인터넷 사이트에서 서점의 진열 방식을 볼 수 있는 시뮬레이션 서비스를 제공하고 있는데, 이 역시 레이아웃을 상품화한 것으로 볼 수 있다.

점포 분위기는 배치, 음악, 향기, 소재 등에 따라 좌우되고, 그에 따라 유쾌나 불쾌, 기분 고조나 단조로움 등의 소비자의 정서 반응이 나타난다. 소비자가 보여 주는 행동은 점포 내 쇼핑 시간, 점원과의 대화 정도, 구매량으로 측정할 수 있다.

구매 행동 기반
광고 사례

매장은 레이아웃을 통해 효율적으로 운영할 수 있다. 일본 의류 회사 유니클로는 체계화된 상품 진열 방식으로 소비자가 원하는 제품이 어디에 위치하는지 한눈에 알 수 있도록 레이아웃을 구성한다. 고객은 잘 짜여진 진열 시스템 속에서 원하는 곳에 가서 물건을 픽업하고, 점원은 진열장이 비지 않도록 물건을 채우고 원하는 고객에게만 도움을 주는 방식이다. 점원이 쫓아다니면서 쇼핑에 개입하는 것을 싫어하는 사람들의 소비 특성을 잘 파악한 레이아웃으로 고객의 만족도와 서비스 평가에서 호

[그림 8-11] 유니클로의 매장 진열

평을 받고 있다.

한편으로는 일부러 어질러진 방식으로 매장을 진열하는 경우도 있다. 마네킹의 옷을 일부 벗겨 정돈된 느낌을 주지 않아 손님이 부담 없이 들어올 수 있게 하고, 옷의 개수를 줄여 손님이 직원에게 문의하도록 하여 판매를 유도하는 방식이다.

매장에서 레이아웃을 구성하는 판단 기준은 소비자의 특성과 제품이다. 소비자의 특성은 점점 더 다양화되고 있어 점포 내의 레이아웃의 방법도 다양화되어야 소비자의 구매 행동을 더욱 유도할 수 있다.

점포가 경쟁력을 가지기 위해서는 소비자의 라이프스타일이나 개성 측면에서 접근한 점포 이미지이어야 한다. 소비자의 라이프스타일에 의한 점포 이미지는 상징성이 있어야 하고 소비자가 느끼는 이미지와도 일치성을 유지해야 한다. 즉, 소비자가 특정한 점포에 대하여 가지고 있는 고정관념을 상징적 점포 이미지 형성에 고려해야 함을 의미한다. 점포 이미지를 측정하는 방법에는 자유 반응법, 의미 차별화 척도법, 점포 지각도 등이 있다. 소비자는 자신이 생각하는 이미지와 일치하는 점포 이미지를 선호한다.

(3) 점포 내 자극

소비자의 구매 결정이 사전에 계획되어 있지 않을 경우에 진열, 선반 위치, 포장, 가격 등과 같은 점포 내의 자극은 더 중요한 영향을 미친다. 점포 내에 자극을 주는 물리적인 요소에는 상품의 위치, 점포 내 배치 등이 있다.

상품의 위치는 중요한 구매 상황으로 소비자 행동에 많은 영향을 주는데, 상점의 유형에 따라 달라진다. 점포 내 배치는 제품의 위치, 제품의 진열 등을 의미한다. 제품의 위치는 소비자가 제품과 접할 수 있도록 하는 것으로, 편의점 계산대 옆에 껌, 사탕 등의 충동구매 물품을 배치하는 경우가 대표적이다. 제품의 진열은 소비자가 쉽게 원하는 제품을 찾을 수 있도록 하는 것으로, 소비자가 깜빡 잊거나 찾기 어려워 그냥 가는 것을 예방하기 위해 유사하거나 관련된 제품끼리 진열하는 경우가 대표적이다.

제품의 진열법

점포 내에서 제품의 배치에는 격자식 배치와 자유 흐름식 배치가 있다. 격자식 배치는 소비자의 움직임을 막기 위하여 모든 진열대나 선반 등을 서로 직각으로 배치하는 방식이다. 이 방식에서는 소비자가 다양한 상품을 보고 지나가도록 하기 위해 빈번하게 구매하는 제품을 맨 뒤쪽에 나열한다. 자유 흐름식 배치는 소비자가

격자식 배치

자유 흐름식 배치

점포 내 어디서든지 모든 곳을 볼 수 있도록 배치하는 방식이다. 점포 내 의자는 소비자가 편안하게 대화를 나눌 수 없도록 설계하여 소비자를 휴게실이나 식당으로 유도하도록 한다.

구매 행동 기반 광고 사례

홈플러스는 무빙워크를 활용하는 새로운 진열 방식을 선택하고 있다. 마트 방문객은 이미 기존의 레이아웃에 익숙해진 고객이다. 홈플러스는 이들을 대상으로 매장 전체를 다시 카테고리화하여 진열하는 것은 거부감을 불러일으켜 오히려 역효과를 낼 수 있다고 판단하였다. 따라서 기존의 방식을 유지하면서 '과자류'라는 특정 상품을 새롭게 진열하였는데, 바로 무빙워크를 이용하는 것이었다.

무빙워크를 이용할 때 사람들은 벽면 광고를 응시하거나 이야기를 나누는 등 의미 없는 시간을 보낸다. 홈플러스는 여기에 착안하여 무빙워크를 따라 옆면에 과자를 진열하였다. 과자류 상품은 저렴한 가격으로 충동적인 구매가 가능한 상품이기 때문에 무빙워크를 이용하는 손님이 과자를 보고 계획에도 없던 구매를 하도록 유도하여 판매량을 늘린 것이다. 이는 자투리 공간을 활용한 효과적인 진열 전략이다. 이처럼 새로운 카테고리화나 새로운 진열 방식의 도입은 새로운 수요를 창출하고, 다른 매장과의 차별화를 이룬다는 점에서 효과적이다.

카테고리

[그림 8-12] 홈플러스의 무빙워크 진열

진열 공간의 높이가 매출 증대에 미치는 영향은 눈높이, 허리 높이, 무릎 높이 순이다. 우유와 같은 목적 구매 제품은 선반 진열의 높이가 매출에 크게 영향을 미치지 않고, 충동구매 제품은 선반 진열 높이가 매출에 크게 영향을 미친다. 눈높이 라인이 가장 높은 매출을 유도하고, 신제품과 재고 회전율이 높은 제품은 진열대의 넓이가 매출에 중요한 영향을 미친다.

POP(Point of Purchase)

점포 내 부착된 POP(Point of Purchase) 사인과 가격 정보는 특정 상품에 대한 소비자의 주의를 환기시키는데, 제품의 편익을 제공하는 유용한 수단이다. 일반적으로 정상 가격을 표시한 사인의 부착은 매출 증대에 영향을 미치지 않고, 제품의 편익을 표시한 사인은 약간의 긍정적인 영향을 준다. 세일 중인 품목의 경우에는 세일 가격을 표시한 사인의 부착이 매출 증대에 커다란 기여를 한다.

음악의 템포도 소비자의 구매 행동에 영향을 주는데, 빠른 음악은 빠른 동작을 유도하여 빠른 구매를 하게 한다. 색상도 소비자의 인지와 행동에 영향을 주는데, 따뜻한 색상은 차가운 색상보다 소비자를 더 많이 모이게 하고, 차가운 색상의 실내가 따뜻한 색상의 실내보다 더 호의적이고 멋있으며 편안하다. 다시 말해, 따뜻한 느낌의 색상으로 구성된 점포는 주의 유발 정도는 높으나 유쾌하지 않은 느낌을 주고, 시원한 느낌의 색상으로 구성된 점포는 주의 유발 정도는 낮으나 유쾌한 느낌을 준다.

구매 행동 기반 **광고 사례**

썬마트(Sun mart)는 소형 소매점인 편의점으로, 주요 고객은 10대 후반에서 50대이고 연중무휴 영업을 한다. 썬마트는 소비자에게 친숙한 이미지의 CI 및 브랜드를 부각시키고, 제품을 선택하는 시간이 지루하지 않게 음악을 구성하여 매장에서 방송한다. 그리고 소품을 활용한 인테리어의 독특한 콘셉트로 음악적 요소와의 통일성을 준다.

[그림 8-13] 썬마트 매장 모습

썬마트는 방문한 고객층의 성향을 파악하여 음악을 구성하고, 매장의 인테리어는 사계절 개성을 부각시키며, 일정 간격으로 음악에 광고를 삽입하여 방송하고 있다. 이로 인하여 브랜드 인지도가 상승하고 매출이 크게 증가하였다. 또한 매장에서 판매하는 식 · 음료품, 생활필수품, 주류 등의 제품에 대한 이벤트와 전국 규모의 프로모션 광고를 일정한 간격으로 음악에 삽입하여 고객의 호기심 유발과 매출 증진에 성공하였다.

향기는 매장의 분위기를 연출하는 중요한 상황 요인인데, 향기로움은 학습에 의하여 형성되므로 소비자가 향기에 대한 공통된 견해를 가질 가능성이 크고 주변 환경에 따라 변할 수 있다. 특정 제품의 향기는 소비자의 제품에 대한 접촉과 구매를 유도하고, 점포 내의 향기는 점포 및 제품에 대한 느낌과 평가, 쇼핑 행동에 영향을 미친다.

구매 행동 기반
광고 사례

던킨도너츠는 'Flavor Radio' 프로모션에서 향기를 활용한 마케팅 전략을 실행하였다. 커피 앤 도넛이라는 슬로건을 적극적으로 포지셔닝하는 마케팅의 연장으로서 도넛뿐 아니라 커피까지 쉽게 연상할 수 있도록 기획한 것이다. 서울이나 수도권 시내버스에 특정 주파수를 틀면 커피향이 뿜어져 나오는 방향제를 설치하고, 던킨도너츠 라디오 광고에 해당 주파수를 자연스럽게 삽입하여 버스를 탄 시민들이 향기를 맡도록 하였다. 즉, 버스 승객이 어느 정도 차면 던킨도너츠 라디오 광고를 틀어 광고에 삽입된 주파수가 커피향 방향제를 작동시키면 승객들이 무의식중에 귀로 듣고 코로 커피향을 맡게 되는 것이다. 이 커피향을 맡은 승객들은 버스에서 내려 가장 가까운 던킨도너츠 매장으로 가서 커피

[그림 8-14] 던킨도너츠 'Flavor Radio' 광고와 스코틀랜드산 위스키 향기 마케팅

를 구입하는데, 실제로 향기 마케팅 전략이 실시되는 기간 동안 매장 방문객 수 16%, 판매량 29%가 증가하였다.

이 외에도 고객의 후각을 자극하는 광고로서 스코틀랜드산 위스키를 홍보하기 위하여 버스 쉼터에 코르크 모양의 버튼을 설치한 것을 들 수 있다. 버튼을 누르면 각각의 종류별 위스키 향기를 느낄 수 있어서 소비자의 구매를 자극한다.

향기 마케팅

진열 공간의 넓이와 디스플레이는 제품 구매에 영향을 미치는데, 일반적으로 진열 공간의 확대나 통로 끝 특별 전시 등이 매출을 증가시킨다.

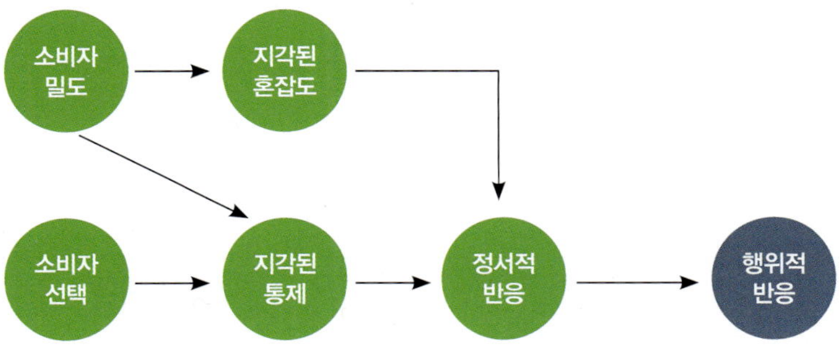

[그림 8-15] 점포 혼잡도와 소비자 행동의 영향

점포 혼잡성은 실내 공간의 제약으로 소비자가 이동하는 데 불편함을 느끼는 정도이다. 일반적으로 점포 혼잡성이 높으면 쇼핑 시간이 줄고, 부정적 점포 이미지를 형성한다. 더욱이 상황에 대한 통제력이 없다고 소비자가 인지할 경우에는 더 혼잡하다고 느껴서 부정적 감정을 고조시킨다. 혼잡성은 밀도가 너무 높다고 소비자가 느끼는 것이기 때문에 어떤 상황이든 최적 수준의 밀도를 유지하여야 소비자의 구매를 유도할 수 있다.

점원은 유일하게 양방향 커뮤니케이션을 가능하게 하는 중요 요소이다. 점원은 구매 시점의 소비자의 구매 목적, 심리 상태, 특징 등을 파악하여 소비자의 상황에 맞는 적절한 메시지를 전달할 수 있어야 한다.

8.2 조직 구매

8.2.1 조직 구매란?

(1) 소비자와 조직 구매

조직 구매는 구매 행동이 개인이 아니라 가족이나 조직일 경우에 일어나는 구매 형태이다. 소비자가 개인인 경우에는 구매 의사 결정 과정이 문제 인식, 정보 탐색, 대안에 대한 평가, 구매, 구매 후 평가 과정을 거치는데, 이 단계들 중에서 문제를 인식하고 정보를 탐색하는 과정에서 마케팅 전략의 영향을 받는다. 대안을 평가하는 단계에서는 사회문화적, 소비자의 개인적 · 대인적 · 상황적 요인들이 영향을 미치고, 구매한 후의 평가는 소비자 개인의 내적인 요인, 즉 지각 · 기억 · 태도 · 학습 등에 영향을 받는다.

〈표 8-1〉 조직 구매자와 소비자의 차이

구분	소비자	조직 구매자
고객의 수	다수의 고객이 소량 구매	소수의 고객이 다량 구매
고객과의 관계	긴밀하지 않고 단기적임	매우 긴밀하고 장기적임
구매 결정 참여자 수	한 사람 혹은 소수	다수
고객의 상품 지식	비교적 낮음	비교적 높음
고객의 지역별 분포	비교적 고르게 분포	특정 지역에 집중
수요의 변동	비교적 낮음	비교적 높음

조직 구매는 집단적인 의사 결정을 한다는 점에서 개인 구매와 차이가 있다. 개인적 구매 행동의 의사 결정보다 조직적 구매 행동에서의 의사 결정에 더 다양한 요소들이 있으므로, 그 요소들을 잘 고려해야 한다.

조직 구매의 중심은 구매 의사 결정에 참여하는 조직 내의 모든 구성원이다. 이들은 구매 의사 결정의 목표와 위험을 공유하여 정보를 탐색하고, 정보 검색의 프로세스를 개발하며, 대안 선택의 기준을 개발하고 실제적 의사 결정을 이루어 낸다.

구매 행동 기반
광고 사례

CJ는 건강 음료로 술자리 전에 국산 헛개나무 열매로 만든 '헛개 컨디션'과 '컨디션 레이디'를 마시고 출근하는 직장인을 광고에 등장시키고 있다.

[그림 8-16] 헛개 컨디션과 컨디션 레이디 광고

이 광고는 제품을 음주 전 마시는 음료라는 사실을 소비자에게 인지시키기 위하여 소비자가 공감하는 특정 상황을 설정하여 직장인에게 커다란 공감을 유도하는 데 성공하였다.

조직 구매에서 중심을 이루는 사람들은 구매 행동의 역할에 따라서 사용자, 정보 관리자, 의사 결정자, 영향력 행사자, 구매자로 나눈다. 사용자는 조직 구매에서 실제로 현장에서 제품을 사용하는 사람이고, 정보 관리자는 구매 행동에서 구성원 간 구매와 관련한 정보를 전달하거나 관리하고 통제하는 사람이다. 영향력 행사자는 제품에 대하여 기술적으로 잘 알고 있는 내 · 외부 전문가로서 자금 담당자이

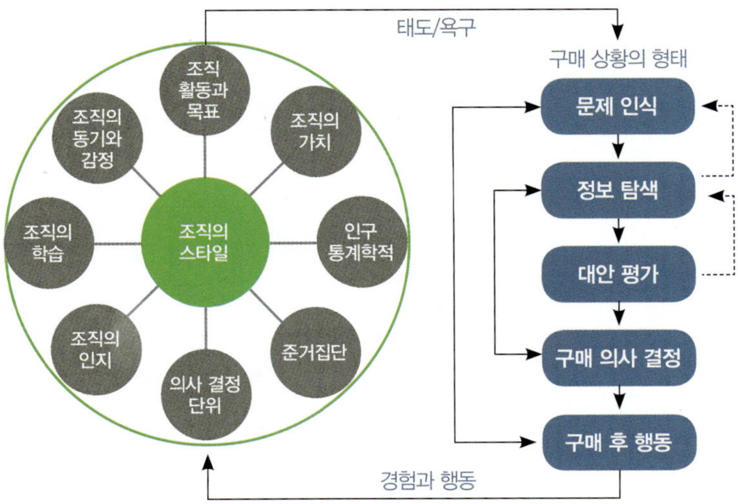

[그림 8-17] 조직 구매 행동 모델

다. 의사 결정자는 구매 결재 단계에서 가장 상위에 있는 사람이며, 구매자는 실제로 구매 작업을 담당하는 사람이다. 이들의 역할을 정리하면 다음과 같다.

〈표 8-2〉 조직 구매에서 구성원의 역할

구매 결정 단계	사용자	영향력 행사자	의사 결정자	정보 관리자	구매자
구매 필요성 인식	○	○			
제품 명세 확정	○	○			
공급자 탐색	○	○		○	○
공급자 선정	○	○	○		○
계약 및 주문					○
구매 후 평가	○	○			○

(2) 가족과 조직 구매의 차이

가족 구매는 조직 구매의 한 형태로서 역할이나 의사 결정 과정이 유사하나 다음과 같은 차이점이 있다.

〈표 8-3〉 가족 구매와 조직 구매의 차이점

구분	가족 구매	조직 구매
구성	탄생이나 결혼	직업이나 임무
관계	영속적, 내성적 관계	계약적, 목적 지향 관계
결속력	감정적	이성적
원천	내향적	외향적
특징	협력적	경쟁적
인원수	소수	다수
구매 사이클	단기적	장기적
제품에 대한 요구	직접적	유추적

목적 지향적인 관계

가족 구매의 경우는 탄생이나 결혼으로 구성된 가족에 의한 구매로, 영속적이고 감정적이며 단기적인 구매 과정을 거치고 제품에 대한 직접적인 반응을 보인다. 반면에 조직 구매는 직업이나 임무로 구성된 목적 지향적인 관계로 형성된 구성원의 구매로, 경쟁적이며 장기적으로 제품에 대하여 조직 구성원의 요구를 유추해서 제품에 대하여 요구한다.

(3) 조직 구매에 영향을 주는 요소

조직 구매의 구매 의사 결정 과정에 영향을 미치는 요소에는 크게 조직적 요인과 개인적 요인이 있다. 조직적 요인으로 조직의 성향·규모·집중화의 정도가 있고, 개인적 요인으로 동기와 역할 지각이 있다. 동기는 고객의 욕구와 고객사의 욕구를 구별하고, 법적이나 윤리적인 문제가 없다면 고객의 개인적인 욕구도 충족시켜야 한다. 조직 구매에 영향을 주는 요소를 세분화하면 환경 변수, 조직 변수, 집단 변수, 개인 변수로 나눈다.

환경 변수는 조직 외부의 모든 변수로서, 국·내외 경제적 상황, 기술 발전 속도, 국제무역 관계 등이 해당된다. 예를 들어, 조직의 노동조합이 강할 경우, 의사 결정에 참여자가 증가하고, 구매 중심 범위가 확대되어 의사 결정에 소요되는 시간이 늘어난다.

조직 변수는 목표, 목적, 전략, 구매 부서 및 역할 등 조직 내부의 지위로서, 구매자를 중심으로 구매 행위가 집중화되어 있는지 분권화되어 있는지 여부가 중요하다.

구매 행동 기반 **광고 사례**

타임 마케팅

타임 마케팅은 대부분 조직의 생활 패턴을 활용하는데, 대표적으로 패스트푸드의 점심시간 가격 할인이 있다. 맥도날드의 맥런치 할인은 오전 10시 30분부터 오후 2시까지 햄버거 세트를 저렴하게 판매하여 많은 소비자의 구매를 유도하는 대표적인 타임 마케팅이다. 스타벅스의 해피아워 또한 타임 마케팅을 활용하여 높은 판매 효과를 일으킨 성공적인 사례이다.

[그림 8-18] 맥도날드의 맥런치와 스타벅스의 해피아워

이 외에도 한정된 수량을 파격적인 가격에 판매하는 11번가의 쇼킹 딜, 출근 시간의 피곤한 직장인을 공략하여 아침 시간에 저렴하게 판매하는 커피, 많은 음식점들의 점심 특선 메뉴 등이 구매 과정에서 조직적인 구매를 기반으로 행동을 유도하는 사례들이다.

집단 변수는 상대적 영향력으로서 구매 의사 결정 참여자들이 상호 영향을 주는 요소이다. 구성원 상호 간의 역할 기대, 역할 행동, 역할 관계 등이 해당된다.

개인 변수는 직무 역할 및 기능, 과거 경험 등 구매자와 관련한 동기로, 조직 구매 행위에서 조직을 구성하는 개인들의 행위로 나타난다. 각 구성원이 서로 다른 기대를 얼마나 충족시켜 주는지 여부가 중요하다.

8.2.2 조직적 구매에서 관계 설정

(1) 준거집단과 리드 소비자

리드 소비자(Lead Users)

조직 행동과 구매 의사 결정에서 준거집단은 중요한 영향을 미치는데, 산업재 시장에서 가장 영향력이 있는 준거집단을 리드 소비자(Lead Users)라고 한다. 이들은 혁신적인 조직에서 소비자의 변화를 주도하고 새로운 제품, 서비스, 기술, 제조 프로세스를 적용하여 거대한 주요 소비자를 이끌어 낸다. 이러한 조직 구매에서는 구매동기와 감정적인 측면에서 합리성과 감정적인 요소를 부여하는 전문적인 판매자의 역할이 중요하다.

구매 행동 기반
광고 사례

소비자의 구매 특성에 맞춘 새로운 레이아웃 서비스를 하거나 새롭게 제품을 나누어 진열하는 일은 위험성이 따른다. 왜냐하면 소비자는 이미 대다수의 매장이 제공하는 레이아웃 서비스에 익숙해져 있기 때문이다. 따라서 새로운 레이아웃을 구성할 때에는 이들이 새로운 것에 익숙해질 때까지 도움을 줄 수 있는 시스템이 필요하다. 또한 새로운 레이아웃이라고 해도 매장 전체가 일관적인 흐름을 가져 한눈에 봐도 어떤 기준으로 어떻게 나누어졌는지 알 수 있으며, 매장의 이미지가 그려질 수 있도록 정교화된 카테고리화가 필요하다. 매장의 집기나 개별 상품의 진열 방식들도 고객이 의도된 레이아웃에 잘 적응할 수 있도록 도움을 줄 수 있는 방향으로 설치하는 것이 필요하다.

이마트는 최근 소비자의 트렌드 빅데이터 분석 결과를 반영하여 가전제품 판매뿐 아니라 드론 체험존, 액션캠 매장, 피규어 전문존 등을 오픈하고 있다. 남성들이 마음껏 즐길 수 있는 놀이터와 같은 매장인 '일렉트로마트(Electro Mart)'의 개장도 남성 소비자의 데이터 분석 결과를 반영한 것이다. 일렉

[그림 8-19] 이마트의 일렉트로마트 매장

트로마트는 통합형 가전 전문 매장으로서 이마트 킨텍스점 지하 1층에 800평 규모로 대형 가전, 소형 가전, 디지털 가전, 완구 등 모든 가전 상품을 갖춘 상품존으로, 이 또한 가전의 모든 제품을 한곳에서 쇼핑하고 구매하기를 바라는 소비자의 데이터를 반영한 결과이다. 세련된 매장은 아니지만 히어로에 환호하던 과거의 감성으로 돌아가 남성들이 아이들과 함께 가전제품을 즐길 수 있도록 한 것이다. '일렉트로마트'를 오픈하면서 '일렉트로맨'이라는 단순한 캐릭터가 아닌 고객과 좀 더 많은 교감을 나누는 슈퍼 히어로 캐릭터도 만들었다. 이 캐릭터는 매장 입구부터 벽면, 기둥, 행거 배너까지 매장 전체에 익살스럽게 설치되어 있다.

일렉트로마트는 이전에 원스톱이 가능한 매장이 없었기에 하이마트, 삼성, LG 브랜드숍 등 대형 판매점 수준의 대형 가전과 비교하여 이마트만의 차별화된 소형 가전을 추구하는 디테일한 마케팅 전략의 일환이다. 이마트는 또한 드론, 스마트 토이 체험 등 새로운 형태의 체험존을 이용하여 몰입까지 고객에게 선사한다는 계획을 가지고 있다. 가전제품의 경우 리드 소비자가 구매 집단에 많은 영향을 미치기 때문에 유사 제품들을 한곳에 모아서 전시하는 사례이다.

(2) 구매 상황에 따른 조직 구매

조직 구매에서는 구매 의사 결정 과정을 기준으로 구매 상황에 따라 단순 재구매, 수정 재구매, 신규 구매가 일어난다. 구매 의사 결정이 단순한 단순 재구매는 새로운 것을 구매하기 위하여 복잡한 의사 결정을 하는 신규 구매로 이어지는 연계적인 활동으로 연속적으로 일어난다. 단순 재구매는 저관여 의사 결정으로 조직 내 한 사람이 결정하는 경우가 많다.

〈표 8-4〉 조직 구매 유형과 특징

특성	조직 구매 유형		
	신규 구매	수정 재구매	단순 재구매
구매 의사 결정 시간	장기	중간	단기
참여자 수	많음	중간	소수
공급자 분석과 평가	정교화	약간	거의 없음
구매 의사 결정에 요구되는 정보량	많음	중간	약간

신규 구매는 첫 번째 제품을 구매하는 경우로서 대부분의 의사 결정이 고관여이고, 의사 결정 과정에 많은 구성원의 영향을 받는다. 수정 재구매는 구매 중심 구성원 중 일부 또는 모두가 비용 감축, 질 향상, 인도 업무 수행, 불만족 등을 느끼거나 재평가가 필요하다고 느끼는 경우에 일어난다. 수정 재구매를 위해서는 선택 대안에 대한 많은 정보와 고려가 필요하다.

8.3 구매 행동 기반의 빅데이터 활용

8.3.1 소비자의 감각 분석

USP(Unique Selling Proposition)

ESP(Emotional Selling Proposition)

BSP(Brand Selling Proposition)

MSP(Me Selling Proposition)

맞춤 문화(Custom Made Culture)

HSP(Holistic Selling Proposition)

감각 마케팅 전문가인 린드스트롬(Martin Lindstrom)은 1950년대가 제품의 특·장점 중심인 USP(Unique Selling Proposition)의 시대였다면, 1960년대는 소비자 개인적인 차이와 소비자 감성에 중심을 둔 ESP(Emotional Selling Proposition)의 시대였다고 주장한다. 또한 1980년대는 브랜드가 커뮤니케이션 활동의 중심이 된 BSP(Brand Selling Proposition)의 시대였다면서 브랜드 시대의 산물로 해리포터, 포켓몬 등을 들었다. 1990년대 이후는 소비자 개인(Me)이 마케팅의 중심이 되어 브랜드를 능가하는 MSP(Me Selling Proposition)의 시대를 열었고, 나이키나 리바이스 등이 소비자 맞춤 주문을 하는 맞춤 문화(Custom Made Culture)를 이끌었다고 하였다. 현재는 HSP(Holistic Selling Proposition)의 시대라고 정의하면서, 소비자와 브랜드가 공유하는 모든 감각적 산물들이 통합적으로 소통하기 때문이라고 하였다.

후각, 청각, 촉각, 미각에 이르기까지 다양한 감각 자극을 마케팅 또는 기업 경영에 활용하는 다중 감각 마케팅을 어떻게 현장에서 활용할지는 더 많은 실험과 확인이 요구된다. 하지만 과학적인 노력이 이루어지고 있고, 커뮤니케이션으로 브랜드의 문제를 해결한다는 명제를 가지고 있는 광고업체에서도 큰 관심을 보이고 있어 경쟁력으로 대두되고 있다.

신용카드나 골프공, 액정 필름, 담배 등 특정 제품에 향기를 입혀 소비자의 구매 심리를 자극하는 경우도 있다. 비씨카드가 출시한 '나만의 향기 카드'는 고객이 자신이 좋아하는 향수를 선택해 향기 아이콘에 뿌리면 향기가 2주 이상 지속된다.

[그림 8-20] BC카드의 나만의 향기 카드 광고와 제누스의 액정 보호 필름을 사용한 향기나는 아이폰 광고

드라이기로 향기 아이콘을 가열하면 향이 사라지므로 기분에 따라 바꿔 가며 사용이 가능하다. 이 외에도 골퍼들의 긴장을 풀어 주는 향기 골프공도 등장하였는데, 던롭코리아는 골프공에 오렌지향이나 장미향을 더한 '젝시오 아로마 볼'을 출시하여 소비자에게 인기를 끌었다. 골퍼들이 경기 중에 불안과 긴장을 느끼는 것을 풀어 주기 위하여 골프공에 향기를 입힌 발상이 매우 독창적이다. 제누스는 휴대폰에 사용하는 액정 보호 필름에 싱그러운 허브향을 추가하였다. 로즈마리, 자스민, 레몬, 페퍼민트, 라벤더 등 5가지 마이크로 향기 캡슐을 넣은 액정 보호 필름을 휴대폰에 붙이면 6개월 동안 허브향을 느낄 수 있다.

사람들은 향기를 온도에 비유하는 경향이 있는데, 예를 들면 페퍼민트향은 차갑게, 계피향과 바닐라향은 따뜻하게 느낀다. 실험 결과, 따뜻한 향이 나는 매장은 향이 없는 매장이나 차가운 향이 나는 매장보다 소비자의 구매가 늘었다.

소비자는 차가운 향이 나는 방에서는 성능 중심의 광고, 즉 객관적인 광고에 대해 반응을 보이고, 따뜻한 향이 나는 방에서는 명성 중심의 광고에 대해 반응이 높다. 이는 인간의 사회적 욕구에 따른 특성으로 따뜻한 향기는 포근한 느낌도 주지만 한편으로는 주변이 실제보다 많은 사람들로 붐비고 있다는 느낌도 주어 군중 속에서의 무력감으로 이어진다. 이런 부정적 느낌에서 벗어나고 싶은 욕구가 생기면 명성 높은 브랜드에 끌리게 되어 계획보다 더 많은 돈을 지출하게 된다. 즉, 과시적 소비를 통해 다른 사람들에게 자신의 힘을 보여 주려는 경향이 생기는 것이다.

8.3.2 소비자의 관심사 분석

(1) 제일기획의 봄맞이 관심사

제일기획은 봄을 겨냥한 소비자 광고를 기획하기 위하여 소비자의 관심사에 대한 빅데이터 분석을 실시하고, 그 결과를 바탕으로 마케팅 전략을 수립하여 커다란 효과를 내었다. 이를 위해서 실시한 것이 봄맞이에 대한 사람들의 관심사와 관련된 검색 키워드이다.

키워드 분석 결과, 공통적으로 맛집, 여행, 패션, 운동 등이 모든 연령대에서 높은 순위를 차지하였고, 20대의 경우는 아르바이트에 대한 관심이 무려 21.7%로 높게 나타났다. 전반적인 키워드가 직장이나 사회와 관련된 이슈보다는 개인적인 문제를 중시하고 있었으며, 30대와 50대의 경우는 여행과 관련된 키워드가 높았다.

〈표 8-5〉 제일기획 봄맞이 관심사 검색어 빅데이터 분석

순위	20대	30대	40대	50대
1	아르바이트(21.7%)	여행(19.3%)	패션(14.7%)	패션(32.0%)
2	맛집(16.7%)	맛집(18.4%)	맛집(13.5%)	여행(21.3%)
3	여행(13.2%)	운동(10.6%)	여행(8.8%)	맛집(11.2%)
4	패션(12.9%)	패션(10.4%)	운동(7.8%)	운동(8.2%)
5	어학(11.0%)	다이어트(8.1%)	재테크(8.2%)	전자기기(8.2%)
6	운동(5.5%)	재테크(5.4%)	전자기기(6.7%)	재테크(5.4%)
7	취업/이직(5.3%)	학원(5.3%)	어학(6.2%)	요리(5.1%)
8	다이어트(3.6%)	어학(5.1%)	요리(4.2%)	학원(2.8%)
9	학원(3.1%)	요리(4.8%)	학원(4.1%)	취업(2.8%)
10	요리(2.2%)	인테리어(4.3%)	취업(2.9%)	인테리어(1.5%)
11	기타(4.8%)	기타(9.3%)	기타(23.9%)	기타(3.5%)

제일기획은 자신들에게 광고를 의뢰하는 광고주들에게 목표시장에 맞는 소비자의 중심 관심사를 대상으로 광고를 기획하였고, 이때 검색 키워드로 수집한 빅데이터 분석 결과가 커다란 역할을 하였다.

(2) 홈플러스의 가상 매장

가상 매장(Virtual Store)

홈플러스가 지하철역에 QR 코드를 활용한 가상 매장(Virtual Store)을 만든 것을 시작으로 국 · 내외에 이와 유사한 사례들이 많이 증가하고 있다. 홈플러스는 선릉역 개찰구 앞에 500여 개 주요 신선 식품 및 생활필수품 등을 판매하는 가상 매장을 개설하였다. 실제 매장과 동일한 상품 사진을 보면서 개별 상품에 부착된 QR 코드를 찍으면 곧바로 주문할 수 있다.

[그림 8-21] 홈플러스의 지하철역 가상 매장

(3) 맥도날드의 자동 계산대

맥도날드는 고객이 주문, 계산, 음식을 받아가는 과정이 이루어지는 자동 계산대를 활용하여 고객에게 무의식적인 만족감을 제공한다. 이를 위하여 고객이 지갑을 꺼내서 돈을 지불하기 가장 편한 높이인 72cm로 계산대를 제작하였는데, 이는 최근 평균 신장이 커지면서 80cm까지 높아졌다. 맥도날드는 오프라인 매장에서도 직원들에게 주문을 받고 "감사합니다."라는 인사를 한 후 3초 이내에 콜라 주문을 유도하도록 하고 있다. 이는 고객이 "감사합니다."라는 말을 듣는 순간 약 3초 동안 최면 효과가 생기는데, 이때 추가 구매를 유도하는 말을 하면 90% 이상이 허용하게 된다는 원리를 활용한 것이다.

[그림 8-22] 맥도날드 자동 계산대

8.3.3 조직의 인사 정보 분석

인사관리(HR; Human Resource)

최근 인사관리(HR; Human Resource) 영역에서 지능 분석과 빅데이터를 많이 활용하고 있다. 빅데이터 기반의 인사관리는 통찰(Insight), 유지(Retention), 훈련(Training), 고용(Hires) 등의 분야에서 성과를 내고 있으며, 명확한 목적, 사람에 대한 이해를 바탕으로 한 인사관리가 기업의 성과 상승에 기여하고 있다.

상관분석

제록스(Xerox)는 성과가 높은 직원의 이직 및 퇴직이 빈번하게 나타나는 문제를 해결하기 위하여 원인 분석을 위한 빅데이터 분석 방법론을 개발하였다. 이를 기반으로 근무 연수, 성과, 직원 성격의 상관분석을 통해서 창의력이 높은 직원의 성과가 높고, 근무 연수가 높다는 결론을 산출하였다. 이에 따라서 창의력과 관련된 잠재력을 직원 채용 시에 활용하였고 시행 후 6개월 만에 이직률을 이전 대비 20% 수준으로 낮추는 성과를 거두었다. 또한 빅데이터 분석 결과는 인사 담당자들이 적재적소에 인재를 배치할 수 있는 기초 자료로 사용하였다.

이 시스템은 개별 직원의 개인 성과 및 퍼포먼스 데이터를 분석하고, 고용주의 인사 행위의 결과를 분석함으로써 직원 및 해당 부서에 대한 통찰력을 상승시킨다. 그리고 직원의 퇴사 및 이직의 원인을 분석해서 그와 관련하여 데이터 기반의 예측을 가능하게 하고, 이를 통하여 인재의 보유 효과를 증진한다. 빅데이터를 활용한 인사관리 시스템에서의 직원 교육은 그 효과를 측정할 수 있다는 강력한 장점이 있고, 이는 직원 교육에 현명한 투자를 하고 있는지 여부를 확인할 수 있다. 빅데이터를 활용한 인재 식별 분석 기법은 진부한 이력서나 직감에 의존하지 않고, 소셜미디어 프로파일링, 온라인 이력서 데이터베이스 분석, 테스트 기법, 콘테스트 등의 데이터에 기반한 고용 확보로 훌륭한 인재를 식별하는 효과를 가진다.

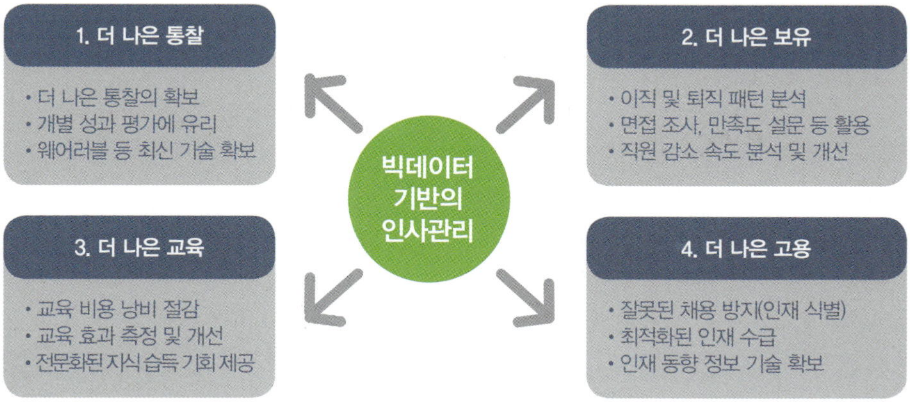

[그림 8-23] 빅데이터 기반의 인사관리 핵심 키워드

특히, 제록스는 빅데이터를 활용하여 콜센터의 직원 이직률을 20%가량 낮췄다. 이는 다양한 소스에서 얻은 직원 정보 데이터를 분석하여 직원들의 낮은 조직 몰입도에 대한 원인을 정확히 파악하고, 이를 개선하여 직원들의 몰입도를 높임으로써 이직률을 감소시킨 결과이다. 현재 많은 기업의 인사관리 부서들이 인재의 능력과 빅데이터 분석 결과를 적절히 고려하여 조직 인사관리를 효과적으로 하고 있다.

이직률

빅데이터 **활용 사례**

아이돌 스타인 제니는 명품과 같은 외모와 태도로 인하여 인간 구찌라는 새로운 신조어를 탄생시켰다. 명품 브랜드 중에서 가장 시장 점유율이 높았던 구찌를 제니에게 붙여서 만든 용어로, 웹에서 새로운 신조어의 파급효과의 검색량을 통하여 상승세가 증명되었다. 이로 인하여 구찌는 별다른 마케팅을 진행하지 않고도 브랜드를 고객에게 인지시키는 계기가 되고 있었다.

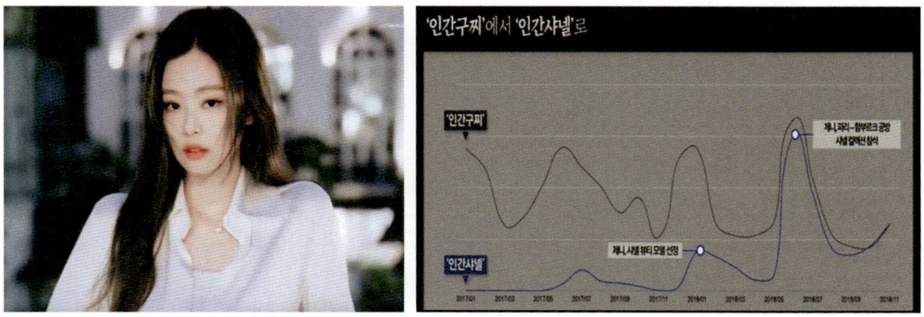

[그림 8-24] 인간 구찌 제니의 검색량 변화

이러한 트렌드에 문제의식을 가지고, 샤넬은 제니를 샤넬 공식모델로 선정하고, 해외 패션쇼에 초대하는 등의 적극적인 방법을 취하여 인간 구찌라는 용어가 인간 샤넬로 변경하도록 만들었고, 이는 극대의 브랜딩 효과를 만들어 냈다. 샤넬의 결정은 검색량 변화를 기반으로 이루어진 빅데이터 활용의 대표적인 성공 사례이다.

연·습·문·제

※ 다음 빈칸에 해당하는 용어를 넣으시오.

1. 소비자의 구매 형태는 구매 계획을 점포에 가기 전에 미리 정했는지의 여부에 따라서 (　　　　), (　　　　　　　), (　　　　　)로 분류한다.

2. (　　　　)의 특징은 제품에 대하여 강한 호의적 감정이 발생되는 순간에 즉각적인 구매를 하는 즉시성이 있다.

3. 점포 내 부착된 (　　　　) 사인과 가격 정보는 특정 상품에 대한 소비자의 주의를 환기시키고, 제품의 편익과 가격 정보를 제공하는 유용한 수단이다.

4. (　　　　　)은(는) 실내 공간의 제약으로 소비자가 이동하는 데 불편함을 느끼는 정도이다. 일반적으로 점포 혼잡성이 높으면 쇼핑 시간이 줄고, 부정적 점포 이미지를 형성한다.

5. (　　　　)은(는) 구매 행동이 개인이 아니라 가족이나 조직일 경우에 일어나는 구매 형태이다.

6. 조직 구매자의 구매 의사 결정 과정에 영향을 미치는 요소에는 크게 (　　　　　)과 (　　　　　)이 있다.

7. 조직 행동과 구매 의사 결정에서 준거집단은 중요한 영향을 주는데, 산업재 시장에서 가장 영향력이 있는 준거집단을 (　　　　　)라고 한다.

8. 조직 구매에서는 구매 의사 결정 과정을 기준으로 구매 상황에 따라 (　　　　　), (　　　　　), (　　　　)가 일어난다.

※ 다음 내용에 대하여 설명하시오.

9. 소비자가 특정한 점포에 대하여 인식하는 전반적인 인상이 점포 이미지이다. 이에 대해서 설명하시오.

10. 조직 구매에서 중심을 이루는 사람들은 구매 행동의 역할에 따라서 다른데, 이들에 대해서 설명하시오.

※ 다음 주제에 대하여 토론하시오.

11. 만약 여러분이 특정한 제품을 온라인을 통하여 주문하는 경우에 대하여 사례를 들어 토론하시오.

12. 조직 구매 시에 개인의 구매 행동과 비교하여 차이점과 공통점을 사례를 들어 토론하시오.

13. 대형마트에서 나오는 사람을 대상으로 그들이 제품을 구매하는 순서와 해당 마트를 선택한 이유를 3인 이상 인터뷰한 후, 그 결과를 토론하시오.

쉬면서 생각하는 4차 산업혁명 꿀팁!

Step 5

4차 산업혁명은 자기표현의 욕망이 주도하고 자아실현의 욕망이 보완적인 요소가 되어 1인 기업이나 디지털 DIY(Do It Yourself)라는 흐름을 만들고 있다. 디지털 DIY는 집단 지능의 개인화를 가능하게 하는 대량 고객화(Mass Customizing)를 기반으로 한다.

CHAPTER 9

구매 후 행동

학습 목표

- 소비자가 제품을 구매한 후의 행동에 대하여 이해한다.
- 소비자의 만족과 불만족에 관련된 이론을 살펴보고, 구매 후 소비자의 행동 결과에 대하여 학습한다.
- 구매 후 행동 기반의 광고 사례와 빅데이터 활용 방법을 살펴본다.

구매 후 행동 기반 광고 존슨앤존슨은 신재생 에너지를 활용하는 기업으로 친환경 경영을 하고 있다. (본문 248쪽)

9.1 구매 후 행동이란?

9.1.1 구매 후 행동 단계

기술을 통해 우리의 삶과 몸을 설계하고 수치화할 수 있다.
– 켈빈 켈리(Kelvin Kelly)

구매 후 행동이란 소비자가 제품을 구매한 후에 가지는 느낌이나 그에 대한 평가를 말한다. 이 행동은 제품의 재구매 의도나 타인의 구매에 영향을 주는 중요한 요소이다. 구매 후 행동은 3개의 과정으로 구성되는데, 만족 또는 불만족을 비교하여 평가하는 과정, 만족 또는 불만족의 원인을 추론하는 과정, 재구매 의도를 형성하는 과정 등이다.

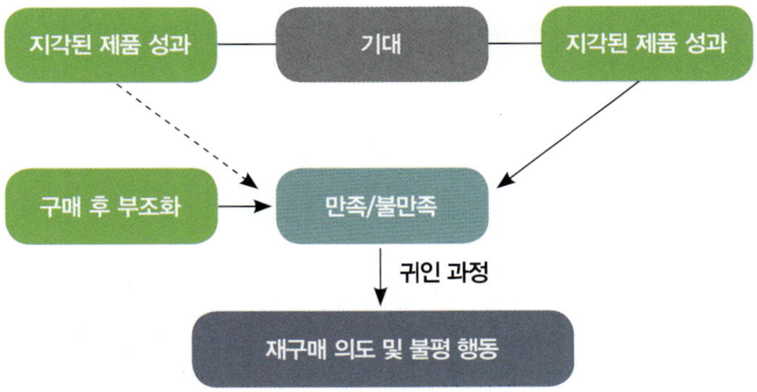

[그림 9-1] 구매 후 행동 과정

소비자는 제품을 구매하기 전에 그 제품의 성과에 대한 기대를 하고 제품을 소비한 후에 결과를 인지한다. 이러한 기대와 지각된 성과는 소비자의 만족이나 불만족에 영향을 미치고, 소비자는 구매 이후에 자신의 의사 결정에 대한 불안감을 가지게 된다. 왜냐하면 자신이 구매한 상품이 구매 의사 결정 과정에서 제시된 다른 대안들보다 나은 것인지에 대한 심리적인 갈등 때문이다. 이를 소비자의 구매 후 부조화라고 한다. 구매 후 부조화가 감소되면 만족으로 이어지고, 그렇지 못한 경우는 불만족으로 이어진다. 만족과 불만족은 재구매 의도에 영향을 미친다. 소비자는 자신의 선택에 대한 만족과 불만족의 원인과 결

귀인

과를 생각하는 인과 추론인 귀인이라는 심리적인 과정을 거친다. 이 결과에 따라서 소비자의 재구매 의도와 불평 행동은 다르게 나타난다.

소비자의 유형에는 제1장에서 언급하였듯이 기업에서 제공하는 제품의 성능과 서비스를 부족하게 느끼는 미충족 고객(Undershot Customer)과 반대로 과하다고 느끼는 과충족 고객(Overshot Customer)이 있다. 이들은 구매 후 불만족을 제품을 다시 파는 등의 특정 행동을 통하여 비사용자(Nonconsumer)로 전락하는 경우가 있다.

9.1.2 소비자의 기대 수준

기대는 소비자의 욕구 수준이고, 소비자가 예상하는 제품의 성과 수준이다. 과거에 구매했던 사용 경험이 있는 경우나 유사한 타사의 제품 구매 사용 경험이 있을 때는 만족과 기대 수준이 높다.

소비자의 기대 수준은 그림처럼 이상적인 기대에서 참을 수 없는 기대까지 나눌 수 있다. 소비자의 기대는 바라는 기대와 현실에서 예측된 기대로 구분하는데, 바라는 기대는 소비자가 이상적으로 원하는 수준을 의미하고, 예측된 기대는 현실에 나타나는 결과에 대하여 참을 수 없는 상태에서 희망하는 상태까지의 기대 수준을

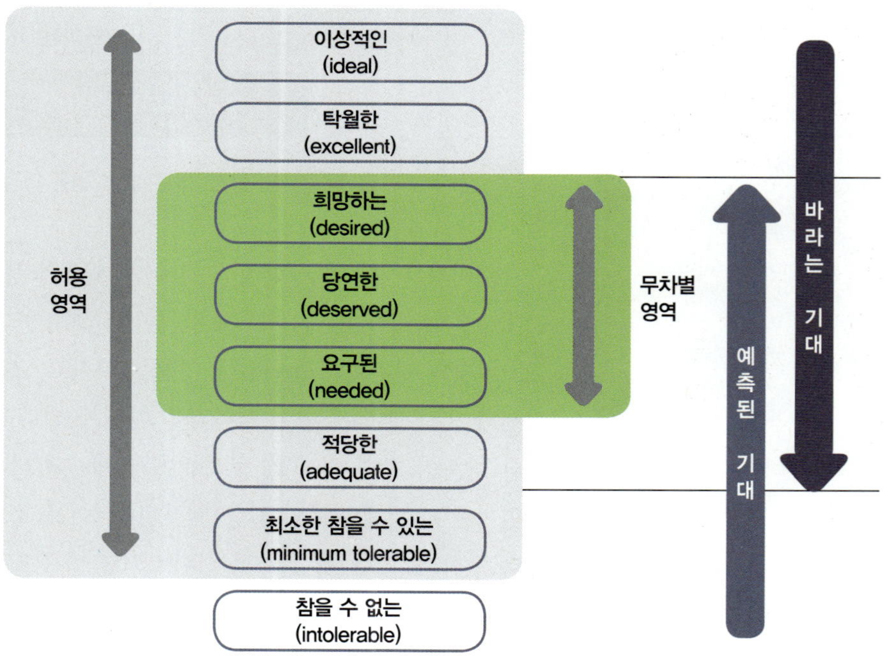

[그림 9-2] 소비자의 기대 수준

의미한다. 즉, 예측된 기대는 소비자가 최소한 참을 수 있는 수준의 허용 영역이라고 할 수 있다. 이 영역은 희망하는, 당연한, 요구된 상태를 포함하고 있는데, 고객 스스로는 감지하기 어려운 부분이고, 무차별적인 성격을 넘어 탁월하고 이상적인 기대를 충족시켜야 달성이 가능하다. 이러한 소비자의 기대 수준을 바탕으로 소비자 기대 수준에 대한 기대 불일치 모형이 제안되었다.

9.2 소비자의 만족과 불만족

9.2.1 기대 불일치 모형

소비자의 만족 또는 불만족은 실용적 효용과 경험적 효용, 즉 그 제품을 사용하면서 어떤 느낌을 갖는지를 두 가지 차원을 토대로 구매한 제품을 평가한 결과로 얻어진다. 기대 불일치 모형(Expectancy Disinformation Model)은 올리버(R. Oliver)에 의하여 제시되었다. 그는 일치와 불일치는 사전의 기대와 지각된 성과의 차이에서 단순한 일치, 긍정적 불일치, 부정적 불일치 등의 형태로 만족 또는 불만족 결과로 나타난다고 주장하였다. 즉, 제품 성과가 기대보다 작을 경우 부정적 불일치로 불만족이 일어나고, 제품 성과와 기대가 동일한 경우 긍정적 일치로 만족이 일어나며, 제품 성과가 기대보다 큰 경우 긍정적 불일치로 만족이 일어난다는 것이다.

소비자에게 지각된 성과는 제품 성과에 대한 인식으로, 기대와 일치 또는 불일치

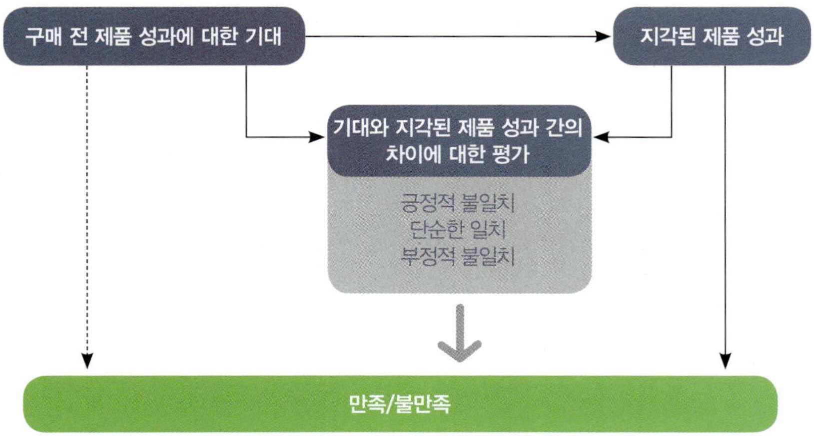

[그림 9-3] 기대 불일치 모형

를 통해 구매 후에 소비자의 만족 또는 불만족에 영향을 미친다. 기대는 제품의 구매 이전에 소비자가 예상하는 제품 성과 수준이나 과거 경험을 말하는데, 일반적으로 소비자의 만족에 직접적인 영향을 미치지는 않지만 간접적인 영향을 미친다. 따라서 제품에 대하여 소비자에게 긍정적인 효과로 나타난다.

소비자의 기대가 지각된 성과에 미치는 세 가지 형태로는 동화 효과, 대조 효과, 동화–대조 효과 등이 있다. 동화 효과는 성과가 기대와 다른 경우에 그 성과를 기대에 동화시켜서 기대 방향으로 지각하는 것으로 긍정적 평가에 해당한다. 즉, 기대와 성과 간의 불일치가 생기면 성과가 기대보다 높거나 낮아도 소비자는 그 차이를 실제보다 줄여서 기대에 가깝게 인식하려는 현상이다. 대조 효과는 동화 효과와는 반대로 기대와 성과 간의 차이가 발생할 경우 그 차이를 실제보다 더 크게 확대해서 인식하려는 현상이다. 즉, 성과가 기대보다 작을 경우 제품의 성과 수준을 실제보다 낮게 지각하고 반대의 경우는 실제 성과보다 높게 평가하는 현상이다. 동화–대조 효과는 허용 범위를 설정하여 불일치 정도가 허용 범위 내에 들면 동화 효과를, 허용 범위를 초과하면 대조 효과를 적용하여 지각하는 현상이다. 즉, 불일치의 허용 범위를 설정하고, 범위 내 차이는 작게 하며, 범위 밖 차이는 크게 지각하는 현상이다.

허용 범위

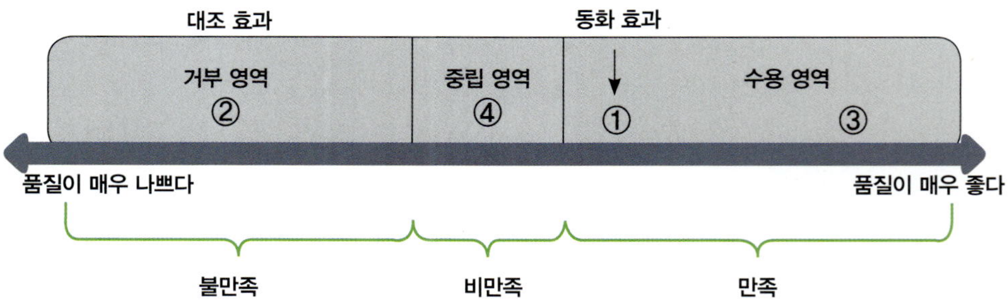

[그림 9–4] 기대와 관련된 효과

그림에서 ①의 영역은 기존의 기대와 성과에서 동화 효과가 발생하여 소비자가 받아들일 수 있는 수용 영역으로, 실제로 부정적인 불일치가 일어나더라도 결과는 만족하는 경향을 띤다. ②의 영역은 소비자가 기존의 기대와 성과에서 대조 효과가 발생하는 거부 영역으로 부정적인 불일치가 나타나서 불만족이 증폭하는 경향을 보인다. ③의 영역은 기존의 기대와 성과에서 동화 효과가 일어나서 매우 호의적이면서 긍정적 불일치가 발생한다. 이때 소비자의 만족은 증가되고 고객이 감동하는 경향으로 이어진다. ④의 영역은 기존의 기대를 벗어나지만 중립적인 영역으로서 만족 또는 불만족도 아닌 비만족의 결과로 나타난다.

구매 후 행동 기반 **광고 사례**

맥도날드는 자사의 로고인 M을 옷 사이즈인 M에 매핑하여 시각적인 효과를 주면서 맥도날드 제품이 살이 찌는 음식이 아니라는 것을 강조한다. 이는 소비자에게 M 정도면 괜찮다는 안도감을 주어 부정적인 태도를 긍정적인 태도로 변화를 유도하는 동반 결과에 기반한다. 즉, 소비자에게 맥도날드 햄버거는 고칼로리라는 부정적인 인식을 변화시켜 인지 부조화를 해소시킴으로써 제품 구매를 유도해 낸다.

[그림 9-5] 맥도날드의 M 패션쇼

9.2.2 공정성 이론

공정성 이론(Equity Theory)이란 자신이 투입한 결과를 성과와 비교하고, 그 비교를 다른 사람이 투입한 결과와 비교하여 나타난 비율이 다른 사람의 비율보다 클수록 만족한다는 이론이다. 즉, 개인은 자신이 투입한 결과와 비교 대상이 투입한 결과를 비교하여 자신의 비율이 비교 대상의 비율보다 클수록 만족한다. 이를 공식으로 정리하면 다음과 같다.

$$\text{거래의 공평성} = \frac{\text{소비자의 성과}}{\text{소비자의 투입}} = \frac{\text{기업의 성과}}{\text{기업의 투입}}$$

소비자 자신과 거래 상대방의 투입 대비 성과의 비율이 같다면 공정한 상태로 인식하여 대체적으로 만족을 느끼지만, 비율이 낮다고 느끼면 불공정성을 인식하고 불만족을 가지게 된다. 소비자의 전형적인 비교 대상은 거래 상대방 또는 동일한 제품을 구매한 다른 소비자의 제품 구매 후 가성비, 즉 가격 대비 제품 성과이다. 그 결과가 자신이 비교하는 사용자의 비용보다 클 경우 만족하고, 동일한 제품을 다른 소비자보다 낮은 가격에 구매하였다면 만족도는 더욱더 높아진다. 공정성 이론은 소비자의 투입과 산출을 비교하고, 기대 불일치 모형은 성과와 결과에만 초점을 둔다는 측면에서 두 이론은 차이가 있다.

구매 후 행동 기반
광고 사례

희소가치

기업들은 한정판으로 제품을 출시하기도 한다. 대량생산된 제품에 희소가치를 부여하여 소비자가 제품의 구매를 넘어 소장하게 하는 기업의 마케팅 전략이다. 이를 통해 기업은 기존의 제품에 새로운 가치를 더하여 제품 차별화를 이루면서 자연스럽게 대상 시장의 확장을 이룬다.

프라다와 LG전자의 협업으로 만든 휴대폰 '프라다폰'은 프라다의 폰트, 로고, UI 등을 사용하여 LG 제품의 시작 화면에 활용되었다. 2007년에 처음 나온 이 프라다폰은 세계 최초의 풀터치폰으로 기술적인 탁월함뿐만 아니라 모던하고 심플한 디자인적 요소와 통일된 UI로 인해 최신폰에 명품 브랜드인 프라다의 이미지까지 부여하여 밀리언셀러를 기록하였다. 이는 이전에 없던 새로운 기술과 디자인이라는 고부가가치가 더해진 성공한 사례이다.

기업들은 소비자가 자신이 투입한 결과에 만족하고 그에 따른 가성비까지 높아져 구매로까지 이어지게 한 이 마케팅 전략을 기존의 제품으로까지 확장시켰다.

[그림 9-6] 프라다폰과 워치

9.3 구매 후 부조화

9.3.1 인지 부조화

인지 부조화(Cognitive Dissonance)는 소비자의 구매 상표에 대한 정보나 경험이 구매 전의 신념과 일치하지 않음으로써 느끼는 소비자의 불안정한 심리 상태로서 자신의 결정에 대한 심리적 갈등을 의미한다. 대부분 소비자의 경우 자신의 선택을 합리화하려는 경향이 있고, 기업은 강화 광고를 통하여 이러한 소비자의 인지 부조화의 느낌을 해소하려고 노력한다. 대표적으로 자사 제품 구매에 대한 감사 메일이나 향후 서비스에 대한 안내 등이 해당한다. 인지 부조화는 선택 대안에 없는 장점이 선택되지 않은 대안에 있다고 생각되거나 비슷한 대안들이 많다고 생각되거나 구매 결정 취소가 불가능하다고 생각되는 경우 많이 일어난다.

이를 해소하기 위해서 소비자는 자신이 선택한 대안의 장점을 강화하고, 선택되지 않은 대안의 장점을 약화시킨다. 그리고 결정을 지지하는 정보를 탐색하고, 가능하면 반박이 되는 정보를 피해 의사 결정 자체를 경시한다. 인지 부조화를 해소하지 못할 경우에는 구매한 제품을 반품하거나 부정적인 태도가 형성된다. 또한 재구매가 일어나지 않고, 타인에게 부정적인 구전 효과가 발생한다. 따라서 마케터는 소비자의 인지 부조화를 해소하기 위해 노력해야 한다.

구매 후 행동 기반 **광고 사례**

11번가의 '무료 반품 교환' 광고는 자신이 원하는 대로 교환이나 반품이 용이하다는 점을 강조하여 소비자가 제품을 구매한 후에 발생하는 인지 부조화를 줄이는 데 성공하였다.

[그림 9-7] 11번가의 무료 반품 교환제 광고

인지 부조화를 해소하기 위한 방법으로 자사 제품의 좋은 면을 강조하여 구매자의 확신을 강화시키는 강화 광고가 있다. 기업이 판매 직후에 구매자에게 서신, 안내, 책자, 전화 등으로 선택에 대한 확신을 갖게 한다.

구매 후 행동 기반 광고 사례

어떤 소비자가 르노삼성자동차 QM3를 구매하여 사용하고 있다고 가정하자. 소비자는 광고에서 주행거리 10만km까지 무상 보증을 해 주고 있고, 신차 교환 프로그램을 실시하고 있으며, 상반기 판매 대수가 20% 이상 증가했다는 내용을 계속 접하고 있다. 이때 소비자는 구매 후 광고를 보면서 자신이 구입한 제품에 대하여 다시 한 번 더 생각할 것이고, 제품과의 관계를 더 가까운 것으로 지각하게 될 것이다.

해피케어 보증

현대자동차의 해피케어 보증 연장 서비스는 신차 판매 시 적용되는 보증 기간과는 별도로 신차 보증 기간 이후의 추가 보증 기간을 연장해 주는 서비스로서 르노삼성자동차가 업계 최초로 선보인 강화 전략이다. 이 전략은 구매자의 선택에 대한 정당성을 강화시킨다. 기업은 광고, 매뉴얼, 피드백이 가능한 서신 등을 활용하여 소비자의 선택이 현명함을 확신시켜서 구매 후에 발생하는 인지 부조화를 최소화시킨다. 대부분 소비자의 구매 후 행동은 만족과 불만족으로 구매 전 기대 수준과 구매 후 지각된 성과 수준에 의해 결정된다. 이러한 소비자의 구매 후 느낌은 소비자 자신의 재구매는 물론 타인의 구매에도 크게 영향을 미친다. 그러므로 기업은 가능한 만족 정도를 최대로 높이고, 불만족을 해소하거나 최소화하는 전략을 써야 한다.

[그림 9-8] 현대자동차의 해피케어 광고

9.3.2 브랜드 충성도

소비자 만족은 소비 경험으로부터 얻어진 결과에 대한 불일치된 기대와 소비 경험에 대해 사전적으로 가지고 있던 감정이 결합하여 일어나는 종합적인 심리 상태이다. 즉, 제품에 대한 사전적 기대와 소비를 경험한 후에 지각된 상품 사이의 차이에 대한 소비자의 평가 반응이다. 소비자 만족은 고객 충성도, 구전 효과, 재구매 의도의 형태로 나타나고, 불만족의 경우에는 불평 행동을 보인다. 소비자 만족은 일정 기간 동안에 특정한 제품이나 서비스에 대한 소비자의 반복적인 구매 성향인 행동적 접근이고, 특정한 제품 및 서비스에 대한 선호도나 심리적 몰입으로 간주하는 태도적 접근이다.

고객의 충성도는 제품에 대한 기대가 제품 구매 후에 지각된 가치로 전이되어 고객 만족이 일어나고 재구매를 통해서 제품에 대해 신뢰성을 보이는 것이다. 구매한 제품이 주는 가치 분석을 통하여 정신적인 만족도인 충성도로 강화된다. 고객의 충성도는 고객의 만족에 따른 충성의 정도에 따라서 지지자(Loyalist), 배반자(Defectors), 용병(Mercenaries), 인질(Hostages) 등으로 나눈다.

지지자 그룹은 충성도가 높을 뿐 아니라 다른 사람에게도 구매를 적극적으로 권하는 고객들이고, 용병 그룹은 만족도가 높지만 가격이 낮아서 다른 상품으로 옮겨갈 고객들이다. 인질 그룹은 불만이 많지만 다른 선택 대안이 없어 충성도가 높은 고객들이고, 배반자 그룹은 자신들의 불만을 어떻게든 타인에게 전달하여 다른 브랜드로 전환하도록 노력하는 충성도가 낮은 고객들이다. 기업은 고객 충성도 분류 고객 충성도

[그림 9-9] 고객 충성도의 분류

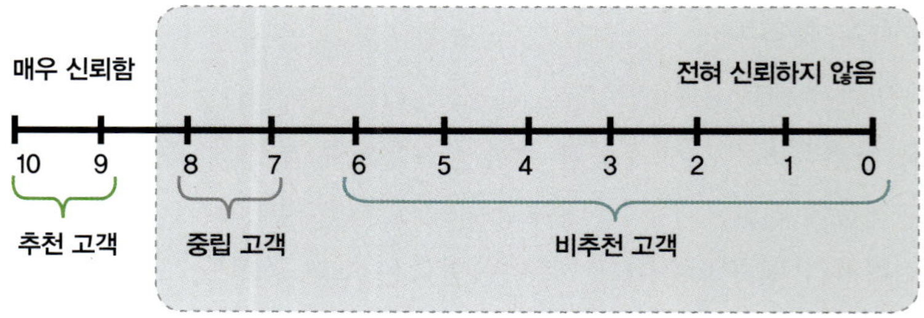

[그림 9-10] 순추천지수에 따른 고객 유형

를 통해서 자사의 제품에서 다른 제품으로 이전할 가능성을 가진 고객을 파악하기 위한 방향을 설정한다.

구전 효과는 고객의 충성도 측정의 중요한 요인이다. 타인의 추천 의향을 지수화한 순추천지수(Net Promoter Score)는 충성도를 지표화한 수치로서 고객이 친구나 동료에게 얼마나 그 기업을 추천하는지를 묻는 질문의 결과를 정량화한 것이다. 순추천지수 측정에 따라 추천 고객, 중립 고객, 비추천 고객으로 구분한다. 순추천지수는 충성도가 높은 고객을 얼마나 많이 보유하고 있는지를 표시하는 지표이며, 많은 기업에서 핵심 경영관리 지표로 활용하고 있다.

예를 들어, 순추천지수(NPS)를 측정하기 위하여 "A 회사를 친구나 동료에게 추천하시겠습니까?"로 설정한다고 가정하자. 응답자 수를 바탕으로 설정한 순추천지수를 구하는 방법은 다음과 같다.

$$\text{NPS} = \frac{(\text{적극적으로 추천하겠다는 고객 수} - \text{적극적으로 추천하지 않겠다는 고객 수})}{\text{응답자 수}}$$

응답 결과가 9~10인 응답자는 추천 고객으로, 이들은 해당 기업으로부터 제품을 지속적으로 구매하고 다른 사람들에게 동일한 수준으로 추천하는 등 기업의 이익을 창출해내는 충성도 높은 열성 고객 집단이다. 7~8인 응답자는 수동적 지지 또는 중립 고객으로, 기업과 거래는 만족하지만 경쟁력 있는 제의에 대해 쉽게 무너질 수 있는 열성이 없는 수동 고객 집단이다. 0~6인 응답자는 비추천 고객 집단으로, 잘못된 이유로 인해 구매를 했거나 해당 브랜드의 부정적인 견해 제공으로 브랜드에 해가 되거나 성장을 방해하고 명예를 훼손시키는 고객 집단이다.

고객의 만족도를 표시하는 대표적인 지수가 순추천지수이다. 이 지수는 마이너스 수치가 나올 수도 있고 플러스 수치가 나올 수도 있어 그 격차가 매우 크다. 고객 만족도가 높은 점포는 플러스 수치가

〈표 9-1〉 글로벌 기업 중 순추천지수가 높은 기업

기업	순추천지수
USAA	82%
HomeBanc	81%
Harley-Davidson	81%
Costco	79%
Amazon	73%
Chick-Fil-A	72%
ebay	71%
Vanguard	70%
SAS	66%
Apple	66%
Intuit	58%
Cisco	57%
Fedleral Express	56%
Southwest Airlines	51%
American Express	50%
Commerce Bank	50%
Dell	50%

출처 : 서베이몽키

〈표 9-2〉 한국 기업의 순추천지수

기업	순추천 지수
르노삼성자동차	51%
한국씨티은행	16%
현대카드	15%
키움증권	11%
푸르덴셜생명	4%
현대화재	3%

출처 : 서베이몽키

나올 것이고, 고객 만족도가 낮은 점포, 특히 불만족도가 높은 점포는 마이너스 수치가 나올 것이다. 따라서 무조건 플러스 수치가 나오도록 해야 하고, 그 수치를 점점 높이려는 노력을 해야 한다.

미국 기업들의 평균 순추천지수는 5~10%인데, 순추천지수가 50~80% 수준으로 급성장하는 기업들도 있다. 업종별 매출 성장률은 대부분 순추천지수에 비례한다. 항공사의 예를 들면, 사우스웨스트(Southwest), 알스카(Alska), 컨틴엔탈(Continental) 순이다. 할리데이비슨(Harley Davidson)의 순추천지수는 81%로, 2005년 3월 할리데이비슨의 주가 총액(176억 8,000만 원)은 GM의 시가총액(161억 7,000만 원)보다 높다.

한국 기업의 순추천지수의 평균은 아시아권보다 낮다. 2004~2005년간 한국 내 기업의 순추천지수 순위는 유동적인 인간관계와 감성 중심의 소비자 특성과 관련이 있다. 가장 순추천지수가 적용되기 쉬운 분야는 금융 서비스업이고, '아는 직원이 있는 곳'과 '아는 직원이 없는 곳'의 순추천지수는 평균 4배 차이가 난다. 빅데이터 분석 결과를 살펴보더라도 세분화된 서비스보다는 직원의 친절한 태도에 영향을 받는 고객이 많고, 서비스 상품보다 친절 그 자체를 중요시하는 소비자의 행동 패턴을 보여 주고 있다.

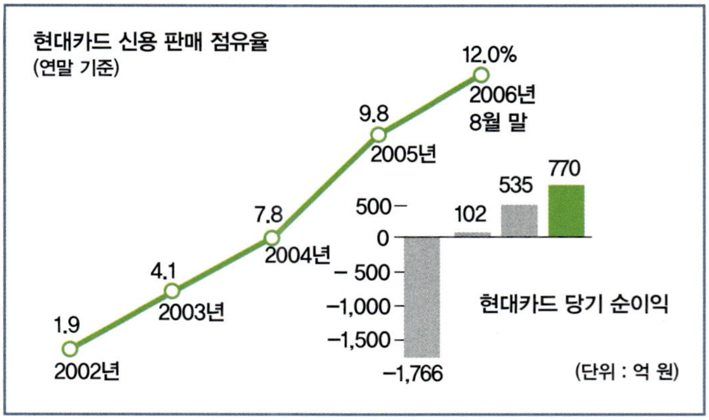

[그림 9-11] 현대카드의 블랙카드 광고

현대카드는 2005년 국가고객만족도(NCSI) 1위, 2005년 순추천지수 조사 15%로 1위, 2002~2006년 6배의 성장률, 2006년 신용등급 AA-, GE와 전략적 자본 제휴(2005. 8), 2007년 점유율 17%(업계 3위) 등을 이루었다. 현대카드는 이를 바탕으로 한 차별적 마케팅 전략으로 독창적인 카드인 블랙카드를 출시하였다. 블랙카드는 '재미'와 '차별화'로 무장한 광고 전략으로 4장 이상의 복수 카드 소지 회원들의 1인당 신용카드 이용액을 평균 90만 원 이상 올리는 높은 성과를 내었다.

국가고객만족도(NCSI)

소비자는 자신이 지각한 기대와 실제 성과 사이에서 긍정적인 불일치가 일어나면, 긍정적인 구전 효과와 재구매 의도가 형성되고 추후에 반복 구매를 한다. 저관여 제품보다는 고관여 제품에서 브랜드 충성도가 형성되면 재구매율이 높게 나타난다.

고객의 충성도에 영향을 주는 요인에는 만족, 이미지, 신뢰, 관계의 중요성 등이 있다. 만족은 제품이나 서비스에 대하여 소비자가 가지고 있는 기대가 충족되는 것이고, 신뢰는 공급자, 제품, 판매원을 대상으로 평가되는 제품의 공신력이다. 관계의 중요성이란 제품 자체의 중요성이나 구매 과정에서 발생하는 관계의 친밀도 등을 말한다. 적절한 고객 충성도 관리는 기업의 이윤 창출을 위하여 필요하며, 고객이나 구성원의 구전에 의한 고객 증대, 장기적인 성과 및 기업 가치를 상승시키는 효과가 있다.

9.3.3 귀인 이론

귀인 이론은 특정한 행동의 원인을 찾는 과정을 설명하는 이론으로, 만족 또는 불만족에 대한 원인과 결과의 추론 과정을 설명한다. 즉, 자신이나 다른 사람들의 특정 행동의 원인을 외부 상황으로 돌리거나 내부적 성향 때문인지를 파악한다. 소비자의 기대에 못 미치는 제품에 대한 원인이 지속적이고, 그 원인이 기업의 잘못으로 유발되었으며, 통제 가능한 것이었다고 판단될수록 제품에 대한 불만족이 증가한다. 이 경우 소비자는 불만족의 원인을 기업에 귀인시키려고 하는 경향이 있다. 소비자가 제품에 대해 만족 또는 불만족을 경험하면 의식적이든 무의식적이든 그 원인과 책임에 대하여 나름대로 인과 추론(Causal Inference)을 하게 된다. 원인의 일시적 혹은 지속적인지 여부, 사건 발생의 원천이 자신 혹은 기업인지 여부, 통제가 가능한지 불가능한지 여부 등에 따라서 인과 추론이 다르게 나타난다.

인과 추론(Causal Inference)

구매 후 행동 기반
광고 사례

존슨앤존슨(Johnson & Johnson)은 세계 54개국에 200개의 독립 법인을 두고 약 11만 4,000명의 직원을 고용하여 175개국에 다양한 헬스케어 제품을 제조하고 판매한다. 존슨앤존슨은 〈뉴스위크지〉가 선정한 2009년 미국 친환경 업체 3위 및 미환경 보호국의 'Fortune 500 Green Power Partners' 5위를 차지하였다.

존슨앤존슨은 신재생 에너지를 활용하는 업계 8위로 매년 4억kW의 신재생 에너지를 구매한다. 예를 들어, 2007년 캘리포니아 마운틴뷰 시 쓰레기 매립장에서 발생하는 3,000kW의 메탄가스를 구매하여, 약 15년간 매립지 인근 연구소 건물 3곳에 전력을 공급하기도 하였다. 나이키도 친환경 경영으로 자신들의 이미지를 개선하고 있다.

[그림 9-12] 존슨앤존슨과 나이키의 친환경 캠페인

상식 심리학

하이더(Fritz Heider)는 상식 심리학에서 결과에 대한 원인을 내적 귀인과 외적 귀인으로 분류하였다. 그는 인간의 행위는 개인적 요인, 즉 개인의 능력, 선호, 성향 등과 환경적 요인(상황적 조건)으로부터 영향을 받는다고 가정하여, 특정 행동의 원인을 주장하였다. 내적 귀인은 결과에 대한 원인을 자신에게 두고 자신의 정보 탐색과 대안을 평가하는 것이고, 외적 귀인은 원인을 환경에 두고 제조업자나 판매처 등을 평가하는 것이다. 예를 들면, 소비자가 구매한 제품이 기대만큼 성과를 얻지 못할 경우에 자기 자신이 충분한 정보 수집 및 대안 평가를 못해서라고 정의하는 내적 귀인과 제조업자가 불량품을 제조했거나 판매원이 잘못된 정보를 제공했기 때문이라고 여기는 외적 귀인을 들 수 있다.

소비자가 제품을 구매한 후의 부조화를 줄이기 위해서 기업들은 자신들의 성과를 지속적으로 보여주고 있다. SK브로드밴드는 국가고객만족도(NCSI), 산업소비자만족도(KCSI), 서비스품질지수(KS-SQI) 등 국내 주요 3대 고객 만족도 평가 5개 부문에서 1위를 수상하였다는 광고를 지속적으로 하고 있다. '고객 만족 1등 기업' 이미지 전달을 위하여 '고객 만족도 5관왕' 광고를 기획하고 제작한 것으로, 고객 만족도 5개 부문 수상 메시지를 가장 직관적으로 전달하기 위해 5개의 '별' 이미지에 담았으며, 고객 만족 종합 1등 기업 브랜드로서 전반적으로 웅장하고 자신감 넘치는 모습으로 표현하였다. 이 광고는 소비자가 가장 직관적으로 공감할 수 있는 기업 커뮤니케이션 광고의 대표적 사례이다.

[그림 9-13] SK브로드밴드의 고객 만족도 수상 광고

벰(Daryl Bem)은 귀인 이론과 유사한 자기 지각 이론(Self-Perception Theory)을 설명하였는데, 사람들이 타인의 행위를 관찰함으로써 그 행위의 원인을 추론하는 과정과 마찬가지로 자신의 행위에 대해서도 원인과 결과를 추론한다는 이론이다. 이 이론에서 소비자의 생각은 태도를 추론하여 알 수 있고, 가끔은 비논리적으로 생각한다고 가정한다. 즉, 자신의 행동을 관찰하여 태도를 추론하는 것이다. 예를 들면, 어떤 커피 전문점이 있는데, 누군가가 계속하여 이용한다면 그 커피 전문점이 좋아서 가는 것으로 사람들은 생각하지만 본인은 그런 생각을 한 적이 없고 거리가 가까워서일 수 있다.

자기 지각 이론(Self-Perception Theory)

켈리(H. H. Kelley)는 사람들이 다양한 상황에서 일어나는 특정 결과와 특정 원인을 함께 살펴서 귀인시킨다는 공변 이론(Covariance Theory)을 설명하였다. 그는 발생한 사건의 원인과 결과를 추론하기 위하여 사람들이 관련 정보를 활용한다고 하였다. 이 이론에는 여러 번의 관찰을 통해 수집한 정보를 토대로 인과 추론하는 공변 원리(Covariance Principle)와 단 한 번의 관찰에 의해 인과 추론하는 통합 원리(Configuration Principle)가 있다. 공변 원리란 원인의 독특성이 높을 때 그 결과가 특정 원인 때문일 것으로 추론하는 것이다. 예를 들어, 일관된 자극이 있을 때 특정 자극으로 결과가 나타났다면 특정 자극이 원인이고, 사람들은 이러한 특정 원인과 결과의 인과성에 따라 발생한 사건의 원인을 확신하는 것이다. 통합 원리란 장기 기억에 저장된 과거 경험을 통해 인과 관계를 추론하는 것이다. 특정의 원인이 결과를 초래할 가능성이 있더라도 다른 원인도 동시에 존재할 경우에 특정 원인이 결과를 유발했을 가능성을 줄인다. 예를 들어, 특정 결과의 발생을 조장하는 조장적 원인이 있고, 억제하는 억제적 원인이 있다면 사람들은 발생된 결과가 조장적 원인에 의해 발생했을 것이라 추론한다.

공변 원리(Covariance Principle)

통합 원리(Configuration Principle)

9.3.4 불평 행동

소비자 불평은 소비자의 구매 후 행동으로 소비자가 부정적인 의사나 행동을 나타내는 것이다. 기업의 잘못된 마케팅 의사 결정의 결과로 나타난다. 소비자 불평은 제품에 대한 불만으로 나타나는데, 소비자는 제품의 판매원, 판매점, 제조업자, 광고업자 등에 대하여 불평하며, 구매처, 제조업자, 지인에게 불평한다. 소비자의 구

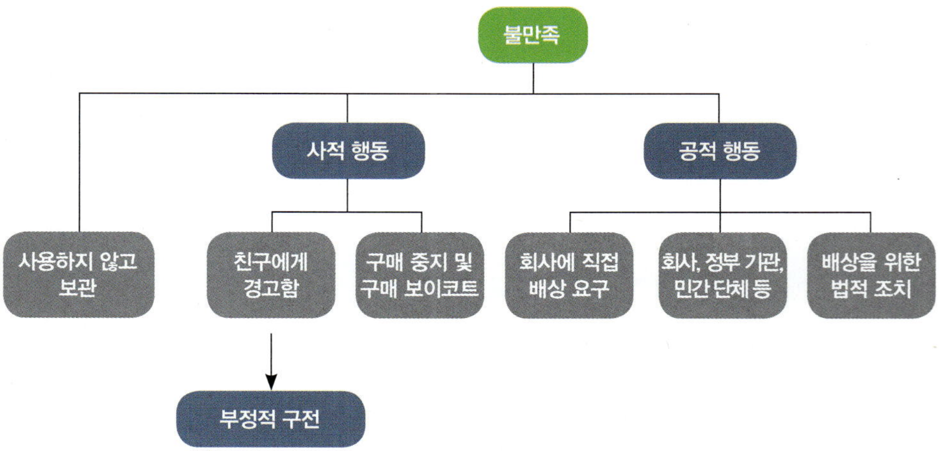

[그림 9-14] 소비자의 불평 행동

매 후 행동은 만족, 불만족, 불평 등의 형태로 나타난다. 불만족은 부정적 재구매 의도로, 만족은 긍정적 재구매 의도로 나타난다.

소비자의 불평 행동은 크게 사적 행동과 공적 행동으로 나타난다. 사적 행동은 친구나 친척에게 부정적인 구전을 하거나 특정 제품에 대한 재구매를 거부하고 점포의 재이용을 거부하는 등의 행동이다. 공적 행동은 제품의 교환이나 환불 등을 판매업자 또는 제조업자에게 요구하거나 소비자 단체 또는 정부 기관 등에 고발이나 법적인 조치를 하는 것이다. 공적 행동은 고가품이나 내구재일 경우에 많이 일어난다. 불평의 원인에는 기업, 소비자, 가격, 내구성 등이 있다.

소비자 불평의 책임은 문제의 인식 여부와 문제의 실존 여부에 따라서 다르다. 우선 문제를 인식하는 경우에 실제 문제가 있지 않은 경우에는 소비자에게 책임이 있고, 실제 문제가 있는 경우에는 기업에게 책임이 있다. 반면에 문제를 인식하지 않고 있으나 제품의 문제가 실제 있는 경우에는 기업과 소비자에게 책임이 있다.

구매 후 행동 기반 **광고 사례**

스타벅스는 전 세계 49개국에 1만 6,635개의 매장을 보유하고 약 12만 8,900명의 직원을 고용한 최대의 커피 판매 기업이다. 스타벅스는 2009년 〈뉴스위크지〉가 선정한 미국 친환경 업체 중 10위를 차지하였고, 미국 환경보호국의 'Fortune 500 Green Power Partners'에서 8위를 차지하였다. 스타벅스는 친환경 프로젝트인 'Shared Planet'을 통하여 재활용, 에너지, 물, 그린빌딩, 기후 변화 등 다섯 분야로 구분된 친환경 사업에 적극적으로 나서고 있다.

스타벅스의 이러한 활동은 제품을 구매하는 소비자에게 브랜드에 대한 신뢰를 강화하여 구매 후의 부조화를 감소시킬 수 있다.

[그림 9-15] 스타벅스의 친환경 캠페인

소비자가 취하는 불평 행동의 유형은 불만의 심각성 정도에 따라서 그림처럼 1~5까지 다양한 형태로 나타난다.

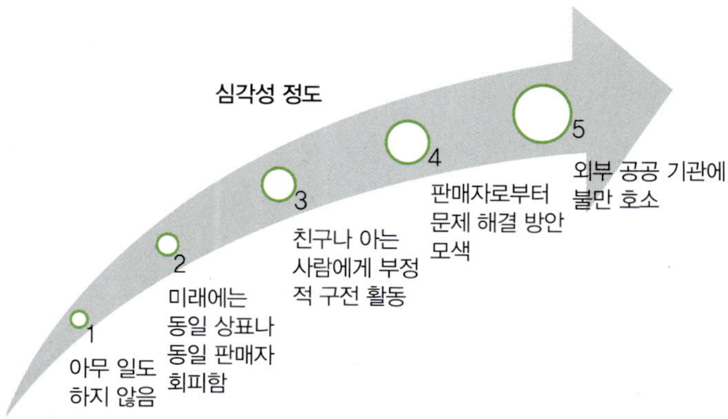

[그림 9-16] 소비자 불평 행동의 유형별 강도

소비자의 불평 행동을 결정하는 요인에는 불만의 정도, 제품의 중요성이나 관여도, 불평 행동으로 기대되는 이익이나 편익, 개인적 특성, 외적인 귀인 등이 있다. 소비자는 가벼운 불만의 경우 대체로 아무런 행동을 하지 않고, 불만이 더해지거나 제품의 중요성 정도에 따라서 불평 행동을 나타낸다. 소비자는 불평 행동으로부터 기대되는 이익과 비용을 고려하고, 학력이 높고 여유 시간이 많을수록 불평의 정도가 크다. 그리고 불만의 소재가 누구에게 있는가에 대한 소비자의 책임을 귀속시키는 귀인이 있다.

고가의 상품일수록 구매 의사 결정 과정의 위험 정도나 브랜드 이미지와의 관련성이 높고, 의사 결정 과정이 복잡하며 소요 시간이 길다. 반면에 저가의 상품일수록 구매 의사 결정 과정의 위험 정도나 브랜드 이미지와의 관련성이 낮고, 의사 결정 과정이 단순하며 소요 시간이 짧다. 즉, 상품의 가격에 따라 소비자 행동의 불평 정도도 다르다.

구매 후 행동 기반 **광고 사례**

H&M과 발망은 브랜드의 시너지 효과를 위해 협업(콜라보레이션)을 하였다. 하지만 소비자가 인지하는 브랜드 간의 격차가 너무 커서 소비자의 불평을 유발하였다. 예를 들어, 단순 가격면에서도 발망의 반팔 티셔츠는 평균 20만~30만 원대인 데 반해서 H&M 반팔 티셔츠의 가격은 1만~3만 원대이다. 즉, 10배가 넘는 가격 차에 대한 소비자의 인식은 매우 다양하였다. 브랜드의 목표고객도 발망은 경제

력 있고 명품을 찾는 20대 후반에서 30대 초반인 데 반하여, H&M은 제품의 질보다는 싸고 빠르게 바꿔 가며 입는 것을 좋아하는 20대 초중반 소비자였다. 결국 이 두 기업의 협업은 시너지를 내기에 공통 부분이 매우 적었다. 이처럼 단순히 인지도 있는 두 브랜드가 협업을 한다고 해도 시너지 효과를 내지는 않는다.

[그림 9-17] H&M과 발망의 콜라보레이션

현대자동차와 프라다가 협업으로 선보인 제네시스 역시 소비자의 집중을 받지 못하였다. 브랜드 이미지 사이의 차이가 컸던 것도 있지만, 제네시스 프라다에 차별화된 특별함이 없었기 때문이다. 명품 자동차를 목표로 했지만 정작 소비자가 원하는 명품의 특별함이나 희소성을 제품에서 찾기 어려웠고, 가격은 기존 모델보다 1,600만 원 이상 높아서 가격 경쟁력 또한 갖추지 못하였다.

[그림 9-18] 제네시스 프라다

소비자가 불만 사항을 기업에게 커뮤니케이션하는 것으로 불평 행동을 하는 경우에 가장 호의적인 결과를 가져온다. 이를 통해서 기업은 부정적인 커뮤니케이션을 극소화하고 필요한 사항들을 수정할 수 있다. 예를 들어, 고객들이 인터넷상에서 이메일이나 홈페이지 게시판에 회사에 대한 불만 사항들을 제시하는 경우에 빠른 응대와 처리를 해 줌으로써 소비자 만족이 증가한다. 기업은 소비자의 불만 사항이 발생하면 불만을 조기에 합리적으로 해결하여 부정적 구전을 감소시키고, 재구매 의도를 유지하여 긍정적 구전 발생을 유도해야 한다.

구매 후 행동 기반 **광고 사례**

협업

협업을 통하여 제품의 차별화에 성공한 사례들도 있다. 에비앙, 코카콜라, 앱솔루트 등의 기업인데, 이들은 평범한 음료수들이 협업을 통하여 영향력 있는 브랜드의 옷을 구매하도록 하는 커다란 효과를 창출하였다. 생수 브랜드 에비앙은 이세이 미야케와 폴 스미스 등, 코카콜라는 장 포 고르티에와 칼 라거펠트 등 세계적인 패션 디자이너와 함께 협업한 제품 디자인을 선보였다. 최근 기업들은 소비자가 겪는 인지 부조화를 해소하기 위한 방법으로 협업 전략을 많이 사용한다. 하지만 소비자가 느끼는 거부감을 최소화하기 위한 선두 브랜드들 간의 협업은 소비자가 느끼는 강력한 편익을 제공해야만 성공할 수 있다.

[그림 9-19] 에비앙과 코카콜라의 콜라보레이션

9.3.5 제품 처분

소비자는 자신이 구매한 제품을 다양한 이유로 처분한다. 특히, 제품에 대하여 불만족하였을 경우에 다음과 같이 처분한다.

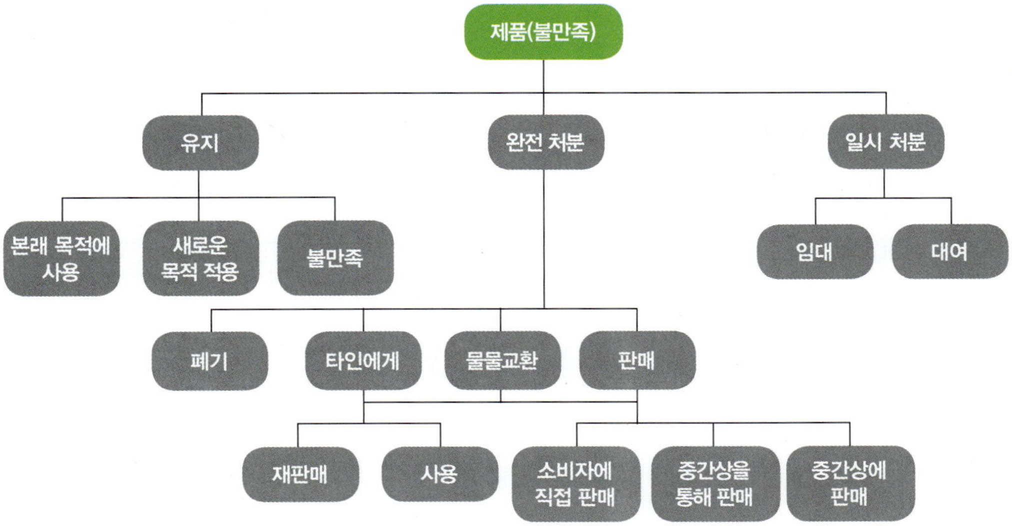

[그림 9-20] 제품 처분

제품 처분에 영향을 미치는 요인에는 구매 의사 결정자의 심리적 특성, 제품의 특성, 제품의 외부 상황 등이 있다. 구매 의사 결정자의 심리적인 특성에는 개성, 태도, 지각, 학습, 라이프스타일, 사회계층, 준거집단, 위험 감수 수준 등이 영향을 미친다. 제품의 특성에는 제품의 상태, 수명, 크기, 디자인, 가치, 색상, 기술 혁신, 내구성, 비용 등이 영향을 미치며, 제품의 외부 상황에는 자금, 저장 능력, 긴급성, 유형의 변화, 경제적 · 법률적 상황, 구매 상황 등이 영향을 미친다.

제품 처분과 관련된 마케팅 전략은 소비자가 제품 처분에 애로 사항이 있으면 처분을 용이하게 할 수 있도록 관여하고, 신제품의 판매 예측 시에 현재 사용하는 제품에 대한 수량이나 재활용 가능성 등을 고려한다.

소비자가 제품을 구매한 후에 일어나는 심리적인 갈등에 포인트를 두는 마케팅 전략은 다음과 같다.

우선, 소비자 기대를 확인시켜 주는 것이다. 이 방법은 기업이 제공할 수 있는 제품의 성과나 서비스를 소비자의 요구에 일치시켜서 현실적으로 기대할 수 있게 해 준다. 다음으로 소비자의 태도 변화를 자극한다. 마케팅 관리자는 여러 수단을 통해 소비자의 행동 변화를 유도할 수 있다.

구매 후 행동 기반
광고 사례

베네통은 자사의 중고 제품을 새 옷으로 교환해 주고, 헌 옷은 난민 돕기에 활용한다는 광고를 하고 있다. 이 광고는 베네통 제품을 구매한 소비자 자신에게 베네통 기업 또는 제품과의 관계를 강화해 주고, 난민 돕기를 하는 베네통의 활동에 소비자 자신도 참여하고 있다는 느낌을 제공해 준다.

베네통의 9TALENTS 캠페인은 그들만의 재능과 특성을 색에 반영하는 캠페인을 통하여 색에 대한 개인적 해석을 이야기하고, 9개의 각기 다른 이야기들은 국제적 정신과 사회적 약속이라는 공통분모를 가지도록 하고 있다. 마치 베네통의 근본적인 기업 가치와 동일시하는 전략으로, 캠페인의 주요 인물들이 프린트된 티셔츠를 한정으로 판매한 수익금을 베네통의 언헤이트(UNHATE) 재단에 전달하여 기부에 활용한다.

[그림 9-21] 베네통의 9TALENTS 캠페인

9.4 구매 후 행동 기반의 빅데이터 활용

9.4.1 장바구니 분석

소비자와 브랜드 사이의 관계 및 연결 고리를 강화하기 위한 기업의 구매 후 광고는 소비자와 제품 사이의 관계 유지에 촉매 역할을 하므로 이에 필요한 정보를 지속적으로 제공하는 것이 중요하다. 구매 후에 소비자가 보는 광고 메시지 중에는 제품의 우수함을 알리는 내용도 있고, 이벤트를 알리는 경우도 있으며, 금년에 얼마나 많은 제품을 팔았다는 사실을 알리는 경우도 있다. 제품을 판매한 기업 입장에서 이러한 광고 모두 구매한 소비자와 해당 제품 사이의 관계 유지에 필요한 정보의 역할을 하게 된다.

빅데이터 **활용 사례**

CJ의 햇반, 슈퍼 곡물 렌틸 콩밥, 허니버터칩 등은 빅데이터를 이용하여 마케팅에 성공한 대표적인 상품들이다. CJ는 2013년도부터 트렌드 전략 팀을 조직해서 운영하고 있는데, 이들은 블로그나 SNS 등에 소비자들이 자발적으로 생성하는 정보들을 분석해서 관심사를 파악하여 자신들이 가지고 있는 내부의 각종 시장 데이터들과 접목하여 마케팅에 반영하고 있다.

그 결과, 햇반의 한 종류인 슈퍼 곡물 렌틸 콩밥은 한 달 만에 10억 원의 매출을 올려서 건강 밥 시장의 선두 주자로 시장을 확보하였다. 활용된 빅데이터는 렌틸콩이나 퀴노아 등의 슈퍼 곡물에 대하여 점점 더 관심이 높아지는 소비자의 트렌드이다. 슈퍼 곡물의 수요에 대한 빅데이터 분석 결과를 기초로 다양한 제품이 출시되고 있는데, 대표적으로 건강식품 업체들의 건강 음료가 검은콩과 렌틴콩 제품으로 변화하는 데 기여하고 있다.

슈퍼 곡물

또한 CJ는 온라인에서 6억 5,000만여 건의 빅데이터를 기초로 요일이나 시간별로 소비자들의 피로도를 분석하여 월요일 오후 2시 16분이 가장 피곤하다는 결과를 도출하였다. 이때 가장 달콤한 음식이 필요하다는 분석 결과를 디저트 제품인 쁘띠첼 스위푸딩에 반영하여 커다란 소비자의 반응을 유도하였다.

해태제과의 허니버터칩도 감자칩의 주요 구매층인 10~20대 여성들이 단맛과 버터향을 좋아한다는 빅데이터 분석 자료를 기반으로 개발한 제품이다. 허니버터칩은 짭짤한 한 가지 맛이 주를 이루는 기존 생감자 스낵 시장에서 달콤한 맛이라는 분석 결과를 반영하여 차별화된 제품으로 성공하였다.

[그림 9-22] 슈퍼 곡물이 반영된 제품들

9.4.2 의료 정보 분석

구매한 소비자에게 실질적이고 구체적인 이익을 주는 경우는 물론이고, 단지 행사를 알리거나 기업의 정보를 제공하는 경우에도 소비자는 광고에 끊임없이 주목하고, 자신이 구매한 제품의 근황을 접하게 된다. 나아가 소비자는 자신이 구매한 제품에 대한 긍정적인 소식을 지속적으로 모니터링하여 소비자와 제품 사이의 관계 고리를 더욱 강화시킨다.

의료 분야의 빅데이터도 제품에 활용되고 있다.

빅데이터 **활용 사례**

어린이홍삼은 이마트가 어린이 전문 한의원 함소아 의원과 함께 450만 건이 넘는 진료 환아의 처방 빅데이터를 바탕으로 제작된 제품이다. 자체 상표인 어린이홍삼은 약 6억 원 이상의 판매 매출을 올렸다. 편의점 CU가 2030 여성을 겨냥해서 선보인 270mL의 빅요구르트도 빅데이터를 활용한 제품으로 출시 두 달 만에 카테고리 킬러가 되어 1위를 차지하였다.

카테고리 킬러

[그림 9-23] 어린이홍삼과 CU의 빅요구르트

9.4.3 기업 판매 정보 분석

국내 기업들이 분석할 만한 빅데이터를 보유하지 못한 이유는 기존에 구축된 IT 시스템이 고객 관련 데이터를 전혀 수집하지 않았기 때문이다. 국내 백화점의 경우 점포 판매 시스템(POS; Point of Sales)으로 결제되는 데이터들 중에서 실제 구매한 액수만을 수집하는데, 이는 백화점들이 고객의 특성이나 매장별 판매량 등의 소비자 자체에 관심을 두지 않았기 때문이다.

빅데이터 **활용 사례**

날씨판매지수

파리바게트는 기상 관측 자료와 매장별 상품 판매량 등에 빅데이터를 분석한 '날씨판매지수'를 도입하여 전국 매장에서 판매량을 예측하고 있다. 날씨판매지수는 5년간 169개 지역의 일별 매출과 기상자료 통계를 바탕으로 지수화한 것으로 가맹점별로 날씨에 따른 판매율을 예측하여 주문량을 조절하고 있다. 이 지수는 찬스 로스(Chance Loss), 즉 판매할 제품이 없어서 발생할 수 있는 손실을 방지하고 재고 부담을 줄이는 데 커다란 역할을 하고 있다.

현재 파리바게트는 가맹점의 90% 이상이 날씨판매지수를 점포 운영에 적극적으로 활용하고 있으며, 이 정보는 POS를 통하여 서비스되고 있다. 향후에는 날씨 정보를 활용하여 고객이 원하는 제품을 적합한 때에 가까운 파리바게트에서 구입하도록 할 수 있는데, 이는 음식물 쓰레기를 줄이는 데에도 기여할 것이다.

[그림 9-24] 날씨판매지수

최근 백화점들은 고객과 구매 상품에 대한 정보가 실시간으로 분석과 활용이 가능해진다면 더 세밀한 고객 마케팅이 가능할 수 있다는 생각으로 고객관계관리(CRM)를 위한 수집 정보를 확대하였다. 이를 위해 수집 정보의 폭을 늘리고, 단순 매출액 기준이 아니라 지역별 매출 성향 또는 실수익 비중, 빈도수 등 다양하게 데이터 수집을 하였다. 또한 백화점 내 모든 시스템에서 데이터들이 연계되어 활용될 수 있도록 업무와 정보의 연동성, 통합성을 강화하였고, 업무 처리에서 부서들 사이의 협업 체제를 구축하고 고객이 구입한 제품의 종류, 사이즈, 색상 등 POS 정보를 백화점의 데이터로 저장하기 위한 작업도 수행하였다. 고객의 소비 패턴 분석에 따른 연관 상품을 추천하거나 상향 판매(Up Selling), 교차 판매(Cross Selling) 등의 추가 구매도 유도하였다.

이러한 빅데이터 분석을 통해 그동안 실시하였던 무차별 대량 DM(Direct Mail) 발송에 따른 비용 낭비와 비효율성을 줄이고, 고객별 맞춤 정보를 정확히 제공함으로써 매출의 예측이 가능해졌다.

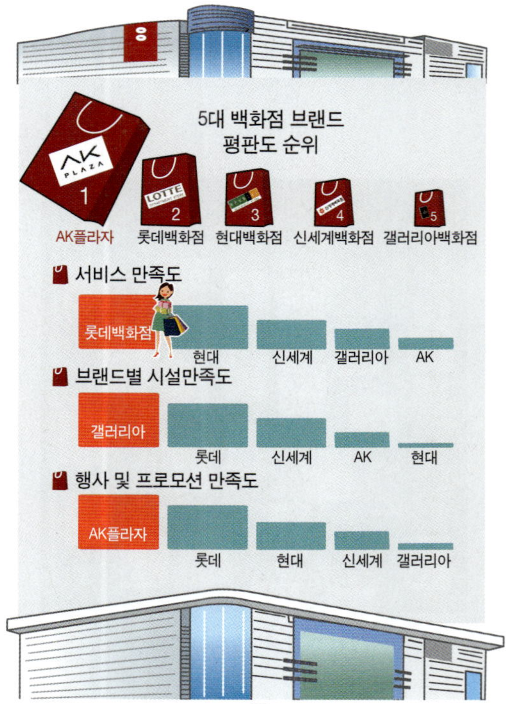

[그림 9-25] 빅데이터를 활용한 국내 백화점 평판 분석 결과

연·습·문·제

※ 다음 빈칸에 해당하는 용어를 넣으시오.

1. (   )이란 소비자가 제품을 구매한 후에 가지는 느낌이나 그에 대한 평가를 의미한다. 이는 제품의 재구매 의도나 타인의 구매에 영향을 주는 중요한 요소이다.

2. (   )(이)란 소비자의 욕구 수준이고, 소비자가 예상하는 제품의 성과 수준이며, 과거에 구매했던 사용 경험이 있는 경우나 유사한 타사의 제품 구매 사용 경험이 있을 때는 만족과 기대 수준이 높다.

3. (   )(이)란 자신의 투입에 대한 것을 성과와 비교하고, 그 사이의 비율을 다른 사람의 투입에 대한 결과와 비교하여 자신의 비율이 다른 사람의 비율보다 클수록 만족하게 된다는 이론이다.

4. (   )는 소비자의 구매 상표에 대한 정보나 경험이 구매 전의 신념과 일치하지 않음으로써 느끼는 소비자의 불안정한 심리 상태로서 자신의 결정에 대한 심리적 갈등을 의미한다.

5. 소비자 만족은 (   ), (   ), (   )의 형태로 나타나고, 불만족의 경우에는 (   )을 보인다.

※ 다음 내용에 대하여 설명하시오.

6. 구매 후 행동은 3개의 과정으로 구성되는데, 이에 대해서 설명하시오.

7. 소비자의 기대가 지각된 성과에 미치는 세 가지 형태를 설명하시오.

8. 소비자의 불평 행동의 두 가지 형태에 대해서 설명하시오.

※ 다음 주제에 대하여 토론하시오.

9. 제품에 대한 불평이 제품 자체에 있는 경우와 제품과 관련된 조직에 있는 경우를 사례를 들어서 토론하시오.

10. 소비자가 제품에 대하여 충성도를 가지게 되는 경우를 고관여와 저관여 상황과 관련하여 토론하시오.

11. 2년 전에 컴퓨터를 구매한 3명 이상의 사람들에게 그들의 구매 후 제품에 대한 평가 과정을 인터뷰하여 그 결과가 시사하는 점을 토론하시오.

소비자 행동론

PART III 심리에 기초한 소비자 정보처리

Photograph McKinsey & Company

10

CHAPTER

동기, 개성과 자아

학습 목표

- 소비자 행동에 영향을 미치는 기본적인 동기, 개성, 자아 등에 대하여 이해한다.
- 동기가 유발되는 요인과 소비자의 갈등을 학습한다.
- 개성과 관련된 이론과 소비자의 행동을 살펴보고 상징적 기호와 소비자의 자아에 대해서 살펴본다.
- 동기, 개성, 자아 기반의 광고 사례와 빅데이터 활용 방안을 학습한다.

동기 기반 광고 브라질은 자연을 보호하자는 공익 광고로서 나무를 사람의 폐에 비유하여 좋은 공기를 마시고 싶은 사람들의 생리적 욕구를 자극하는 광고를 한다. (본문 268쪽)

10.1 동기

10.1.1 동기란?

가치는 경제적 상황 자체가 아니라 상황 간의 차이에 의해 주어진다.

– 대니얼 카너먼 (Daniel Kahneman)

(1) 동기의 정의

동기(Motivation)는 외부 환경에 존재하는 목표를 향하여 선택적으로 노력을 집중하고 노력에 대한 방향을 결정하는 심리적인 상태이다. 동기는 어떤 것을 하고자 하는 의욕으로, 동기부여로 해석하기도 하며 동기화, 동기 유발의 의미도 포함한다. 하지만 대부분의 사람들은 욕구 충족으로 인하여 동기가 유발된다. 조직에서는 조직의 목표 달성을 위하여 구성원의 행동을 자극하고 방향을 설정하며 유지하는 일련의 과정이라고 동기를 정의한다. 즉, 개인의 욕구 충족을 위한 노력을 어떻게 하면 조직의 목표로 이어 나갈 것인가가 조직의 중요 이슈이다.

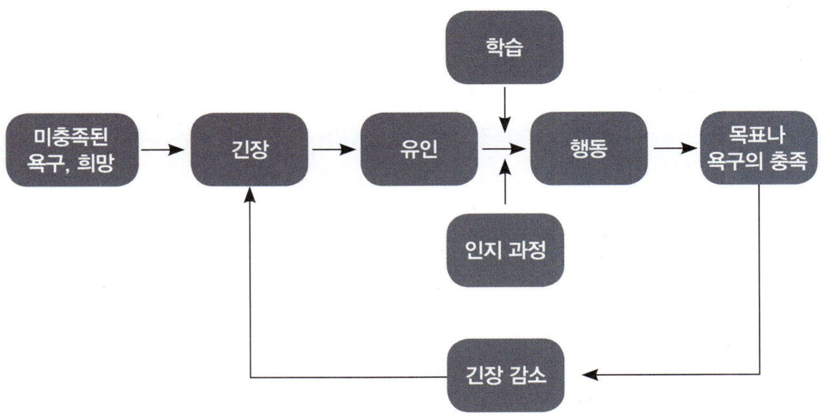

[그림 10-1] 동기부여의 과정

소비자는 미충족된 욕구(Needs, Wants, Desire)를 충족 상태로 만들어 가기 위하여 동기부여의 과정을 거친다. 이 과정에서 긴장은 현재의 상태에서 개인의 욕구가 목적을 달성하는 이상적인 상태가 될 때까지 유지되는 현상이고, 학습이나 대상에 대한 인지 과정의 영향을 받아서 행동을 일으킨다. 긴장은 힘이 활성화되는 상태로 진행되다가 최종적인 목표가 달성되거나 욕구가 충족되면 해소 상태가 된다.

소비자는 제품 자체를 구매하는 것이 아니라 동기, 즉 욕구를 충족하기 위한 문제를 해결하고자 구매 행동을 한다. 그러므로 마케터는 소비자의 동기에 관심을 가져야 하며, 이를 활성화시킬 수 있는 마케팅 기법을 개발하여야 한다.

(2) 동기의 특징과 분류

동기는 사람들이 행동하는 이유이므로 그들의 행동을 잘 관찰해야 한다. 유사한 동기가 동일한 행동을 유발하거나 동일한 동기가 상이한 행동을 유발할 수 있으므로 정확한 추정은 어렵다. 예를 들면, 식당에서 식사를 하는 사람들의 동기가 배가 고픈 생리적 현상 때문인지 모임에 따른 사회적 현상 때문인지 알 수 없다.

동기는 인지 가능한 의식적 동기와 그렇지 않은 무의식적 동기가 있다. 의식적 동기보다는 무의식적 동기, 즉 소비자가 어떤 행동을 무의식적으로 하는지 알아내기 어렵다. 현실적으로 동기는 복합적으로 작용하는데, 소비자는 제품이 가지고 있는 매력인 유인가(Valence)가 높은 동기일수록 적극적으로 행동을 한다. 여기서 양(+)의 유인가는 행동을 유발하는 긍정적인 동기를 의미하고, 음(−)의 유인가는 행동을 억제하는 부정적인 동기를 말한다.

동기를 분류하는 기준은 소비자의 욕구 충족 여부, 제품과 관련된 문제, 문제 해결 과정, 안전 · 결핍 · 만족의 여부, 합리적 · 무의식적 여부, 행동하는 이유 등이다. 소비자의 욕구 충족 여부에 따라서는 생리적 동기와 심리적 동기가 있다. 제품과 관련해서는 선택에 영향을 미치는 본원적 동기와 구체적 상표나 모델을 선택하는 기준인 선택적 동기가 있다. 문제 해결 과정에서는 바람직한 방향으로 문제를 해결하는 긍정적 동기와 그렇지 않은 부정적 동기가 있다. 안전 · 결핍 · 만족의 여부에 따라서는 생존과 안전을 위한 욕구인 결핍 동기와 만족과 관련한 행동 욕구인 충만 동기가 있다. 합리적 · 무의식적 여부에 따라서는 인간의 행동이 합리적이라고 가정하는 합리적 동기와 무의식적인 행동을 유발하는 무의식적 동기가 있다. 개인이 행동을 하는 이유를 기준으로 한 동기에는 구매 이유에 대하여 설명이 가능한 명시적 동기와 충동이나 감성과 같이 잠재적인 이유로 인한 잠재적 동기가 있다.

10.1.2 동기와 관련된 이론

동기부여 이론

동기부여 이론은 연구의 주제에 따라서 동기부여 내용 이론(Content Theory)과 동기부여 과정 이론(Process Theory)으로 나눈다. 동기부여 내용 이론은 동기를 유발하는 요인이 무엇(Content)인가에 대한 이론으로서, 사람들이 무엇을 필요로 하고 원하는지를 연구하는 것이다. 이 이론은 개인 내부에 존재하는 욕구와 욕구 충족 여부가 동기를 유발하는지에 초점을 두고 있다. 동기부여 과정 이론은 동기가 어떠한 과정(Process)을 통하여 일어나는지에 대한 접근이고, 개인 행동에 근간이 되는 욕구에 초점을 두어 행동이 어떻게 동기화되고 어떠한 과정을 통하여 이루어지는지에 관심을 두고 있다.

대표적인 이론으로 매슬로(A. H. Meslow)의 욕구 단계 이론, 알더퍼(C. P. Alderfer)의 ERG 이론, 맥클레랜드(D. C. McClelland)의 성취 동기 이론, 헤르츠베르크(F. Herzberg)의 2요인 이론, 해크먼(J. D. Hackman)과 올드햄(G. Oldham)의 직무 특성 이론 등이 있다.

(1) 욕구 단계 이론

인간의 욕구는 치열한 경쟁에서 살아남으려는 생존 욕구부터 자아실현 욕구에 이르기까지 다양하다. 인간의 욕구가 얼마나 다양하고 어떠한 단계를 가지고 있는지 매슬로는 인간 욕구 5단계 이론(Maslow's Hierarchy of Needs Theory)으로 설명한다.

인간의 가장 기초적인 생리적 욕구는 본능적 욕구이고, 공기 · 음식 · 물처럼 생명 유지를 위해 느끼는 욕구이다. 인간은 가장 기초적인 생리적 욕구를 맨 먼저 채우려고 한다.

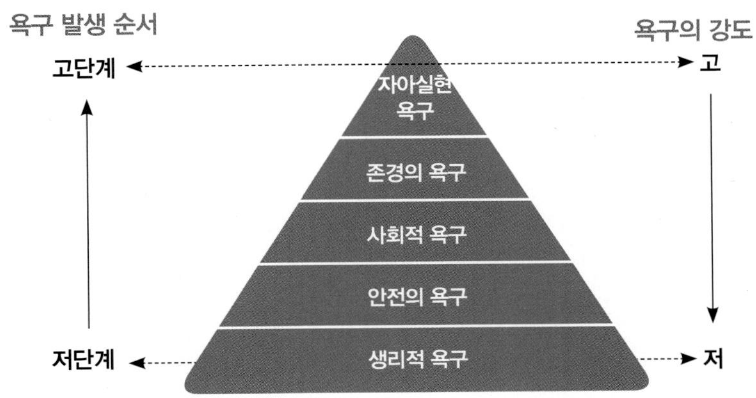

[그림 10-2] 매슬로의 욕구 단계 이론

안전의 욕구는 생각이나 행동을 스스로 통제하여 안전하게 자신을 유지하고자 노력하는 것을 의미한다. 신체적, 감정적, 경제적인 위험으로부터 보호받고 싶은 욕구이다.

동기 기반 광고 사례

매슬로의 욕구 5단계 이론은 광고에 많이 활용되는데, 인간의 욕구 중에서 가장 기초적이면서 분명한 생리적 욕구를 활용한 사례가 많다. 브라질은 자연을 보호하자는 공익 광고로서 나무를 사람의 폐에 비유하여 좋은 공기를 마시고 싶은 사람들의 생리적 욕구를 자극하는 광고를 한다. 이 광고는 한쪽 폐가 망가진 모습으로 소비자의 공포심을 자극하는 측면도 있지만, 사람의 신체에 치명적인 결함을 상기시켜서 안전에 대한 욕구를 인지시킨다.

안전에 대한 욕구

[그림 10-3] 브라질의 자연보호 광고

[그림 10-4] 콘돔을 안전의 상징으로 활용한 아우디 광고

아우디는 인간이 안전을 추구한다는 안전의 욕구를 4개의 콘돔으로 표현하여 4륜 구동 자동차 광고에 활용함으로써 커다란 반응을 일으켰다.

인간은 외로움과 소외감을 회피하려는 경향이 있으며, 그러한 불안에서 벗어나고자 노력한다. 즉, 누군가를 사랑하고 싶은 욕구, 어느 한곳에 소속되고 싶은 욕구, 친구들과 사귀고 싶은 욕구, 가족을 이루고 싶은 욕구 등의 사회적 욕구를 충족하고자 한다.

동기 기반
광고 사례

홀마크는 카드를 받은 할아버지 볼에 빨간 입술 자국이 있는 카드 광고를 선보였는데, 이는 사랑을 표현하려면 카드를 보내라는 메시지를 담아서 인간의 애정과 소속의 욕구를 자극하는 광고 사례이다.

미충족된 욕구

이처럼 기업은 소비자의 잠재된 욕구나 미충족된 욕구를 자극하여 신제품 개발, 포장 개선, 광고 및 다양한 판촉 활동 등의 방법으로 소비자의 동기를 활성화시키고 있다. 하지만 단순히 동기를 활성화시키는 데 멈추지 않고, 자사 상표를 구매하는 방향으로 행동을 유발하도록 강하게 자극해야 한다. 즉, 소비자에게 제시한 대안이 욕구를 충분히 충족시켜 줄 것이라는 확신이 들도록 소비자를 설득해야 한다.

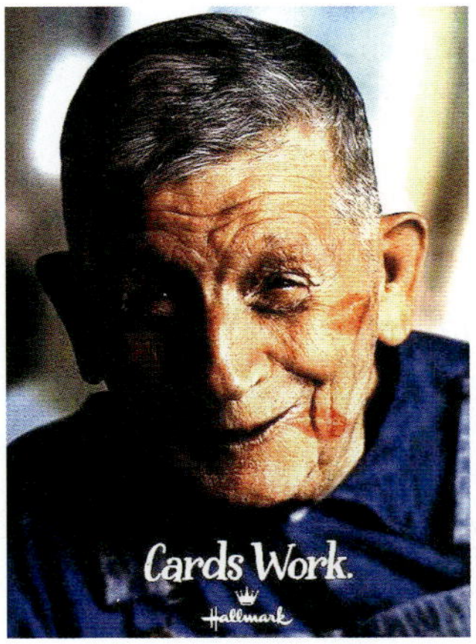

[그림 10-5] 홀마크의 카드 광고

모든 사람들은 자긍심을 가지고 타인으로부터 존경받고 싶은 욕망을 가지고 있다. 즉, 명예욕, 권력욕 등으로, 누군가로부터 높임을 받고 싶고, 주목과 인정을 받으려는 존경의 욕구이다. 존경의 욕구를 통해 자신감이나 독립심을 키우고 자존감을 높일 수 있다.

동기 기반
광고 사례

라끄베르는 김연아를 젊은 여자들의 대표로 표현하여 화장품 광고에 활용한다. 이 광고는 소비자에게 모델의 이미지를 브랜드 이미지로 부여한 광고로, 김연아의 끈질긴 노력과 아름다운 이미지를 동일하게 인식하도록 해 소비자의 존경의 욕구를 자극한 광고 사례이다.

존경의 욕구

[그림 10-6] 김연아의 라끄베르 광고

자아실현의 욕구는 자신의 능력을 최대한 발휘하여 스스로의 욕망을 실현하고 싶어 하는 욕구이다. 즉, 자기 발전을 이루고 자신의 잠재력을 끊임없이 끌어내어 극대화하는 것으로, 모든 욕구 단계들이 기본적으로 충족되어야 이루어질 수 있는 욕구 5단계 중 마지막 단계이다.

동기 기반 **광고 사례**

자아실현 욕구

인간은 자신이 이룰 수 있는 것이나 될 수 있는 것을 성취하려는 자아실현 욕구가 있다. 아디다스는 세계 유명한 선수들을 활용하여 'Impossible is Nothing'이라는 슬로건으로 사람들이 가지고 있는 자아실현 욕구를 자극하여 좋은 반응을 얻었다.

[그림 10-7] 아디다스의 슬로건 광고

마케팅에서는 타깃이 되는 고객의 욕구를 다양한 방법으로 추적하고, 그 욕구들을 충족시켜 줄 수 있는 제품의 기능에 집중하여야 한다.

(2) 성취 동기 이론

욕구 단계 이론과 마찬가지로 맥클레랜드는 인간의 욕구에 기초하여 동기부여를 설명하는 성취 동기 이론(Achievement Motivation Theory)을 주장한다.

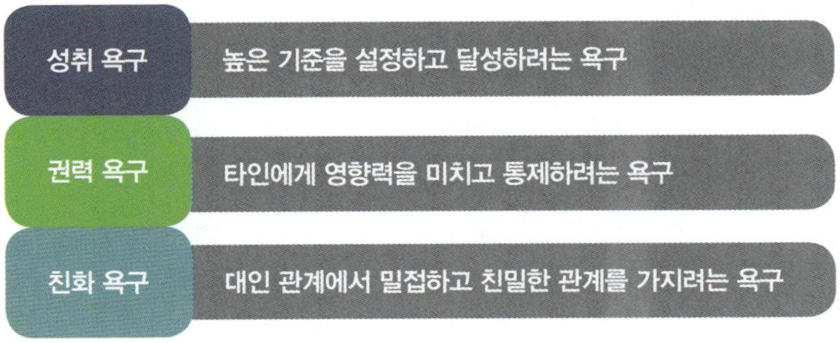

[그림 10-8] 맥클레랜드의 성취 동기 이론

친화 욕구는 다른 사람과의 인간적인 교제를 추구하고 지속하려는 것으로 우정을 향한 욕망, 인정받음에 관한 욕망, 소속에 관한 욕망 등이다. 높은 친화 욕구를 가진 사람들은 타인이 자신의 행동을 인정해 주기를 바라며, 준거집단의 기준과 규범에 따라서 구매 행동을 빈번하게 한다. 이들은 감정적이고, 우정을 중시하며, 협력적 상황을 선호한다. 또한 커뮤니케이션 스킬이 높고 집단적 과업 성취를 더 원한다.

권력 욕구는 다른 사람에게 영향을 주고 자원과 정보 등이 포함된 환경을 통제하기 위한 개인의 욕구이다. 개인의 욕망과 관련되어 사용하는 권력에 대해서는 긍정적이나, 타인을 지배하고 복종심을 얻으려는 권력에 대해서는 부정적이다. 권력 욕구가 강한 사람들은 책임감이 있고 경쟁적이며, 신분 지향적이다.

성취 욕구는 효과적으로 목표나 과업을 성취하려는 욕구로, 자기 존중을 향상시키는 자아 욕구나 자기실현 욕구와 관련이 있다. 강한 성취 욕구를 가진 사람은 개인적인 책임하의 문제 해결을 선호하며, 아주 어렵고 쉬운 목표보다는 중간의 목표를 달성하고자 노력한다. 이들은 성공에 따른 보상보다는 일 자체의 성공에 더 가치를 두는 경향이 있다. 연구 결과에 따르면, 언제나 높은 성취 욕구를 가진 사람들이 성과를 많이 내지 않고, 중간 정도에서 성과를 높인다는 것을 알 수 있다.

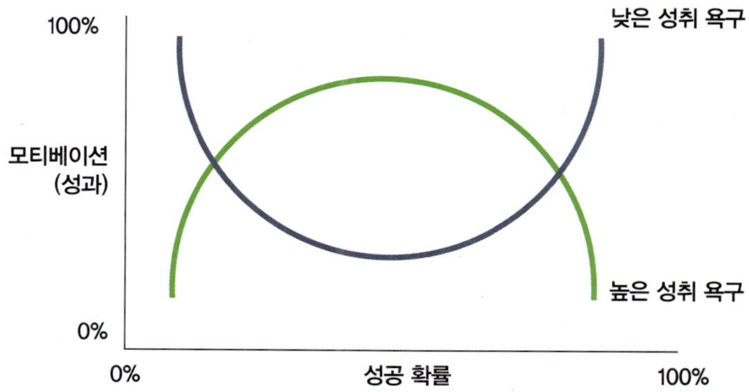

[그림 10-9] 성취 욕구와 성공 확률 간 관계

(3) 동인 이론

워스(W. Worth)가 제창한 동인 이론(Drive Theory)은 인간의 행동을 동인(Drive)과 습관(Habit)의 복합적인 함수로 본다. 그는 개인의 욕구 결핍 정도를 나타내는 동인의 강도와 과거의 경험을 바탕으로 이루어진 습관을 통하여 인간의 행동이 나타난다고 주장한다. 인간이 행동을 취하게 하는 에너지를 동인으로 하고, 개인의 동기는 불균형이나 긴장에서 나오는 동인으로 정의한다. 동인 이론은 동기와 관련하여 내적인 균형을 유지하려는 행동 동기 유발의 연구에서 시작되었고, 불쾌한 상태를 만들어 내는 생물학적 욕구에 초점을 둔다. 동인 이론에서 학습은 강화의 결과이며, 모든 보상은 1차적 동인의 감소 기준이 되고, 동인의 강도는 동인과 학습의 곱의 함수 관계가 있다.

$$동인의\ 강도 = F\ (동인 \times 학습)$$

동인 이론은 개인의 행동이 학습과 과거 경험을 중심으로 자신의 만족스러운 결과를 추구하는 과정에서 형성되는 것으로 간주한다. 개인은 과거 만족스러운 결과를 가져온 것을 되풀이하는 효과 법칙에 기초하고 있고, 행동은 후천적인 학습을 통하여 배운 동기와 행동 경향에 의하여 형성된다고 가정한다. 하지만 동인 이론은 복잡하고 심오한 인간 행동의 측면을 너무 단순하게 다루고 있다는 비판을 받는다.

후천적인 학습

(4) 장 이론

레빈(K. Lewin)은 장 이론(Field Theory)에서 인간의 행동은 인간의 개성과 환경과의 함수이며, 인간과 환경은 심리적 환경을 나타내는 생활 공간을 구성한다고 주장한다.

인간의 행동 = F (개성 × 환경)

목표 달성은 개인의 긴장 수준을 감소시켜 주는데, 반드시 의도하는 목표물을 실제로 소비해야만 하는 것은 아니며, 긴장을 오래 지속하면 할수록 동기는 증대된다.

그밖에도 머레이(H. Murray)는 사회적 동기 이론에서 인간의 행동을 인지 과정뿐만 아니라 사회적 환경과의 함수 관계로 본다. 동기에 관한 지식이나 개성으로만 인간 행동을 설명할 수는 없고, 레빈과 같이 인간의 속성은 물론 환경 특성의 함수 관계로 보아야 한다고 주장한다. 또한 동기는 소비자 행동을 결정하는 기본적인 요인 중의 하나이지만, 인간의 동기 유발이란 대단히 복잡한 현상이어서 쉽게 설명할 수 없다고 주장한다.

10.1.3 동기 유발 요인

소비자의 동기를 유발하는 요인에는 생리적(Physiological Arousal), 감정적(Emotional Arousal), 인지적(Cognitive Arousal), 환경적(Environmental Arousal) 요인 등이 있다.

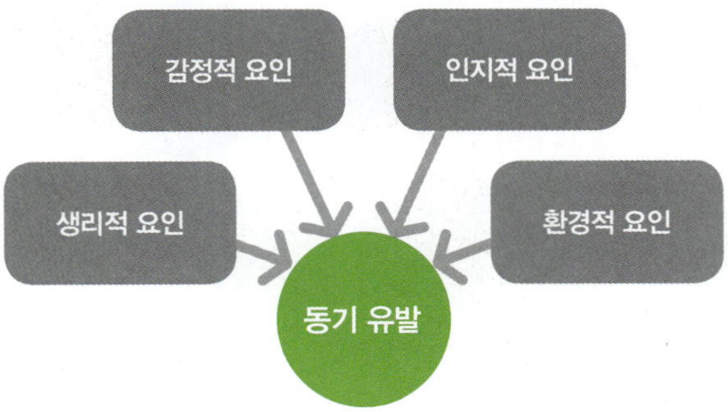

[그림 10-10] 동기 유발 요인

생리적 유발 요인으로 인해 개인의 생리적 욕구 충족을 위한 동기가 유발된다. 생리적 욕구는 인체 내의 균형 상태를 유지하려는 노력이다. 어떤 특정 시점에서 일어나는 육체적 욕구는 그 순간 개인의 생리적 상태가 원인으로 비자발적이면서 만족될 때까지 지속된다.

감정적 유발 요인은 생각이나 기분 등으로 잠재적 욕구들을 유발한다. 잠재적 욕구는 개인의 목표 지향적 행동을 위한 긴장 요인이기도 하다. 예를 들면, 성공적 리더가 경영 대학원에 등록하거나, 소설가가 문인 협회에 가입하는 것 등은 현재의 위치를 벗어나고자 하는 잠재적 욕구가 반영된 것이다.

인지적 유발 요인은 개인의 느낌 · 지각 · 기대 · 태도 등으로 개인적 성취가 욕구의 인지적인 인식을 유도한다. 수동적이지만 외부 환경의 자극 등으로 환기된다.

동기 기반 **광고 사례**

동아제약의 박카스 캠페인은 소비자의 인지적 욕구와 감정적 욕구를 자극하여 성공한 사례이다. 동아제약 박카스는 29초 영화제에서 우수상 수상작인 〈대한민국에서 불효자로 산다는 것〉을 TV로 방영하였다. 30초는 순식간에 지나갔지만 여운은 길게 남았다. 빗속을 뚫고 택배 일을 하는 아버지를 외면하는 딸의 이야기가 진한 감동으로 소비자의 인식에 오래 남았다. 또한 군 입대를 회피하는 젊은이들에게 "지킬 것은 지킨다"라는 군 입대를 독려하는 캠페인을 시도하였다. 그 결과, 동아제약 박카스는 국내 매출 2,000억 원을 돌파하였고, 국내 제약업계에서 단일 제품의 연매출 최고치를 넘어섰다.

[그림 10-11] 동아제약의 박카스 광고

환경적 유발 요인으로 인한 특정 시간에 활발한 욕구들은 종종 환경 내의 특정한 단서에 의하여 결정되며, 단서가 없으면 욕구들은 정지된다. 예를 들어, 광고는 잠재하고 있던 동기 요인을 자극하는데, 이는 소비자의 환경적 자극의 원인이 되기도 한다.

동기 기반
광고 사례

아파트 광고는 친환경, 최첨단, 프리미엄 등으로 차별화가 쉽지 않다. 더욱이 어느 콘셉트가 어느 아파트의 것인지 관련성을 찾기 매우 어려워 대부분의 경우 유명한 모델을 통해 고급 이미지를 주려고 노력한다. 대림은 이러한 보편화된 콘셉트를 버리고 "진심이 짓는다"라는 슬로건을 걸고 아파트를 짓는 마음을 소비자의 입장에서 생각하는 광고를 하였다. 즉, 소비자의 편익을 위하여 자신들이 희생할 준비가 되었다는 진심을 전달하였다. 사례로 "10cm의 진심"은 아파트를 짓는 사람이 쉽게 포기할 수 있는 작은 거리지만, 소비자 입장에서의 공간으로 본다면 커다란 차이라는 점을 부각시켜서 소비자의 인지적 욕구를 자극한 동기 유발에 성공한 사례이다.

인지적 욕구

[그림 10-12] e-편한세상의 광고

개인의 동기 유발 방법에는 결과에 대한 보상과 처벌, 조직 내에서 구성원 간의 경쟁심과 협동심을 자극하는 방법이 있다. 그리고 목표에 대한 성취감과 우월감을 부여하는 방법이 있다. 이 과정에서 경험적 정보를 활용하고, 목적과 결과를 이해하도록 한다.

기업은 동기 유발을 위한 개인의 기능적, 정서적, 사회적, 상황적, 호기심 동기 등이 충족되도록 제품을 개발해야 한다.

10.1.4 동기 유발과 소비자 갈등

부조화 적응 수준(GIAL; the General Incongruity Adaptation Level)

소비자가 받아들이는 자극 수준은 환경에 대하여 축적된 기존의 지식과 환경으로부터 실제로 받아들이는 정보 사이에 존재하는 부조화나 불일치의 정도에 의해 결정된다. 이 수준을 부조화 적응 수준(GIAL; the General Incongruity Adaptation Level)이라고 한다. 소비자는 자극으로 인해 다양한 형태의 동기를 유발하는데, 최저 자극 수준보다 높거나 낮은 자극이 제공되면 소비자는 불안정함을 느낀다. 따라서 소비자는 최저 자극 수준으로 복귀하려는 행동을 유발하게 된다. 자극과 동기 유발의 관계는 다음과 같다.

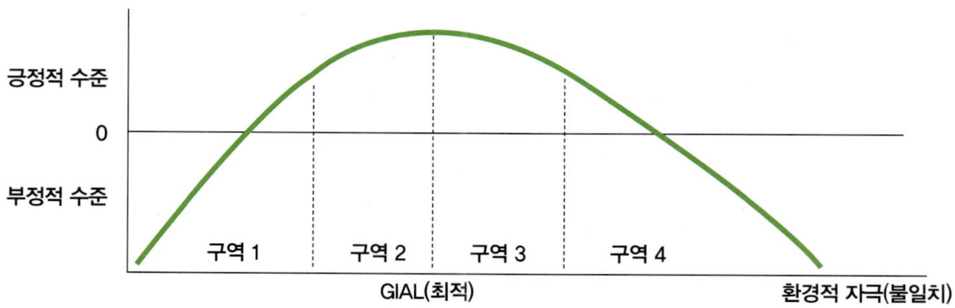

[그림 10-13] 자극과 동기 유발의 관계

구역 1은 소비자의 자극 수준이 매우 낮아서 싫증을 느끼는 영역으로, 소비자가 능동적 탐색 활동을 통해 오랜 기간 반복 구매로 이어지지만 부정적이다. 구역 2는 최저 자극 수준 이하의 자극으로 아직은 싫증을 느끼지 않는 영역인데, 이때 새로운 자극이 소비자에게 수동적으로 인지되면 기존 상표에 대하여 부정적 정보에 민감하게 반응하는 상태의 영역이다. 구역 3은 최저 수준보다 약간 높고 점점 더 긍정적으로 새로운 상표에 대한 호기심이 증가하면서, 새로운 자극의 수용 의사를 표현하는 상태의 영역이다. 구역 4는 자극 수준이 너무 높아 소비자 불안이 증가하는 영역으로, 적극적으로 자극을 감소하는 행동을 하거나 신기하고 새로운 상표보다는 잘 알려진 상표를 선호하는 영역이다.

소비자는 목표-대상에 대한 접근 행동을 할 때 긍정적인 목표를 빨리 이루기 위해 접근하거나 부정적인 결과를 회피하는 방향으로 접근한다. 즉, 목표와 방향의 양면성으로 갈등이 생길 수 있는데, 이러한 동기 유발에 따른 소비자 갈등을 마케팅 전략에 적용한다.

(1) 접근-접근 갈등

소비자가 제품에 대하여 두 가지 매력적인 대안 중 어느 하나를 선택하려고 할 때 접근-접근 갈등(Approach-Approach Conflict)이 일어난다. 즉, 두 개의 바람직한 대안 사이에서 느끼는 갈등으로, 소비자 자신이 노출을 증대시키거나 자신의 견해를 수정해야 한다.

동기 기반
광고 사례

소비자는 제품 선택에서 다양한 갈등을 겪는데, 이러한 갈등을 마케팅에 활용한 사례 중 대표적인 것이 중국집의 짬짜면 메뉴이다. 이 사례는 소비자의 두 가지 갈등인 접근-접근 갈등을 해소하기 위한 방법이다.

[그림 10-14] 소비자 갈등의 접근-접근 사례

접근-접근 갈등의 경우 대안 평가를 위하여 유용한 정보를 획득하거나 동기의 중요성을 재평가함으로써 해결한다. 이 경우 촉진 활동과 판매원의 역할이 중요하며, 추가적인 혜택을 어필하는 것이 효과적이다. 대안의 매력이 비슷할 경우에 소비자의 갈등은 더 커지는데, 마케터는 소비자가 대안을 평가하는 데 유용한 정보를 제공하거나 현장 판매원을 훈련하는 등의 방법을 사용한다. 예로서 패키지 상품 출시 등이 있다.

(2) 접근-회피 갈등

접근-회피 갈등(Approach-Avoid Conflict)은 제품에 대하여 긍정적인 면과 부정적인 면이 동시에 부각될 때 일어나는 소비자의 갈등이다.

동기 기반
광고 사례

소비자는 제품에 대하여 희망과 동시에 부정적인 걱정을 하는 경우가 있는데, 미국 맥주의 대표 브랜드인 밀러는 'Great taste, less filling' 슬로건을 걸고 라이트 밀러와 무알코올 밀러를 출시하였다. 소비자의 맥주를 마시고 싶은 욕구와 이로 인해 살찌는 것에 대한 우려를 동시에 고려한 출시로 세계적으로 라이트 맥주 출시에 선도적인 역할을 하였다.

[그림 10-15] 소비자 갈등의 접근-회피 사례

그 밖에 자동차를 구입하려 할 때 중고차에 대한 처리 방안을 제시하거나 햄버거 판매에서 칼로리를 표기함으로써 비만에 대한 부정적 요인을 완화시키는 등의 사례가 있다. 마케터는 부정적 측면을 감소시켜 소비자의 갈등을 해소하는 전략을 쓰는데, 소비자가 고민하는 요인을 제거하거나 최소화하는 대안을 제공하는 여부가 성공의 관건이다. 이 전략은 기업에서 제품의 라인 확립 등에서 사용한다.

(3) 회피-회피 갈등

회피-회피 갈등(Avoid-Avoid Conflict)은 소비자가 두 가지 대안에 대하여 모두 부정적인 욕구를 가질 때 일어나는데, 본질적으로 부정적이라고 지각되는 두 대안 사이에서 느끼는 갈등이다. 이로 인해서 소비자는 정보 탐색이나 문제 해결 자체를 중단하기도 한다.

동기 기반
광고 사례

자동차를 이용하는 소비자는 자동차 보험을 들어야 하는데, 이는 가능하면 회피하고 싶은 일이다. 이 경우에 보험 회사들은 소비자의 부담을 줄여서 회피하고 싶은 마음을 줄여 주는 전략을 사용한다.

[그림 10-16] 소비자 갈등의 회피-회피 사례

이 경우에는 부정적 동기 유발 요인을 감소하고, 정기 바겐세일처럼 새로운 동기 유발 요인을 강화한다. 그리고 어느 하나를 선택해야 할 때 발생하는 부정적인 요인에 대하여 최소한의 고통을 제공하는 새로운 대안을 제시한다. 이 밖에도 갑작스러운 자동차 고장으로 정비 공장에서 수리를 하거나 신차 구입을 하는 경우가 있다. 마케터는 신차 구입에 대한 특별 신용 할부 계획을 강조해 소비자의 비용에 대한 갈등을 해소해 준다. 그리고 제품을 판매할 때 할부 판매를 활용하여 체감으로 느끼는 비용을 줄여 준다. 즉, 전체 금액을 달이나 일별로 쪼개어 심리적 부담을 줄여 준다. 심리적 부담

10.2 개성

10.2.1 개성의 개요

(1) 개성이란?

개성(Personality)은 환경적 자극에 대해 비교적 일관성 있고 지속적인 반응을 보이는 개인의 독특한 심리적 특성이다. 그리고 자신만의 독특한 방법으로 환경에 적응하도록 하는 인간의 정신물리학적 시스템 안에 내재한 동태적 조직이며, 공통적인 특성이 아닌 개인 간의 차이를 설명하는 내적 특성이다. 개인의 내적 특성은 환경적 상황에 대응하여 일관되게 반응하고, 개인의 기본적이고 일반적인 행동 양식을 동태적 조직

결정하는 주요 요인이다. 개성은 개인의 행동에 반영되어 그 특성이 쉽게 외적으로 표출되는 특징을 가진다. 예를 들면, 외향적 성격을 소유한 사람은 사람들이 많은 곳에서 분위기를 주도하고, 눈에 띄는 디자인의 옷을 즐겨 입으며, 무슨 일이나 앞장서서 행동을 일관되게 한다.

(2) 개성의 특성

개성은 고유(Unique)하고, 일관성(Consistent)이 있으며, 잘 변하지 않는(Statics) 특성이다.

고유한 특성의 개성은 내부 특성들의 독특한 요소들로 결합되어 개인적 차이를 반영한다. 마케터는 이러한 개성을 소비자들을 하나 또는 몇 개의 특징에 근거해 다른 집단으로 분류하는 시장세분화에 활용할 수 있다. 개성은 소비자 행동을 파악하는 데 유용한 요소이다.

일관된 특성의 개성은 심리적 · 사회문화적 · 환경적 요인에 의하여 영향을 받으며, 마케팅에서 표적시장에 활용할 수 있다. 개인의 소비자 행동은 소비자 전체적인 설명이 아니고 마케터가 개성 자체를 변화시키려는 시도로서 실패 가능성이 많아짐을 의미한다.

정적인 특성의 개성은 잘 변하지 않지만, 환경이 변하면 서서히 변할 수 있고 특별한 상황 아래에서는 더 잘 변화할 수 있다. 이러한 개성은 개인의 생활 환경, 즉 출생, 죽음, 이혼, 승진 등과 같은 요소에 의하여 변할 수 있다.

10.2.2 개성과 관련된 이론

(1) 정신분석 이론

프로이트(S. Freud)는 정신분석 이론(Psychoanalytic Theory)에서 개인의 성격 내부에 존재하는 상황과 갈등에 의하여 인간의 행동을 지배하는 근본적인 동기는 무의식적인 요소라고 본다. 그는 인간의 모든 행동은 반드시 원인이 있으며, 본능적 또는 잠재적 특성을 가진다고 주장한다. 인간의 사고, 정서 및 행동에는 무의식적인 결정자가 있으며, 모든 행동은 목표를 지니고 있다. 왜냐하면 인간은 누구나 성장 과정이나 환경이 다르므로 개인의 내적 성격을 생성하는 과정에서 원초아(Id), 자아(Ego), 초자아(Superego)의 상호 관계 속에 서로 다르게 형성되기 때문이다. 개인은 개인마다 특유한 성격이 형성되므로 주로 현실적이고 본능적이라고 주장한다.

원초아(Id)
자아(Ego)
초자아(Superego)

원초아는 개인 성격의 무의식적인 부분으로 본능적이고 충동적이며 즉각적인 욕구

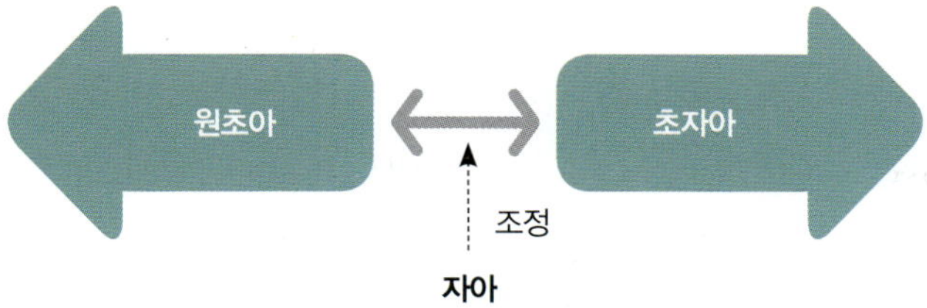

[그림 10-17] 정신분석 이론의 개념

의 저장고이다. 개인은 긴장 해소와 자기만족을 추구하여 쾌락적이고 공격적이 된다.

초자아는 의식적 · 도덕적인 윤리 가치관 등을 포함하는 양심으로, 외부 세계와 직접적인 관계가 있다. 초자아는 바람직한 욕구 충족을 촉구하고 효율성이 아닌 도덕성 방향으로 자아에 압력을 가하여, 완성을 추구하도록 인간을 이끈다.

자아는 원초아로부터 야기되는 것으로, 원초아가 현실적인 충족을 가져다 주지 못하므로 자아가 발달하게 된다. 초자아는 원초아, 양심, 현실의 요구들에 대한 갈등 조정 역할을 하며, 사회적 목표를 지향하고 점차적으로 무의식 속에 흡수된다. 자아는 적당한 대상과 방법이 발견될 때까지 본능적인 충동들의 충족을 지연시키는 역할을 한다.

개성 기반
광고 사례

정신분석학 이론

정신분석학 이론에서 소비자는 의식적인 동기뿐 아니라 무의식적인 동기에 의하여 구매 행동을 한다. 무의식 기반 광고로서 신계계 백화점은 최근의 집밥이나 쿡방 신드롬을 활용하여 식재료 배달 서비스인 '쓱'을 선보여 성장세를 타고 있다. 이 광고는 소비자가 물건을 구매하는 과정의 번거로움을 자동으로 해결해 준다는 메시지를 '쓱'이라는 의성어에 담아서 해결의 실마리를 제공하는 느낌을 전달한다.

[그림 10-18] 신세계의 배달 서비스 광고

개성을 구성하는 세 요소들의 상호작용으로 무의식적인 동기가 유발되고, 인간의 행동으로 구체화된다. 정신분석 이론은 동기 연구(Motivation Research)에 영향을 주었고, 동기 연구에는 투사법(Projective Techniques)과 심층 면접법(Depth Interviews)이 있다. 투사법은 어떠한 상황을 제시하고, 그 상황을 소비자에게 해석하게 한 다음, 이를 바탕으로 소비자의 내면적 동기를 파악하는 방법이다. 심층 면접법은 면접원이 조사 내용과 일반적인 방향을 가지고 대화하면서 소비자의 내면의 동기를 조사하는 방법이다.

내면의 동기

개성 기반
광고 사례

신한카드는 '~덕분에' 릴레이로 고객 중심의 메시지를 통해서 자신들이 더욱 겸손하게 고객을 생각하고 행동하겠다는 무의식적 암시를 광고에 활용하여 성공하였다. 신한카드의 '~덕분에' 광고는 아내가 늘 가정에 좋은 일만 있도록 돌보아 주시는 조상님을 위하여 좋은 제수거리를 장만하는데, 이때 좋은 혜택을 주는 것이 신한카드라는 내용을 담고 있다. 신한카드는 언제나 사랑해 주신 '고객님 덕분'이라며 감사의 릴레이 형식으로 광고를 구성한다. 이때 조상님이 제사상을 잘 차려준 며느리의 덕을 좋은 제수거리 장만의 혜택을 준 신한카드 덕으로 돌리는 유머스러운 반전으로 소비자의 관심을 집중시킨다.

[그림 10-19] 신한카드의 '~덕분에' 광고

정신분석 이론은 시대적 변화에 따라서 생리적 충동보다는 사회문화적 변수가 더 중요하다는 비판 속에 융의 신정신분석 이론(Neo-Psychoanalytic Theory)과 사회심리 이론으로 발전하였다. 이 이론들은 소비자의 행위가 과거뿐 아니라 미래에 대한 인지를 고려해야 한다고 주장하고, 소비자의 현재 욕구와 성장하는 과정에 대한 연구의 필요성을 제시하였다. 하지만 결정력이 약하고 모델이 복잡하여 사회적으로 주목받지 못하였다.

(2) 특성 이론

개인이 다른 사람과 구별되는 비교적 지속적이고 독특한 것이 특성(Trait)이다. 인간의 특성은 시간이 지나도 비교적 안정적이며, 타인과 구별되는 습관적인 사고, 행동, 감정적인 패턴을 가진다. 특성 이론은 이러한 특성으로 인해서 개성이 형성되었다는 이론이다. 개인은 누구나 특성이 있고 정도의 차이는 있지만 환경적인 상황과 무관하게 행동이 상당히 일관적이다. 마케팅에서 널리 사용되는 측정 도구로 EPPS(Edward Personal Preference Schedule)가 있는데, 개인의 욕구와 동기를 14개의 측정 항목으로 개발하여 사용하고 있다. 즉, 성취, 순응, 질서, 과시, 자주성, 친화, 분석, 의존, 자기 비하, 지원, 변화, 끈기, 공격 등이 측정 항목이다.

융(C. Jung)은 개인이 외부로부터 정보를 수집하고, 자신이 수집한 정보에 근거하여 행동을 위한 결정을 내리는 데 있어서 선호하는 방법이 근본적으로 다르다고 주장한다. 이는 MBTI(Myers-Briggs Type Indicator) 이론의 기초가 되는데, MBTI는 자기 보고식 성격 유형 지표로서 심리 유형에 근거를 두고 4가지 양극적 선호 성향과 16가지 성격 유형을 분류하고 있다.

MBTI(Myers-Briggs Type Indicator)

특성 이론에서는 개인의 성격을 5가지 특성으로 정의하는데, 이를 Big-5라고 한다. 우호성은 다른 사람에게 친절하고 협조적이며, 이타적인 동정심을 갖는 성향이다. 성실성은 주어진 목표를 달성하기 위하여 성실히 노력하며, 책임감 있고, 근면한 성향이다. 외향성은 다른 사람과의 사교 등 자극이나 활력을 추구하는 성향으로 감각적이며 모험적이다. 신경성은 긴장, 분노, 우울이나 불안 등과 같은 부정적인 정서를 쉽게 느끼는 성향이며, 개방성은 창의적이고 상상력이 풍부하며 호기심이 많은 성향이다.

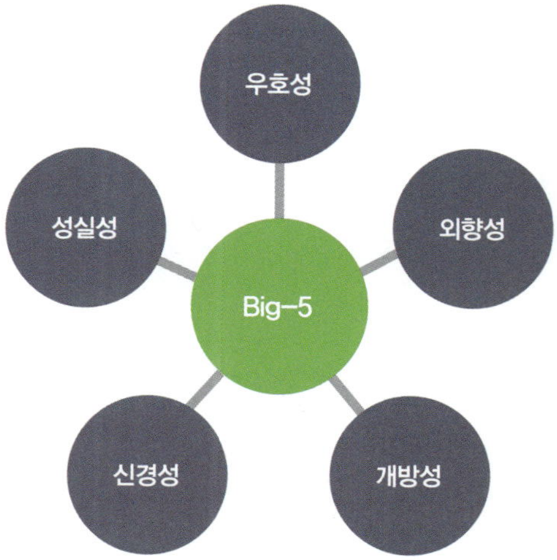

[그림 10-20] Big-5의 구성

개성 기반
광고 사례

브랜드 개성

소비자의 특성 이론은 브랜드 개성을 설명하는 데 활용된다. 개성을 광고에 활용하기 위하여 전문가의 증언이나 화려한 장식, 타제품과 비교하여 우월성을 강조하는 전략을 많이 활용한다. 중국 현지에 위치한 스타벅스 매장은 현지의 고유한 건축 양식을 반영하여 소비자에게 거부감을 줄이는 데 성공하여 차를 주로 마시던 중국인들이 커피를 마시도록 하는 유행을 창조하였다. 이러한 시도는 소비자의 특성 이론이 반영된 사례이다.

[그림 10-21] 중국의 스타벅스 매장

아커(J. Aaker)는 개성에 대하여 114개의 특성 변수들로부터 성실함, 활기참, 유능함, 세련됨, 강함 등 다섯 개의 개성 요인을 추출하였다. 그는 특성 이론을 마케팅에 활용하여 브랜드 개성(Brand Personality)이라는 개념을 개발하였다. 브랜드를 사람으로 비유하면 어떤 개성의 브랜드는 매우 중요하다. 브랜드는 사용자의 이미지, 기업의 이미지, 광고 모델의 이미지 등에 의해서 형성된다. 또한 브랜드 개성은 상징적이며, 자기표현적 기능을 수행한다. 그리하여 브랜드와 연관되는 인간적인 특성은 실용적 기능인 브랜드 속성과 자기표현 기능인 브랜드 개성으로 정리된다. 즉, 소비자는 자기의 개성과 일치하는 브랜드 속성을 가진 제품을 구매하는 형태로 나타난다.

브랜드 개성
(Brand Personality)

개성 기반 광고 사례

KT는 제2의 창업을 선도하는 새로운 경영 방향인 '올레경영'의 일환으로 제작된 올레(Alleh) 광고를 선보였다. 올레는 영어의 헬로(Hello)의 알파벳을 거꾸로 읽었을 때의 발음으로, 환호를 나타내는 감탄사인 오레(Ole)의 뜻을 담고 있다. 이 광고는 '올레'라는 단어가 기분이 좋을 때 자연스러우면서도 유머러스하게 인식될 정도로 커다란 효과를 거두었다.

KT의 올레 광고 시리즈는 광고를 접하면 언뜻 이 광고가 무엇에 대한 설명인지가 명확히 드러나지 않는다. 왜냐하면 KT의 올레 광고는 특정 제품에 대한 광고가 아닌 기업 이미지 제고를 위해 제작된 광고이기 때문이다. 그럼에도 불구하고 KT의 올레 광고는 다른 광고들에 비해 매우 성공적인 광고로

[그림 10-22] KT의 올레 광고

평가되고, 광고 초기부터 선풍적인 광고 열기로 지속적인 시리즈물로 광고가 제작되고 있다. 이 광고는 광고를 접하는 소비자에게 '올레'라는 상징어에 KT의 기업 이미지를 보다 젊고 창의적으로 인식시키려는 전략이 내포되어 있다. 이처럼 브랜드 개성을 내세우는 광고는 소구하고자 하는 집단에게 적합한 광고나 메시지를 전달해야 효과적이다.

---

(3) 사회심리 이론

사회심리 이론(Social-Psychological Theory)은 인간은 표면화된 욕구나 필요를 충족시키기 위해 행동하고, 사회적 관계 속에서 무의식적인 동기보다는 의식적인 동기에 의하여 행동한다는 이론이다. 이 이론에서 사회적 학습은 개성 형성의 주요 요인으로 본다. 호나이(K. Horney)는 개성의 형성에 사회 · 환경적 요인이 중요하다고 하였는데, 개인 행동의 세 가지 주요 성향으로 순응형(Compliance), 공격형(Aggressiveness), 고립형(Detachment)을 들었다. 코헨(D. Cohen)은 이들을 바탕으로 35개의 항목으로 구성된 CAD(Compliance, Aggressiveness, Detachment) 척도를 개발하여 마케팅에 활용하였다.

CAD(Compliance, Aggressiveness, Detachment) 척도

순응형은 타인을 의식하는 성향이 강해 타인이 원하는 대로 행동하며, 타인과의 마찰을 회피하거나 타인을 위해 자신을 희생한다. 이들은 겸손하고 타인을 신뢰하며 집단에 협력적이다. 주로 제품의 상표 지향적인 성향을 띠므로 제품 수명 주기에서 성숙기의 타깃 고객으로 설정하여야 효과적이다.

고립형은 타인으로부터 멀리 떨어지려는 성향이어서 홀로 지내는 것을 좋아하

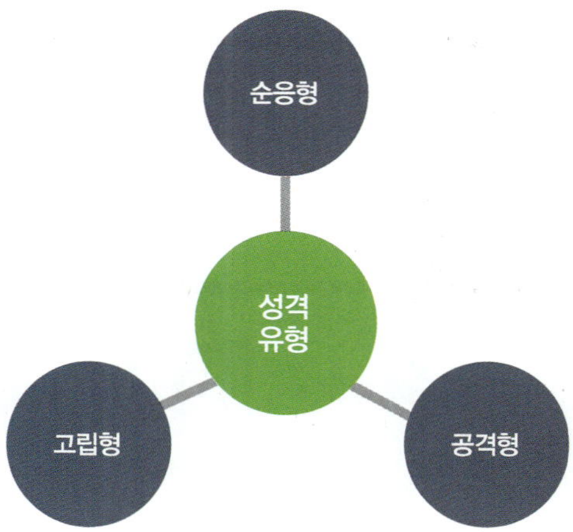

[그림 10-23] 성격의 유형

며, 내성적이고 타인을 쉽게 신뢰하지 않는다. 이들은 대중적인 음료보다는 자신만의 고유한 차를 즐겨 마시는 특성이 있으므로, 제품 수명 주기에서 쇠퇴기의 대상 고객으로 고려해야 효율적이다.

공격형은 권력 지향적이고, 타인보다 앞서서 목적을 성취하는 데 가치를 부여하며, 타인과 비교하여 자신의 경쟁력과 지위를 평가하여 자신의 이미지를 형성한다. 이들은 외부 지향적이고, 자신감과 자기 주장이 강하다. 따라서 강한 남성 지향적 성향의 제품과 같이 제품 수명 주기에서 도입기와 성장기의 타깃 고객으로 설정해야 효과적이다.

개성 기반 **광고 사례**

순응형 소비자는 개인적으로 의사 표현을 하기보다는 타인의 시선을 의식하는 경우가 많으므로 맥주 광고는 이러한 특성을 활용하여 소속감을 강조하는 광고가 효과적이다. 반면에 고립형 소비자는 독립적이며, 주변보다는 자신에게 집중하는 성향을 가지므로 커피 광고에서 혼자 있는 분위기를 활용하는 사례가 많다.

[그림 10-24] 맥주 광고와 커피 광고

10.2.3 개성과 소비자 행동

개성에 영향을 주는 변수로는 인지 욕구, 자기 감시성, 상태-행동 지향성, 소비자 혁신성, 통제성, 경쟁심 등이 있다.

인지 욕구는 불완전한 자극을 완전하게 하기 위한 욕구로, 개인은 정보처리를 위하여 노력을 기울이기를 즐긴다. 인지 욕구는 소비자의 정보처리 과정과 제품에 대한 태도에 영향을 미친다. 인지 욕구가 높은 소비자는 광고 메시지의 설득적 요소, 즉 기능이나 특징과 같은 합리적인 요인에 영향을 받는다. 그러므로 마케터들은 제품의 광고에 가능한 많은 정보를 담아서 체계적 방법으로 소비자가 정보를 처리하도록 돕는 것이 좋으며, 인쇄 매체가 상대적으로 효과적이다. 반면에 인지 욕구가 낮은 소비자는 광고 모델의 매력도, 광고 음악, 광고 분위기 등에 더 많은 영향을 받는다. 따라서 짧은 메시지의 반복 광고를 활용하여 주변적인 메시지에 영향을 주는 방송 매체가 상대적으로 효과적이다.

ATSCI (Attention To Social Comparison Index) 척도

자기 감시성은 개인행동이 상황에 영향을 받는 개성 변수로 일반적으로 ATSCI (Attention To Social Comparison Index) 척도를 활용한다. 자기 감시성이 높은 소비자는 자신의 태도에 따른 제품 구매보다는 타인의 의견이나 사회적 상황에 더 많은 영향을 받는 제품 구매를 한다. 반면에 감시성이 낮은 소비자는 자신의 내적 성향에 더 많은 영향을 받는다. ATSCI는 개인 행동이 관련된 사회적 단서에 따라 이루어지는 정도로 측정되며, ATSCI가 높을수록 자신의 행동에 대한 타인들의 반응을 보다 잘 인지하고 그들의 반응에 민감하게 대처한다.

상태-행동 지향성(SAO; State-Action Orientation)은 개인이 현 상태를 그대로 유지하고자 하는 정도에 따른 개성 변수이다. 행동 지향성이 강할수록 의사 결정을 신속하게 하며, 행동 수행에 적극적이다. 상태 지향적 소비자일수록 행동 의도에 주관적 규범이 영향을 미치고, 행동 지향적 소비자일수록 태도의 영향력이 커서 새로운 제품에 대한 구매 욕구가 높다.

소비자 혁신성은 새로운 제품을 다른 사람보다 먼저 수용하려는 소비자의 특성이다. 소비자 혁신성이 높은 소비자는 새로운 제품이나 혁신적인 제품에 대해 호의적이며 제품에 대해 많은 정보 탐색과 대안 평가를 한다.

통제성은 개인이 자신과 타인, 주변 환경을 통제하려는 정도를 의미하며, 여기에는 고통제형(HiCon Type)과 저통제형(LoCon Type)이 있다. 고통제형은 단정하고 정돈된 품행을 유지하려는 경향으로 폐쇄적이고 독선적이다. 저통제형은 새로운 제품을 보다 쉽게 사용하고 수용하려는 경향을 보인다.

경쟁심은 소비자 행동에서 과시적 소비 형태로 나타나는데, 대표적으로 명품에 대한 소유욕을 들 수 있다.

그 밖에 소비자 행동에 영향을 주는 개성 변수로 독단주의, 사교성, 자극의 최적 수준, 다양성 및 시기성 추구 등이 있다. 이러한 소비자의 특성을 고려하여 새로운 제품을 출시하여야 하고 알맞은 마케팅 전략을 세워야 한다.

10.3 자아

10.3.1 자아란?

(1) 자아의 정의

자아(Self-Concept)는 개인이 사회적으로 결정된 기준에 따라서 자신에 대하여 갖는 지각이며, 개인의 자신에 대한 생각과 느낌의 종합이다. 자아에는 개인이 자신을 어떻게 지각하는지를 나타내는 실제적 자아(Actual Self-Concept), 자신이 어떻게 되고 싶은가에 대한 이상적 자아(Ideal Self-Concept), 다른 사람들이 자신을 어떻게 보는지에 대한 사회적 자아(Social Self-Concept), 다른 사람들이 자신을 어떻게 보아주었으면 하는지에 대한 이상적 사회적 자아(Ideal Social Self-Concept) 등이 있다.

자아는 전체 시장을 유사한 자아 개념을 갖는 세분시장으로 세분화하고, 브랜드와 자아 개념의 조화를 통한 촉진 전략이나 자아 이미지와 상표 이미지에 부합하는 제품을 출시하는 등으로 마케팅에 활용된다.

(2) 자아의 구성 요소와 기능

자아 개념은 스스로에 대한 믿음과 관련된 개념으로 그에 따른 기대와 태도가 결과를 결정한다. 자아 개념을 구성하는 3요소에는 자아 이상(Self-Ideal), 자아 이미지(Self-Image), 자부심(Self-Esteem)이 있다. 자아 이상은 자신이 원하는 모습이고, 자아 이미지는 내면의 현재 자신의 모습이며, 자부심은 자신에 대하여 얼마나 가치를 부여하는지의 정도이다.

자아는 개인의 자아가 긍정적이냐 부정적이냐에 따라서 행위와 반응에 다른 영향을 주고, 다른 사람과 현실 사이에 상호작용을 한다. 그리고 스스로 행동에 대한 방향을 제시하고, 자아의 개념과 일치하는 자극만을 통과하거나 내적인 충돌에서 자극의 필터링 기능을 통한 중재 역할을 한다.

자아 기반
광고 사례

전지현의 여성용 헤라 광고는 도시적인 이미지와 드라마에서 선풍적인 인기를 누렸던 연기자 전지현의 이미지를 제품화하는 방법으로 성공적인 광고 효과를 보았다.

[그림 10-25] 전지현의 헤라 광고

자아 개념은 사회적 상호작용, 사회적 비교, 자기 인식이라는 과정을 통하여 형성된다. 사회적 상호작용이란 중요한 타인과의 관계를 의미하는 것으로 성장 환경이나 타인들의 믿음 등이 중요하게 작용한다. 사회적 비교는 타인들과의 비교에서 상대적인 위치를 파악하는 것이고, 자신의 행동을 관찰하고 이유를 찾는 과정에서 자기 인식이 이루어진다.

마케팅 전략에서는 소비자 행동에 대한 자아 개념을 시장세분화의 근거로 삼아서 잠재 고객의 자아 개념과 상표 이미지를 분석한다. 분석 결과, 그들 사이의 조화의 정도를 측정한 후 구매 행동을 예측하여 시장 점유 증가에 활용할 수 있다.

빅데이터
활용 사례

마케팅 프로모션

2012년 신세계몰은 3년 연속 매년 40%에 달하는 성장세를 이루었고, 기존의 분석 방법으로는 늘어나는 고객의 데이터와 거래 데이터를 제대로 활용할 수 없는 한계에 도달하였다. 즉, 직관에 의존하여 캠페인 계획과 마케팅 프로모션을 진행하는 방법으로는 더 이상 소비자의 요구를 제대로 반영하지 못하였다. 더욱이 영업 현장에서는 데이터 분석이 늦어져 소비자의 요구를 반영하기가 어려웠고, 경쟁업체들 사이에서는 M&A와 대형 백화점들의 공격적인 온라인 쇼핑몰 운영으로 경쟁이 더욱 과열되고 있었다.

해결 방안으로 고객 맞춤 서비스 트렌드에 부합하는 빅데이터 시스템 구축의 필요성이 제기되었다. 그에 따라 고객 개개인의 구매 성향과 욕구를 파악하여 맞춤형 판매가 가능한 인터넷 쇼핑몰을 시작하였다. 특히, 인터넷 및 모바일 기기의 활용도가 높아지면서 현장 판매보다 온라인 판매가 급증하는 환경에서 빠르게 상품을 배치하고 실시간으로 새로운 캠페인을 실시하는 온라인 쇼핑몰은 시기적절하였다.

신세계는 온라인 쇼핑몰 개편에 맞춰 개인 맞춤화 서비스에 중점을 두고 데이터웨어하우스(DW; Data Warehouse)와 고객관계관리(CRM; Customer Relationship Management)를 구축하였다. 이는 고객 서비스 분야에서 새로운 통찰(CSI; Customer Service Insight)을 가지려는 노력이었다.

데이터웨어하우스(DW; Data Warehouse)

고객 서비스 강화를 위해 신세계몰은 IBM의 네티자(Netezza) 데이터웨어하우스를 도입하였다. 대량 데이터 처리에서 하드웨어와 소프트웨어가 하나로 구성된 IBM 네티자의 도입으로 정형 및 비정형 데이터를 분석하고, 실시간 마케팅과 캠페인이 가능하게 되었다. 빅데이터에 기반한 고객 서비스 통찰 프로젝트의 도입 결과는 업무의 효율과 성과를 실시간으로 모니터할 수 있고, IT 부서의 데이터 분석에 대한 시간과 노력을 줄일 수 있으며, 고객의 니즈를 실시간으로 분석하여 재구매를 높일 수 있다. 신세계몰의 해피바이러스 캠페인은 이러한 빅데이터 분석을 기반으로 한 대표적인 사례이다.

[그림 10-26] 신세계몰의 해피바이러스 프로모션

10.3.2 상징적 기호와 자아

소비자의 자아 개념이 제품이나 브랜드 선택에 영향을 미친다는 것이 상징적 상호주의(Symbolic Interaction)이다. 상징적 상호주의는 개인과 자신이 속한 상징(Symbol)들 간의 상호작용을 강조하는 것으로서, 제품이나 브랜드는 객관적인 실

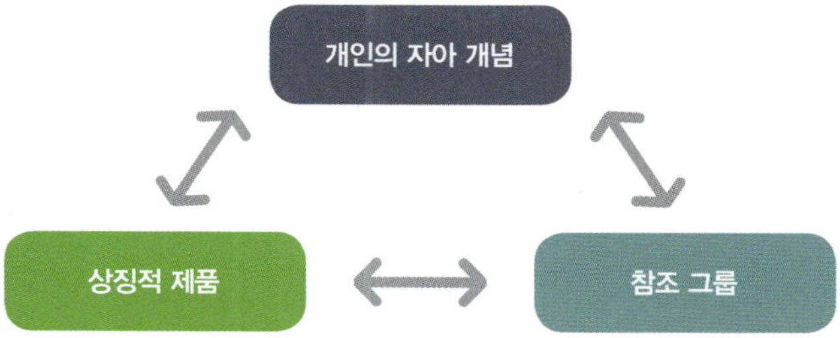

[그림 10-27] 자아와 상징적 상호주의 관계

체로서의 구매가 아니고 주관적인 상징물로 인하여 구매된다. 이때의 인간이 사용하는 모든 기호에는 의미가 있으며, 인간은 생활하는 환경을 구성하는 모든 사물에 주관적인 의미를 부여하고, 모든 대상은 주관적으로 해석된다.

인간의 모든 행위는 대상과 의미를 주고받는 것이고, 상징을 매개로 하는 상호작용이다. 개인은 외부 대상에 대하여 자신이 갖는 의미에 근거하여 행동하고, 대상이 가지는 의미는 타인과의 사회적 상호작용으로부터 생긴다. 그리고 대상에 대한 의미는 개인이 사용하는 해석적 과정을 통하여 이루어진다. 상징적 상호작용론에서 사회적 행위는 자아를 가지고 있는 능동적이고 창조적인 행위자들의 사회적 상호작용을 의미한다. 이 경우 상호작용은 상징적인 매개수단을 통해서 이루어진다.

자아 기반 **광고 사례**

배고픈 어린이에게 언제나 도움을 주는 적십자 광고는 빨간 십자가를 통해서 자신들의 이미지를 구축하고 있다. 이 광고는 적십자의 이미지를 빨간 십자가로 상징화한 것이다.

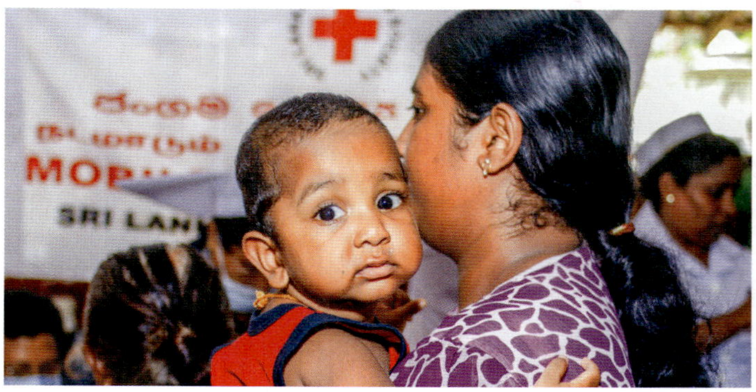

[그림 10-28] 적십자의 아동 보호

개인이 자신을 개체화된 실체로 보는지 다른 사람과의 관련성 측면에서 보는지에 따라서 자아 해석(Self-Construct)이 달라진다. 독립적 자아 개념은 자신은 유일하며 다른 사람들과 차별화된 특성을 소유한다고 보는 측면이고, 상호 의존적 자아 개념은 자신을 그룹의 한 부분으로 간주하고 타인과 관련지어 설명하는 것이다.

자아 해석(Self-Construct)

자아 기반 **광고 사례**

상징적 상호작용 이론은 기호를 통하여 제품의 이미지를 표현하는 광고에 활용된다. 흡연을 하면 살아가는 시간이 줄어든다는 공익 광고는 금연의 필요성을 시계라는 기호를 통하여 전달하고 있다. 물론 흡연과 죽음을 동일시하여 소비자의 공포에 소구하는 측면도 있지만, 살아가는 시간을 시계로 상징하여 효과를 극대화하고 있다.

[그림 10-29] 금연을 위한 공익 광고

자아 이미지와 제품 이미지를 동일시하는 방법을 마케팅에서 주로 사용한다. 사람들은 자신에 대한 지각을 통하여 자신의 이미지를 가지고, 자신의 이미지에 맞도록 소비한다. 자아 개념은 어릴 때 형성되며, 자아는 통합적인 이미지를 구축한다. 자아 개념은 전체적인 동시에 상호작용적인 양면의 특성을 가지고 있다. 따라서 자아 기반의 소비자 데이터 수집과 분석은 매우 중요하다.

빅데이터 **활용 사례**

패션 산업은 제조와 유통업이 결합되어 경쟁이 치열한 시장이다. 더욱이 이 분야는 감성, 트렌드, 디자인, 직관 등 사업 추진에 있어 주관적 영역이 많이 개입되어 정확한 예측이 어렵다. 또한 매출과 더불어 재고관리에도 어려움이 있는데, 코오롱은 이를 빅데이터로 활용하여 해결하였다.

코오롱은 고객 구매 데이터와 온라인 쇼핑몰 로그 데이터 등을 기반으로 구매 형태, 할인 민감도, 구매 주기 등을 구매력을 기준으로 세분화하는 작업을 하였다. 그리고 이들 중 우수 고객을 선별해 내는 고객 가치 분석을 실시하였다. 그 결과 도출된 특정 브랜드의 매출을 고객의 분류와 구매 단계별로 시각화하였고, 이 과정에서 고객의 구매 성향 분석과 연동하여 프로모션 대상을 설정하였으며, 브랜드별 판매량을 예측하는 모델을 만들어 브랜드별 물류의 물량 관리를 효율적으로 시행하였다. 또한 성별, 연령별로 매장의 입점 고객 데이터를 확보하기 위한 고객 수 정보 시스템을 도입하여 매장 단위의 매출 증감에 대한 원인을 파악하고 판매 효율 분석의 기준으로 활용하였다.

코오롱은 빅데이터를 과거 판매 패턴 분석에 기초하여 아이템별 시즌 총 판매량을 예측하는 데도 사용하고 있다. 단기 판매 예측 데이터와 연동하여 대형 프로모션에 대한 예측의 감가 기준 함수를 도출하고, 온라인 고객 관심 상품과 오프라인 매장에서 실제로 판매로 이루어지는 상관관계를 분석함으로써 단기 판매 예측을 하고 있다. 즉, 고객 구매 데이터 및 코오롱 온라인 쇼핑몰 방문 로그 데이터 등의 자체 데이터를 추출하고, 매출을 기준으로 구매력 등급 세분화 작업으로 고객 가치를 분석하

구매력 등급

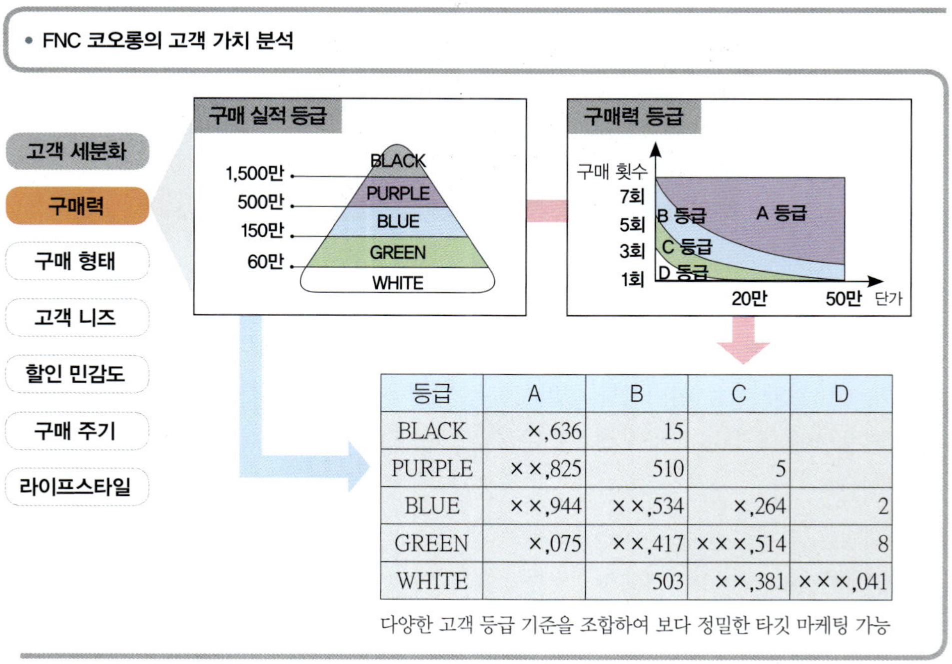

등급	A	B	C	D
BLACK	×,636	15		
PURPLE	××,825	510	5	
BLUE	××,944	××,534	×,264	2
GREEN	×,075	××,417	×××,514	8
WHITE		503	××,381	×××,041

[그림 10-30] 고객의 가치 분석 정보

출처: Business Impact & Big Data 2014

고 있다. 이를 바탕으로 브랜드별 판매 시점을 연동 프로모션 대상과 연결하여 물류 및 제품 관리의 효율화를 추구하고, 매장별 입점 고객을 분석하여 매출의 증감 원인을 파악하고 있다. 또한 온오프라인 고객의 관심 상품과 판매 사이의 관계를 분석하여 단기 판매를 예측하고, 판매 증가 예상 아이템을 산출하여 과거 판매 패턴 분석을 통해서 아이템별 판매량을 예측하고 있다.

코오롱에서 활용한 빅데이터 모형의 규모는 작지만, 이전에 관리되지 않거나 활용하지 않은 자체 데이터를 적용하여 적절한 예측 모형을 만들고, 재고를 효율적으로 관리할 수 있는 토대를 마련하였다는 데 커다란 의미가 있다. 이러한 시스템을 활용한 결과 영업 이익이 12.7% 증가하여 패션 분야의 분기당 최고 이익을 달성하는 성과를 내었다.

연·습·문·제

※ 다음 빈칸에 해당하는 용어를 넣으시오.

1. (　　)은(는) 외부 환경에 존재하는 목표를 향하여 선택적으로 노력을 집중하고 자신의 노력에 대한 방향을 결정하는 심리적인 상태를 의미한다.

2. 인간의 욕구는 치열한 경쟁에서 살아남으려는 생존 욕구부터 자아실현 욕구에 이르기까지 다양하다. 이러한 인간의 욕구가 얼마나 다양하고 어떠한 단계를 가지고 있는지에 대하여 매슬로는 (　　　　　　　　　　)으로 설명한다.

3. 맥클레랜드는 인간의 욕구에 기초하여 동기부여를 설명하는 (　　　　　　　　) 을(를) 주장한다.

4. 레빈(K. Lewin)은 (　　　　　)에서 인간의 행동은 인간의 개성과 환경과의 함수이며, 인간과 환경은 심리적 환경을 나타내는 생활 공간을 구성한다고 주장한다.

5. 소비자가 받아들이는 자극 수준은 환경에 대하여 축적된 기존의 지식과 환경으로부터 실제로 받아들이는 정보 사이에 존재하는 부조화나 불일치의 정도에 의해 결정된다. 이 수준을 (　　　　　　　　)이라고 한다.

6. (　　)이란 환경적 자극에 대해 비교적 일관성 있고, 지속적인 반응을 가져오는 개인의 독특한 심리적 특성이다.

7. 개인이 다른 사람과 구별되는 비교적 지속적이고 독특한 것이 (　　)이다. 인간의 (　　)은 시간이 지나도 비교적 안정적이며, 타인과 구별되는 습관적인 사고, 행동, 감정적인 패턴을 가진다.

8. (   )은(는) 인간은 표면화된 욕구나 필요를 충족시키기 위해 행동하고, 사회적 관계 속에서 무의식적인 동기보다는 의식적인 동기에 의하여 행동한다는 이론이다.

9. (   )은(는) 개인이 사회적으로 결정된 기준에 따라서 자신에 대하여 갖는 지각이며, 개인이 자신에 대한 생각과 느낌의 종합이다.

10. 소비자의 자아 개념이 제품이나 브랜드 선택에 영향을 미친다는 것이 (   )이다.

※ 다음 내용에 대하여 설명하시오.

11. 동기부여 이론에는 연구의 주제에 따라서 동기부여 내용 이론(Content Theory)과 동기부여 과정 이론(Process Theory)이 있다. 이들에 대해서 설명하시오.

12. 소비자는 목표-대상에 대한 접근 행동을 할 때 긍정적인 목표를 빨리 이루기 위해 접근하거나 부정적인 결과를 회피하는 방향으로 접근한다. 여기서 발생하는 갈등에 대해서 설명하시오.

13. 특성 이론에서는 개인의 성격을 5가지 특성으로 정의하는데, 이를 Big-5라고 한다. 이들에 대해서 설명하시오.

※ 다음 주제에 대하여 토론하시오.

14. 만약 여러분이 자동차 세일즈맨이라고 가정하자. 여러분의 상사가 판매할 자동차에 대한 고객의 감정을 이해하는 것을 중요하지 않다고 지시할 때 그를 설득하기 위한 과정을 토론하시오.

15. 매슬로의 욕구 단계론이 마케터에게 소비자의 needs와 wants를 이해하는 데 어떻게 도움이 되는지 토론하시오.

16. 감정과 분위기의 차이점은 무엇이고, 얼마나 많은 형태의 감정이 있으며, 고객의 감정과 분위기를 마케터가 고려해야 하는 이유를 토론하시오.

쉬면서 생각하는 4차 산업혁명 꿀팁!

Step 6

4차 산업혁명 시대에는 누구나 슈퍼맨이 되는 것이 가능한 호모 모빌리언스(Home Mobilians)라는 새로운 인류가 지구를 지배할 것이다. 이들은 스마트한 기술과 사회적인 영감을 가진 새롭게 진화한 생명체로서 단순히 오감을 융합한 이전의 슈퍼맨이 아니다. 이들은 개개인의 인간이 소유 가치를 중요하게 생각하는 것에서 집단의 공유 가치를 실현하는 발전적인 의미를 내포한 새로운 인류로 재탄생한 것이다.

CHAPTER 11

지각을 통한 정보처리

학습 목표

- 소비자가 지각을 통하여 정보처리하는 과정을 이해한다.
- 소비자는 대상을 지각하여 노출, 주의, 이해, 기억의 과정으로 정보를 처리하고, 이를 통하여 얻어진 정보를 가지고 설득의 과정을 거친다는 것을 안다.
- 소비자 설득에 영향을 주는 요소를 학습하고, 지각을 통한 정보처리 기반의 광고 사례와 빅데이터 활용 방안을 살펴본다.

지각을 통한 정보처리 기반 광고 택배업체인 배달의민족은 우리 민족이 배달의 민족이라는 역사적 사실과 기업의 브랜드명을 연결하여 자연스럽게 브랜드명을 상기하는 효과를 거두었다. (본문 310쪽)

11.1 지각

11.1.1 지각이란?

우리의 마음은 우리의 이성으로는 도저히 이해할 수 없는 이유가 있다.

– 블레즈 파스칼(Blaise Pascal)

솔로몬(H. R. Solomon)은 지각(Perception)을 소비자가 자극에 대하여 인식하는 과정으로 개인이 감각을 선택하고, 조직하고, 해석하는 과정이라고 설명한다. 소비자는 대상에 대하여 해당 지각 정보를 기억으로 저장하고 이를 바탕으로 무의식적인 행동을 하는데, 이 행동은 감각기관과 관련되어 있기 때문에 심리적인 편견을 포함하기도 한다. 하이데거(H. Heidegger)는 지각을 가장 기본적인 사물과의 만남의 방식이고, 개인의 직관적인 체험이며, 대상을 생생한 방식으로 현재화한다고 설명한다. 상품이나 서비스에 대한 지각은 소비자가 노출되는 자극과 이 자극에 의미를 부여하는 방식에 따라 달라질 수 있다. 즉, 지각은 소비자의 감각기관을 통하여 받아들인 제품에 대한 자극을 개인이 가지고 있는 가치관, 경험, 욕구, 이해 등을 토대로 의미 있는 것으로 조직화한다.

지각은 주관성 · 선택성 · 일시성 · 종합성 등의 특성을 가지고 있고, 소비자에 따라서 다르게 표현된다. 주관성은 소비자가 자기의 신념 · 태도 · 편견을 구체화시키고, 구매 행동을 하는 특성이다. 소비자는 자신만의 다양한 사고를 가지고 있으므로 동일한 상품에 대해서도 다르게 지각한다는 것이다. 선택성은 소비자가 가급적 관심이 있는 자극들만 선별적으로 받아들이는 특성이다. 소비자는 주어진 시간 안에 모든 정보를 받아들일 수 없으므로 가능한 관심이 있는 정보들만을 선별한다는 것이다. 일시성은 소비자가 제품에 대해서 지각하는 자극이 오랜 기간 기억에 남아 있지 않고, 자극에 의한 지각 역시 단기적으로 기억되는 특성이다. 종합성은 소비자가 제품에 대하여 개별적으로 주어지는 자극들을 통합하여 전체의 이미지로 받아들이는 특성으로, 자극을 받아들일 때 하나의 형태로 종합해서 지각하는 특성이다.

11.1.2 지각 처리의 과정

소비자가 상품을 구매하기 위하여 정보를 처리하는 과정은 자극을 받아들이고, 해석하고, 기억에 저장한 후 검색을 하는 과정으로 노출 · 주의 · 이해 · 기억 · 행동의 5단계로 이루어진다. 마케팅에서 효과적인 광고 메시지를 위해서는 소비자가 정보에 대한 지각 처리 과정을 이해하는 것이 중요하며, 가장 비효과적인 광고는 메시지가 소비자의 정보처리 단계들을 통과하지 못하는 것이다.

정보처리 단계

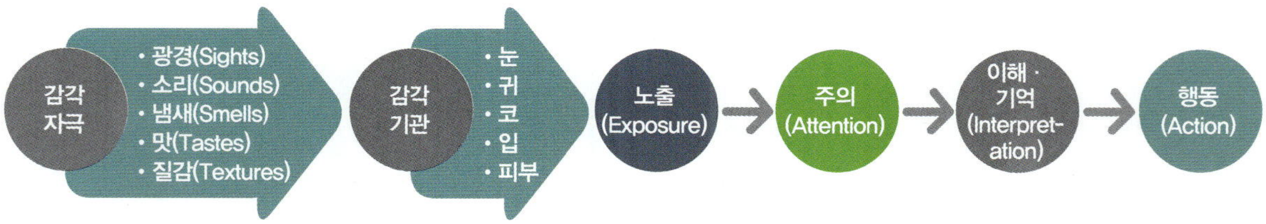

[그림 11-1] 지각 처리의 과정

소비자는 개인의 행동과 결정에 영향을 미칠 수 있는 자극들을 무의식적으로 받아들이고, 감각기관을 통하여 자극들을 인식한다. 자극은 감각기억이 그 자극을 인지하는 감지(Sensation)를 통해서 이루어지는데, 개인이 수용하는 감지의 정도를 식역수준(Threshold Level)이라고 한다. 지각은 지각 처리 과정 이외에 비의식적인(Nonconscious) 부분의 영향을 받기도 하는데, 이를 지각의 한계라고 한다. 개인이 감지할 수 있는 가장 작은 수준을 절대적 식역(Absolute Threshold)이라 한다. 절대적 식역에는 개인별로 자극들 사이의 차이를 알 수 있는 최소한의 차이인 차별적 식역(Differential Threshold)과 자극에 대하여 반응을 보이는 능력인 식역하 지각(Subliminal Perception) 등이 있다. 소비자는 지각의 한계로 인하여 제품에 대한 지각의 차이를 더욱 다양하게 느낀다.

식역수준(Threshold Level)

지각 처리 과정 중 노출 단계는 선택에서 중요한 자극들과 그렇지 않은 자극들이 의식 세계로 들어오는 단계이다. 이때 소비자는 지나치게 많은 자극의 수용으로 의사 결정에 어려움을 겪게 되는데, 이를 해소하기 위하여 자극들 중에서 유용하지 않은 자극들을 선별하는 주의라는 단계를 거친다. 이 단계에서 소비자는 개인이 처리할 수 있는 능력에 따라서 한정된 자극들만 필요한 정보로 활용하게 된다. 이해의 단계는 소비자의 기대와 동기에 부합된 정보를 기반으로 선택된 자극들을 조직화하고 해석하여 정보를 재생산하는 과정이다. 소비자는 재생산한 정보를 자신의 기억에 저장하고 행동 판단의 근거로 삼는다.

지각을 통한 정보처리 기반 **광고 사례**

자극이 선택적으로 감각기관을 통해 지각되기 위해서는 보통 느끼는 자극보다 강도가 크거나 현저히 낮을 때이며, 이때 소비자의 지각 현상이 잘 일어난다. 하지만 지각의 요인이 지속되면 지각의 대상으로부터 제외되거나 새로운 제품으로 쉽게 대체된다. 반복된 자극은 강한 자극으로서의 역할을 하며 주의를 더 끌게 되는데, 자극에 대한 마음가짐 또는 태도에 따라 달라진다. 특정한 자극은 지각의 전체 속에서 가지는 영향이 다른데, 소비자는 상표가 붙으면 상품의 맛과 질에 대한 강한 선호를 갖는다.

기업은 마케팅을 위해서 소비자의 선택적 지각에 관심을 가져야 하는데, JND(Just Noticeable Difference)는 개인이 최소한의 자극 변화를 감지하는 것으로 상품 크기 감소, 가격의 인상, 포장의 변화가 소비자에게 인식되는 한계 측정에 활용된다. 즉, 상품이나 포장의 개선이 소비자에게 지각되는 최소 수준을 넘어서야 지나친 낭비 없이 마케팅 효과를 기대할 수 있다.

JND(Just Noticeable Difference)

하이트진로의 참이슬 로고의 변천 과정을 예로 들어 설명해 본다. 참이슬 로고는 동일한 제품의 로고가 시대에 따라 변해 가는 과정을 보여 준다. 이 과정에서 기본적인 참진(眞)과 이슬로(露)의 콘셉트를 유지하면서 동일한 제품임을 강조하고 상품의 이미지를 개선하는 과정을 보여 주었다. 이는 소비자에게 최소한의 자극 변화만으로 신선함을 제공함과 동시에 연속적인 제품 이미지를 고수한 전략이다. 이러한 하이트진로의 참이슬 로고 변천은 소비자의 지각 현상의 좋은 사례이다.

[그림 11-2] 참이슬 로고 변천 과정

마케터는 제품의 개선 방향과 정도를 결정할 때, JND보다 낮은 경우에는 소비자의 인식이 거의 없어 낭비가 일어나고, 높은 경우에는 비용의 낭비와 함께 소비자의 반복 구매가 감소한다는 점을 고려해야 한다.

선택적 지각은 마케팅에서 고려해야 하는 중요한 요소로서 소비자가 자신의 주관을 바탕으로 여러 가지 자극 중에서 필요한 부분만 선택하는 것이다. 즉, 개인적으로 받아들인 다양한 전체 자극 중에서 극히 일부분만을 받아들여 지각하는 것이다. 선택적 지각의 과정은 선택적 노출(Selective Exposure), 선택적 주의(Selective Attention), 선택적 이해(Selective Comprehension), 선택적 보존(Selective Retention)의 단계를 거친다.

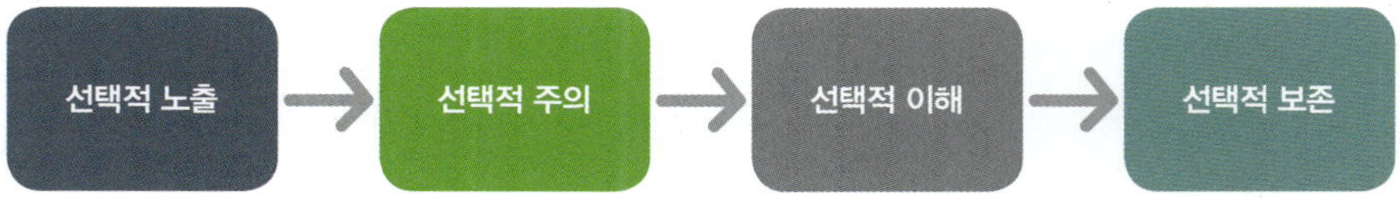

[그림 11-3] 선택적 지각 처리의 과정

선택적 노출은 개인의 신념이 제품의 선택에 영향을 미치는 과정인데, 의식적으로나 무의식적으로 관심 있는 자극에만 노출된다. 선택적 주의는 개인이 지지하는 정보에 대하여 더 커다란 주의를 기울이고, 그렇지 않은 정보에 대해서는 회피하는 것이다. 선택적 이해는 개인이 가진 신념과 태도에 부합되도록 정보를 해석하는 것이다. 선택적 보존은 정보가 향후 행동에 영향을 미칠 수 있도록 기억 속에 보존하는 것으로, 소비자는 의사 결정에 적합하거나 현재의 신념과 태도에 적합한 정보를 받아들이고 오래 기억하는 경향이 있다.

선택적 지각은 수많은 자극 중에서 개인의 욕구에 부합되고 유용한 정보를 더 잘 지각하는 현상인 지각적 탐색(Perceptual Vigilance)과 개인에게 주어진 위협적이거나 모순적 정보를 사실로 인식하지 않으려는 지각적 방어(Perceptual Defense) 현상을 일으킨다.

지각적 탐색(Perceptual Vigilance)

11.2 정보처리의 과정

소비자는 지각의 과정을 통해서 상품에 대한 정보를 처리하는데, 소비자의 감각을 통하여 감지된 외부 정보는 주의, 이해, 기억이라는 과정으로 처리된다.

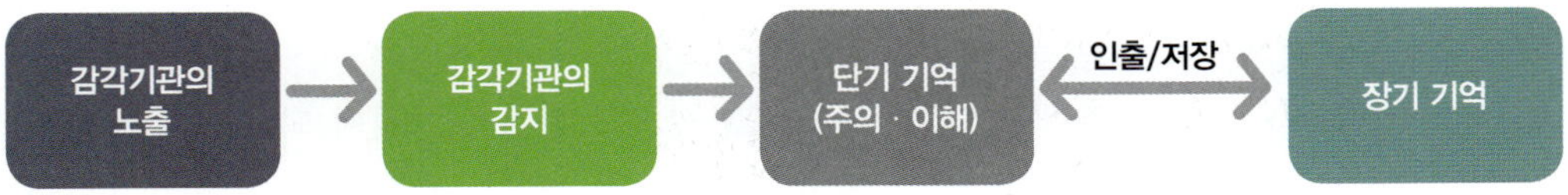

[그림 11-4] 정보처리의 과정

소비자는 우선 감각기관을 통하여 제품과 관련된 정보에 노출되고, 주의와 이해를 통해서 상품에 대한 지각을 하고 기억하며, 의사 결정에 필요한 정보가 발생할 경우에 적절하게 기억장치에서 인출하는 과정을 통하여 정보를 처리한다. 이 과정에서 감지는 소비자에게 주어지는 자극의 정도가 강해져서 감각기관이 그 자극을 알아차리는 것이다. 기업은 소비자의 정보처리 과정을 이해하고, 자신들의 대상 시장의 목표 소비자가 해당 상품에 대한 정보를 효과적으로 지각할 수 있도록 하여, 소비자의 구매 행동을 유도해야 한다. 이러한 과정을 자극의 지각 과정과 기억 과정을 포함하여 세분화하면 다음과 같다.

소비자의 정보처리 과정은 상품이나 서비스에 대한 자극들에 노출되고, 그 자극에 주의를 기울이며, 주의한 자극들을 이해하는 과정이다. 소비자는 정보처리 과정을 거치면서 원하는 상품이나 서비스를 이해하고 평가하며, 과거에 구매한 결정을 정당화한다. 그리고 즉각적인 구매나 구매 지연을 합리화하고 시장 환경 등의 변화를 이해한다. 또한 반복적으로 구매하는 제품의 상표나 가격 등에 대한 경험을 축적한다. 소비자의 정보처리 과정 중에서 노출, 주의, 이해, 기억 등에 대하여 구체적으로 살펴보자.

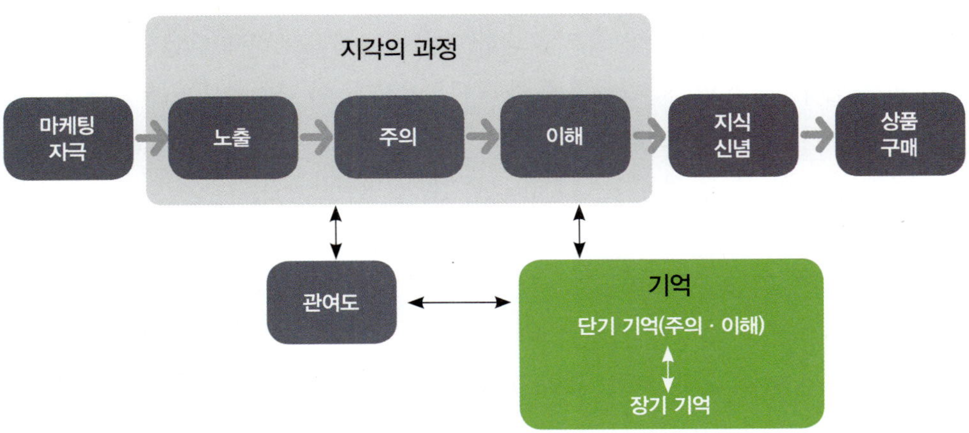

[그림 11-5] 소비자 정보처리의 상세 과정

11.2.1 노출

소비자는 자극을 주관적으로 지각하므로 심리적 편견을 가지게 되고, 이러한 지각은 소비자의 감각을 지배한다. 소비자는 상품의 광고 · 브랜드 · 포장 등의 단순한 자극에 대하여 즉각적이고 직접적으로 반응을 하고, 오감을 통해 있는 그대로 받아들인다. 이러한 감각은 감각기관을 통해 뇌에 들어와 비로소 소비자가 지각을 하게 된다. 따라서 지각과 감각은 밀접한 관계가 있다.

노출(Exposure)은 정보를 처리하는 과정의 첫 단계로 이러한 감각이 활성화될 준비 상태를 의미한다. 노출의 유형에는 의도적 노출(Intentional Exposure), 우연적 노출(Accidential Exposure), 선택적 노출(Selective Exposure) 등이 있다.

(1) 의도적 노출

소비자가 의도적으로 자신의 정보를 노출시키는 것으로서, 필요에 의한 노출이므로 높은 수준의 정보처리가 이루어지고 의사 결정에 영향을 미칠 수 있다. 이 노출은 지각의 이해 단계에서 상품에 대한 평가 과정에 관여한다. 가장 대표적인 사례가 지속적으로 관심이 높은 상품을 구매하기 위하여 인터넷으로 해당 상품을 검색하는 것이고, 이 과정에서 소비자의 정보는 마케터에게 노출된다. 하지만 대부분의 상품에 대하여 소비자의 관여도가 높은 경우는 적어서 의도적 노출은 다른 노출에 비해서 드물게 일어난다.

(2) 우연적 노출

POP 전시(Point Of Purchase)

소비자가 자신이 의도하지 않은 상태에서 노출되는 것으로서 텔레비전, 라디오, 인터넷, POP 전시(Point Of Purchase Displays) 등의 수많은 광고에 노출되는 경우이다. 이 노출은 소비자가 상품에 대한 구매 행동이라는 문제를 인식하지 못하고 있는 상태에서 무의식적 노출을 통하여 이루어진다. 이 과정에서 구매 욕구가 일어나기도 한다. 우연적 노출은 지각 처리의 이해 단계에서 기억에 영향을 주어서 상품에 대한 인지도를 형성하는 데 중요한 영향을 미친다.

지각을 통한 정보처리 기반 **광고 사례**

표적시장

기업은 표적시장을 정확히 파악하여 소비자에게 상품을 가장 많이 노출하는 방법으로 각 타깃에 맞는 매체를 이용하여 마케팅 자극을 제공한다. 예를 들면, 세대별 구독 잡지인 〈쎄씨(ceci)〉나 〈유행통신〉은 20세에 맞추어 제작된 잡지이고, 이들을 활용하여 20대에 맞는 제품이나 서비스를 노출하는 전략이다.

또한 기업은 통합적 마케팅 커뮤니케이션 기법으로 소비자가 원하지 않아도 광고를 하는 ATL(Above The Line) 기법과 소비자의 관심을 유도하여 참여할 수 있도록 하는 BTL(Below The Line) 기법을 사용한다. 이들 기존 매체 외에도 새로운 형태인 쇼핑 카트, 엘리베이터, 내부 TV 등을 활용하여 노출을 증대한다.

ATL(Above The Line)

BTL(Below The Line)

혁신적인 정보 통신 기술을 이용하여 노출 빈도를 높이기 위해 SNS, 휴대전화 앱, 인터넷 주소 등을 활용할 수 있으며, 매체에서 눈에 잘 띄는 위치에 마케팅 자극을 배치한다. 예를 들어, TV 광고는 프로그램 처음과 끝, 잡지 광고는 겉표지 다음, 신문 광고는 기사 가까이에 배치하는 것이 노출을 증가시키는 방법이다. 그리고 점포 내에서는 노출이 잘될 수 있는 곳, 즉 소비자의 허리와 눈높이, 통로의 처음과 끝, 시계 반대 방향에 마케팅 자극물을 배치하여 노출을 증가한다.

[그림 11-6] 네이버 메인 페이지 광고

기업들은 국내 최대 검색엔진인 네이버 메인 페이지 상단에 자신들의 광고를 노출하기 위하여 노력하고 있다. 네티즌들이 많이 사용하는 검색엔진 사이트에서 우선적인 노출을 보장받기 위해서이다.

(3) 선택적 노출

소비자가 필요하고 관심이 있는 정보에만 자신을 노출시키는 것으로서 인터넷을 이용하면서 스팸이나 광고를 의도적으로 보지 않는 것이다. 이로 인해서 마케터의 광고가 무의미해질 수 있다.

기업의 마케터들은 자사의 상품과 서비스를 소비자에 노출시키기 위하여 가장 효과적인 방법이 무엇인지를 고려해야 높은 성과를 얻을 수 있다.

11.2.2 주의

감지(Sensation)

주의(Attention)는 소비자가 상품이나 서비스에 대한 자극을 처리하고자 인지적 자원을 배분하는 능력이다. 개인의 인지적 자원의 한계로 인하여 상품에 관련하여 노출된 모든 자극을 처리할 수 없다. 주의는 자극의 강도가 어느 정도 강해져서 감각기억이 그 자극을 인지하는 감지(Sensation)를 통해서 이루어진다.

주의는 상품에 대한 자극들을 처리하기 위하여 정신적인 활동을 시작하는 단계로서 4가지 특성이 있다. 첫째, 소비자는 자신에게 중요하다고 판단되는 것에만 주의를 기울이는 선택성이 있다. 둘째, 소비자는 동시에 몇 가지 자극에 대하여 주의를 기울일 수 있는 가분성이 있다. 셋째, 소비자는 중요하다고 판단되는 상품에 대한 자극에 대하여 보다 많은 주의를 보이는 집중성이 있다. 넷째, 소비자의 개인적인 정보처리 능력의 한계로 인하여 전혀 주의를 기울이지 못하는 한계성이 있다.

(1) 주의와 환기의 관계

상품에 대하여 노출된 자극물에 대하여 소비자가 주의를 기울이는 수준은 개인적인 요인뿐만 아니라 제공되는 자극물에 따라서 다르게 나타난다. 환기(Arousal)는 개인이 정신을 바짝 차리고 있는 정도를 의미하는데, 주의와 긴밀한 관련이 있다. 주의와 환기 사이의 관계는 그림과 같다.

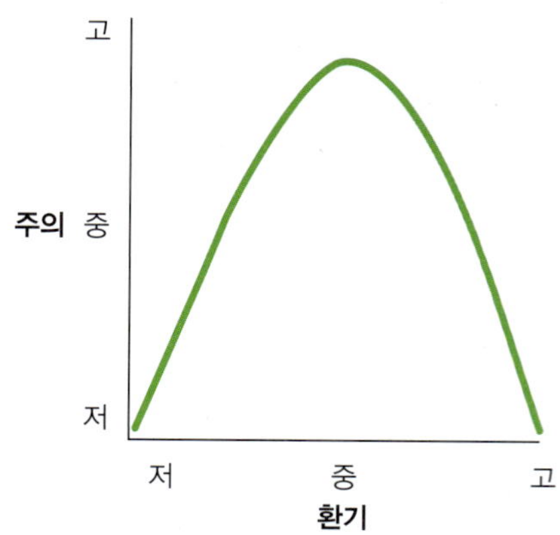

[그림 11-7] 주의와 환기의 관련도

그림을 보면, 소비자는 환기 수준이 낮거나 높을 때는 주의 정도가 낮고, 적당한 수준으로 환기되었을 때 가장 정확한 판단을 할 수 있음을 알 수 있다. 환기 수준이 매우 낮거나 높을 때는 소비자가 정보처리를 위해 사용할 수 있는 인지적 자원이 부족하기 때문에 주의가 낮게 일어난다. 집중도가 높다는 것은 환기 수준이 높다는 것으로, 주의의 범위가 작아진다는 것을 의미한다. 예를 들어, 미국의 미식축구 중계에 국 · 내외의 대기업들이 막대한 광고비용을 투자하고 있다. 미식축구에서 시청자가 경기에 몰두하는 환기 수준은 매우 높아서 시청률이나 광고 노출이 높게 나타난다. 하지만 광고 효과를 기대하는 소비자의 주의는 중간일 때보다 좋지 않다는 것을 예측할 수 있다.

(2) 주의에 영향을 미치는 요소

개인적 요인(Personal Determinants), 자극적 요인(Stimulus Determinants), 상황적 요인(Situational Determinants)이 있다.

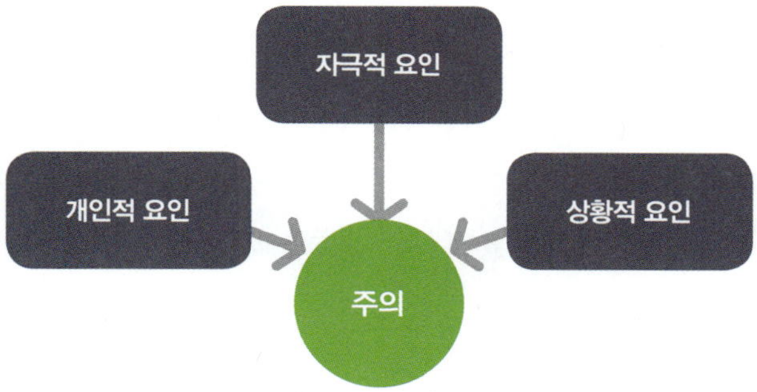

[그림 11-8] 주의에 영향을 미치는 요인

개인적 요인은 개인의 내적 상태가 주의에 영향을 주는 것으로 자극의 강도, 노출 빈도, 정보의 복잡성, 개인과의 연관성 등이다. 특히, 개인과의 연관성에는 관여도, 욕구, 동기, 신념, 태도, 적응력 등이 해당된다. 이들 중 소비자의 상품에 대한 관여도는 매우 중요하고, 관여도에 따라서 주의의 정도가 달라질 수 있다.

고관여 상태에서는 주의가 높은데, 평소보다 관련이 많은 상품과 정보가 노출되기 때문이다. 소비자가 문제 해결을 위하여 정보를 수집하는 과정에서 광고가 제공되면 주의가 높아지는 강화된 주의(Heightened Attention)가 일어나고, 소비자가 정보 검색의 필요성에 의해서 자발적으로 관련된 정보를 탐색하고 주의를 기울이면 자발적 주의(Voluntary Attention) 일어난다.

강화된 주의(Heightened Attention)

자발적 주의(Voluntary Attention)

저관여 상태에서는 주의가 낮은데, 소비자가 깊이 관심을 두지 않는 상품이기 때문으로, 이 경우 정보처리가 수동적이다. 소비자는 상품에 대한 광고에 노출되어도 주의를 기울이지 않으며, 광고 자체가 특별히 잘 만들어진 경우에는 자연스럽게 주의를 기울이는 경우가 있다. 소비자가 일시적으로 광고에 관심을 보이는 것을 비자발적 주의(Involuntary Attention)라고 한다.

지각적 방어(Perceptual Defence)

소비자 개인이 가지고 있는 신념과 태도도 주의에 영향을 미친다. 자신의 신념과 태도에 맞지 않는 정보에 노출되면 정보를 왜곡하여 자신의 신념과 태도를 보호하려는 심리적 경향인 지각적 방어(Perceptual Defence) 현상이 일어난다. 이 현상은 소비자가 특별한 자극에 대하여 신념이나 태도가 강하고, 정보에 대한 불안감이 클수록 일어난다. 그리고 상품을 구매한 후 부조화가 커질수록 일어날 가능성이 높다.

주의는 제품의 크기, 제품의 새로움, 제공되는 위치, 자극의 강도 등의 자극적 요인에 의해 영향을 받는다.

지각을 통한 정보처리 기반 **광고 사례**

개인과 관련된, 유머, 음악, 성적 소구 등의 즐겁고 자극적인 요인으로 소비자의 주의를 집중시킬 수 있다. 이를 위해서 진기한 자극이나 호기심 유발의 티저 광고를 한다. 광고에는 소비자가 대상 상품에 대한 정보처리가 쉽도록 상품의 크기, 색상, 대조, 강도 등을 고려하여 두드러진 자극을 제공한다.

[그림 11-9] 배달의민족 티저 광고

티저 광고

택배업체인 배달의민족이 자신들의 브랜드명을 알리기 위해 사용한 티저 광고 포스터이다. 우리 민족이 배달의 민족이라는 역사적 사실과 기업의 브랜드명을 연결하여 자연스럽게 브랜드를 상기하는 효과로 높은 성공을 거두었다.

분위기나 자극에 노출되는 환경 등의 상황적 요인 역시 주의에 영향을 준다. 예를 들어, 소비자가 상품에 대한 자극에 반복적 혹은 연속적으로 노출되는 경우에는 자극에 주의를 기울이지 않는 적응(Adaption) 현상이 일어난다. 개인적인 감정 상태에 따라서도 주의의 수준은 달라지는데, 기분이 좋은 경우에는 긍정적인 정보에, 그렇지 않은 경우에는 부정적인 정보에 더 주의를 기울인다.

11.2.3 이해

이해(Comprehension)는 소비자가 자극을 나름대로 해석(Interpretation)하는 과정으로서 자극에 대한 범주화(Categorization), 관여도(Involvement), 조직화(Organization)를 통해 이루어진다. 범주화는 소비자가 개인적으로 가지고 있는 기억의 개념으로 자극들을 분류하는 것이고, 관여도는 기억에 저장된 지식과 새로운 정보 사이를 통합하려는 노력이며, 조직화는 주어진 자극을 단순화(Simplicity), 완결(Closure), 집단화(Grouping), 형상과 배경(Figure and Ground)의 원리에 기초하여 정보를 체계화하는 것이다.

이해에 영향을 주는 요인으로 주의와 마찬가지로 개인적 요인, 자극적 요인, 상황적 요인이 있다.

개인적 요인으로 제품이나 서비스 관련 정보를 해석하는 동기, 자극이나 메시지에 대한 지식, 정보를 효율적으로 해석하는 기대가 있다. 소비자는 자신의 기대와 일치하는 방향으로 자극을 해석하는 경향이 있다. 소비자는 개인이 가지고 있는 동기(Motivation)가 무엇인가에 따라서 자극을 다르게 이해하고, 노출된 자극에 대하여 높게 관여할수록 주의 깊게 정보를 처리한다. 그리고 소비자는 지식(Knowledge)이 많을수록 각 브랜드에 대한 상대적 가치를 올바르게 평가하고, 그렇지 않은 경우 제품의 배경적 요소인 포장 상태, 추가 옵션 등의 요소에 더욱 집중한다. 또한 소비자는 자극에 대한 지각 관점에서 기대(Expectation)는 정도에 따라서 제공되는 자극을 다르게 이해하기도 한다.

기대(Expectation)

소비자는 다양한 자극에 노출되는 경우에 자극의 특성에 따라서 각 요소들을 분리해서 지각하지 않고, 자극들을 조직화하거나 통합화하는 경향이 있다. 자극적 요인은 자극물의 색, 소리, 냄새 등의 감각적 요소를 다르게 함으로써 영향을 받는데, 예를 들어 동일한 광고도 언어적 표현을 다르게 함으로써 지각에 영향을 준다. 마찬가지로 자극을 보여 주는 내용의 순서도 영향을 미칠 수 있는데, 동일한 내용이라도 순서를 달리함으로써 이해에 영향을 준다. 자극의 내용들이 차례대로 제시

최근 효과(Recently Effect)

초기 효과(Primacy Effect)

되는 경우 마지막에 제시된 부분에 비중을 많이 두어 기억하는 최근 효과(Recently Effect)가 있다. 이에 따라 자극이 전달되는 순서대로 비중을 둔다. 반면에 자극의 내용 중 처음에 제시된 부분에 비중을 두어 지각하는 것을 초기 효과(Primacy Effect)라고 하는데, 소비자의 태도 형성에 영향을 미친다.

소비자는 자극이 제시되는 상황에 따라 해석을 달리 하는데, 상황에는 개인이 처한 심리적 · 물리적 상황 등이 있다. 자극을 둘러싸고 있는 정황(Context)이 해석하는 상황에 따라 다르게 영향을 미치는 정황적 프라이밍 효과(Contextual Priming Effects)가 있다.

지각을 통한 정보처리 기반 **광고 사례**

자극적 요인인 자극물의 색깔이나 냄새 등을 이용한 감각적인 광고는 소비자의 이해를 높일 수 있다. 예를 들면, 커피병의 레이블을 진한 갈색으로 하는 경우와 연한 갈색으로 하는 경우에 소비자는 커피 맛의 강도를 달리 지각한다. 그리고 일상생활에서 흔히 사용하는 용어, 긍정적 표현, 수동적 표현도 소비자가 보다 쉽게 상품을 이해하기 쉽게 한다.

맥락(Context) 효과를 기초로 한 광고가 게재되는 TV 프로그램이 좋은 느낌을 주면 시청한 직후에 방영된 광고가 긍정적인 분위기로 인지된다. 마찬가지로 판매 점포의 이미지는 제품의 이미지를 결정하므로 고급 이미지의 점포에서 판매한 제품일수록 유사한 이미지 형성이 가능하다.

아웃백의 홈메이드 주스 광고는 준비된 홈메이드 생과일 주스를 용량별로 가격을 제시한다. 소비자

[그림 11-10] 아웃백의 홈메이드 주스 광고

가 새로운 제품에 대하여 주스의 질이 우수하고, 가격면에서 선택의 폭이 용이하다는 점을 제시한 대표적인 사례이다. 이 광고는 스테이크를 전문으로 하는 브랜드 이미지에 웰빙이라는 고급화를 추가시키는 계기가 되었다.

이해는 소비자가 자극의 요소들을 통합하는 지각적 조직화(Perceptual Organization)와 자극에 대하여 설명이나 의미를 부여하는 지각적 해석(Perceptual Interpretation)의 두 단계를 거쳐서 이루어진다.

(1) 지각적 조직화

지각적 조직화에는 단순화, 완결, 집단화, 형상과 배경의 원리가 있다.

단순화의 원리는 소비자가 자극의 요소들을 통합하여 단순한 형태로 이해하려는 경향이다.

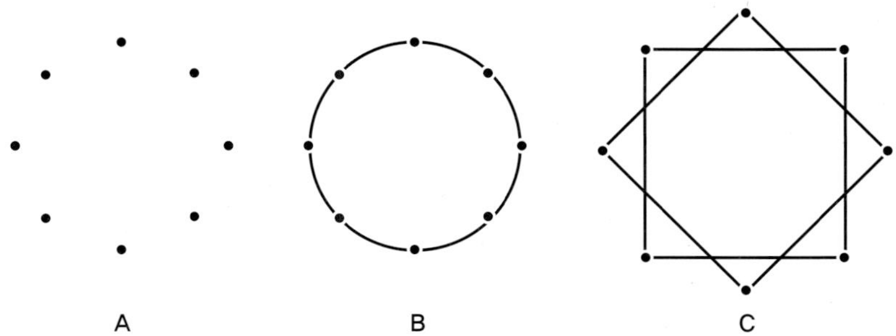

[그림 11-11] 단순화의 원리

같은 맥락으로 같이 주어진 자극에 대하여 제공되는 복잡한 자극 간 차이를 최소화하려는 동화(Assimilation) 효과와 반대로 차이를 극대화하려는 대조(Contrast) 효과가 있다.

완결의 원리는 소비자가 자극이 불완전할 때 불완전한 부분을 채워서 완전한 전체로서 지각하려는 경향이다. 소비자는 미완성으로 제공된 자극을 완전한 형태로 인식한다.

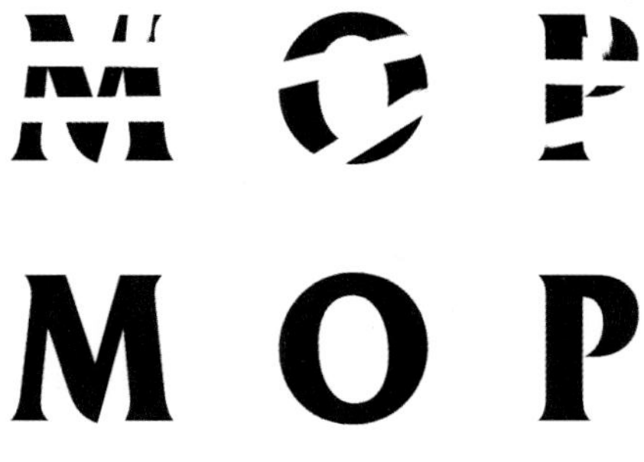

[그림 11-12] 완결의 원리

기업은 완결의 원리를 마케팅 전략에서 자주 쓰는데, 소비자에게 고의로 불완전한 자극을 제공하여 완결의 과정을 경험하도록 한다. 이로 인하여 기업에서 제공하는 제품이나 서비스가 기억에 오래 남아서 불완전한 광고가 완전한 광고보다 높은 회상을 가져오는 결과를 보인다.

집단화의 원리는 자극을 여러 요소로 분리하는 것이 아니라 하나의 그룹으로 지각하려는 현상이다. 어떠한 요소를 가장 가까운 다른 요소와 관련지어서 지각하는 근접성(Proximity), 자극의 요소들 중에서 유사한 것끼리 연결시켜서 지각하는 유사성(Similarity), 자극의 요소들을 연결하여 지각하는 연속성(Continuity)이 있다.

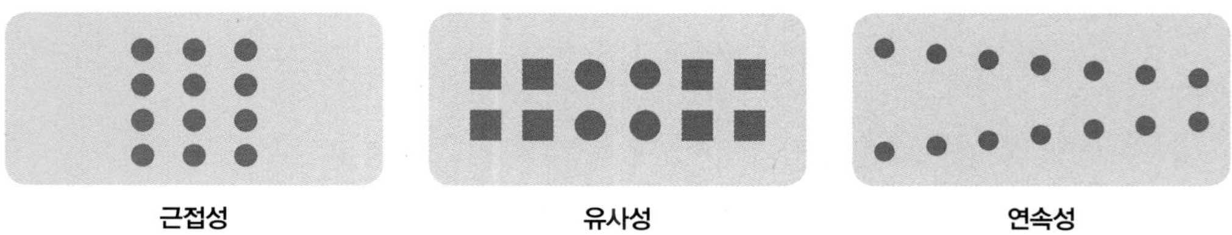

[그림 11-13] 집단화의 원리

형상과 배경의 원리는 서로 상이한 개념으로서 자극을 보다 두드러지게 지각하는 형상과 자극을 상대적으로 덜 두드러지게 지각하는 배경을 함께 지각하면서 다르게 해석하는 현상이다.

그림 11-14의 왼쪽 그림은 두 사람이 마주보는 모습으로 보는지, 와인 잔으로 보는지에 따라서 형상과 배경이 달라진다. 오른쪽 그림 역시 젊은 여자인지, 노인인지, 새인지에 따라서 형상과 배경이 달라진다. 예를 들면, 많은 사람들 중에서 자신이 관심 있는 사람의 행동은 쉽게 찾을 수 있는데, 이 경우에 관심 있는 사람은

[그림 11-14] 형상과 배경의 원리

형상이 되고 나머지 사람들은 배경으로 지각된다.

(2) 지각적 해석

지각적 해석은 지각적 조직화에 이어서 일어나지만, 두 가지가 동시에 일어나기도 한다. 지각적 해석에는 지각적 범주화(Perceptual Categorization), 전형성(Prototyping), 지각적 재범주화(Perceptual Recategorization), 지각적 추론(Perceptual Inference)이 있다.

지각적 범주화는 소비자가 자극에 노출되면 자신의 기억 속에 가지고 있는 스키마(Schema)와 관련하여 자신의 방식으로 이해하는 것이다. 스키마란 한 대상에 대한 지식 단위들로 구성되는 네트워크를 말한다. 예를 들면, 애플하면 사과 모양의 로고와 아이팟을 시작으로 하는 창의적인 콘셉트들이 사람들 인식에 스키마로 구성되어 있다. 여기에 새로운 아이워치가 출시되면 자신의 스키마에 있는 정보들과 관련하여 제품을 사용하기 전에 스마트할 것이라는 기능을 연상하게 되는 것이다. 스키마는 개별 정보를 연결하여 조직 단위로 통합시키는 가설적 인지 구조를 가지며, 특정 브랜드나 상품에 대한 계층적 특성을 지닌다. 소비자는 특정 상표에 대한 스키마를 가질 수 있고, 다양한 상표로 구성된 특정 제품군에 대한 스키마를 가질 수 있다.

계층적 특성

다양한 제품에서 어떠한 브랜드가 얼마나 대표성을 가지느냐의 여부가 전형성이다. 기업은 새로운 상품을 시장에 선보일 때 전형성이 높은 브랜드와 유사하게 혹은 차별적으로 포지셔닝할지를 선택해야 한다. 새로운 상품이 기존 시장에서 선두 제품과 특별한 차별성이 존재한다면 차별화를 선택하고, 그렇지 않은 경우에는 전형성이 높은 유사 제품과 유사하게 포지셔닝을 하는 것이 유리하다. 예를 들면, 도

요타는 럭셔리 차인 렉서스를 시장에 출시할 때 아우디, 벤츠, BMW 등의 럭셔리 브랜드들과의 비교 광고를 통해서 동일한 카테고리 콘셉트로 분류하여 소비자에게 유사 브랜드로 인지시키는 데 성공하였다.

지각적 재범주화

지각적 재범주화는 기업이 자신의 브랜드가 범주화되지 않은 경우에 시도할 수 있다. 애플의 아이패드는 컴퓨터의 분류 중에서 데스크톱과 노트북 사이에서 새로이 범주화를 시도하여 성공한 사례이다. 대부분의 혁신 제품들은 기존 제품과 다른 새로운 제품임을 소비자에게 어필하기 위해서 지각적 재범주화를 사용한다.

지각적 추론은 개인이 대상을 평가할 때 직접적인 평가보다는 개인이 가지고 있는 여러 정보로부터 추리하는 것이다. '싼 것이 비지떡'이라는 속담 속에는 비싼 가격이 품질이 좋다는 경험이 담겨 있다. 이처럼 소비자가 상품에 대한 판단을 자신의 추론적 신념을 기초로, 즉 가격, 광고, 보증 기간, 브랜드명 등을 고려하여 평가하는 것이 지각적 추론이다. 기업이 광고를 많이 하는 브랜드는 품질이 우수할 거라는 생각과 보증 기간이 길면 좋은 제품이라는 판단 등이 지각적 추론의 사례이다. 지각적 추론에는 특정한 상표에 대하여 계속적으로 긍정이나 부정적인 평가를 하는 평가에 따른 추론, 다른 대상들과 비슷한 정도일 거라는 유사성에 따른 추론, 일반적이거나 구체적인 연관 관계에 근거한 상관관계에 따른 추론 등의 유형이 있다.

11.2.4 기억

기억(Memory)은 자극에 대한 정보의 입력과 처리 혹은 결과가 머릿속에 지식으로 저장된 형태이다. 즉, 소비자가 얻은 정보를 시간의 경과에 따라서 이용할 수 있도록 저장하는 과정이다. 기억에는 장기 기억으로 정보가 들어가기 전 단계인 수용(Acceptance)과 장기 기억 안에서 자극이 해석으로 변환되는 단계인 유지(Retention)가 있다. 수용은 이해하는 동안의 생각에 따라서 인지적이거나 감성적인 반응으로 나타나며, 자극에 대한 개인적인 지식과 태도의 정도에 따라서 다르게 나타난다. 유지는 개개인의 심리적 속성을 기초로 다양하게 저장되는 것이다. 기억의 가장 중요한 부분은 장기 기억으로 소비자가 자극에 대하여 판단이 필요한 경우에 회상과 인식을 도와 준다. 기억에 대한 내용은 제11장에서 상세하게 다룬다.

11.3 정보처리와 설득

11.3.1 설득이란?

대상에 대한 소비자의 구매 행동으로 이어지는 일련의 과정을 설득으로 정의한다. 맥과이어(W. J. McGuire)는 설득을 기업이 소비자를 원하는 방향으로 변화시키는 과정으로서 개인이 가지고 있는 지식의 바탕하에서 이루어진다고 하였다. 그는 설득은 표현(Presentation), 관심(Interest), 이해(Comprehension), 순응(Yielding), 유지(Retention), 행동(Action)의 6단계를 거쳐서 이루어진다고 하였다.

설득 관련 이론

설득 관련 이론에는 인지적 학습 이론(Cognitive Learning Theory)과 인지적 반응 이론(Cognitive Response Theory)이 있다. 이 이론들은 정보처리 이론에 기초하고 있으나 설득 과정을 설명하기 위한 접근 방법이 약간 다르다.

인지적 소비자가 하나의 설득 메시지에 노출된 후에 새로운 태도를 형성하는 것은 본질적으로 학습 경험(Learning Experience) 때문이다. 이 학습 경험의 효과는 적당한 보상을 제공하느냐 제공하지 않느냐에 따라 다르게 나타난다고 호브랜드(C. I. Hovland), 제니스(I. L. Janis), 켈리(H. H. Kelley)는 주장한다. 즉, 설득이란 새로운 정보를 배우는 과정으로 학습을 동기화하기 위해서는 반드시 보상이 필요하다는 의미이다.

소비자가 메시지에 의해 설득이 되는 정도는 주의(Attention), 이해(Comprehension), 수용(Acceptance), 유지(Retention), 행동(Action) 등의 학습 반응으로 나타난다. 초기의 학습 이론에서는 새로운 정보에 대하여 학습과 설득은 정적인 상관관계가 있다고 하였는데, 이후에 '주의'와 '이해'를 메시지 내용의 접수(Reception of Message Content)로 결합하여 접수된 정보에 대한 '순응(Yielding)'이라 수정하면서, 소비자의 태도 변화는 메시지의 접수와 순응 간에 형성되는 정적 함수 관계에 의해서 결정된다고 하였다.

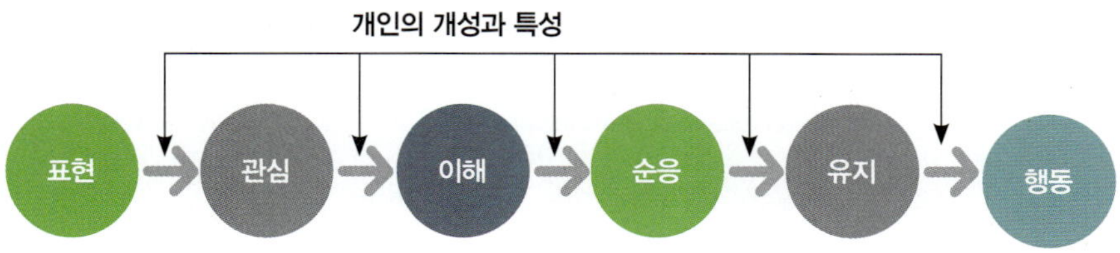

[그림 11-15] 설득의 6단계

그린윌드(A. Greenwald)는 인지적 반응 이론에서 어떠한 설득 상황에서도 인지의 근원은 메시지의 내용이 아니라 메시지에 대한 인지적 반응이라고 가정한다. 초기 학습 이론에서는 메시지 수신자는 정보를 비교적 수동적으로 처리하는 존재로 인식하고, 인지적 반응 이론에서는 메시지를 수신하는 소비자는 스스로 메시지를 생산하는 적극적 정보 처리자로 설정한다. 이를 바탕으로 페티(R. E. Petty)와 카시오포(J. T. Cacioppo)는 인지적 반응 이론이 설득의 더 강력한 결정 요인이라는 견해를 나타내었다.

11.3.2 설득의 구성 요소

설득의 주체가 되는 송신자(Source)와 수신자(Receiver)는 채널(Channel)을 통해 설득 메시지(Message)를 전달한다. 송신자와 수신자의 의사 소통 기술(Communication Skill), 태도(Attitude), 지식(Knowledge), 사회적 시스템(Social System), 문화(Culture) 등에 따라서 설득의 결과가 달라진다. 송신자는 주의(Attention), 채널은 표현(Presentation), 메시지는 유연성(Yielding), 수신자는 이해(Comprehension)의 단계에서 중요한 설득의 역할을 수행한다. 설득의 과정에서 주의와 이해 단계는 소비자의 태도를 형성하는 중요한 단계로 나머지 단계를 주도한다.

벨크(G. E. Belch)는 설득의 과정을 메시지를 받는 소비자의 인지와 연결하여 크게 3단계로 나누어 설명하였다.

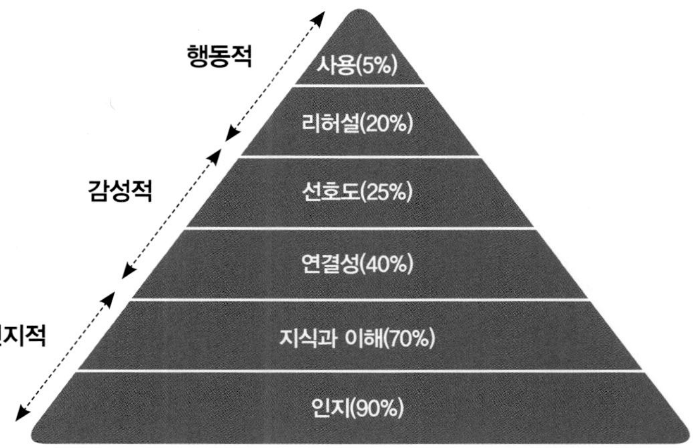

설득 피라미드

[그림 11-16] 설득 피라미드

첫 번째, 인지적(Cognitive) 단계는 소비자가 대상에 대하여 제공되는 메시지를 인식하고, 각자의 배경지식을 활용하여 메시지를 이해하는 과정이다. 두 번째, 감성적(Affective) 단계는 메시지를 수용하는 단계로 소비자가 자신이 알고 있던 것과 새로 받아들이는 메시지 사이의 관계에 기초하여 정보를 받아들이고 대상에 대하여 선호와 비선호를 결정짓는다. 마지막으로 행동적(Conative) 단계는 소비자가 제품에 대한 메시지를 수용하는 단계로서, 소비자는 정보를 이해하고 판단하는 것을 넘어서서 어떻게 활용하고 이용해야 하는지 생각한다. 이러한 설득 과정에 비추어 보았을 때, 마케터들은 최소한 설득의 2단계까지는 소비자와 의사 소통 행위를 해야 할 필요성이 있다. 왜냐하면 자신들의 이미지와 제품에 대한 선호도를 형성하는 것이 설득 단계에서 중요한 요인이고, 이 과정에서 미디어의 능력과 수신자의 인지 능력이 설득의 결과와 밀접한 관련이 있기 때문이다.

11.3.3 설득에 영향을 주는 요소

커뮤니케이션의 과정은 정보원(Source), 메시지(Message), 매체(Medium), 수신자(Receiver) 등의 요소로 구성되어 있다. 이 요소들의 특성을 잘 고려하여야 소비자를 설득할 수 있다.

(1) 정보원의 특성

메시지를 전달하는 개인(Sender)이나 정보원의 특성은 메시지 전달의 효율성에 영향을 미친다. 정보원의 특성에는 정보원의 신뢰성(Source Credibility), 정보원의 전문성(Source Expertise), 정보원의 진실성(Source Trustworthiness), 정보원의 매력도(Source Attractiveness), 정보원의 의미성(Source Meaningfulness), 정보원의 유명도(Source Celebrity) 등이 있다.

정보원의 신뢰성이란 메시지를 받아들이는 소비자가 지각하는 정보원의 공신력이다. 즉, 소비자가 자신의 판단으로 전달하는 정보원에 대하여 마음속에 갖는 신뢰의 정도이다. 정보원의 전문성은 소비자가 정보원에 대하여 인식하고 있는 지식의 정도이다. 즉, 정보원이 주어진 메시지에 대하여 올바른 해답이나 정확한 판단을 제시한다고 생각하는 정보원의 정보 깊이를 의미한다. 정보원의 진실성은 소비자가 정보원이 공평하고 정직하게 정보를 제공하는지 인식하는 정도이다. 정보원의 매력도는 정보원이 제공하는 외형적인 매력으로 소비자의 태도를 변화시키는 중요한 요소이다. 정보원의 의미성은 정보원과 브랜드 사이에 전달되는 의미의 정도이다. 정보원의 유명도는 소비자의 태도 변화를 향상시킬 수 있으나 설득의 상황에서 특별한 위험을 가져올 수도 있다.

(2) 메시지의 특성

메시지는 소비자를 설득하는 아이디어를 전달하는 데 사용되는 전략이다. 이때의 메시지 구조는 소비자에게 실제로 전달될 메시지를 구성하는 방법의 문제이다. 예를 들면, 전달하려는 핵심 정보를 메시지 내 어디에 배치하고, 얼마나 자주 반복해서 실제 사례들을 전달하며, 어떠한 표기들을 사용할 것인지를 구성하는 방법이다.

소비자를 설득하기 위한 전략에는 다음과 같은 광고 메시지 전략이 있다.

공포 호소(Fear Appeals) 전략은 소비자에게 부정적인 호소를 통해서 문제를 해결하는 방법이다. 하지만 자존감이 낮은 소비자에게 높은 공포 메시지는 전달하고자 하는 메시지 처리를 방해하므로 주의하여야 한다.

유머스런 메시지(Humor in Message) 전략은 긍정적이거나 부정적인 상황에서 모두 소비자에게 효과적인 전략이다.

지각을 통한 정보처리 기반 **광고 사례**

기업은 표적 소비자와 유사한 광고 모델을 사용하여 목표 일치성을 높이거나 브랜드의 특징을 드라마 형태로 제작하거나, 소비자의 공포심을 유발하는 등의 광고를 통해 제품의 광고 효과를 높이고 있다.

[그림 11-17] 제네시스와 BMW의 충돌 장면 비교 광고

비교 광고

현대자동차는 제네시스를 처음 출시할 때 럭셔리 차라는 점을 강조하기 위하여 대표적인 럭셔리 차인 BMW와의 기능적인 비교 광고를 하였다. 이 광고는 현대자동차가 럭셔리 차와 관련성이 높다는 것을 소비자에게 인식시켜서 제네시스를 럭셔리 차종으로 분류하는 데 성공한 사례로, 자사 제품에 대한 관련성을 증대시켜 제품의 정형화에서 고급화를 추진한 사례이다.

비교 메시지(Comparative Message) 전략에는 직접 비교와 간접 비교 방식이 있는데, 앞의 제네시스 광고는 브랜드를 다른 브랜드와 구체적으로 비교하는 직접 비교 방식이다.

감정적인 호소 전략은 가치에 비중을 두느냐 현실적인 실용 메시지에 중심을 두느냐에 따라서 설득의 효과가 달라진다.

소비자에게 정보원을 알리고 설득하기 위한 시도로 직접 강의를 하는 경우와 드라마와 같이 간접적인 이야기를 통해서 전달하는 경우가 있다. 그리고 소비자의 생활과 밀접한 생활 주제를 사용하여 정보를 생생하게 나타냄으로써 소비자 설득에 크게 기여하기도 한다.

(3) 미디어의 특성

신문, 잡지, 방송, 인터넷 등의 미디어를 통해 소비자에게 강력한 메시지를 전달할 수 있다.

빅데이터 활용 사례

구글은 하루 평균 6억 2,000만 명이 방문하고, 10억 건의 검색과 72억 건의 페이지 뷰를 발행한다. 구글의 광고 기능인 구글 애드는 소비자가 최근에 검색한 기록을 바탕으로 해당 소비자에게 적합한 광고를 선별해서 보여 주는 서비스를 제공하고 있다. 이러한 서비스는 소비자의 행동을 예측하고 분석하는 데 중요한 정보가 된다.

구글은 'flu trend'를 이용하여 질병의 경로를 예측하고 미리 예방하는 성과를 거두었다. 이 독감 트

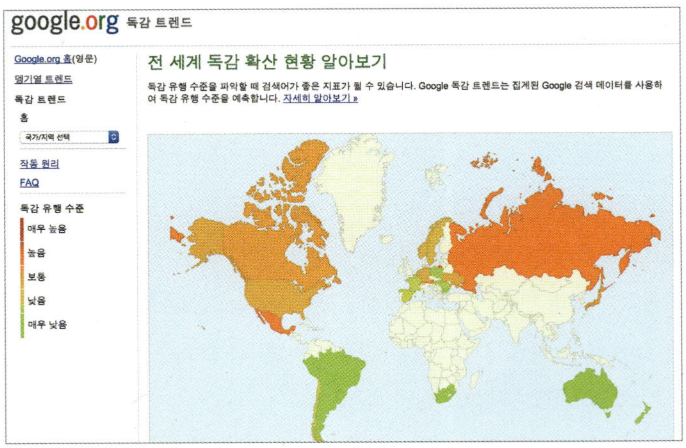

[그림 11-18] 구글의 독감 트렌드

렌드는 독감에 대한 검색어를 바탕으로 독감이 얼마나 유행하는지를 판단하고 예측하는 서비스인데, 이를 통해서 세계적으로 유행할 독감 바이러스의 확산 및 발병을 2주 전에 예측하여 대응하는 데 커다란 역할을 하였다.

독감 트렌드

독감 트렌드를 예측하기 위해서 독감과 관련된 키워드들을 구글 데이터를 대상으로 추출하고, 수집된 데이터 지표들을 기반으로 상관관계를 만들어 냈다. 즉, 해당 지역에 실제 병원을 방문한 환자의 수와 구글의 독감과 관련된 키워드를 검색한 사용자의 수 사이의 관계를 분석하였다. 분석 결과를 통해 지역별로 매우 높음, 높음, 보통, 낮음, 매우 낮음의 5단계로 분류하였는데, 실제 각국의 보건 당국이 발표한 자료와 매우 유사하게 나타났다. 이 독감 트렌드는 무의식적으로 소비자가 선택한 경로와 패턴이 저장된 데이터에 독감이라는 키워드를 조합하여 통찰력 있고 유용한 빅데이터 분석 결과를 보여 준 사례이다.

커뮤니케이션 메시지에 적합한 미디어를 선택할 경우에는 최신성과 반복성 효과를 고려해야 한다. 초기의 메시지와 최신의 메시지가 설득에 효과가 있는데, 이를 초기와 최근 효과(Primacy & Recently Effects)라고 한다. 반복 효과(Repetition Effects)는 소비자에게 전달하고자 하는 메시지가 사라지기 전에 반복적으로 광고하여 망각을 최소화하는 것이다.

(4) 목적지의 특성

메시지는 반드시 소비자에게 전달되어야 하는데, 이처럼 메시지는 전달하고자 하는 대상인 목적지에 도달해야 한다. 수신자가 메시지가 처리되는 과정에서 메시지를 재해석하고, 전달하려고 하는 메시지를 받아들인 후 이해하고 난 후에는 기억하는 일이 매우 중요하다.

빅데이터 **활용 사례**

미국의 브리스톨 마이어스 스큅(BMS; Bristol-Myers-Squibb)은 회사 내부의 컴퓨터와 웹 환경을 아마존 웹 서비스(AWS) 클라우드와 연결한 협업을 통하여 신약 개발을 위해 필요한 임상 실험의 소요 시간을 98%나 줄이고 있다. 새로운 제품의 개발에 드는 시간과 그것을 만들어 시장에 내놓는 데까지 걸리는 시간을 'Time to market'이라 한다. 대부분의 신제품이나 새로운 서비스를 시장에 내어놓을 때는 그에 따른 라이프사이클이 존재하고, 많은 시간이 소요된다.

임상 실험 데이터는 사람의 건강과 직결되는 매우 민감한 분야이기 때문에 브리스톨 마이어스 스큅은 세부적으로 암호화된 회사 내부 네트워크를 사용한다. 연구자들은 이러한 내부 네트워크를 사용하여 수백 개의 업무를 처리하는데, 약 60시간 정도가 소요된다. 그러나 아마존 웹 서비스의 빅데이터에 기반한 클라우드는 연구자 각자의 전용 환경을 구축시키고, 연구원들이 서로 영향을 미치지 않고 일을 함으로써 약 2,000개의 업무를 단 1~2시간 내로 처리하고 있다. 이로 인하여 신약의 안정성을 더욱 높이고, 실험 과정에 필요한 피실험자의 수를 줄일 수 있으며, 실험에 소요되는 시간을 1년 이상 단축하는 효과를 보고 있다.

아마존 웹 서비스

[그림 11-19] 브리스톨 마이어스 스큅

소비자를 설득하기 위해서는 미디어의 능력과 의사 소통의 과정에서 생성되는 지식이 중요하다. 우선, 설득의 과정에서 활용하는 미디어의 풍부성(Richness)과 미디어의 활용 능력인 동시성(Synchronicity)이 설득의 성과에 영향을 준다. 노출을 기반으로 한 면대면 방식의 미디어는 풍부성이 높아서 커뮤니케이션의 모호성을 해소하여야 효과적이다. 이 경우 의사 소통 주체(Source, Receiver)의 신뢰도가 높아야 더욱 효과적이다. 또한 의사 소통 과정에서 형성되는 지식(Knowledge)의 요소에 기반하여 주고받는 메시지(Message)에 대한 관여도도 소비자 설득에 큰 영향을 준다. 따라서 이전에 가지고 있는 송신자와 수신자의 지식 정도가 성과를 결정하기도 한다는 점을 고려해야 한다.

의사 소통 주체(Source, Receiver)

연·습·문·제

※ 다음 빈칸에 해당하는 용어를 넣으시오.

1. (　　)은(는) 소비자가 자극에 대하여 인식하는 과정으로 개인이 감각을 선택하고, 조직하고, 해석하는 과정이다.

2. 소비자가 상품에 대한 구매 행동을 위하여 정보를 처리하는 과정은 자극을 받아들이고, 해석하고, 기억에 저장한 후 검색을 하는 과정이며, 이는 (　　), (　　), (　　), (　　), 행동의 5단계로 이루어진다.

3. 소비자는 개인의 행동과 결정에 영향을 미칠 수 있는 자극들을 무의식적으로 받아들이고, 감각기관을 통하여 자극들을 인식한다. 자극은 감각기억이 그 자극을 인지하는 감지(Sensation)를 통해서 이루어지는데, 개인이 수용하는 감지의 정도를 (　　　　)이라고 한다.

4. (　　)은(는) 개인이 최소한의 자극 변화를 감지하는 것으로 상품 크기 감소, 가격의 인상, 포장의 변화가 소비자에게 인식되는 한계 측정에 활용된다.

5. (　　　　)은(는) 마케팅에서 고려해야 하는 중요한 요소로서 소비자가 자신의 주관을 바탕으로 여러 가지 자극 중에서 필요한 부분만 선택하는 것이다. 즉, 개인적으로 받아들인 다양한 전체 자극 중에서 극히 일부분만을 받아들여 지각하는 것이다.

6. 주의는 환기와 긴밀한 관련이 있는데, (　　)은(는) 개인이 정신을 바짝 차리고 있는 정도를 의미한다.

7. (　　)은(는) 소비자가 자극을 나름대로 해석(Interpretation)하는 과정으로서 자극에 대한 범주화(Categorization), 관여도(Elaboration), 조직화(Organization)를 통해 이루어진다.

8. 대상에 대한 소비자의 구매 행동으로 이어지는 일련의 과정을 ( )으로 정의한다. ( )이란 기업이 소비자를 원하는 방향으로 변화시키는 과정으로서 개인이 가지고 있는 지식을 바탕으로 이루어진다.

9. 커뮤니케이션의 과정은 ( ), ( ), ( ), ( ) 등의 요소로 구성되어 있다. 이 요소들의 특성을 잘 고려하여야 소비자를 설득할 수 있다.

※ 다음 내용에 대하여 설명하시오.

10. 지각은 주관성, 선택성, 일시성, 종합성 등의 특성을 가지고 있고, 소비자에 따라서 다르게 표현된다. 이들에 대해서 설명하시오.

11. 노출의 유형에 대해서 설명하시오.

12. 주의는 상품에 대한 자극들을 처리하기 위하여 정신적인 활동을 시작하는 단계로서 4가지 특성을 가진다. 이들에 대해서 설명하시오.

13. 이해는 두 단계를 거쳐서 이루어지는데, 이들에 대해서 설명하시오.

※ 다음 주제에 대하여 토론하시오.

14. 만약 여러분이 잡지 광고를 선택하였다면, 광고에서 소비자의 주의를 집중시키기 위한 방법을 토론하시오.

15. 성인과 어린이의 정보처리 과정의 차이점을 고려하여 이들을 보완하기 위한 전략을 토론하시오.

12 CHAPTER

학습과 기억

학습 목표

- 소비자의 학습과 기억에 대해서 이해한다.
- 인지적, 행동주의적, 대리 학습을 학습하고, 이를 기억하는 소비자의 기억 구조와 정보의 인출 과정에 대하여 학습한다.
- 학습과 기억 기반의 광고 사례와 빅데이터 활용 방안을 살펴본다.

학습 기반 광고 한국방송공사 공익광고협의회에서 만든 이 광고는 호의적인 대상을 통하여 광고를 보는 소비자로 하여금 같은 행동을 하게 하는 정적 강화이고 비공개적 모델링 사례이다. (본문 341~342쪽)

12.1 학습

12.1.1 학습이란?

성공하는 사람이 되려 하기보다는 가치 있는 사람이 되려고 노력하라.

– 알버트 아인슈타인 (Albert Einstein)

(1) 학습의 정의

학습(Learning)은 개인의 경험이 지식 · 태도 · 행동의 변화를 주도하는 과정으로, 장기 기억 속의 정보나 조직의 변화를 이끄는 정보처리의 결과이다. 학습은 소비자가 향후 제품에 대하여 관련된 구매 행위에 적용할 수 있는 경험과 지식을 획득하는 과정이기도 하다. 따라서 학습은 소비자 경험의 결과로서 비교적 지속적인 행동의 변화로 나타나므로 마케팅에서 매우 중요하다.

소비자 행동에서 학습은 제품과 관련하여 특정한 방향으로 지각하고 행동하려는 경향의 변화를 의미하는데, 강하고 반복적인 경험에 의해 소비자 동기가 유발된다면, 그 경험은 곧 학습을 가져오게 된다. 하지만 경험의 결과로 인한 모든 행동 변화가 학습에 의한 것이라고 할 수 없다. 경우에 따라서 어떤 학습은 의도적일 수도 있고, 광고처럼 특별한 노력 없이 우연히 얻어지기도 한다.

학습이 일어날 수 있는 조건에는 소비자가 높은 동기로 학습하는 고관여(High Involvement) 상태와 동기가 약하거나 없이 학습하는 저관여(Low Involvement) 상태가 있다. 대부분의 학습은 저관여 상태에서 일어난다.

(2) 학습의 구성 요소와 특징

학습은 동기(Motivation), 단서(Cues), 강화(Reinforcement), 반응(Response)으로 구성되어 있다.

우선, 동기는 소비자의 의사 결정이나 어떤 행위의 직접적인 원인으로 욕구와 목표에 기초하고, 학습 행동의 방향과 강도를 결정하는 요소이다. 둘째, 단서는 동기에 방향을 제시하는 자극으로서 소비자의 기대와 일치되는 경우에 욕구를 곧바로 끌어내는 역할을 한다. 셋

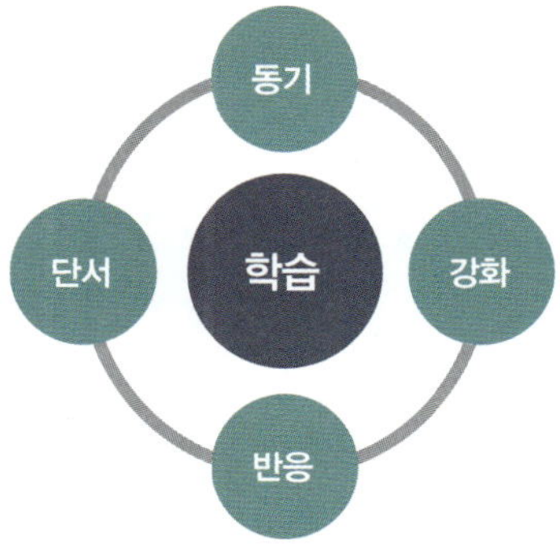

[그림 12-1] 학습의 구성 요소

째, 강화는 특별한 단서나 자극의 결과로 인한 특정한 반응이 미래에 반응할 가능성을 증가시키는 것으로, 자극에 대한 반응에 따라 긍정적 결과가 제공되면 긍정적 강화, 부정적 결과가 주어지면 부정적 강화라고 한다. 마지막으로, 반응은 자극에 의해 발생하는 현상으로 충동 또는 단서에 의해 개인의 어떤 변화된 현상을 말한다. 반응은 주로 과거에 축적되고 강화된 경험에 의존하며, 개인에 따라 다양하게 나타난다.

학습은 문화 · 사회계층 · 가족 · 친구 · 교육기관 · 광고 등의 개인의 경험을 기초로 이루어지며, 그 결과는 가치관 · 태도 · 선호 · 감각 · 행동 · 지식의 개인의 변화로 나타나며, 개인은 이들을 장기적으로 기억한다. 좀 더 구체적으로 서술하면 다음과 같다.

정신적 과정

첫째, 학습은 대부분 정신적 과정이기 때문에 직접적으로 관찰할 수 없으므로 학습의 효과는 학습 결과의 성과로 측정한다. 둘째, 학습의 효과에는 신체적 행동 변화, 인지적 측면 변화, 심리적인 태도나 심리적 측면 변화 등이 포함된다. 셋째, 학습의 효과는 비교적 장기간에 걸쳐 일어나는데, 제품의 경우 재구매나 불평 행동의 형태로 나타난다.

(3) 소비자의 학습에 영향을 미치는 요인

친숙도(Familiarity)는 소비자가 제품과 관련하여 얼마나 많은 경험을 가졌느냐의 여부를 나타낸다. 친숙도는 체계화된 지식 구조와 제품 경험에 대한 기대 및 신념을 형성하여 소비자의 학습에 영향을 미친다. 동기부여는 현재 상태에서 바람직한 상태로의 변화를 유도하는 일련의 메커니즘으로 소비자 학습 행동의 방향과 강도를 결정하는 요소이다.

정보의 모호성은 소비자에게 주어진 정보 환경의 모호한 정도를 의미한다. 모호성이 클수록 소비자의 학습을 강화시킨다. 정보 환경이 모호한 경우 주로 가설이나 개념 위주의 하향식 정보처리 방식으로 학습하고, 그렇지 않은 경우는 경험이나 자료 위주의 상향식 정보처리 방식으로 학습한다. 예를 들면, 콜라, 맥주, 소주 등의 시장에서 주도권을 가지기 위해서는 가능한 소비자가 학습하고자 하는 동기부여의 수준을 낮추어야 한다. 왜냐하면 상품에 대한 경험의 모호성이 크다고 판단되는 제품은 이전에 소비자가 개인적으로 가지고 있는 가설이나 개념에 의존하여 선택하기 때문이다. 반면에 SK텔레콤이나 알뜰폰을 지원하는 통신사는 소비자 경험에 확실한 차이가 있으므로 기존에 가지고 있던 가설이나 개념보다는 경험 그 자체가 제공하는 자료가 더 중요하다. 이 경우 소비자가 가능한 많은 학습과 탐색을 하도록 적극적으로 제품의 장점을 강조하는 것이 유리하다.

학습의 강도와 효과에는 정보가 중요하고, 정보를 크게 인식할수록 학습의 강도가 높아진다. 강화는 행동의 결과로 나타나는 보상이나 벌을 말하는데, 학습 강도를 높이는 요인으로 작용한다. 구매 후 고객 만족을 강화시키는 전략으로 제품에 대한 사후 서비스(A/S)가 해당된다. 소비자에게 제품의 이미지 창출은 학습 효과가 높으며, 기억하기 쉬운 음악이나 그림, 작은 문구나 메시지 등은 학습 효과를 증가시킨다. 이는 소비자의 제품에 대한 관심을 높여 학습 강도를 증가시키므로 인기 있는 대중음악이나 낭만적이고 흥미로운 장면으로 소비자가 메시지에 관여하도록 유도하는 것이 효과적이다. 분위기도 학습에 영향을 주는 요소로 행복한 상황을 노출시킴으로써 학습 효과를 높일 수 있다. 정보에 노출되는 횟수가 많을수록 학습 효과는 증가하지만 일정 수준 이상의 똑같은 노출은 소비자의 학습에 부정적인 영향을 준다. 광고에서 언어적 요소와 시각적 요소를 동시에 이용하여 학습 효과를 높이는 방법으로 부호화 기법이 자주 활용된다.

(4) 학습 이론

학습 이론은 접근 방식에 따라 인지적 학습 이론(Cognitive Learning Theory)과 행동주의적 학습 이론(Behavioral Learning Theory)으로 나뉜다. 그리고 두 가지 접근 방식을 모두 포함한 대리 학습 이론(Vicarious Learning Theory)이 있다. 인지적 학습 이론은 학습이 지식의 변화에 영향을 준다는 가정하에 사람들이 정보를 통해 어떻게 배우고 어떤 결정을 내리는지에 대한 이해 측면의 접근 방식이다. 행동주의적 학습 이론은 관찰된 행동과 관련되는 믿음 측면의 접근 방식이다. 대리 학

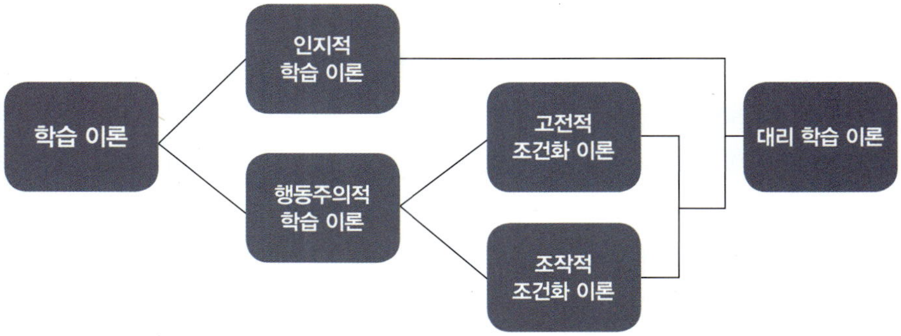

[그림 12-2] 학습 이론의 분류

습 이론은 인지적이고 행동주의적 학습 이론을 접목하여 소비자로 하여금 모델의 행동이나 결과를 관찰하게 하여 개인의 행동 변화를 유도하는 접근 방식이다.

12.1.2 인지적 학습

인지적 학습 이론은 문제 해결 및 통찰력 등 개인의 인지 활동의 중요성을 강조하는 이론이다. 이 이론에서 학습이란 목표에 대한 인식, 목표 달성을 위한 행동, 문제 해결을 위한 통찰 및 목표 달성의 과정으로 정의한다. 즉, 학습은 문제 해결 과정(Problem Solving Process)이며, 개인의 지각 및 문제 해결을 위한 통찰 등을 강조한다. 집단 행동을 연구한 콜러(W. Kohler)는 실험을 통해 침팬지는 바나나를 먹기 위해 노력하는 과정에서 얻어진 인지를 통해서 집단 행동을 하는데, 그는 이 사례를 자극이 직접 반응을 유발하는 것이 아니라 인지를 형성하는 단서라고 주장한다.

인지적 학습의 목표는 본질이 처음부터 이해되어 있다고 가정하고, 소비자가 상품에 대하여 가지고 있는 기존의 신념을 강화하거나 수정하는 것이다. 인지적 학습

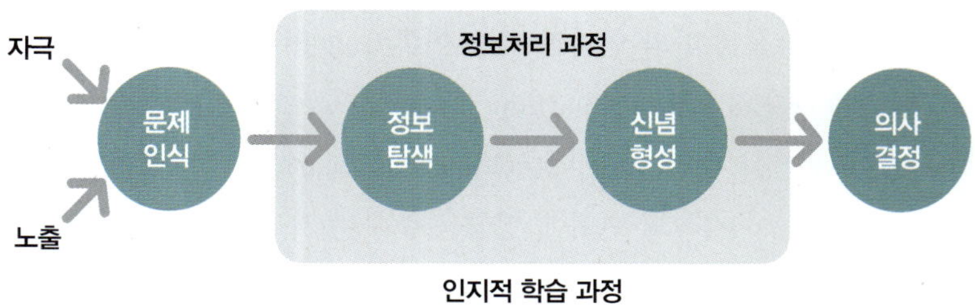

[그림 12-3] 인지적 학습 모형

의 과정은 소비자의 신념이 변경되어 의사 결정에 영향을 미치고, 기존의 신념 체계를 변경하는 것이다. 즉, 소비자의 학습은 기존의 신념을 바탕으로 가설을 형성하고, 판단을 위해 증거를 수집하며, 지각하는 단계를 거친다. 이러한 단계를 거치면서 개인의 기존 신념과 비교하여 수정이나 강화된 신념을 새로이 기억한다. 이 과정에서 소비자 개개인의 친숙도가 영향을 미치며, 정보 환경의 모호성에 따라서 개인의 제품에 대한 지각의 정도가 달라진다. 또한 학습에 대한 동기부여는 제품에 대한 증거의 지각 단계에서 기존 신념과의 비교에서 중요한 영향을 미친다.

(1) 인지적 학습의 유형

인지적 학습은 관여도와 상황에 따라서 기계적인 학습(Iconic Rote Learning), 추리와 유추(Reasoning)의 형태로 나타난다.

기계적인 학습은 소비자가 상품에 대하여 둘 또는 그 이상의 부족한 개념을 연관시키는 학습 방법으로, 관심이 낮은 저관여 상태에서 나타난다. 추리와 유추는 기존 개념과는 다르게 새롭게 재조직하고 구조화하여 창조적인 사고를 하는 학습으로, 상품에 대한 소비자의 관심이 고관여 상태에서 일어난다. 관심이 높은 상품을 구매하는 과정에서의 소비자는 제품에 대한 정보 탐색과 선택할 수 있는 대안에 대한 평가를 한다.

인지적 학습은 소비자가 어떤 환경 속에서 제시된 정보를 해석하거나 이해하고, 새로운 지식을 창출하는 경우에 일어난다. 이때의 학습은 대부분 첨가(Accretion)에 의해 일어나는데, 기존 지식 구조에 새로운 지식 · 의미 · 신념이 추가된다. 첨가 과정에서 기존의 지식 구조를 보다 정교화하고 일반화하는 조율(Tuning) 과정을 거쳐 조정된다. 또한 학습은 재구조화(Restructuring) 과정을 거치는데, 새로운 의미 구조를 생성하고, 기존 지식 구조를 재구조화된 네트워크 구조로 재편성한다.

재구조화(Restructuring)

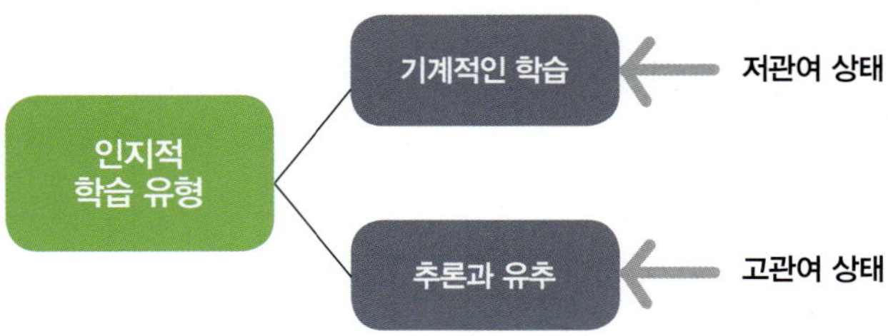

[그림 12-4] 인지적 학습의 유형

(2) 인지적 학습의 측정

인지적 학습의 정도는 개인에게 인지되어 있는 메시지 유지 정도를 측정하여 평가한다.

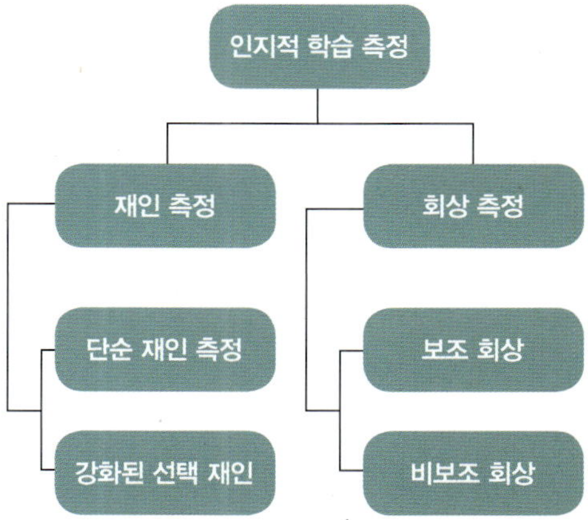

[그림 12-5] 인지적 학습의 측정

재인(Recognition)과 회상(Recall)은 인지적 학습의 성과를 측정하는 방법이다. 재인이란 소비자에게 자극을 제시하고 기억하는 방법으로 인지의 정도를 측정한다. 단순 재인 측정(Simple Recognition Measures)은 소비자가 상품이나 커뮤니케이션의 모든 측면에 대하여 각인된 정도를 측정하고, 강화된 선택 재인(Forced-choice Recognition)은 개인에게 제품에 대한 심벌, 광고, 패키지 등과 같이 특별한 광경을 강제로 인지시킨 후에 남아 있는 기억을 측정하는 방법이다. 예를 들면, 상품이나 광고를 보여 주고 그 광고나 상표를 보았거나 알았는지를 질문하여 인지 학습의 정도를 측정한다. 회상은 자극에 대한 단서를 주고 제품을 회상하게 하는 측정 방법이다. 보조 회상(Aided Recall)은 예를 들어 TV에서 마지막 24시간 이내에 상품에 대한 광고를 보도록 한 후 몇몇의 단서를 주어서 회상을 유도하는 방법이고, 비보조 회상(Unaided Recall)은 전혀 단서를 주지 않고 자유롭게 회상을 유도하는 방법이다.

보조 회상(Aided Recall)

빅데이터 **활용 사례**

최근에는 빅데이터 분석 결과를 기반으로 소비자의 인지 변화를 파고드는 광고 전략을 많이 사용하는데, 유유제약의 베노플러스가 대표적인 성공 사례이다. 과거에는 연고를 선택할 때 약사나 의사에게 의존하였으나 최근에는 소비자가 직접 검색을 통해서 제품을 선택하고 있다. 유유제약은 이러한 소비자의 행동 변화를 분석하여 소비자가 '멍' 하면 떠오르는 것이 달걀과 소고기라는 사실을 알아내어 제품을 재포지셔닝하였다. 즉, 경쟁 제품인 마데카솔이나 후시딘과 같이 상처 치료가 아닌 '멍' 치료제로 제품의 마케팅 방향을 전환하였고, 맨소래담과 호랑이 연고를 경쟁자로 재포지셔닝하여 멍을 가라앉히는 약품으로 승부하였다.

재포지셔닝

또한 마케팅 타깃으로 미용을 중시하는 여성을 공략하였고, 타박상 발생이 잦은 유아와 운동선수를 대상으로 제품 패키지 디자인과 프로모션을 변경하였다. 여기에 다이어트를 하는 여성들의 경우 영양 상태가 나빠져서 쉽게 멍이 든다는 데이터 분석 결과를 기반으로 손가방에 상비약으로 휴대할 것을 어필하여 전년 대비 50% 이상 매출이 증가하는 성과를 내었다.

[그림 12-6] 유유제약의 베노플러스 광고

12.1.3 행동주의적 학습

이안 파블로프(Ivan Pavlov)는 고전적 조건화 이론(Classical Conditioning Theory)에서 자극과 반응 프로세스를 처음 도입하였다. 이 이론은 파블로프 본인이 실험으로 증명하였는데, 배고픈 개에게 음식을 가져다주면 개가 침을 흘리는 반사 반응을 보인다. 이때 침을 흘리는 행위를 무조건 반응(Reflective Response)이라 하고, 반응을 이끌어 낸 행위를 무조건 자극이라고 한다. 이 무조건 자극과 무조건 반응 사이의 관계는 후천적인 학습을 통해 형성되는 것이 아니라, 유기체가 생존을 위해 가지고 태어나는 것이라 할 수 있다. 나아가 파블로프는 실험을 통하여 배고픈 개가 음식을 주기 전 울리는 종소리에도 침을 흘린다는 것을 발견하였다. 이는 곧 중립적인 자극(NS; Neutral Stimulus)에 해당하는 종소리가 무조건 자극인 음식과 여러 번 연합될 경우 침을 흘리는 반응을 이끌어 낼 수 있는 조건 자극으로 변한다

파블로프의 실험

는 것을 의미하며, 이때 침을 흘리는 반응은 조건 반응이 된다. 파블로프는 이러한 실험을 통해 대상과 대상 사이에서의 행동들이 자극과 반응으로 이루어져 있다고 주장하였다.

고전적 조건화 이론을 인간과 인간 사이의 조건화 과정으로 발전시킨 것이 벌허스 스키너(B. F. Skinner)의 조작적 조건화 이론(Instrumental Conditioning Theory)이다. 조작적 조건화 이론에서 스키너는 자극과 반응 사이의 관계를 유지시키거나 생성시킬 수 있는 강화(Reinforcement)라는 개념을 제시하였다. 스키너는 원하는 자극으로 원하는 반응을 이끌어 내는 정적 강화와 원하지 않는 것을 면제해 줌으로써 반응을 이끌어 내는 부적 강화의 개념을 통해 자극과 반응 관계를 새로 생성할 수 있는 이론을 구축한 것이었다. 마케터는 스키너의 이러한 행동주의 심리학에 기반한 자극-반응-강화 메커니즘을 적용하여 판매자와 구매자 간 거래 행위와 광고·홍보 활동에 적극 활용하고 있다.

(1) 고전적 조건화 이론

고전적 조건화 이론으로 연습을 통하여 이루어지는 반사적 행위 학습 과정을 설명할 수 있다. 파블로프의 실험은 개에게 음식을 제공할 경우에 침을 흘리는 자연스러운 생리적 현상에 종소리라는 조건 자극을 반복해서 주면 이후에 종소리(조건 자극)만 들어도 개가 무조건 침(부조건 반응)을 흘린다는 사실을 증명한 실험으로 한 자극과 이미 특정 반응을 유도한 다른 자극을 연결시킬 수 있다. 이 실험은 무조건 자극(UCS; Unconditioned Stimulus)과 무조건 반응(UCR; Unconditioned

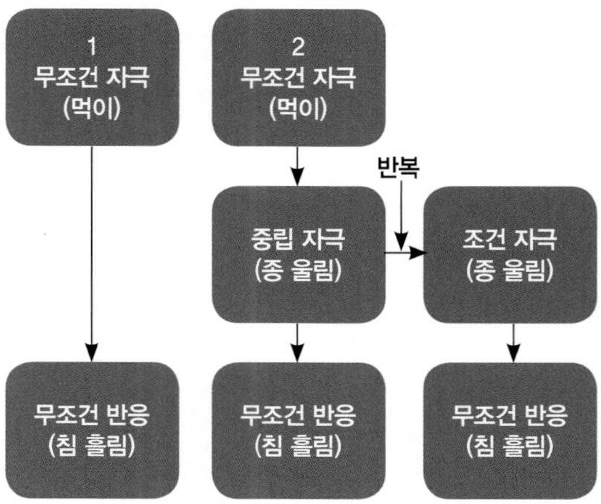

[그림 12-7] 파블로프의 실험

Response) 사이의 관계에서 상이한 자극에서도 동일한 반응을 일으키도록 학습시킬 수 있다는 것을 말해 준다.

기업은 판매하고자 하는 어떤 제품을 조건 자극이라 가정하여, 광고에서 즐거운 음악과 동시에 제품을 제공하면, 즉 무조건 자극을 함께 연출하는 것을 반복적으로 실행하면 나중에는 자연스럽게 소비자가 광고하려는 제품에 대하여 호의적인 태도를 가지도록 유도할 수 있다.

학습 기반 **광고 사례**

고전적 조건화 학습을 마케팅에 응용한 사례로 남양유업의 17차를 들 수 있다. 제품에 대한 노출 빈도

[그림 12-8] 남양유업의 17차 광고

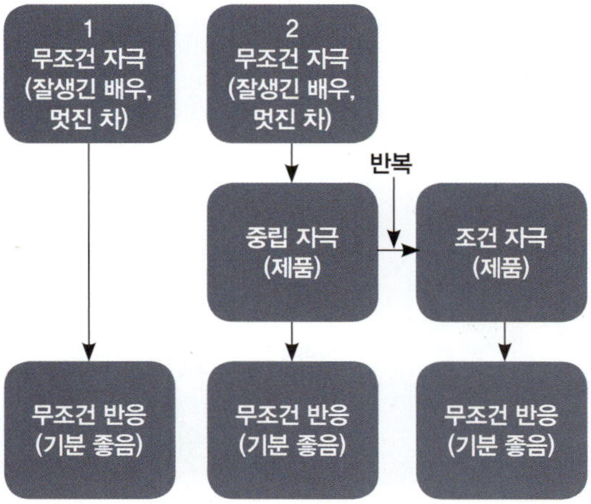

[그림 12-9] 소비자 행동에 활용

를 반복적으로 하여 주제는 동일하더라도 광고의 실행 요소, 즉 모델 · 음악 · 배경 등에 변화를 줌으로써 조건화 효과가 소멸되는 것을 방지한다. 소비자에게 상표를 인지시키기 위해서는 소비자 인지, 제품과 연관, 제품의 효능을 상기하는 과정으로 최소 3회 이상의 노출이 필요하다.

조건화 학습

남양유업의 17차는 자연스럽게 반응을 유발하는 무조건 자극으로 광고 모델인 전지현을 활용하여 혼합차 음료가 날씬한 몸매를 가진다는 긍정적인 반응 전이 효과를 유발하였다. 광고 카피도 "몸이 가벼워지는 17차"이며, 전지현의 S 라인을 음료와 연결하여 광고를 한 고전적 조건화 학습의 대표적인 사례이다.

소비자 행동의 고전적 조건화 현상에 영향을 미치는 요소는 무조건 자극의 강도, 반복 횟수, 조건 자극과 무조건 자극의 순서, 친숙 정도, 관여도 등이다. 무조건 자극의 강도가 강할수록, 반복 횟수가 많을수록 조건화에 크게 영향을 준다. 자극이 주어지는 순서 역시 중요한데, 조건 자극이 먼저 제시된 후 무조건 자극을 제시하는 방법을 전방 조건화, 그 반대를 후방 조건화라 한다. 전방 조건화가 결과에 있어서 더 효과적이다. 반면에 두 가지 자극을 동시에 제공하는 경우도 있는데, 이 경우에는 후방 조건화가 가장 비효과적인 것으로 나타난다.

학습 기반 **광고 사례**

미투 전략

미투 전략은 고전적 조건화 학습에서 자극의 일반화는 비슷하지만 서로 다른 자극에도 동일한 반응을 보이는 것을 활용한 마케팅 전략이다. 이 전략은 대표 브랜드와 유사한 모방 제품이 성과를 내는 방법이기도 하고, 상표 확장이나 제품 확장에도 응용할 수 있으며, 제품의 명성이나 신뢰성이 높은 경우에 쓸 수 있다.

그림의 왼쪽은 코카콜라의 '글라소 비타민워터'이고 오른쪽은 롯데칠성음료의 '데일리C 비타민워

[그림 12-10] 미투 제품 사례

터'이다. 소비자가 혼동을 일으킬 정도로 포장과 컬러, 상표명까지도 유사하게 광고되고 있어서 유사한 마케팅 효과를 보고 있다. 이 전략은 유사한 자극을 다른 것으로 구별하여 지각할 수 있도록 하거나 제품이 경쟁자 제품과 유사한 것이 아님을 식별하는 개념인 자극의 식별화 원리를 적용하고 있다.

하지만 소비자의 관여가 높은 경우에 친숙한 무조건 자극의 노출이 많아도 고전적 조건화에 의한 학습의 효과는 낮아진다. 가령, 학습의 조건화가 일어나도 조건 자극과 무조건 자극이 중단되고 시간이 지나면 효과가 서서히 사라진다.

---

(2) 조작적 조건화 이론

조작적 조건화 이론은 강화 혹은 행동 수정 이론으로, 어떤 제품을 구매하여 만족을 얻으면 반복 구매할 가능성이 높아지고, 그렇지 않으면 구매하지 않을 가능성이 높아진다는 이론이다. 이 이론은 상자 속의 쥐 실험을 통해 확인할 수 있다. 쥐는 먹이를 구하려고 상자 안을 돌아다니다가 버튼을 눌렀을 때 먹이가 나오는 것을 확인하게 된다. 쥐는 한 번 버튼을 눌러 먹이가 나오고, 두 번 버튼을 눌러 먹이가 나오는 과정을 반복하면서 버튼 누르기와 먹이 간의 연관성을 학습하게 된다.

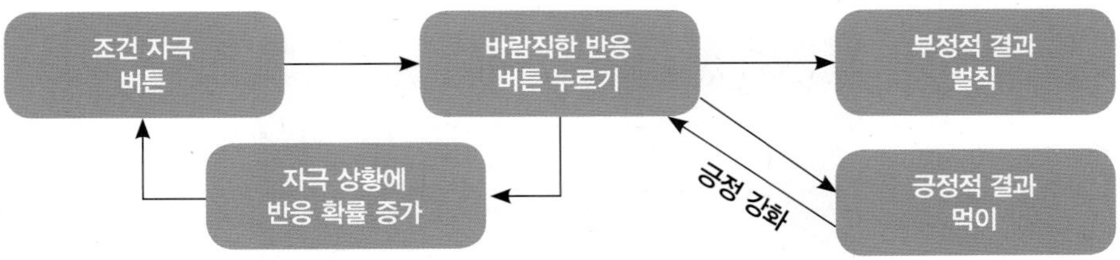

[그림 12-11] 스키너의 쥐 실험

조작적 조건화 학습은 결과에 의한 행위 학습으로 자극과 반응 간 연결이 필요하지만, 개인이 여러 반응 중에서 최고의 결과를 제공하는 반응을 결정할 수 있다. 호기심 속에서 혹은 우연히 단추를 눌러, 즉 자극을 선택할 수 있는데, 몇 번의 반복 끝에 그 단추를 누르면 결과가 어떻게 된다는 것을 학습한 다음부터는 스스로 특정 단추를 누르거나 누르지 않게 된다.

학습 기반 광고 사례

조작적 조건화 학습에서의 강화에는 긍정적 강화와 부정적 강화가 있는데, 이를 광고에 활용한다. 긍정적 강화에는 보상으로 마일리지가 있고, 부정적 강화에는 암묵적 불편 광고, 범칙금 등이 있다.

강화를 위한 스케줄링 방법에는 고정 간격 강화, 변동 간격 강화, 고정 비율 강화, 변동 비율 강화 등이 있다. 고정 간격 강화는 일정한 시간 간격을 두고 강화를 반복하는 것으로 백화점의 정기 세일이 해당된다. 변동 간격 강화는 시간 간격이 가변적인 강화를 반복하는 것으로 대형 마트에서 지속적 고객 서비스를 지원하는 사례이다. 고정 비율 강화에는 일정 횟수의 반응이 일어난 후 강화를 주는 쿠폰이나 경품 등이 있으며, 변동 비율 강화에는 강화와 강화 간의 요구되는 반응 횟수를 가변적이게 하는 복권 판매 등이 있다.

긍정적인 강화

긍정적인 강화를 이용한 광고 사례로는 여드름 치료제 ACNACYL이 있다. 이 제품은 사용 전과 후의 비교 광고를 통해 제품을 사용하게 되면 긍정적인 보상인 매끄러운 피부를 가질 수 있다는 메시지를 전달한다.

[그림 12-12] ACNACYL의 여드름 치료 전후 비교 광고

조작적 조건화에서 학습은 소비자가 동일한 행동을 반복적으로 나타내도록 강화 내지 보상될 때 발생한다.

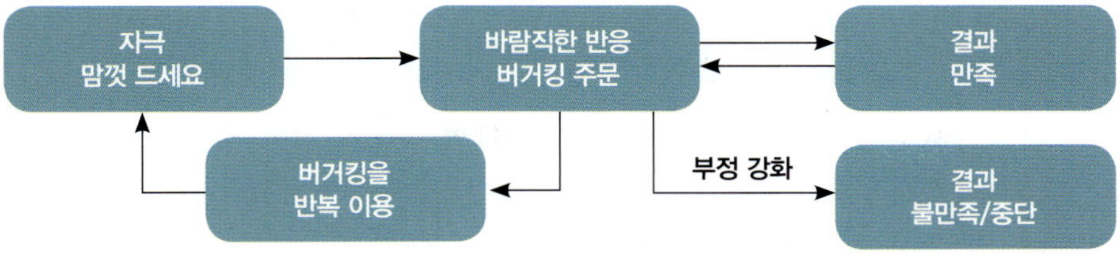

[그림 12-13] 소비자 행동에 활용

긍정적이거나 부정적 강화는 긍정적이거나 부정적 결과를 제공함으로써 특정 반응을 반복할 확률을 높여 준다. 긍정적 강화를 예로 들면, 특정 상점에서 상품을 구매한 고객을 전화로 접촉해 감사를 표시하면 그러지 않은 고객과 구매 반응이 다르게 나타나는 경우이다. 반면에 부정적 강화의 예를 들면, 보험이나 영업 사원이 소비자를 대상으로 강압적 권유를 하게 되는 경우에 소비자는 불편한 접촉에서 벗어나고자 구매를 회피하는 경우이다.

학습 기반 **광고 사례**

부정적 강화

타이레놀과 마스카라 광고는 행동적 학습 이론에서 조작적 조건화 방법 중 부정적 강화를 활용한 사례이다. 타이레놀은 소비자에게 이 약을 복용하지 않을 경우를 당시 한창 이슈가 되었던 클린턴의 스캔들과 연결하여 커다란 반응을 일으켰다. 마스카라 광고 역시 긍정적 효과보다는 번지는 부정적인 효과를 소비자에게 보여 주면서 자신들의 제품을 사용하지 않을 경우에 번진다는 효과를 강조하였다.

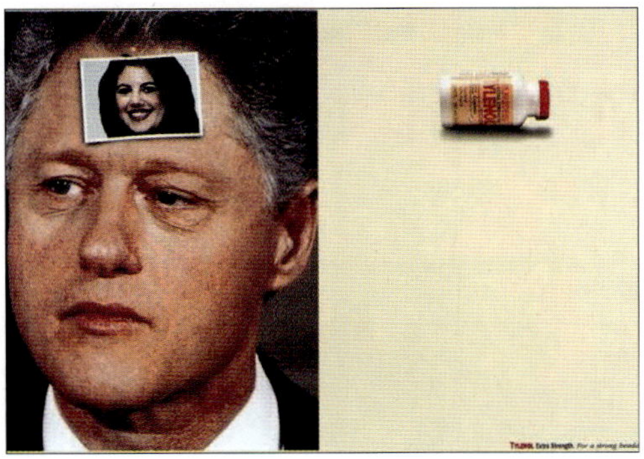

[그림 12-14] 타이레놀과 마스카라 광고

소비자의 상품 구매에서 강화의 발생 정도는 재구매에 커다란 영향을 미치며, 특정 상표 사용 시에 계속해서 만족을 얻을 경우 그 만족이 강화의 요인으로 작용하여 습관적 구매를 유도한다. 강화에는 자극에 대한 반응이 있을 때마다 강화를 주는 연속 강화(Continuous Reinforcement)와 반응에 대해 가끔씩 강화를 주는 부분 강화(Partial Reinforcement)가 있다. 예를 들면, 마일리지 적립처럼 소비자의 행동에 대하여 연속적인 강화를 제공하는 경우와 생일 쿠폰이나 이벤트 쿠폰처럼 가끔 강화를 제공하는 경우이다.

연속 강화(Continuous Reinforcement)

학습 기반
광고 사례

흡연과 음주 운전의 경우 부정적인 결과, 즉 병원에 입원을 하거나 장애가 발생한다는 공익광고는 소비자의 조작적 조건화에 기반하여 제작된 광고이다.

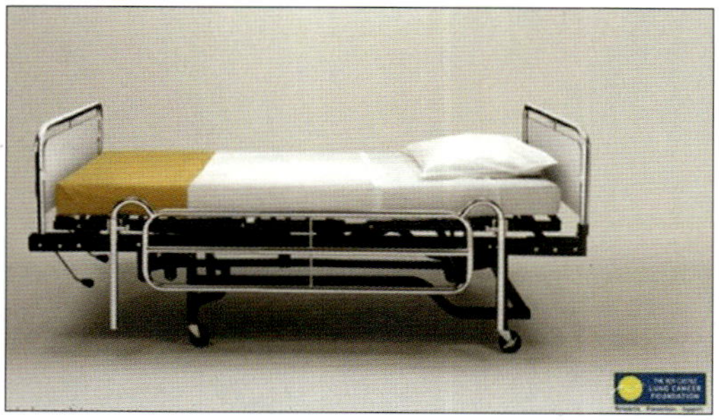

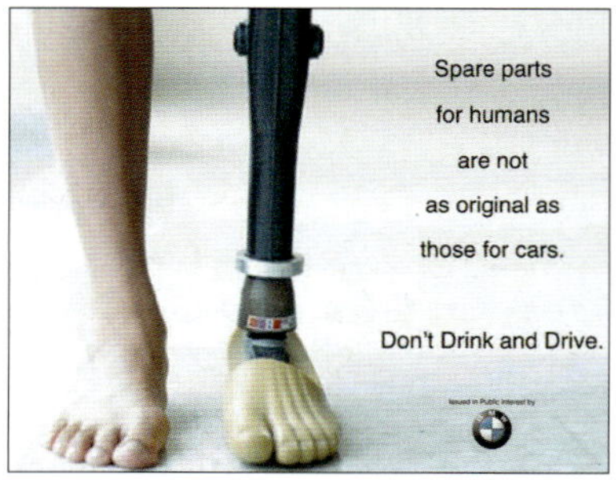

[그림 12-15] 처벌을 활용한 강화 광고

고전적 조건화와 조작적 조건화를 비교하여 정리하면 다음과 같다.

〈표 12-1〉 행동주의적 학습 비교

형태 \ 이론	고전적 조건화	조작적 조건화
보상	수동적	능동적
소비자 상태	수동적	능동적
조건화 수단	자극-반응 간의 짝지움	강화가 중심
조건화 시점	반응 이전 자극이 중심	반응 이후 강화가 중심

고전적 조건화는 개인이 비자발적으로 무조건적 반응 행동에 관심을 가지며, 조작적 조건화는 개인의 반응 행동이 의식적인 통제하에 있다고 가정한다. 고전적 조건화 행동은 반응 전에 발생하는 자극에 의하여 일어나고, 조작적 조건화 행동은, 행동 후에 주어지는 보상으로 인하여 발생한다.

12.1.4 대리 학습

대리 학습(Vicarious Learning)은 인지적 학습과 행동적 학습 이론을 통합한 형태로서 저관여 조건에서 일어나고, 다른 사람들의 행동을 관찰하는 모델링 형태의 학습이다. 즉, 소비자는 직접 학습하지 않고 다른 사람의 행동을 관찰하거나 매스컴이나 친구로부터 제품에 관한 정보를 들음으로써 간접적으로 학습한다.

(1) 대리 학습의 유형

공개적 모델링(Overt Modeling), 비공개적 모델링(Convert Modeling), 언어적 모델링(Verbal Modeling)이 있다.

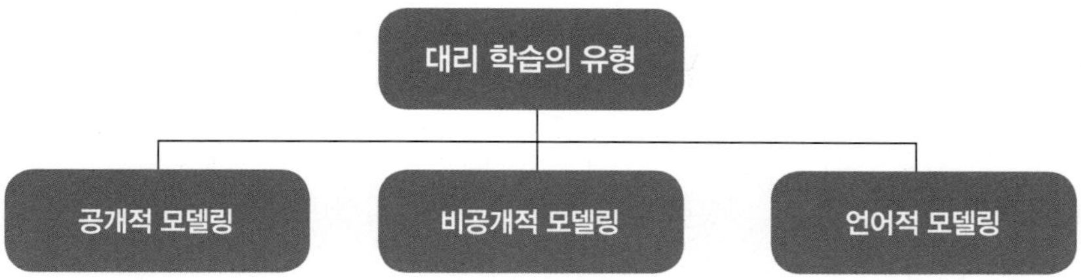

[그림 12-16] 대리 학습의 유형

공개적 모델링은 대리 학습의 대표적인 유형으로 타인의 행동을 관찰하며 학습하는 것으로, TV 광고나 보험 판매와 같은 인적 판매 등이다. 비공개적 모델링은 소비자가 실제 행동은 보지 않고 상황에 대해 상상하도록 유도하는 유형으로 라디오 광고나 인쇄 광고 등이다. 언어적 모델링은 개인에게 유사한 상황에서 타인들은 어떻게 하는지를 보여 줌으로써 학습하는 유형으로 아프리카 어린이 돕기나 재난 구조 운동 등이다.

학습 기반 **광고 사례**

2014년 한국방송공사 공익광고협의회에서 만든 가슴 따뜻한 광고는 자막과 함께 아름답고 따뜻한 세상을 만들기 위해서 스마트폰 사용을 자제하자는 메시지를 제시하였다. 이 광고는 호의적인 대상을 통하여 광고를 보는 소비자로 하여금 같은 행동을 하게 하는 정적 강화이고 비공개적 모델링 사례이다.

[그림 12-17] 스마트폰으로 인하여 잃어버린 것들에 대한 공익 광고

마케팅에서 대리 학습의 모델링을 사용하는 목적은 소비자가 자신이 행동하지 않았던 새로운 패턴을 사용하도록 하여 상품의 구매를 유도하기 위해서이다. 광고 모델의 만족스러운 표정을 소비자의 반응으로 인지시키는 전략이기도 한다. 또한 공익광고를 활용하여 소비자의 바람직하지 않은 행동을 못하도록 하기도 하고, 소비자가 이미 가지고 있는 행동을 모델링을 통하여 바람직한 방향으로 유도하기도 한다. 예를 들면, 애플은 스마트폰을 전화 이외의 다이어리, 온도 측정, 건강 측정 등에 활용하는 광고를 통해서 일반적 기능만을 활용하는 소비자가 제품의 특별한 기능까지도 활용할 수 있음을 알려 주고 있다.

(2) 모델링 효과에 영향을 주는 요인

대리 학습을 위한 모델링의 효과에 영향을 주는 요인으로는 모델의 특성, 관찰자의 특성, 모델화된 행동 및 행동 결과의 특성 등이 있다. 모델이 매우 매력적이거나 신뢰성이 높을수록 모델링 효과는 커지고, 전문적인 지식을 가진 경우에는 영향력이 크다. 특히, 모델의 특성이 소비자와 유사할수록 학습의 효과는 매우 크다. 그리고 소비자가 의존적이면서 자존감이 낮을수록 모방에 의한 만족도가 커져서 대리 학습의 효과가 크다. 이는 소비자가 모델의 특성에 부여하는 가치(Value)가 모델링 효과에 중요한 요인이 되는 것을 의미한다. 더욱이 모델화된 행동이 사려 깊고 명확하면서 행동의 결과가 진심으로 느껴질수록 학습의 효과는 커진다.

12.2 기억

12.2.1 기억의 구조

기억(Memory)은 자극에 대하여 정보의 투입 및 처리, 산출의 결과를 두뇌 속에 지식으로 저장하는 것으로, 개인이 저장된 정보를 일정 시간이 경과한 후에도 이용할 수 있다.

정보처리 수준 모델

정보처리 수준 모델 이론에서는 기억 장소는 하나이고, 정보처리 수준에 따라 기억이 다르게 할당되며, 감각적인 분석에는 낮은 정보처리가 이루어지고, 의미가 있는 분석에는 높은 정보처리가 이루어진다고 설명한다. 반면, 활성화 모델 이론에서는 기억은 저장되는 장소로서 유입된 정보처리를 위해 기억의 극히 일부분만이 활성화되고, 개인은 기억 유지를 위해 지속적으로 노력해야 한다고 설명한다.

다중 기억 구조 모델(Multiple Store Model of Memory)에서는 기억의 구조를 감각 기억(Sensory Memory), 단기 기억(Short-Term Memory), 장기 기억(Long-Term Memory)으로 구분하여 다음과 같이 설명한다.

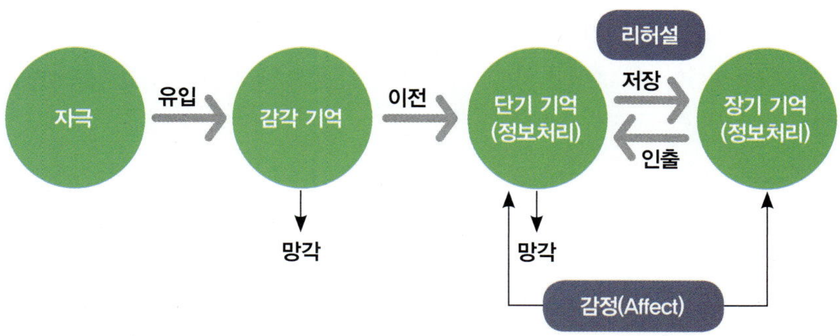

[그림 12-18] 다중 기억 구조 모델

(1) 감각 기억

오감을 통해 들어온 정보를 감지하는 부분으로서 유입된 자극을 자동적으로 잠깐 동안 있는 그대로 기억한다. 소비자는 유입된 마케팅 자극이 어느 정도 강해져서 개인의 절대적 식역 수준을 넘어서면 그 정보를 감지하고, 이들 중에서 관심을 끄는 정보만을 단기 기억에 이전할 수 있도록 통제한다. 소비자는 유입된 자극을 거의 무의식 상태에서 분석하고, 추가 정보처리 능력이 필요한지를 결정한다. 이때 감각 기억은 아주 짧은 시간 동안 자극을 저장하는데, 단기 기억으로 이전이 일어나지 않으면 기억에서 사라진다.

(2) 단기 기억

정보처리가 이루어지는 동안 유입된 정보가 일시적으로 저장되는 장소로, 인간은 기억 처리 용량의 한계를 가지고 있다. 따라서 서로 관련성 있고 의미가 있는 정보 묶음인 5~9개 단위로 정보의 청크(Chunk)를 형성하고, 처리된 정보를 장기 기억으로 이전시킨다. 소비자는 처리된 정보를 장기 기억으로 이전시키기 위하여 리허설(Rehearsal)이라는 통제 과정을 거친다. 리허설에는 마음속으로 제품에 대한 정보를 유지하기 위하여 반복하는 리허설과 유입된 정보의 의미를 새기는 정교화 리허설이 있다. 소비자가 제품에 관련된 리허설을 많이 할수록 단기 기억 속에 오래 머물러서 장기 기억으로 저장될 가능성이 높아진다.

청크(Chunk)

기억 기반 **광고 사례**

기억 증대 기법(Mnemonic Devices)

KT의 올레는 기억 증대 기법(Mnemonic Devices)을 광고에 활용하고 있다. 이는 음악을 이용하여 메시지를 전달하면 회상이 향상된다는 원리와 같다. 제품의 정보를 처리할 동기부여와 능력이 낮은 소비자에게는 제품 정보를 이해시키기 위해서 반복적으로 제품 광고를 실시한다. 지속적인 반복 광고로 기존에 기억한 광고의 감퇴 현상을 방지하기 위해서이다. 반복 광고에서의 광고 실행 방법은 다르게 사용하는 것이 효과적이다.

KT는 빠르다는 키워드를 반복적으로 사용하여 네트워크의 신속한 속도를 강조하였고, 소비자의 단기 기억에 오래 기억되도록 반복 광고를 하여 커다란 효과를 보았다.

[그림 12-19] KT의 올레 반복 광고

소비자는 단기 기억에서 처리할 수 있는 기억 용량의 한계로 인해서 지나치게 많은 정보가 제시되면 최선의 상품을 선택할 가능성이 작아진다. 그리고 상품에 대한 지식이 적거나 시간적인 제약이 있을 때 정보 과부하가 발생한다. 이 단계에서 소비자의 심상을 이끌어 내는 시각화에 의한 기억 증대 전략은 효과적이다. 예로서, 음악을 이용하거나 반복적인 광고 메시지는 소비자의 기억력을 증대시킨다. 따라서 마케터는 소비자의 기억에 도움이 되는 마케팅 도구를 활용하여 시장에 어필하여야 한다. 하지만 지나친 반복 노출은 오히려 소비자의 반감을 살 수 있다는 점을 고려하여 적정하고 다양한 전략을 구사하여야 한다. 더욱이 소비자의 관심이 높은 고관여 제품의 경우에는 인쇄 매체나 포장을 활용하여 충분한 정보를 제공하고, 저관여 제품의 경우에는 TV 광고로 중요한 정보만을 이해하기 쉬운 방법으로 제시하는 것이 기억에 효과적이다.

(3) 장기 기억

단기 기억에서 처리된 정보를 소비자가 나중에 필요할 때 다시 사용하기 위하여 영구적으로 저장하는 것이 장기 기억이다. 다중 저장 모델 이론에 의하면 기억은 단기 기억과 장기 기억으로 나뉘며 각각 기억하는 장소가 다르다. 기억 활성화 모델 이론에서는 기억 장소는 동일하지만 정보처리 수준에 따라 단기 기억과 장기 기억으로 분류한다. 장기 기억에 저장된 정보는 네트워크 조직을 가지고 있고, 이들이 연결되어 하나의 정보가 활성화되면 관련된 다른 정보들이 연속적으로 활성화되는 확산이 일어난다. 예로서, 애플의 스마트폰에 대한 정보는 장기 기억에 혁신적인 기능과 디자인 성능들이 네트워크 형태로 저장된 대표적인 브랜드 지식이다. 브랜드 지식

네트워크 형태의 지식 구조는 다음 그림과 같은 과정을 거쳐서 구성된다.

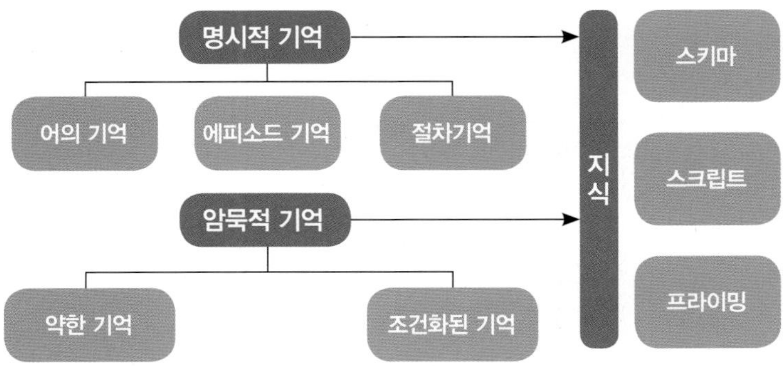

[그림 12-20] 장기 기억의 구조

기억에는 명시적 기억과 암묵적 기억이 있는데, 명시적 기억은 특정한 정보에 대하여 개인적 의식을 가지고 있는 기억으로 어의, 에피소드, 절차 기억이 있다. 어의 기억은 개념과 지식에 대한 의미적 기억이고, 에피소드 기억은 경험한 기분이나 느낌의 기억이며, 절차 기억은 제품 구매의 절차나 사용의 순서에 대한 기억이다.

암묵적 기억은 과거에 학습한 것에 대한 의식적인 지각은 없지만 현재의 행동에 영향을 주는 기억으로, 희미하게 저장된 약한 기억과 의식과 무의식의 경계에 있는 조건화된 기억이 있다. 소비자는 제시된 자극에 대하여 크게 두 가지 형태로 기억을 하게 되고, 기억된 정보들은 지식으로 장기 기억에 저장된다. 장기 기억에 저장된 지식은 스키마, 스크립트, 프라이밍 형태로 저장된다.

스키마(Schema)

스키마(Schema)는 하나의 개념과 관련된 서술적 지식들이 서로 네트워크 형태로 연결되는 것이고, 스크립트(Script)는 관련된 과정의 지식들이 서로 네트워크로 연결되어 있는 것이다. 예를 들면, 애플의 스키마는 스마트 기기의 선두 주자이면서, 상품의 질을 중요시하고, 창의적 사고를 지원하는 기능 등의 정보가 연결되어 있다. 애플 스토어는 소비자가 애플 제품에 대하여 사전에 경험하고, 이를 바탕으로 제품을 주문하는 스크립트를 가지고 기억장치에 저장된다. 프라이밍(Priming)은 정보가 회상되기 쉽게 활성화하는 것으로 애플의 경우는 스토리텔링 광고를 통해서 독창적인 기능을 강조하는 방법을 사용한다.

기억 기반 **광고 사례**

테팔의 매직핸즈와 m&m의 초콜릿 광고는 소비자가 구매하려는 제품과 서비스의 실제 대상, 장면, 사건 등이 실제로 발생하지 않아도 그러한 지각적 경험과 비슷하게 발생하는 마음속의 영상을 활용한 사례이다.

테팔은 프라이펜 손잡이가 탈부착이 가능하다는 광고 메시지를 통해서 소비자의 이해를 도왔다. 더불어 시각적인 효과를 위하여 공간 활용의 유리함을 강조하는 광고로 단기 기억에 오래 남는 광고를 시도하였다. 광고 포스터에서도 소비자가 손쉽게 기능을 이해하고, 공간 활용을 상상할 수 있게 하여 기억하기 쉬운 정보를 제공하였다.

[그림 12-21] 테팔의 매직핸즈 광고

형형색색의 m&m 알맹이 초콜릿은 손에 녹지 않는 초콜릿이라는 독특한 장점을 부각시켜서 고객의 경험적 불편함을 해소한다는 광고로 마케팅 효과를 보았다.

[그림 12-22] m&m의 초콜릿

장기 기억에 저장되는 정보의 유형에는 사실과 사건에 대한 기억인 서술적 지식과 일의 과정이나 절차와 관련된 절차적 지식이 있다. 소비자가 유입한 정보에 대하여 관심이 높고, 정보처리가 용이하도록 정보가 제시될 때 장기 기억 속에 저장된다. 장기 기억으로부터 쉽게 정보처리를 하기 위해서는 유입된 정보의 체계화 정도, 정보 제공량, 정보처리를 방해하는 경쟁 요인의 존재 여부, 정보가 제시되는 순서 등을 고려하여야 한다.

12.2.2 기억의 정보 인출

소비자의 기억에 저장된 정보의 인출 방법에는 회상(Recall)과 재인(Recognition)이 있다. 회상은 소비자가 기억하고 있는 정보를 인출하는 과정이다. 회상에는 구체적인 단서 없이 기억해 내는 비보조 회상, 단서를 제공하여 기억해 내는 보조 회상, 정보의 저장 순서에 따라서 기억해 내는 순서 회상이 있다. 재인은 소비자가 제한된 정보를 인지하고, 해당 정보가 기억 속에 존재하는지를 확인하는 과정이다. 이전의 그 광고를 본 적이 있는지를 기억하는 광고 재인과 과거 해당 브랜드를 본 것을 기억하는 브랜드 재인이 있다.

정보의 인출에 영향을 미치는 요소로는 전반적인 상품의 평가나 느낌인 정보의 호의성, 주의를 끄는지의 여부인 정보의 현저성, 해당 범주의 대표 브랜드 여부인 마케팅 자극의 전형성, 독특한 인출 단서의 제공 여부인 저장된 정보의 인출 단서 등이 있다.

기억의 제어 과정은 부호화, 리허설, 이전, 배치, 인출 등을 거친다.

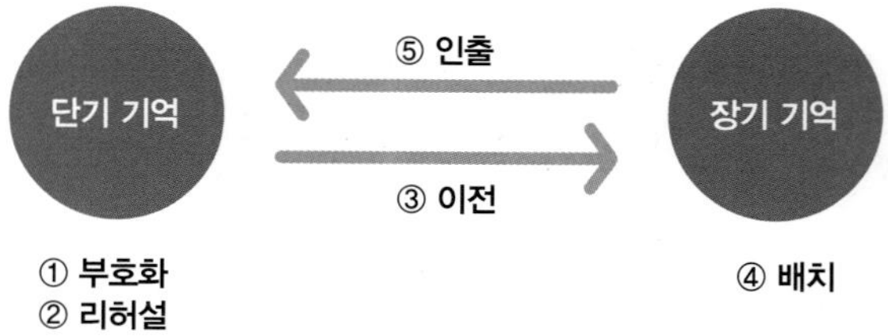

[그림 12-23] 기억 제어 과정

부호화는 단기 기억에서 유인된 자극에 의미를 부여하는 것이고, 리허설은 마음 속으로 유입 정보를 반복 기억하여 단기 기억에 상품 정보가 오래 머물게 하는 것이다. 배치는 단기 기억으로부터 이전된 정보가 장기 기억의 스키마에 연결되는 과정이고, 인출은 장기 기억에 저장된 정보가 필요에 의하여 단기 기억으로 제시되는 것이다.

기억 기반
광고 사례

마케팅 자극

제품 정보의 인출을 용이하게 하는 데 영향을 미치는 요인들로는 마케팅 자극 자체의 특성, 인출 단서의 제공 여부, 소비자의 특성 등이 있다. 마케팅 자극 자체의 특성은 저장된 정보에 대한 긍정적,

부정적 평가를 하여 전반적인 제품 평가가 구체적인 브랜드 정보에 비해 소비자에게 더욱 잘 기억되도록 한다. 이때에는 현저성이 높은 마케팅 자극이 주변의 다른 자극들보다 두드러져 보일 때 기억될 가능성이 더 높다. 그리고 대표성을 가진 마케팅 자극은 해당 제품 범주를 가장 대표하는 브랜드인 경우가 기억으로부터 쉽게 인출된다.

[그림 12-24] 남양유업의 프렌치카페 커피믹스 광고

남양유업은 건강에 해로우니 프림 대신 무지방 우유를 사용해야 한다는 인출 단서를 커피믹스 광고에 활용하여 커다란 효과를 보았다. 이 광고에서 남양유업은 소비자에게 '카제인나트륨'이 인체에 유해하다는 점을 강조하고 고객이 커피믹스를 연상할 때 이 점을 인출 단서로 사용하도록 유도하였다.

기억 속에 유사한 경쟁 정보를 많이 저장할수록 특정 정보의 인출이 어려워진다. 정보 인출 방해의 유형에는 선입 정보 방해(Proactive Inhibition), 후입 정보 방해(Retroactive Inhibition)가 있다. 선입 정보 방해는 과거에 학습된 정보가 보다 최근에 학습된 정보의 인출을 방해하는 것이고, 후입 정보 방해는 보다 최근에 학습된 정보가 이보다 먼저 학습된 정보의 인출을 방해하는 것이다. 경쟁 정보의 방해와 관련된 개념을 본 레스토프(Von Restorff) 효과라 하는데, 비교적 동질적인 자극들 중에 독특한 자극이 보다 쉽게 회상되는 현상을 의미한다.

본 레스토프(Von Restorff) 효과

소비자의 기억 속에 저장된 정보들 간의 일관성이나 유사성이 높을 때 정보의 인출이 높아지며, 인출 단서를 제공하는 것이 정보 회상에 도움이 된다. 소비자가 정보를 저장할 때 경험했던 기분과 그 정보를 인출할 시점에서 갖게 되는 기분을 유사하도록 하여 정보의 인출을 용이하게 만드는 현상을 무드 일치 효과라 한다. 전문적 지식을 가지고 있는 소비자가 그렇지 않은 소비자보다 더 많은 제품의 정보를 회상할 수 있다.

기억 기반
광고 사례

태극당, 웨스턴 조선호텔, 서울연인, 햇쌀마루 등은 과거 복고적인 경험을 광고에 활용한 추억의 단팥빵으로 인기를 누리고 있다. 이는 과거 단팥빵에 얽힌 소비자의 다양한 경험을 리허설이란 과정으로 인출하여 마케팅 효과로 연결시킨 결과이다.

[그림 12-25] 서울연인 단팥빵

이 외에도 마케터들은 제품 혹은 서비스에 대한 기억을 증가시키기 위하여 그림, 축약된 언어, 자신의 상품 참조, 기억을 돕는 장치 설치, 음성 학습 자료, 반복 등의 기법을 활용한다.

12.2.3 학습과 기억 기반의 마케팅 전략

학습과 기억을 기초로 한 마케팅의 4P 전략은 경쟁사의 브랜드, 상품, 점포에 비해서 간략화 포지셔닝 전략을 세운다. 이를 위해 제품의 포장, 로고, 브랜드명은 소비자가 학습과 기억을 증가시킬 수 있는 방향으로 개발한다. 대리 학습의 효과를 증가시키기 위해서는 유명인, 인기 있는 음악을 활용하여 소비자와 커뮤니케이션을 하는 촉진 전략을 진행한다. 또한 특별한 아웃렛과 함께 제품을 관련시키고 점포 내에서는 소비자가 학습과 기억을 증가시키기 위한 이해를 기반으로 하여 제품을 배치한다.

기억 기반
광고 사례

IBK 기업은행은 2005년 하반기에 독도 문제가 사회적 이슈로 부각되었을 때 '독도는 우리땅 통장'을 출시하였다.

[그림 12-26] 기업은행의 독도는 우리땅 통장

독도는 우리땅 통장은 특별 우대 상품이 아님에도 불구하고 판매 2주 만에 1조 원을 돌파할 만큼 커다란 반응을 일으켰다. 이는 애국심을 통하여 소비자의 복잡한 구매 결정 과정을 단순화한 것으로, 제품에 애국심을 무조건 자극으로 활용하여 고전적 조건화 학습을 유도한 사례이다.

고전적 조건화 학습

고전적 조건화 학습에서 강화를 하지 않고 조건 자극만 제시했을 때나 조작적 조건화 학습에서 조건 반응에 대하여 강화가 주어지지 않을 때 조건 반응의 강도가 점차적으로 약화되는 소멸(Extinction) 현상이 일어난다. 이는 자극과 기대되는 보상 간의 연결이 제거되는 현상으로 제품에 대하여 더 이상 만족하지 않을 경우에 재구매를 하지 않는 행동으로 이어진다. 이 경우 경쟁 상품이 등장한다면, 소비자는 자극과 반응 간의 혼란을 겪게 된다. 반면에 망각(Forgetting)은 자극이 오랫동안 반복되지 않으면 발생하고, 제품을 오랫동안 사용하지 않거나 광고 중단으로 잊히는 경우에 해당한다. 쉐이핑(Shaping)은 자극을 제공함으로써 어떤 반응이 일어날 가능성을 높여 다른 반응을 유도하는 유인 마케팅이다.

학습 기반
광고 사례

쉐이핑

맥도날드는 아이스크림을 저가로 제공해서 일단 소비자가 맥도날드 매장에 들어와서 다른 제품을 동시에 구매하도록 유도하는 쉐이핑을 시도해서 효과적인 성과를 내고 있다.

[그림 12-27] 맥도날드의 아이스크림 광고

소비자가 학습하는 과정을 마케팅에 활용하기 위해서는 제품의 광고를 위해 제공된 정보를 소비자가 어떻게 사용하는가에 관심을 가지는 노력이 필요하다. 마케터가 소비자에게 영향을 미치도록 사용하는 전략으로는 보상, 반복, 일반화, 차별화, 경험, 사인과 상징, 조형화 방법 등이 있다.

보상 전략은 소비자의 구매 행동이 반복될 가능성을 높여 주는 것이고, 반복 전략은 제품에 대한 무조건적 자극과 조건적 자극을 연결할 수 있도록 도와주는 것이다. 이를 위해 새로운 정보와 기존에 가지고 있는 장기 기억 안의 정보와 강하게 연결할 수 있는 단서를 제공해 준다.

일반화 전략은 기존 제품과 긍정적 관련성을 강조하기 위해 제품에 관계없이 비슷한 상표명 포장을 이용하는 것이고, 차별화 전략은 소비자가 비슷한 제품들의 차이점들을 구분할 수 있도록 소비자의 마음속에 다른 제품과 차별화가 되도록 독특함을 제공하는 것이다.

경험 전략은 소비자 개인의 경험을 제품으로부터 학습하도록 하는 것이며, 사인과 상징 전략은 사인, 상징, 포장 형태를 제품과 관련 있게 개발하여 학습하도록 하는 것이다. 조형화 전략은 최종 목표가 아닌 어떤 특정 행동의 발생 확률을 변경시킴으로써 다른 행동의 발생 확률을 증대시킬 수 있도록 조건을 형성하는 것이다.

학습 기반
광고 사례

스타벅스는 페이스북에 따뜻한 커피 한 잔에 떠오르는 아름다운 이미지를 포스팅하여 다양한 콘텐츠와 함께 스타벅스 커피를 연상시키는 인지적 학습을 광고에 활용하였다.

[그림 12-28] 스타벅스의 포스팅 광고

조건적 자극 요인을 마케팅에 활용하기 위해서는 소비자의 관심을 끌 수 있도록 광고를 구성하여야 하고, 소비자 마음속에 상품이나 서비스의 우수성을 호소하여 한다. 무조건 자극을 마케팅에 활용하기 위해서는 유명 인사, 연예인, 좋아하는 음악, 추억 등을 잘 활용해야 한다. 또한 자사의 상품과 서비스에 맞는 대상을 선정하여 소비자에게 전달하여야 효과적이다. 소비자가 원하는 정보를 상세히 제공하여 기존의 신념에서 새로운 지식을 축적하도록 도와주는 마케팅 전략은 인지적 학습 측면의 접근이라고 할 수 있다.

리허설 마케팅

단기 기억의 리허설 마케팅으로 시각화에 의한 기억 증대 전략이 있는데, 시각적 정보를 언어적 정보와 함께 제시하는 방법이다. 구체적인 정보 사용이 소비자로 하여금 상상을 통해 마음속으로 제품 정보를 시각화하도록 유도하는 심상 지시 방법이 대표적이다.

빅데이터
활용 사례

빅데이터 기반의 결과를 반영한 마케팅의 긍정적 효과가 검증되면서 자동차 시장에서도 자동차 고객관리 프로젝트에 빅데이터를 적극 활용하고 있다. 차량에서 생산되는 각종 대량 데이터를 체계적으로 관리하고 실시간으로 축적되는 다양한 정보를 빅데이터 기술을 활용해 분석하여 제품의 제조 프로세스 개선에 기여하고 있기 때문이다. 또한 이를 통하여 생산성 향상과 소비자 서비스 역량을 강화하여 새로운 비즈니스를 창출할 수 있다. 더욱이 제조나 폐기 단계에서 축적한 데이터를 활용하여 제품의 생산이나 재활용률의 향상에 기여하고 있다.

재활용률의 향상

[그림 12-29] 자동차 고객관리 프로젝트

예를 들면, 특정 지역에서 준 · 중형차 검색 빈도가 증가하면 해당 지역에서 준 · 중형차 마케팅을 강화하고, 특정한 제품을 구입한 고객이 자주 검색하는 검색어를 분석하여 마케팅 기법을 개발할 수 있다. SUV를 구입하는 고객의 경우는 레저를 고려하는 경우가 많은데, 이를 기반으로 SUV와 레저용품을 묶어서 판매하는 마케팅 전략을 수립할 수 있다. 특정 모델의 자동차와 아기용품을 묶어 판매하는 것도 마찬가지이다. 그리고 센서 데이터 분석으로 판매 차량이 문제 없이 운행되는지, 부품에 이상이 없는지 등을 사전에 파악하여, 대량 리콜 사태 등을 예방할 수 있다. 또한 특정 지역에서 운행되는 차량이 공통적으로 어떤 부품을 자주 교체하는지 등을 파악해서 서비스의 능력을 향상시킬 수 있다. 즉, 고객이 제조사에 대하여 불편한 문제들을 제기하기 전에 제조사가 먼저 문제를 파악해서 고객에게 서비스할 수 있고, 실제 어떠한 고민을 운전자들이 가지고 있는지 파악이 가능하여 고객보다 앞서서 대응할 수 있다.

연·습·문·제

※ 다음 빈칸에 해당하는 용어를 넣으시오.

1. (　　)은 개인의 경험이 지식, 태도, 행동의 변화를 주도하는 과정으로, 장기 기억 속의 정보나 조직의 변화를 이끄는 정보처리의 결과이다.

2. 학습은 (　　), (　　), (　　), (　　)으로 구성되어 있다.

3. 학습 이론은 (　　　　　　　　), (　　　　　　　　)이 있고, 두 가지 접근 방법을 모두 포함한 (　　　　　　　)이 있다.

4. 인지적 학습 이론은 문제 해결 및 통찰력 등 개인의 인지 활동의 중요성을 강조하는 학습 이론이다. 이 이론에서 학습이란 목표에 대한 인식, 목표 달성을 위한 행동, 문제 해결을 위한 통찰 및 목표 달성의 과정으로 정의한다. 즉, 학습은 (　　　　　　　)이며 개인의 지각 및 문제 해결을 위한 통찰 등을 강조한다.

5. (　　)과 (　　)은 인지적 학습의 성과를 측정하는 방법이다. 재인이란 소비자에게 자극을 제시하고 기억하는 방법으로 인지의 정도를 측정한다.

6. (　　　　　)은(는) 인지적 학습과 행동적 학습 이론을 통합한 형태로서 저관여 조건에서 일어나고 다른 사람들의 행동을 관찰하는 모델링 형태의 학습이다.

7. (　　)은(는) 자극에 대하여 정보의 투입 및 처리, 산출의 결과를 두뇌 속에 지식으로 저장하는 것으로, 개인이 저장된 정보를 일정 시간이 경과한 후에도 이용할 수 있도록 한다.

8. 소비자의 기억에 저장된 정보의 인출 방법에는 회상(Recall)과 재인(Recognition)이 있다. 회상은 소비자가 기억하고 있는 정보를 인출하는 과정으로서 구체적인 단서 없이 기억해 내는 (　　　　　　)과 단서를 제공하여 기억하는 (　　　　　　), 정보의 저장 순서에 따라서 회상하는 (　　　　　　)이 있다. 재인은 소비자가 제한된 정보를 인지하고 해당 정보가 기억 속에 존재하는지를 확인하는 과정으로, 이전의 그 광고를 본 적이 있는지를 기억하는 광고 재인과 과거 해당 브랜드를 본 것을 기억하는 (　　　　　　)이 있다.

※ 다음 내용에 대하여 설명하시오.

9. 학습의 결과는 가치관, 태도, 선호, 감각, 행동, 지식의 변화로 나타나며, 이들을 장기적으로 기억한다. 학습의 결과에 대해서 설명하시오.

10. 인지적 학습을 관여도와 상황에 따라서 분류하여 설명하시오.

11. 조작적 조건화 학습을 마케팅에 응용하는 사례로서 강화가 있다. 강화에는 긍정적 강화와 부정적 강화, 처벌 등이 있고 이들을 광고에 사용한다. 이들에 대해서 설명하시오.

12. 기억에는 명시적 기억과 암묵적 기억이 있는데, 이들에 대해서 설명하시오.

※ 다음 주제에 대하여 토론하시오.

13. 잡지 광고에 활용되는 학습 이론과 소비자의 기억 장치에 정보를 유지시키는 방법에 대해서 토론하시오.

14. 온라인 게임에서 여러분의 점수를 높이기 위해서 고전적 조건화 이론에 기초하여 어떠한 전략을 사용해야 하고, 이를 위해서 학습하여야 할 것과 기억해야 할 것들에 대해서 토론하시오.

쉬면서 생각하는 4차 산업혁명 꿀팁!

Step 7

스마트 롱테일(Smart Long-Tail) 법칙은 4차 산업혁명의 특징을 압축적으로 설명하고 있다. 이 법칙은 오프라인 경제에서 상위 20%가 80%의 매출을 담당한다는 파레토 법칙(Pareto's Law)에 반하는 것이다. 즉, 온라인 경제의 롱테일 법칙은 80%의 사소한 다수가 20%의 핵심 소수보다 뛰어난 가치를 창출한다는 것이다. 4차 산업혁명에서의 디지털 경제는 자원의 제약을 벗어나 연결 비용을 줄여서 소수의 수요에 대한 원가를 더욱더 절감시키는 스마트 롱테일 법칙을 탄생시켰다.

13 CHAPTER

태도와 태도 변화

학습 목표

- 소비자의 태도와 태도가 변화되는 과정을 이해한다.
- 태도의 특징 및 정보 계층을 학습하고, 태도와 관련된 예측 · 변화 · 형성 이론을 살펴본다.
- 태도와 태도 변화 기반의 광고 사례와 빅데이터 활용 방안을 학습한다.

태도 기반 광고 SKT의 '잘생겼다' 광고는 단순 노출 이론에 근거한 광고로 어떤 물건이나 생각이 단순하고 지속적으로 노출될 경우 소비자의 태도가 변경된다는 사실을 입증했다. (본문 384~385쪽)

13.1 태도

13.1.1 태도의 정의와 구성 요소

가장 빛나는 별은 아직 발견되지 않은 별이고, 당신 인생의 최고의 날은 아직 살지 않은 날이다.

– 《파블로 이야기(Pablos Traum)》, 토마스 바샵(Thomas Baschab)

(1) 태도의 정의

올포트(G. Allport)는 태도(Attitude)를 특정 대상에 대하여 일관성 있게 호의적이거나 비호의적으로 반응하는 학습된 선유경향(Learned Predispositions)이라 정의한다. 선유경향은 소비자가 대상에 대하여 가지는 동기의 질(Motivational Quality)이다. 즉, 태도는 좋거나 싫거나 등의 표현으로서 제품에 대한 소비자의 구매 의도에 직접적인 영향을 준다.

태도는 어떠한 대상에 대하여 특별한 기간 동안 지속되고, 주어진 상황하에서 경험이나 학습을 통하여 형성되는 내적 감정이라고 할 수 있다. 태도는 한 대상에 대한 긍정적이거나 부정적인 감정의 정도이고, 경험이나 외부 정보 등에 의하여 형성되거나 변화된다. 태도는 직접 관찰이 어려우므로 질문이나 행동으로부터 추론한다.

예전에는 태도를 설명하기 위하여 단일 차원적(Uni-dimensional)인 요소로 접근했다. 단일 차원적인 요소 접근은 감정적 요소만을 태도로 간주하는 접근으로, 인지적 요소는 단지 태도를 형성하는 선행 요인으로, 행동적 요소는 태도 형성에 결과로 나타나는 결과 요인으로 본다는 관점이다. 하지만 최근에는 감정적 요소, 인지적 요소, 행동적 요소가 통합되어 태도를 형성한다는 관점인 다차원적(Multi-dimensional)인 요소로 접근한다.

[그림 13-1] 단일 차원적인 요소 접근

개인의 태도는 그 사람이 대상에 대하여 여러 측면으로 느끼는 신념의 강도와 각 신념에 부여한 평가 함수로 나타낼 수 있고, 어느 정도 일관성을 갖는다. 개인이 갖는 독특한 성격인 개성(Personality)도 태도와 마찬가지로 행동에 공통적으로 영향을 미칠 수 있으나, 특정 대상과 관련되지는 않는다. 개성은 평가적이지 않고, 지속적이며, 선천적이라는 면에서 태도와 차이가 있다.

(2) 태도의 구성 요소

태도는 인지적 요소(Cognitive Component), 감정적 요소(Affective Component), 행동적 요소(Conative Component)로 구성된다.

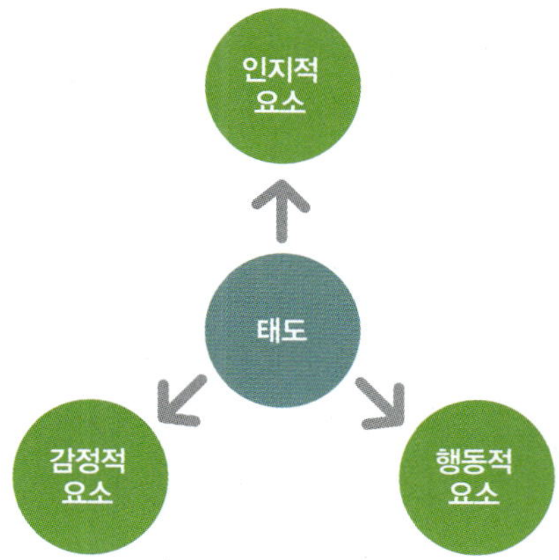

[그림 13-2] 태도의 구성 요소

인지적 요소는 특정 속성이나 대상물에 대한 개인의 신념으로 지각된 지식을 의미한다. 즉, 구체적 속성에 대한 지식이나 신념이다. 인지적 요소에는 제품이 가지는 속성에 대한 정보적 신념(Informative Beliefs)과 이들이 가져다주는 편익 혹은 가치들을 고려하는 평가적 신념(Evaluative Beliefs)이 있다.

감정적 요소는 특정 속성이나 대상물에 대한 기분 또는 느낌으로 대상에 대한 소비자의 전반적인 감정, 즉 긍정과 부정의 느낌이다. 다시 말해, 제품에 대하여 호의적인지 아닌지의 감정이나 느낌을 의미하며, 상황이나 개인에 따라서 달라진다.

행동적 요소는 특정 속성이나 대상물에 대한 행위 의도로 동태적 혹은 의도적 요소로서 대상에 대하여 행동하려는 경향을 의미한다. 즉, 소비자가 제품에 대하여 구매 여부, 구매 의도, 추천 의도를 가지는 요소로, 욕구와 제품의 브랜드에 대한 신념을 고려하여 제품을 평가하고, 이를 바탕으로 구매를 판단한다.

13.1.2 태도의 특징과 기능

(1) 태도의 특징

태도는 소비자가 대상, 즉 제품 · 서비스 · 상표 · 광고 · 가격 · 소매점 등에 대하여 호의적이거나 비호의적인 선호의 정도를 표현하는 강도이다. 마케터는 이를 소비자가 제품에 대한 구매 행위를 평가하는 척도, 즉 방향 · 정도 · 강도 등으로 활용한다. 태도는 학습을 통해서 형성된 선유경향을 가지고, 내적으로 일관성 있게 구성원 간의 구심점을 갖게 한다. 태도의 일관성은 소비자의 행동이 소비자의 태도와 부합되는 어떠한 상황에서 발생한다. 상황은 태도와 행동 간 관계에 영향을 미치는 사건이나 환경을 의미한다. 태도는 직접 관찰이 불가능한 정신적 상태이므로 질문 등의 방법을 통해 간접적으로 측정하여 추론한다.

소비자는 즐거운 것은 더욱 원하고 불쾌한 것은 회피하려는 태도를 보인다. 또 불안이나 위협으로부터 자신을 보호하고자 제품이 가지고 있는 가치와 자신을 연결시키려 한다. 소비자가 어떤 브랜드에 대해 가지는 태도는 지식으로 저장되기도 하고, 다른 사람과의 관계를 유지시켜 주는 촉진제 역할을 하기도 한다.

태도 형성에 영향을 주는 요인은 가족, 준거집단, 정보와 경험, 개성 등이며, 광고를 위한 커뮤니케이션 전략에서 광범위한 문화적 태도나 규범에 어필하는 것보다는 특정한 하위문화의 태도나 규범에 호소하는 것이 더욱 효과적이다. 준거집단

(2) 태도의 기능

실용적 기능(Utilitarian Function), 가치-표현적 기능(Value-Expressive Function), 자아-방어적 기능(Ego-Defensive Function), 지식 기능(Knowledge Function) 등이 있다.

실용적 기능은 소비자에게 제품에 대한 보상을 극대화하고, 처벌은 최소화하는 것이다. 이를 토대로 태도를 형성한 소비자는 즐겁거나 보상적인 대상은 가까이하고, 불쾌하거나 바람직하지 못한 대상은 멀리하게 된다. 그리고 지불하는 비용에 비해 보다 커다란 편익을 가져다주는 제품에 대하여 더욱 호의적 태도를 갖는다. 예를 들면, 홈쇼핑에서 구입한 물품이 만족할 경우에는 홈쇼핑 채널 자체를 신뢰해 다른 제품의 부가적 구매를 이 채널에서 많이 하게 된다.

빅데이터 활용 사례

삼성전자의 '액티브워시'는 애벌빨래를 할 수 있는 '빌트인 싱크'를 장착한 전자동 세탁기이다. LG전

자의 '트윈워시'는 상단에 드럼 세탁기를, 하단에 소형 전자동 세탁기 '통돌이'를 설치한 세탁기이다. 두 회사 모두 이전에 없던 새로운 기능을 가진 세탁기를 출시하였는데, 출시 3주 만에 국내에서 1만 5,000대, 출시 20주 만에 10만 대 넘게 판매하였다. 이 특별한 기능성 세탁기들은 세탁소와 전업주부들이 생성한 가전제품에 대한 빅데이터를 분석한 결과이다. 소비자는 세탁기의 단순 기능보다는 다양한 생활 패턴을 보완해 주는 기능을 요구하고 있고, 이러한 수요를 반영하여 탄생한 세탁기가 액티브워시와 트윈워시이다.

[그림 13-3] 삼성전자와 LG전자의 기능성 세탁기

이러한 기능성 세탁기들은 소비자의 실용적인 기능을 자극하여 소비자의 태도 변화를 일으켜 구매 행동을 유도한 마케팅 전략으로 대표적 성공 사례이다. 계속해서 새로운 기능에 대한 소비자의 후기를 빅데이터로 수집하여 기능적인 보완을 하고 있다.

가치-표현적 기능

가치-표현적 기능은 소비자의 중심 가치 또는 자기 개념으로 소비자의 태도를 표현하는 것이다. 소비자는 자신의 가치를 보다 유형적으로 변환시키기 위한 노력으로 어떤 태도를 보이기도 한다. 블루칼라는 노동자를 대표한다는 소비자의 가치-표현적 기능이 반영된 예이다.

빅데이터 활용 사례

도브는 '진정한 아름다움' 캠페인의 일환으로 '도브의 진화(Dove Evolution)'라는 영상을 제작하여 배포하였다. 이 영상은 전문가들이 한 평범한 외모의 여성에게 화장과 헤어를 해 주고 그 모습을 사진 찍은 뒤 컴퓨터 보정을 통해 다시 눈을 키우고 얼굴선을 수정하는 과정을 담고 있다. 도브는 이 영상의 마지막에 "아름다움에 대한 우리의 인식이 왜곡되어 있다는 것은 의심할 여지가 없다.(No wonder our perception of beauty is distorted.)"라는 문구를 넣어 우리가 생각하는 아름다움이 왜곡된 것은 아닌지에 대해 의문을 제기하였다.

[그림 13-4] 도브의 '진정한 아름다운' 캠페인

도브의 자회사인 유니레버는 생활용품을 만드는데, 화장품으로 사업을 확대하기 위하여 여성과 관련된 빅데이터 자료를 분석하였다. 그 결과, 현재의 화장품 광고가 소비자의 현실과 동떨어져 있다는 사실을 통찰했다. 왜냐하면 아름다운 배우가 광고 모델로 나와 일반적인 여성과 너무 차이가 크다고 느껴서 화장품에 대한 구매동기를 만들 수 없었기 때문이다. 도브는 즉시 화장을 통해서 업그레이드되는 일반인들을 광고에 활용하였고, 진정한 아름다움의 가치를 소비자에게 인지시키는 전략을 사용하였다.

이 광고는 '칸 국제 광고제(Cannes Lions International Festival of Creativity)' 바이럴 마케팅 부문에서 그랑프리(Grand Prix)를 수상하였다. 이 광고는 태도의 기능 중에서 개인의 가치-표현적 기능을 자극해서 자신의 가치를 다르게 해석하도록 유도한 사례이다.

자아-방어적 기능은 소비자는 외적 위협이나 내적인 불안한 감정에 대하여 자신을 보호하려는 속성이 있는데, 이런 경우에 대한 방어 기능이다. 이 속성은 소비자에게 형성되는 자아 개념의 핵심이기 때문에 오래 지속되고, 뿌리 깊게 자리 잡고 있어서 변화가 어렵다. 소비자는 자신의 약점이 드러나는 제품에 대하여 부정적인 태도를 가지고 회피하며, 약점을 감추어 주거나 보완하는 제품을 선호한다. 예를 들면, 주부들에게 햇반은 편리함을 주지만, 다른 측면에서는 게으름이 부각되는 제품이므로 공개적으로 선호를 표시하지 않는 경우이다.

태도 기반
광고 사례

탄산음료인 코카콜라는 햄버거, 피자, 치킨과 같은 기름진 음식과 잘 맞고, 전 세계 200여 개 국가에서 성공하고 있는 브랜드이다. 하지만 코카콜라는 뉴욕 시의 음료 판매 금지 정책, 즉 공공장소에서 472mL 이상의 대용량 크기 음료 판매 금지로 어려움에 직면하였다. 뉴욕 시 성인 절반 이상이 비만이나 과체중으로 지난 30년 전에 비해 비만율이 50% 이상 증가했기 때문이다. 코카콜라는 이를 해결하기 위해 '코카콜라 제로(Zero)'를 출시하였다.

콜라는 마시고 싶은데 칼로리를 걱정하는 사람들을 위해서 칼로리가 0이고, 설탕이 0이라는 메시지를 앞세워서 광고를 하였다. 하지만 콜라 고유의 맛이 떨어진다는 편견을 없애지 못하였다. 코카콜라는 여름으로 접어들며 다이어트와 몸매 관리에 관심이 많은 소비자를 타깃으로 아이돌 가수 2PM 멤버 닉쿤과 택연을 모델로 "제로에서 100%까지 나에게 적당히는 없다!"는 메시지로 광고를 수정하여 커다란 반응을 일으켰다.

[그림 13-5] 코카콜라 제로 광고

지식 기능은 소비자가 제품과 관련된 환경을 이해하고, 평가하는 기준을 제공하는 것이다. 이 기능은 소비자가 어떤 대상에 대해 개인이 갖는 태도이며, 그 대상과 관련된 정보를 이해하는 데 지침이 된다. 또한 소비자는 매일 수많은 정보를 수용하고 조직화해야 하는데, 이들을 평가할 수 있는 기초를 제공한다. 예를 들어, 제습기는 장마철에 사용하는데, 기존의 공기청정기에서 제습 기능을 추가하여 차별화한다는 인식은 지식 기능이 반영된 태도이다.

빅데이터
활용 사례

일기예보 서비스업체인 웨더컴퍼니(The Weather Company)는 날씨 관련 빅데이터 분석으로 정확한 일기예보를 제공한다. 기상 정보는 기업의 실적에 가장 큰 영향을 주는 외부 요인 중 하나인데, 미국에서만 연간 5,000억 달러의 경제적 영향을 미친다. 웨더컴퍼니는 기상 데이터 정보를 IBM의 클라우드 컴퓨팅을 사용하여 분석하고 통합하여 기업에 통찰력 있는 기상 정보를 제공한다. 기상 변화가 심한 지역 기업의 의사 결정과 업무 운영을 지원하고, 기상의 영향을 많이 받는 사업 분야에 있는 기업들에게도 새로운 기회를 제공하고 있다.

[그림 13-6] 일기예보사인 웨더컴퍼니

인지 컴퓨터 시스템

IBM의 솔루션은 사물인터넷과 클라우드 기술의 연계로서 인지 컴퓨터 시스템인 왓슨을 활용하여 고객사에게 실시간으로 양질의 정보를 제공한다. 이를 통해서 정확하게 분석된 기상 및 SNS 정보를 확보하여 제품 수요가 어디서 발생하는지를 예측할 수 있다. 소비자가 어떠한 대상에 대하여 호의적인 태도를 보이는 이유는 각자 다르므로, 이러한 빅데이터 활용은 소비자의 지식 기능을 강화한 태도를 형성하는 데 점점 더 중요해지고 있다.

태도의 네 가지 기능들 간 관계는 상호 독립적이 아니라 결합을 통하여 시너지 효과를 내고 있다.

13.1.3 태도의 정보 계층

감정(Affective)은 대상에 대하여 소비자가 느끼는 방식이고, 행동(Behaviour)은 대상과 관련하여 무엇인가를 하려는 소비자의 의도이며, 인지(Cognition or Beliefs)는 대상에 대하여 소비자가 가지고 있는 신념이다. 이 3가지 요소가 소비자가 하는 역할에 따라서 다르게 작동하여 태도에 영향을 준다.

소비자는 제품 구매를 결정하는 의사 결정에서 일반적인 태도를 보이는데, 소비자가 지각하고 있는 인지적 처리에 기초한 정보 효과가 태도에 영향을 미친다.

[그림 13-7] 일반적인 정보 계층

소비자는 구매하고자 하는 제품에 대하여 관심이 많은 경우에 인지적 정보처리에 기초한 태도를 형성한다. 따라서 소비자는 제품을 구매하기 위하여 많은 양의 정보를 탐색하고 주의 깊게 의사 결정을 위한 대안들을 평가하여 사려 깊은 의사 결정을 수행한다. 하지만 대부분의 소비자는 제품에 대하여 커다란 관심이 없는 경우가 많고, 이 경우에는 인지에 기초하기보다는 행동적으로 학습된 과정에 기초한 태도가 나타난다.

소비자는 지각하고 있는 제품에 대하여 일단 구매 행동을 하고 이후에 제품에 대한 평가와 감정을 하는데, 이는 구매하는 제품이 음료수나 관심이 낮은 제품일 경우이다.

[그림 13-8] 관심이 낮은 제품의 정보 계층

소비자는 이전에 구매 경험이 있는 제품을 구매할 경우에는 정서적 반응에 기초해서 행동을 한다. 즉, 태도가 형성된 이후에 행동이 일어나고, 태도와 행동이 일어난 후에 제품에 대한 지각이 발생한다.

[그림 13-9] 경험적 정보 계층

태도는 작용하는 특정한 효과 계층과 태도가 어떻게 학습되는가에 따라서 다양한 형태로 형성될 수 있다. 즉, 소비자에게 나타나는 어떠한 태도의 학습은 매우 복잡한 인지적 과정의 결과라고 할 수 있다.

인지적 과정

13.2 태도와 관련된 이론

13.2.1 태도 예측 이론

(1) 다속성 모형

다속성 모형에서 피시바인(M. Fishbein)은 심리학의 인지적 요소를 중심으로 소비자가 어떤 제품에 대해 갖게 되는 태도는 여러 정보 중에서 소비자가 대상에 대해서 인지한 두드러진 신념이나 개인적으로 중요하게 생각하는 브랜드에 따라서 형성된다고 주장하였다. 다속성 모형은 피시바인 모델(Fishbein Model)이라고도 하는데, 태도 모형(Attitude-toward-Object Model)으로서 제품이나 특정 상표에 대하여 소비자에게 형성된 태도를 파악하는 데 매우 적합하다. 이 모델에서 소비자의 태도는 제품이나 특정한 상표가 가진 속성에 대한 소비자의 신념과 각각의 속성에 대한 소비자의 평가 함수로 나타낸다. 즉, 소비자는 긍정적인 속성들이 적절한 수준이라고 평가한 상표에는 긍정적인 태도를 갖지만, 반대의 경우에는 부정적인 태도를 갖는다. 이 모델은 다음과 같은 수식으로 나타낼 수 있다.

$$A_o = \sum_{i=1}^{n} b_i e_i$$

A_o = 특정한 제품이나 브랜드 o에 대한 태도
b_i = 속성 i에 대한 신념의 강도
e_i = 속성 i에 대한 평가

$n =$ 대상에 대해 고려하는 속성의 수

즉, 소비자의 특정한 제품이나 브랜드에 대한 태도를 파악하기 위해 속성에 대한 신념과 평가 측정값들을 결합하는 것이다.

예를 들면, 이동통신을 제공하는 통신 3사 SKT, KT, LGU+ 등에 대한 소비자의 태도를 다속성 모형으로 평가하면 다음과 같다.

〈표 13-1〉 다속성 모형에 기초한 태도

속성	e_i	SKT b_i	KT b_i	LGU+ b_i
통화 품질	3	3	3	3
속도	2	2	-1	-1
가격	2	-1	2	2
프로모션	1	2	-1	1
각 기업에 대한 태도(A_o)		13	10	12

첫째, 소비자에게 형성된 대상 브랜드에 대하여 고려되어야 할 속성(b_i)들을 설정한다. 즉, 통화 품질, 속도, 가격, 프로모션 등을 중요한 속성으로 가정하여 설정한다.

둘째, 설정된 제품 속성에 대한 소비자의 평가(e_i) 값을 설정한다. 즉, 소비자가 중요하게 인식하는 속성을 기준으로 통화 품질, 속도, 가격, 프로모션 순으로 3, 2, 2, 1의 평가 값을 부여한다. 예를 들어, 속성 중에서 통화 품질에 대한 평가는 리커트 7점 척도로 다음과 같은 방법으로 조사한다.

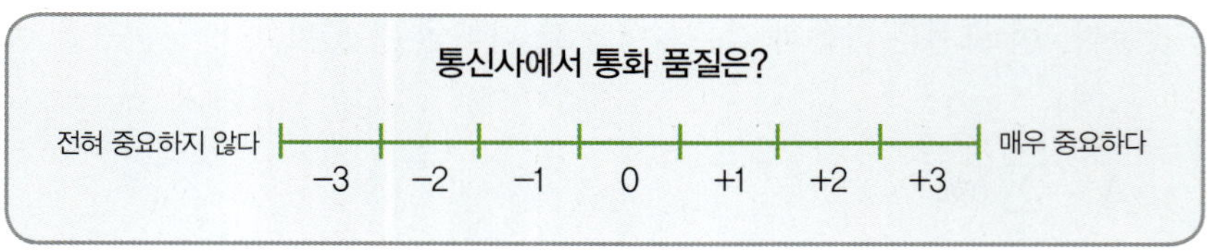

셋째, 소비자에게 리커트 7점 척도로 각 속성(b_i)들에 대한 브랜드 이미지 조사를 실시한다. 예를 들면, SKT에서 통화 품질의 만족도는 어떠한지 다음과 같이 질문한다.

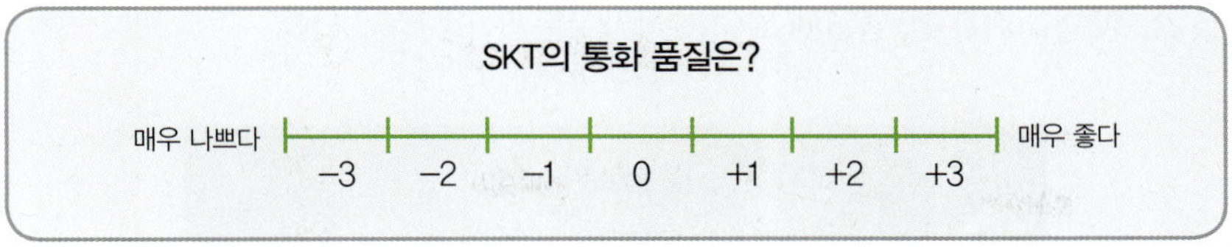

넷째, 이들을 반영하여 전체 제품에 대한 태도 값(A_o)을 수식에 대입하여 산출한다. 예를 들어, SKT의 태도 값은 $Ao = 3\times3+2\times2+2\times(-1)+1\times2=13$이다. 즉, 소비자가 3개의 통신사에 대하여 가장 만족하는 기업은 SKT, LGU+, KT 순임을 알 수 있다. 이 모델은 소비자가 가지고 있는 태도를 직접 파악할 수 있고, 대상에 대한 전반적인 감정도 직접 파악할 수 있다. 전반적인 태도를 파악하기 위해서는 서로 반대되는 감정과 관련된 형용사를 양극에 위치시키는 의미 변별 척도(Semantic Differential Scale)를 적용하기도 한다.

의미 변별 척도(Semantic Differential Scale)

태도 기반 **광고 사례**

샘소나이트 가방 광고는 다속성 이론을 활용한 사례이다. 소비자 태도는 제품이나 상표가 지닌 특정한 속성과 속성에 대한 신념의 종합 함수이다. 샘소나이트 가방은 고급스럽고 튼튼하다는 장점이 있는 반면에 무겁고 비싸다는 단점이 소비자 태도로 형성되어 있다. 마케터는 이러한 제품 속성에 관한 소비자의 평가를 시장세분화에 반영하여 소비자에게 혜택과 편익을 주는 방향으로 광고 전략을 실행해야 한다.

[그림 13-10] 샘소나이트 가방의 무게

샘소나이트에 형성된 부정적인 속성은 무겁다는 것이고, 이를 해소하기 위하여 노트북보다 가벼운 무게를 강조한 광고 메시지를 통해서 소비자에게 새로운 편익을 제공하였다.

[그림 13-11] 샘소나이트 가방의 강도

반면, 샘소나이트 가방에 대하여 우호적인 강점을 강화하는 광고로, 자동차와 충돌하여도 단단하다는 이미지를 통해 강점을 호소하는 전략도 동시에 병행하였다.

---

(2) 합리적 행위 모형

피시바인과 에이젠(I. Ajzen)은 소비자는 자신의 행동을 변화시키기 전에 스스로 그 행동에 대한 평가를 하고 이성적인 판단을 한다는 합리적 행위 이론(Theory of Reasoned Action)을 주장하였다. 이 이론에서 소비자는 행위 자체가 아니라 주변 사람들이 해당 행위에 대해 어떠한 평가를 내리는지에 따라 대상의 태도 변화가 일어난다는 것이고, 행동 변화 과정에서 단순한 자극과 반응의 메커니즘이 아닌 해당 행동의 사회적 타당성이나 사회적 규범에 의해 지배받는다는 것이다.

합리적 행위 모형을 수식으로 나타내면 다음과 같다.

$$B \sim BI = W1(Aact) + W2(SN)$$

BI = 행동을 취하고자 하는 소비자의 의도
B = 소비자의 실제 행동
Aact = 특정 행동에 대한 태도
SN = 행동에 대한 주관적 규범
W1, W2 = 행동 의도에 (Aact)와 (SN)이 미치는 상대적 영향력을 나타내는 가중치

이 모형에서 소비자의 실제 행동은 행동에 대한 주관적 규범(SN; Subjective Norm)과 특정 행동에 대한 태도(Act)로 결정된다. 행동에 대한 주관적 규범은 특정 행위를 수행하거나 수행하지 못하도록 개인에게 가하는 사회적 압력이다. 특정 행동에 대한 태도는 특정 행위 수행으로 기대되는 긍정적 혹은 부정적 결과들에 대한 개인의 행위적 신념과 이러한 결과들에 대한 개인적 평가이다. 즉, 소비자의 실제 행동은 그 행동을 수행하려는 소비자의 행동 의도에 의하여 결정되는데, 그 행동 의도는 종속 변수이고 실제 행동의 예측이라고 가정한다. 실제 행동의 주관적 규범이 미치는 상대적 중요성은 사람 또는 행위의 종류에 따라 다르다.

이 모형에서 특정 행동에 대한 태도는 구매에 대한 전반적인 호의 정도를 측정하는 것으로 감정으로도 직접 파악할 수 있다. 그리고 행동에 대한 주관적 규범은 소비자가 행동하려고 고려 중인 특정 행위에 관련된 가족, 친구, 동료 등이 그 행위를 어떻게 생각할 것인지에 대한 소비자의 감정을 평가하여 직접 파악할 수 있다. 예를 들어, 자신의 방에 놓을 컴퓨터를 구매하려 할 때 부모님이나 친구들이 그 구매에 대하여 어떻게 생각할지를 고려한다면 소비자는 주관적 규범을 자신의 판단에 반영하는 것이다.

(3) 계획된 합리적 행위 모형

합리적 행위 이론

아젠이 주장한 계획된 합리적 행위 이론(TPB; Theory of Planned Behavior)은 인간의 행위를 이해하고 예측하기 위한 사회 인지 이론이다. 피시바인의 합리적 행위 이론(TRA)에 기초하고 있다. 계획된 합리적 행위 이론에서는 행동을 결정하는 요인이 행위 의도(Behavior Intention)라고 주장한다. 계획된 합리적 행위 모형은 합리적 행위 모형에 개인에게 지각된 행위 통제력 요소를 부가하여 기존 모형을 목표 지향적 행동으로 확장시킨다. 새로 첨가된 지각된 행위 통제(Perceived Behavioral Control)는 행동을 하는 데 있어서 실행의 용이성이나 난이도에 대한 개인의 지각 정도를 의미한다. 소비자가 보이는 대부분의 행위는 의지적 행동 범주이지만, 많은 행동이 종종 행위자의 통제를 넘어선 요인에 의존한다. 즉, 행동이 일어나기 위해서는 그 행동을 수행하려는 개인의 동기와 성공적인 수행을 위한 능력을 고려해야 한다.

행위 의도로 인한 실제 행동은 행위 의도에 대한 태도(Attitude Toward The Behavior), 주관적 규범(Subjective Norm), 지각된 행위 통제(Perceived Behavior Control) 등이 영향을 미친다. 또한 계획된 합리적 행위 모형에는 인지적 개념에 영향을 미치는 세 가지 종류의 믿음이 있다. 태도에 영향을 미치는 행위적 믿음, 주관적 규범에 영향을 미치는 규범적 믿음, 인지된 행동을 통제하는 통제적 믿음이다.

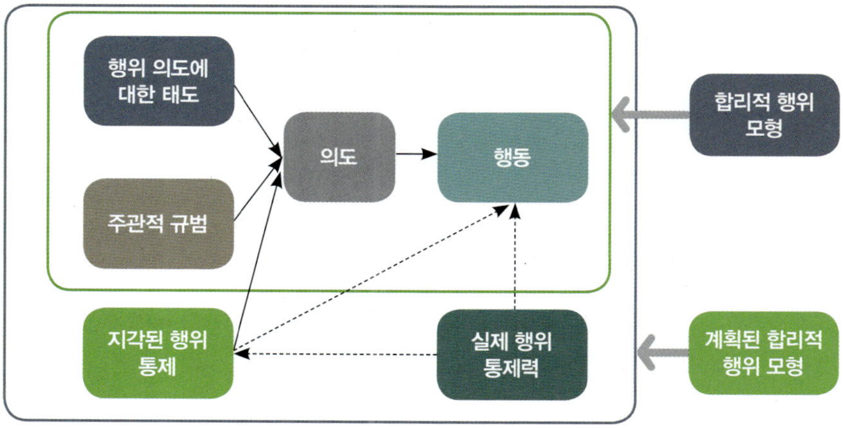

[그림 13-12] 계획된 합리적 행위 모형

(4) 다차원 척도법

다차원 척도법(Multi-Dimensional Scaling)은 소비자가 기억하지 못하는 속성을 질문하기보다는 유사성이 높은 순서대로 소비자가 판단하도록 하는 기법이다. 이 방법은 다양한 속성에 대한 소비자의 설문에 기초하기 때문에 문항 수가 많아질수록 측정 오차가 많은 합리적 행위 모형의 문제점을 해결하고자 한 것이다. 다차원 척도법은 이원 비교를 활용하여 측정하고자 하는 제품이나 브랜드를 짝을 지어 상대적 위치를 표시하도록 하는데, 개별적이고 구체적인 속성에 대한 판단보다는 제품이나 브랜드의 전체적인 이미지를 더 잘 설명할 수 있다.

상대적 위치(Ideal Point)

예를 들어, 커피 브랜드를 이 방법으로 분석한 결과가 서로 가까운 데 위치할수록 유사한 속성을 가진다고 가정하고, 이들에 대하여 소비자가 느끼는 상대적 위치(Ideal Point)를 결정하여 세분시장으로 이들을 그룹화한다. 다차원 척도법은 측정대상의 특성이나 속성을 하나의 차원이 아닌 다차원 척도상에 위치시키는데, 예를 들어 소비자에게 커피 브랜드에 대하여 '맛'과 '가성비'에 대한 선호를 두 차원에서 결정하도록 요청하고, 브랜드에 대한 선호도를 맛과 가성비를 기준으로 동시에 점수화하는 것이다.

다차원 척도법에서 분석되는 자료는 유사성이 있거나 그렇지 않은 형태의 자료는 판단자가 직접 유사성의 정도를 주관적으로 판단하여 그 기준으로 가능성 여부를 평가한다. 예를 들어, 각기 다른 색의 유사성을 −3과 +3을 끝점으로 하는 7점

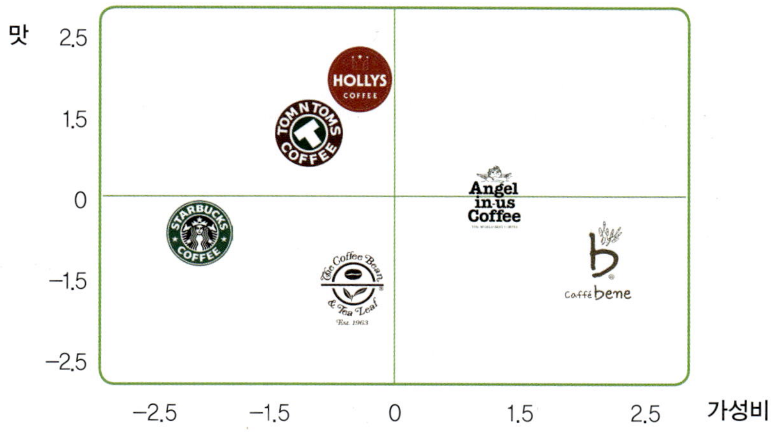

[그림 13-13] 다차원 척도법

척도에 표시하도록 하는 경우와 주관적인 판단이 어려워서 연구자가 기타 자료로부터 유사성의 의미를 가지는 지수들을 산출하는 경우이다.

(5) 컨조인트 분석법

컨조인트 분석법(Conjoint Analysis)은 어떠한 제품이나 서비스, 매장 등에 대해서 소비자의 선호도를 측정하여, 소비자가 각 속성(Attribute)에 부여하는 상대적 중요도(Relative Importance)와 각 속성 수준의 부분 가치인 효용(Utility)을 산출하여 소비자의 기호를 예측하는 방법이다.

효용(Utility)

예를 들어, 가격은 100만 원과 200만 원, 무게는 1kg과 2kg의 휴대폰을 생산한다고 가정하자. 이때 소비자가 선택할 수 있는 대안은 4가지 경우이고, 이들을 소비자에게 제시하여 선호 순위를 조사하는 컨조인트 분석을 실시할 수 있다. 그 결과 소비자가 휴대폰의 가격과 무게라는 속성에 대해 가지는 상대적인 중요도와 속성의 수준을 예측할 수 있다. 만약 한 소비자가 100만 원의 2kg의 휴대폰과 200만 원의 1kg의 휴대폰 중에서 200만 원의 1kg 휴대폰을 더 선호하는 경우에 소비자는 상대적으로 휴대폰의 무게에 높은 효용을 부여한다고 해석할 수 있다.

컨조인트 분석은 고객들에게 가장 매력적인 제품을 설계할 수 있도록 하는 방법으로, 제품의 대안에 대한 소비자의 선호 정도로부터 소비자가 제품의 각 속성에 부여한 상대적 중요도를 예측할 수 있다. 그리고 제품의 각 속성 수준의 효용을 추정하여, 새로운 시장에 진입하려 할 때 가장 효과적인 정보를 제공할 수 있다. 컨조인트 분석을 활용하면 소비자가 어떤 제품군의 주요 속성에 부여하는 상대적 중요도를 알 수 있고, 가장 선호하는 제품 대안들의 속성 결합을 분석할 수 있어 신제품 개발에 매우 용이하다. 또한 속성 수준이 다른 대안들의 시장 점유율 예측이 가능하고, 선호가 유사한 소비자들을 군집화하여 시장세분화에 적용할 수 있으며, 상품의 가격 결정을 가능하게 한다.

13.2.2 태도 변화 이론

(1) 정교화 가능성 모델

페티(R. E. Petty)와 카치오포(J. T. Cacciopppo)는 정교화 가능 모델(Elaboration Likelihood Model)을 세우고 소비자의 의사소통 경로를 두 가지로 정의하였다. 즉, 메시지 주제의 정교화 가능성과 해당 메시지에 대한 소비자의 관여 정도에 따라서 소비자가 선택하는 정보처리가 다른 과정을 거친다는 것으로 대표적인 태도-변화 이론이다. 정교화 가능성은 소비자가 메시지에 노출될 때 정보에 주의를 기울여서 자신의 관심과 관련지어 정보를 처리하려는 노력의 정도를 말한다. 소비자는 관심이 높은 대상과 그렇지 않은 대상, 즉 관여도에 따라서 다른 경로를 통하여 태도를 형성한다.

정교화 가능성 모델에서는 메시지가 소비자의 관심에 따라서 중심 경로(Central Route)와 주변 경로(Peripheral Route)라는 두 가지 경로를 통해 처리된다고 가정한다. 중심 경로는 소비자의 이성적인 사고를 활용한 정보처리 방식이고, 주변 경로는 감성적인 느낌을 활용한 정보처리 방식이다. 소비자의 태도는 제공되는 메시지에 대한 관여의 정도가 고관여 주제인지 상대적으로 저관여 주제인지에 따라 다르게 나타난다. 이들을 정리하면 다음과 같다.

〈표 13-2〉 관여도 비교

구분	사고(이성적)	느낌(감성적)
고관여	값비싸고, 몰입하는 제품 (자동차, 아파트 등)	표현적인 제품 (보석, 장신구 등)
저관여	습관적 생활필수품 (치약, 샴푸 등)	충동적인 제품 (껌, 신문 등)

메시지의 관여도는 소비자가 제품에 대하여 제시되는 메시지 처리에 대해 어떠한 태도를 보이는지에 따라 결정된다. 소비자에게 상대적으로 중요하게 인식되는 정보는 관여도가 높다. 일반적으로 경제적 가치가 높은 재화나 서비스를 구매할

때 메시지의 관여도가 높다. 이러한 경우에는 상대적으로 이성(logos)적 단서를 활용하여 구매 행동을 위한 메시지를 처리한다. 이때 소비자는 감성적인 부분보다는 현실적이고 사실적인 단서를 통해서 주제를 받아들이는 경향이 있다. 이성적인 정보처리 경로를 중심 경로(Central Route)라고 한다. 중심 경로에서는 소비자의 인지적인 반응(Cognitive Response)이 기대되는 것이 일반적이다. 소비자는 인지적 정보처리 과정을 거치면서 자신의 신념이나 태도가 변화될 것인지 아닌지를 판단한다. 이러한 신념과 태도의 변화는 소비자의 행동 변화로 나타난다. 따라서 고관여 정보의 이성적인 정보처리 방식에서는 정보적 측면의 호소 전달(Informational Appeals)이 중요하다. 물론 고관여 메시지를 처리하는 과정에서도 수신자의 감성적인 정보처리 방식이 나타날 수 있다. 이러한 경우에 송신자는 정보적인 접근보다는 심리 감성적인(Psychological) 접근이 필요하다.

심리 감성적(Psychological)

태도 기반 광고 사례

정교화 가능성 이론을 활용한 마케팅 사례는 매우 다양하다. 소비자의 관점이 제품에 대하여 높거나 낮은 경우를 분리하여 다른 경로로 광고를 어필할 수 있다. 남양유업의 '맛있는 우유 GT'는 우유라는 같은 제품군 안에서 GT 공법의 신기술이라는 제품 속성을 부각시킨 광고로서 유명 모델이나 메시지의 외적인 요소를 배재하였다. 오로지 우유에 관심이 많은 소비자의 관점에서 새로운 방법의 우유 제조가 우유의 맛을 다르게 한다는 메시지를 전달하여 성공하였다.

[그림 13-14] 남양유업의 맛있는 우유 GT 광고

반면, 메시지의 관여도가 낮은 경우에는 일반적으로 감성적인 단서를 활용한 정보처리 방식인 주변 경로(Peripheral Route)를 활용한다. 이때의 소비자는 정보를 처리할 때 인지적인 반응을 생략하거나 거의 반응하지 않고 바로 태도 변화를 보인다. 저관여 메시지라는 것 자체가 소비자에게 크게 중요하지 않게 작용하기 때문인데, 이때 소비자는 심리적 지름길(Mental Shortcut) 현상을 겪게 된다.

심리적 지름길(Mental Shortcut) 현상

태도 기반 광고 사례

빈폴의 '스무살의 꿈을 스타일링하다'라는 광고는 주변 경로를 활용하는 소비자를 겨냥한 사례이다. 이 광고의 모델인 지드레곤은 단순히 옷을 잘 입는 스타라기보다는 자신만의 스타일로 트렌드를 만들어 가는 이미지를 가지고 있다. 빈폴은 이러한 이미지를 활용하여 기존 제품보다 저렴하면서 독특한 디자인이라는 콘셉트를 제품과 연결시켜 커다란 매출 성과를 냈다.

[그림 13-15] 빈폴의 의류 광고

프로스펙스 'W 연아 라인 & W 수현 라인 워킹화' 역시 소비자의 관심이 낮은 주변 경로를 광고에 활

[그림 13-16] 프로스펙스의 워킹화 광고

용한 사례이다. 이 광고는 감각적이고 세련된 디자인과 밝고 산뜻한 컬러의 제품을 대표로 내세웠다. 더불어 젊은 여성의 대표 모델인 김연아와 남성의 대표 모델인 김수현의 자연스러운 매력을 소비자에게 어필하여 제품 자체보다는 모델의 이미지를 앞세워 좋은 반응을 유도했다.

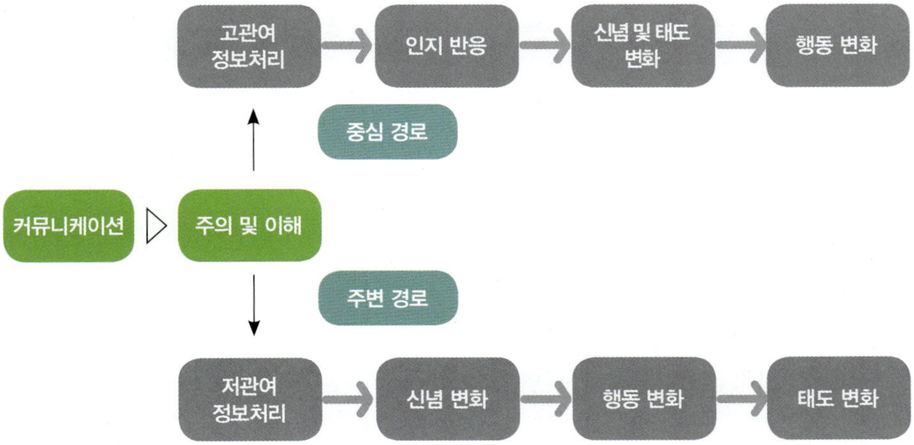

[그림 13-17] 정교화 가능 모델의 처리 과정

소비자가 정보를 처리하는 경로를 보면 충분히 이성적이고 구체적인 정보를 제공할 경우, 소비자는 즉각적인 태도 변화를 보이게 된다. 또한 메시지 처리 과정에서 소비자의 관심도가 높은지 낮은지 혹은 정보처리 과정이 이성적인지 감성적인지에 따라서 소비자의 태도 변화 양상이 달라진다. 이 경우에는 자신의 판단을 재조정하는 단계를 거치게 된다.

태도 기반 **광고 사례**

화장품 광고에서 정교화 가능성 모델을 활용한 마케팅 전략은 여성과 남성에게 다른 접근을 하는 방법이다. 여성은 화장품에 대하여 고관여 상태를 가지고 남성은 저관여 상태를 가진다. 따라서 여성은 중심 경로를 자극하기 위하여 노화 방지, 수분 유지, 유기농 등의 정보 중심 광고 메시지를 제공하고, 남성은 주변 경로인 유명 모델이 사용하는 화장품이라는 주변적 메시지를 전달한다.

[그림 13-18] 남성과 여성의 화장품 광고

정교화 가능성 모델은 소비자가 메시지를 처리하는 과정을 보다 세부적으로 나누어 어떠한 환경에서 어떠한 정보 제공 방식을 취해야 하는지에 대한 방법을 제시한 이론이다. 이 이론을 광고 설득 메커니즘에 대입하여 사용한다면, 광고자가 피광고자에게 어떠한 메시지를 어떠한 상황에 제시해야 하는지도 알 수 있다.

(2) 설득 지식 모델

프리스타드(Friestad)와 라이트(Wright)의 설득 지식 모델(PKM; Persuasion Knowledge Model)은 판매자와 구매자 거래의 설득 구조를 상호 간(Mutual)의 방식으로 새롭게 해석한 소비자 설득 이론이다. 이 모델에서는 기업과 소비자의 구조를 에이전트 대 타깃의 관계로 해석하고 있다. 에이전트는 판매인, 중개인을 의미하고, 타깃은 일반적인 개별 소비자를 나타낸다. 이 모델에서는 에이전트가 타깃을 어떻게 설득하고 최종 구매로 유도하는지, 과정에서 타깃은 어떠한 행동을 취하는지에 대한 상호작용 구조를 파악한다. 거래 행위에서 소비자의 위치를 단순한 피설득자의 위치에서 주체적이고 주도적인 거래 당사자의 입장으로 해석한다. 즉, 소비자가 어떻게 판매자의 설득 시도를 방어하고 평가하는지에 대해 인지 심리학적 접근으로 새롭게 해석한다.

설득 지식 모델에서 에이전트는 자신의 목표, 즉 소비자의 최종 구매를 위해 타깃을 끊임없이 설득한다. 이에 대응하여 소비자, 즉 타깃은 기존에 습득하고 있던 개별적 인지 능력과 설득 과정에서 생성된 설득 지식을 이용하여 판매자의 설득 시도를 방어하거나 평가하여 자신의 태도 변화를 결정한다. 이때 소비자에게 생성되는 설득 지식은 에이전트와 타깃 간의 설득 과정에서 생성되는 일련의 지식이다. 소비자는 기존의 수많은 소비 과정을 통해 일정 정도의 설득 지식을 가지게 되는데, 이 설득 지식의 생성을 결정하는 데 주요한 역할을 하는 것이 설득 동기(Persuasion Motive)이다.

설득 동기(Persuasion Motive)

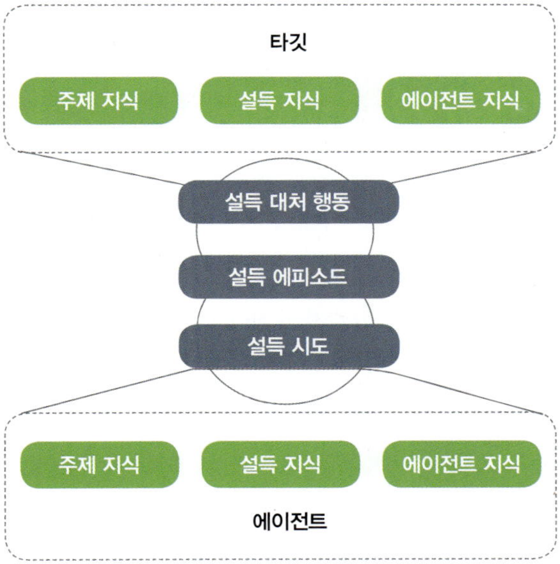

[그림 13-19] 설득 지식 모델

설득 지식의 구성 요소인 소비자의 인지 능력은 소비자가 얼마나 판매자의 숨겨진 의도(Ulterior Motives)를 파악할 수 있는지에 따라 그 정도가 결정된다. 일반적인 구매 과정에서 소비자는 자신의 인지 능력을 활용하여 판매자의 판매 의도를 파악하려고 노력한다. 이때 파악 과정에서 소비자가 기존에 가지고 있던 신념과 사고 구조가 중요하게 작용한다.

숨겨진 의도(Ulterior Motives)

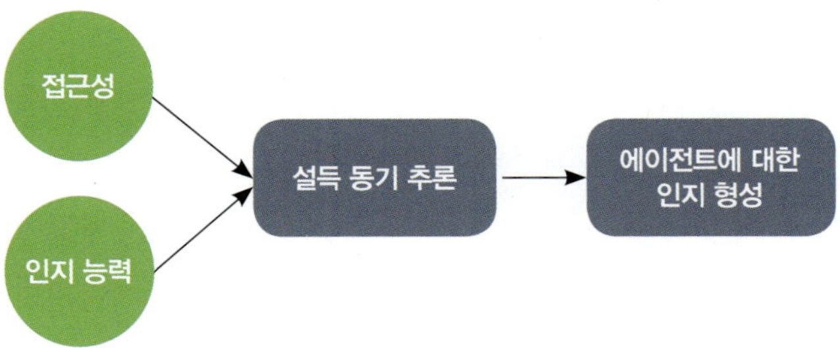

[그림 13-20] 고객 측면의 설득 지식 처리 모델

소비자는 자신의 구매 경험을 넓혀 가는 과정에서 그들 자신의 설득 동기와 설득 지식을 지속적으로 발전시켜 나간다. 판매자의 설득 시도에 대한 경험을 쌓음으로써 그들의 전략과 수단을 파악하고, 자신들의 설득 동기를 고도화시키며 범주화시켜서 전문 수준의 지식 구조를 형성한다. 따라서 판매자가 소비자에게 충분한 설득 동기를 제공하지 못하고, 이해시키지 못하는 경우에는 판매 성공률이 낮게 나타난다. 오히려 거래 행위 이전에 판매자가 자신의 이면적 판매 동기를 소비자에게 먼저 이해시키는 내면적 설득 과정을 거칠 경우 소비자가 판매자를 판단하는 과정에서 진정성(Sincerity)이 받아들여져 거래의 성공률이 높아질 수 있다.

진정성(Sincerity)

설득 지식 모델은 기존의 판매자 중심적인 설득 구조 이론에서 벗어나, 소비자도 설득 과정의 주체적인 요소로서 판매자의 의도를 파악하고 그것을 평가할 수 있다는 새로운 통찰을 제시한다. 또한 소비자는 수많은 구매 과정을 거쳐 점점 고도화되어 가고 있으며, 이러한 숙련 소비자에 대한 판매자의 유동적인 대처가 필요함을 역설한다. 이 이론은 소비자의 이러한 설득 지식 형성 과정을 인지적 능력에 기반하여 설명한다.

13.2.3 태도 형성 이론

(1) 균형 이론

소비자는 심리적으로 관련된 대인 관계 및 인지 요소들에 있어서 일관성을 유지하려는 경향이 강하고, 태도 또한 이러한 일관성을 유지하는 과정에서 형성되고 변화된다. 하이더(F. Heider)는 이러한 과정을 균형 이론(Balance Theory)으로 소개하면서 소비자는 대상에 대하여 지닌 태도와 다른 사람과의 관계들 사이에 조화로운 균형을 유지하려는 동기가 있다고 하였다. 즉, 행동 변화 대상이 자아, 타인, 대상의 이 세 요소 사이에서 균형을 이루려고 노력하고 행동한다는 것이다. 이 이론에서는 소비자의 인지 체계를 균형이 잡힌 상태(+)와 그렇지 않은 불균형 상태(−)로 구분한다. 변화가 일어나는 방법은 여러 가지가 있지만 최소한의 노력으로 균형을 회복하는 쪽으로 변화의 방향이 결정된다. 균형 이론을 통해 개인과 개인 간 사회적 규범과 관계가 행동 변화에 주요 요인으로 작용하고 있다는 점을 알 수 있다.

균형 이론에서 세 부호를 모두 곱해 양(+)이 되는 상태를 심리적인 균형 상태라고 한다. 반대로 세 부호의 곱이 음(−)이 된다면 심리적 불균형 상태가 되어 인지적인 일관성이 깨져버리게 된다. 이 경우 인간은 긴장과 불편함과 같은 부정적인 감정 상태를 경험하게 되고 이를 회복하려는 노력을 한다. 즉, 인지 요소들의 관계들을 나타내는 부호를 곱한 값이 음(−)인 불균형 상태는 관계들의 부호를 하나 이상 바꾸거나, 대상에 대하여 긍정적 혹은 부정적인 속성들을 세분화하여 곱이 양(+)인 균형 상태로 돌아가도록 노력한다.

예를 들어 P, O, X라는 세 사람이 있고, P가 O를 싫어하고(−), O가 X를 좋아한다(+)라는 관계를 가정하자. 이 상황에서 P는 X에게 어떠한 태도를 가지는지를 살펴보면, P는 X를 싫어하게 될 가능성이 높다(−). 이를 그림으로 표현하면 다음과 같다.

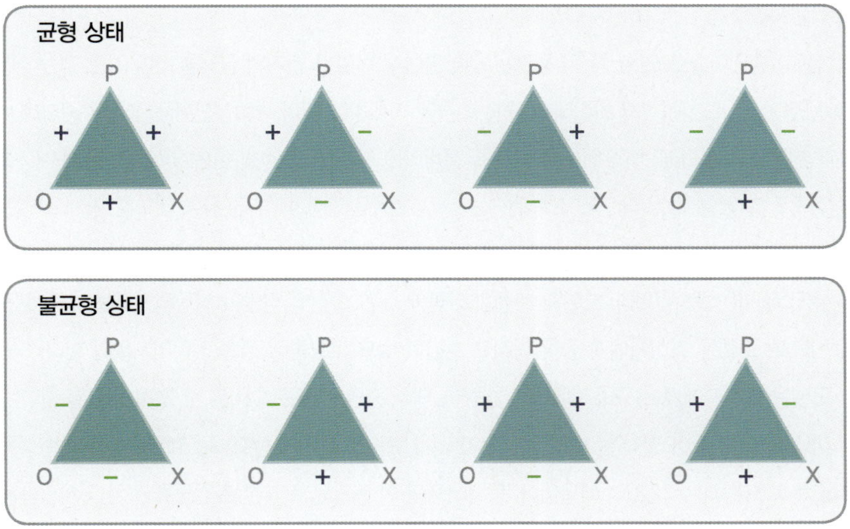

[그림 13-21] 균형 이론

이러한 관계 변경의 작업은 최소의 노력을 기울이는 방향으로 작동한다. 만약 X를 싫어하는 노력보다 O를 싫어하는 노력이 적다면 X를 싫어하기를 선택하여 (−) / (−) / (+)의 상황을 만들어서 심리적 균형을 유지하려고 한다. 광고에서 광고 모델에 대하여 소비자가 가지는 이미지를 중요하게 생각하는 이유이기도 한다.

소비자의 심리적 불균형을 해소하는 방법을 마케팅에서 활용하려면, 먼저 기존의 흐름을 변경해야 한다. 즉, 잠재 의식의 사고를 표면화하여 의식적으로 분리하는 것으로, '광고 모델은 광고 모델이고, 제품은 제품이다'라는 방식으로 연결을 끊어내는 것이다. 두 번째는 소비자가 제품에 대하여 가진 태도를 근본적으로 변화시켜야 한다.

태도 기반
광고 사례

동서식품은 김연아를 모델로 '맥심 화이트골드' 광고를 하고 있다. 2012년에는 소비자의 궁금증을 유발하는 '연아의 커피'라는 티저 광고를 통해 제품에 대한 기대감을 높였고, "연아의 커피가 궁금하다"라는 탤런트 고현정의 내레이션을 강조하며 주목을 끌었다. 이 광고는 고서들이 빼곡히 찬 서재의 창가로 스며든 햇살과 함께 김연아가 커피를 마시며 "전 우유를 넣어도 향이 깊은 커피가 좋아요. 그게 커피 아닌가요?"라며 맛을 음미하는 내용으로 되어 있다. 광고 마지막에는 "우유를 넣어도 향이 깊은 맥심 화이트골드 커피믹스입니다"라는 고현정의 목소리를 삽입하여 제품 특징을 다시 한 번 소비자에게 각인시켰다.

동서식품이 김연아를 모델로 한 이 광고는 대부분의 소비자가 인지의 균형을 이루려는 강한 심리적 속성이 있다는 사회심리학자 하이더의 균형 이론에 기초하고 있다. 특히, 신제품의 경우 광고에서 소비자가 제품에 대하여 긍정적 태도를 갖도록 설득하는 것이 중요한데, 이는 앞에서 다룬 P–O–X 관계 형성으로 설명할 수 있다. 즉, 소비자(P)는 특정 연예인(O)에 대해 긍정적 태도를 가지고 있는데, 그 연예인을 광고 모델로 등장시켜 특정 상품(X)에 대해 긍정적인 태도를 보이도록 소비자의 인지 균형을 유지하도록 돕는 것이다. 모델의 선정과 상품에 대한 모델의 역할이 설득의 성패를 결정짓는 핵심 요인으로, 모델은 소비자에게 잘 알려지고 호감이 있으며 상품에 적합한 이미지여야 한다. 더욱이 광고 모델은 소비자에게 소구하고자 하는 상품에 대해 출연료 때문에 어쩔 수 없이 광고를 한다는 느낌이 아니라 '매우 좋아 한다'는 보다 적극적인 의사 표시를 해야 하는데, 광고에서 상품의 속성을 더욱 강조하여 표현하는 것도 이 때문이다. 동서식품의 이 광고는 이러한 조건들을 잘 만족시킨다는 점에서 매우 설득력이 높았던 사례이다.

[그림 13-22] 김연아의 커피 광고

(2) 인지 부조화 이론

페스팅거(L. Festinger)는 인지 부조화 이론(Cognitive Dissonance Theory)에서 사회적 규범과 인간관계가 개인의 행동을 변화시키는 데 중요한 요인이라는 점에 착안하여, 대상이 이러한 사회 구조 속 관계에서 균형을 이루지 못할 때에 다시 원래의 균형 상태로 돌아가는 회귀가 일어나고 이 과정에서 행동 변화를 보인다고 하였다.

인지 부조화 이론에서 소비자는 각자 자신이 인지한 내용들이 부조화 상태가 되면 매우 혐오스러워하고 부조화를 없애려고 노력한다. 이때 인지적 조화를 회복하는 가장 확실한 방법은 행동을 중단하는 것이지만, 이미 한 행동은 일반적으로 되돌리기 어려워 소비자는 인지적인 작업을 통해 자신에게 각인된 인지를 변화시키게 된다. 즉, 대상의 행위가 자신의 신념이나 사회적 기대와 맞지 않을 때, 개인은 인지 부조화 현상을 겪게 되고, 개인은 이러한 상황에 불편함을 느끼고 이를 해소하려고 한다는 것이다. 이때 대상의 행위 자체가 변화함으로써 그 불편함이 해소될 수도 있고, 반대로 자신의 행동에 자신의 신념을 바꾸는 합리화 과정이 발생하기도 한다. 태도 변화는 상당한 인지적 노력이 개입하는 과정에서 일어나기 때문에 마케터들은 소비자가 인지 부조화를 일으키도록 하여 그들의 궁극적 목표를 달성할 수 있도록 하는 전략이 필요하다.

인지 부조화 현상

태도 기반 **광고 사례**

일반적으로 맥도날드에 대해 소비자는 '몸에 안 좋은' 혹은 '뚱뚱한 백인'이라는 상상을 한다. 이러한 인식은 당연히 몸에 해로운 음식을 먹으면 안 된다는 인지 부조화를 일으켜서 소비자가 제품을 소비하는 데 방해 요소로 작용한다. 이를 해결하기 위하여 맥도날드는 옷의 사이즈 표시처럼 맥도날드 로고를 넣어 맥도날드는 소비자의 생각과 다르다는 슬로건을 진행하였다. 맥도날드는 부정적인 소비자의 인지를 변화시켜 부조화를 해소하고, 이를 통해서 매출 증대의 성과를 내었다.

이 광고는 소비자의 마음속에 두 개의 인지 부조화를 일으켜 소비자가 부조화의 원인을 제거하도록 설득한 사례이다.

[그림 13-23] 맥도날드의 로고 광고

인지 부조화를 제거하기 위해서는 우선 두 요소가 조화롭게 되도록 한 요소를 변화시키거나 조화로운 인지를 추가하여야 한다. 예를 들면, 흡연에 대한 두 개의 인지적 요소, '흡연은 폐암을 유발한다', '나는 흡연을 한다'가 있다고 가정하면, 두 개의 인지 부조화를 해결하기 위해서는 금연을 하거나 자기 정당화로 스트레스 해소법이라는 명분을 세우는 것이다.

(3) 단순 노출 이론

자이언스(R. Zajonc)는 단순한 이미지 노출만으로도 해당 이미지의 선호도를 높일 수 있다는 단순 노출 이론을 발표하였다. 그는 단순 노출(Mere Exposure) 실험을 통해 대상자는 단순한 이미지를 자주 보는 것만으로도 해당 이미지에 대한 선호도가 높아진다는 것을 증명하였다. 이러한 높은 선호도는 대상자의 무의식 속에 이미지에 대한 반복 학습의 결과로 일어난 것이다. 예를 들어, 소비자는 저관여 제품을 구매할 경우에 자주 보고 익숙한 브랜드를 구매하는 경향이 있다.

반복 학습

태도 기반 **광고 사례**

단순 노출 효과는 어떤 대상에 반복적으로 노출되면 그 대상에 대해 보다 호의적인 태도를 형성한다는 것이다. 이 효과는 에펠탑에서 비롯되어 '에펠탑 효과'라고도 한다. 처음 에펠탑이 파리에 건설될 때 철 구조물인 에펠탑이 파리의 고풍스런 분위기를 망친다고 하여 반대가 심했다. 하지만 272m에

달하는 높이로 인해 파리 어느 곳에서나 에펠탑을 볼 수가 있게 되면서, 파리 시민들이 가장 좋아하는 조형물이 되었다. 언제 어디서든 자주 볼 수 있는 철 구조물 에펠탑이 어느덧 친숙하고 호감도 있는 조형물이 된 것이다.

단순 노출 효과

단순 노출 효과는 마케팅에서 자주 사용되고 있는데, SKT는 '생각대로'라는 메시지를 반복적으로 사용하고 있고, KT는 '올레'라는 메시지를 광고에 반복적으로 사용하고 있다. 이러한 반복 메시지는 소비자를 지루하게 하고 싫증나게 할 수 있다. 따라서 창의적 요소로 변화를 주어 소비자가 싫증나지 않도록 하는 것이 중요하다.

[그림 13-24] SKT의 '잘생겼다' 광고

SKT의 '잘생겼다 … 잘생겼다'라는 광고는 소비자에게 가장 기억에 남는 광고 1위로 선정되어 상품 구매로 이어졌다. 전지현과 이정재가 주로 등장하는 이 광고는 단순 노출 이론에 근거한 것으로 어떤 물건이나 생각이 단순하고 지속적으로 노출될 경우 소비자의 태도가 변경된다는 사실을 입증하였다. 반복 노출로부터 생성된 친숙함이 소비자의 태도를 긍정적으로 바꾸는 계기가 된 것이다.

대한민국의 수많은 선영이의 가슴을 설레게 했던 "선영아 사랑해"라는 문장이 있었다. 서울의 거리에 "선영아 사랑해"라는 수많은 벽보가 붙여져, 사람들은 자주 보는 이 메시지에 대해 궁금증을 가졌다. 벽보는 주로 여자 대학교 근처, 신촌, 대학로, 압구정 등에 붙여졌고, 여기에 동원된 인원만 500여 명이나 되었다. 이렇게 생활 속에서 자주 접하던 벽보의 메시지는 결국 TV 광고로 제작되어 방송되었다. 드디어 궁금증이 해소된 마이클럽의 이 광고는 특정 글자나 문장으로 사람들의 호기심을 자극하는 단순 노출 이론에 근거한 광고로 수많은 여성들에게 커다란 호응을 받았던 사례로 유명하다.

[그림 13-25] 마이클럽의 '선영아 사랑해' 광고

단순 노출 이론에 기반한 이 광고를 계기로 각 기업들은 단순히 메시지 광고만 노출하더라도 자신의 브랜딩 이미지에 긍정적인 영향을 미칠 수 있다는 것을 알았고, 적극적으로 마케팅 전략에 활용하고 있다.

빅데이터
활용 사례

김소희의 스타일난다는 온라인 팬덤(FanDom) 구축을 사업 목표로 시작했다. 즉 처음에는 동대문 의류 매장에서 순수 온라인으로만 판매를 하며, 오랜 기간 평판을 넓히는 과정을 통해 많은 고객 데이터를 수집하였다. 그리고 구축된 팬덤이 오프라인 유행을 유도하도록 하는 전략을 사용했다. 그 결과 오프라인 백화점에 입점하는 곳마다 기록적인 매출을 올렸고, 온라인에서는 미국, 브라질, 러시아, 중국, 일본 등의 직구(직접거래)가 가능한 해외 판매 시스템을 통하여 기하급수적으로 성장하는 매출을 올렸다.

[그림 13-26] 스타일난다의 성공 포인트

온라인 채널을 통해서 고객 중심적인 사고를 바탕으로 한 패션 커뮤니티가 소비자에게 발 빠른 피드백을 제공하는 장점이 성공의 중요한 포인트이다. 여기서는 하루에 50개의 신상품 개발과 연간 1,8000가지의 스타일을 제공하기 위하여 자체 구축한 빅데이터 기반의 전사 지원시스템을 완벽하게 활용했다. 스타일난다는 창업 5년 만에 중국에 진출하고, 13년 만에 로레알에 6,000억 원에 매각되었다. 이 사례는 임블리라는 1세대 인플루언서가 팬덤과 킬러콘텐츠로 사업 성공을 이루어낸 사례이다.

연·습·문·제

※ 다음 빈칸에 해당하는 용어를 넣으시오.

1. (　　)은(는) 특정 대상에 대하여 일관성 있게 호의적이거나 비호의적으로 반응하는 학습된 선유 경향(Learned Predispositions)이다.

2. 태도의 구성 요소로는 (　　　　), (　　　　), (　　　　)가 있다.

3. 태도의 기능에는 (　　　　), (　　　　), (　　　　), (　　　　) 등이 있다.

4. (　　)은(는) 태도가 대상에 대하여 느끼는 방식이고, (　　)은(는) 대상과 관련하여 무엇인가를 하려는 소비자의 의도이며, (　　)은(는) 대상에 대하여 소비자가 가지고 있는 신념이다. 이 3가지 요소가 소비자가 하는 역할에 따라서 다르게 작동하여 태도에 영향을 준다.

5. 피시바인에 의하여 (　　　　)이 제시되었는데, 그는 이 모델에서 심리학의 인지적 요소를 중심으로 소비자가 어떤 제품에 대해 갖게 되는 태도는 여러 정보 중에서 소비자가 대상에 대해서 인지한 두드러진 신념이나 개인적으로 중요하게 생각하는 브랜드에 따라서 형성된다고 주장한다.

6. (　　　　　　　　)은(는) 인간의 행위를 이해하고 예측하기 위한 사회인지 이론이다. 이는 피시바인의 합리적 행위 이론(TRA)에 기초하고 있다.

7. 소비자가 기억하지 못하는 속성을 질문하기보다는 유사성이 높은 순서대로 판단하도록 하는 기법이 (　　　　)이다.

8. (   )은(는) 소비자의 의사소통 경로를 두 가지로 정의한다. 즉, 메시지 주제의 정교화 가능성과 해당 메시지에 대한 소비자의 관여 정도에 따라서 소비자가 선택하는 정보처리가 다른 과정을 거친다는 대표적 태도-변화 이론이다.

9. (   )은(는) 판매자와 구매자 거래의 설득 구조를 상호 간(Mutual)의 방식으로 새롭게 해석한 소비자 설득 이론이다.

10. 소비자는 심리적으로 관련된 대인 관계 및 인지 요소들에 있어서 일관성을 유지하려는 경향이 강하고, 태도 또한 이러한 일관성을 유지하는 과정에서 형성 또는 변화된다. 소비자는 대상에 대하여 지닌 태도와 다른 사람과의 관계들 사이에 조화로운 균형을 유지하려는 동기를 가지고 있다. 이와 같은 태도 형성 이론을 (   )이라고 한다.

11. 사회적 규범과 인간 관계가 개인의 행동을 변화시키는 데 중요한 요인이라는 점에 착안하여, 대상이 이러한 사회 구조 속 관계에서 균형을 이루지 못할 때에 다시 원래의 균형 상태로 돌아가는 회귀가 일어난다. (   )은(는) 이러한 행동 변화를 잘 설명하고 있다.

12. (   )은(는) 단순한 이미지 노출만으로도 해당 이미지의 선호도를 높일 수 있다는 이론이다.

※ 다음 내용에 대하여 설명하시오.

13. 정교화 가능성 모델에서는 메시지가 소비자의 관심에 따라서 중심 경로(Central Route)와 주변 경로(Peripheral Route)라는 두 가지 경로를 통해 처리된다고 가정하는데, 이들에 대해서 설명하시오.

14. 설득 지식 모델에서 에이전트와 타깃에 대해서 설명하시오.

※ 다음 주제에 대하여 토론하시오.

15. 마케팅에서 단순한 소비자의 구매 응답을 측정하고, 태도의 다양한 요소들을 중요하게 여기는 이유에 대하여 토론하시오.

16. 계획된 행위 모형에서 소비자의 행동에 영향을 주는 지각된 행위 통제력에 대하여 사례를 들어서 토론하시오.

17. 홈쇼핑에서 소비자를 설득하는 과정의 인지적, 감성적, 행동적 요소들을 단계적으로 정의하고, 이에 대해서 토론하시오.

소비자 행동론

PART IV 소비자 행동에 영향을 주는 환경

Photograph Melaines-Insights

14

CHAPTER

집단과 사회계층

학습 목표

- 소비자 행동에 영향을 주는 환경인 집단과 사회계층을 이해한다.
- 준거집단의 영향과 커뮤니케이션 방법 및 측정법을 학습하고, 사회계층이 소비자 행동에 영향을 미치는 과정을 학습한다.
- 집단과 사회계층 기반의 광고 사례와 빅데이터 활용 방안을 살펴본다.

집단과 사회계층 기반 광고 캐논의 이 광고는 가족은 함께하는 공간과 추억이라는 점을 강조하면서 바쁘게 살아가는 사람들의 일상에서 가장 근원적인 가치를 끌어내는 데 성공하였다. (본문 405~406쪽)

14.1 집단의 개요

14.1.1 집단이란?

(1) 집단의 정의

시간이 해결해 준다는 말이 있지만, 실제로 일을 변화시켜야 하는 것은 시간이 아니라 바로 여러분이다.

—앤디 워홀(Andy Warhol)

집단은 두 사람 이상의 구성원이 소속감과 공동체 의식을 가지고 일시적이 아닌 지속적으로 상호작용을 하는 집합체이다. 즉, 집단 내에서 사람들의 행동은 상호 의존적이고 사람들은 공통된 규범, 가치 및 신념을 지니고 있다. 사회 집단은 함께 쇼핑하는 친밀한 이웃 집단에서부터 개인이나 집단의 이익을 추구하지 않고 인간다운 생활을 하기 위해 시민들 스스로 만든 시민단체에 이르기까지 매우 포괄적이다.

이처럼 상호작용을 통해 이해를 함께 나누는 조직체가 집단으로, 인간의 행동은 집단과 분리해서 이해할 수 없다. 특히, 공동의 이익을 기초로 하여 결집한 이익집단은 정책 결정 과정에서 중요한 역할을 수행한다. 집단과 조직은 얼핏 비슷해 보이지만 개념상 차이가 있으므로 구별해서 써야 한다.

자발적 결사 조직

이익집단

사회 집단 중에서 특정한 목적을 추구하기 위해 구성원의 활동을 조정하고 관리하는 형식적인 형태를 사회 조직이라고 한다. 사회 조직은 공동의 목적 달성을 위해 의존 관계를 기반으로 지속적인 상호작용이 이루어지는 집단이다. 사회 조직은 사회 집단 중에서 높은 수준의 집단으로, 사회 집단은 사회 조직을 포함하고 있다.

집단은 조직에 비하여 그 구성원 배열의 체계화나 구조화가 부족하지만 동태성이 강하다. 조직은 구조적 혹은 제도적 측면에서 접근하는 개념이고, 집단은 인간의 집합체적 혹은 심리적 측면에서 접근하는 개념이다. 예를 들어, 협회라는 단체를 조직이라는 관점에서 보면 자발적 결사 조직이고, 집단이라는 관점에서 보면 이익집단이다.

(2) 집단의 유형

집단의 유형은 크게 집단 내 구성원의 접촉 방식, 소속감, 결합 의지에 따라서 분류할 수 있다.

먼저, 집단은 접촉 방식에 따라 1차 집단과 2차 집단으로 나눈다. 1차 집단은 구성원 간의 직접적이고 친밀한 접촉을 통해 형성된 집단으로 대면 접촉, 친밀감, 전인격적인 인간관계를 바탕으로 형성된다. 즉, 개인 상호 관계가 매우 밀접하고 가까운 친분을 바탕으로 서로 간의 대면을 통해 이루어진다. 예를 들어, 가정, 친구, 지역 공동체, 동료 작업자 등이다. 2차 집단은 공식적이고 형식적인 접촉을 통해 형성된 집단으로 간접적인 접촉, 수단적인 만남, 부분적인 인간관계를 바탕으로 형성된다. 즉, 구성원 간 관계가 비교적 없고, 비인간적이고 공식적으로 이루어지며, 규모가 크다. 예를 들어, 회사, 학교, 정당, 조합, 교회 등이다.

두 번째로 집단은 구성원의 소속감에 따라 내집단과 외집단으로 나눈다. 내집단은 우리 집단이라고 불리기도 하는데, 자신이 속해 있으며 소속감과 공동체 의식이 매우 높다. 즉, 자신의 존재를 인정받고 자아 정체성을 형성하며 행동 및 판단의 기준을 습득하는 집단이다. 예로서, 우리 학교, 우리나라, 우리 팀 등이 있다. 외집단은 그들 집단이라고 불리기도 하는데, 자신이 속해 있지 않고 이질감이나 적대감을 가지는 타인 집단이다. 외집단을 통해 내집단의 성격을 파악할 수 있고, 외집단으로 인해 내집단 구성원 사이에 결속력이 높아지기도 한다. 예로서 다른 학교, 다른 나라, 상대 팀 등이다.

마지막으로, 집단은 결합 의지에 따라 공동사회와 이익사회로 나눈다. 공동사회는 자신의 의지와 상관없이 본능적이고 자연적으로 속한 집단으로, 친밀하고 정서적인 상호 관계를 가지며 구성원 간 신뢰와 협동심이 높다. 즉, 상호 이해와 공동의 신념이 바탕이 되며 결합 자체가 목적인 집단이다. 예를 들어, 가족, 친족, 민족 등이다. 이익사회는 어떤 목적을 위해 인위적으로 만들어진 집단으로 구성원의 필요

〈표 14-1〉 집단의 유형

기준	유형	사례
구성원의 접촉 방식	1차 집단	가정, 친구, 지역 공동체, 동료
	2차 집단	회사, 학교, 정당, 조합, 교회
구성원의 소속감	내집단	우리 학교, 우리나라, 우리 팀
	외집단	다른 학교, 다른 나라, 상대 팀
구성원의 결합 의지	공동사회	가족, 친족, 민족
	이익사회	회사, 정당, 국가

에 의해 의도적으로 형성된다. 따라서 이해관계와 규칙이 바탕이 된다. 이익사회는 특수 목적을 위한 조직체로서 현대에 그 비중이 더 커지고 있다. 예로서, 회사, 정당, 국가 등이다.

(3) 소비자 행동과 관련된 집단

가족은 다른 가족 구성원과의 접촉 빈도가 높고, 구성원이 지니고 있는 폭넓은 가치나 태도 등에 중요한 영향을 주기 때문에 소비자 행동과는 떼어낼 수 없다.

친교 집단은 비구조화되어 있고, 구체적 권한 수준이 결여되어 있어 일반적으로 비공식 집단으로 분류되지만 소비자 행동에 커다란 영향을 미친다. 특히, 친구는 교우 관계를 통해 가족과 의논하기를 꺼려하는 문제를 의논하는 등 광범위한 욕구를 충족시켜 주는 집단이다. 더욱이 자신과 친구 사이에 유사성이 크면 클수록 구매 결정 시에 친구들의 판단에 영향을 받을 가능성이 크다. 따라서 유명 의류, 세련된 보석류 및 알코올성 음료 등과 같은 제품의 광고에 우정을 자주 활용한다.

공식적 사회 집단은 특정 목적 달성을 위한 집단으로 이곳에서 새로운 친구를 사귀고, 시야를 넓히며, 흥미를 추구할 수 있다. 예를 들어, 스쿠버 다이빙 클럽의 구성원은 관광 경영자, 여행사 직원, 스포츠용품 소매상 점원, 스쿠버 잡지 출판업자, 스쿠버 장비 제조업자 등이다.

쇼핑 집단은 가족 또는 친교 집단의 파생물로 두 사람 이상의 구성원이 함께 쇼핑을 한다. 예를 들어, 특정 제품 계열의 마케팅을 위해 어떤 가정집에서 제품 설명회를 열고 그곳에 참석하는 특별한 형태의 홈쇼핑 집단이다.

빅데이터 **활용 사례**

소셜 커머스(Social Commerce)

쿠팡의 로켓 배송은 소셜 커머스(Social Commerce)를 활용한 쇼핑 집단 마케팅의 한 사례이다. 이 방식은 상품을 구매하는 사람이 일정한 수가 되지 않으면 거래가 성사되지 않는 새로운 전자상거래 방식이다. 거래를 성사하기 위하여 SNS를 통해서 자발적으로 주변 사람들에게 상품을 홍보하여 점점 더 많은 사람이 참여하도록 하여 거래에서 소비자에게 유리한 조건을 만들어 낸다. 2010년 500억 원 정도인 시장 규모는 2014년 3조 원을 넘는 커다란 성장세를 보이고 있다. 대표적으로 티켓 몬스터, 쿠팡, 위메프 등이 있고, 해외에는 구루폰 등이 있다.

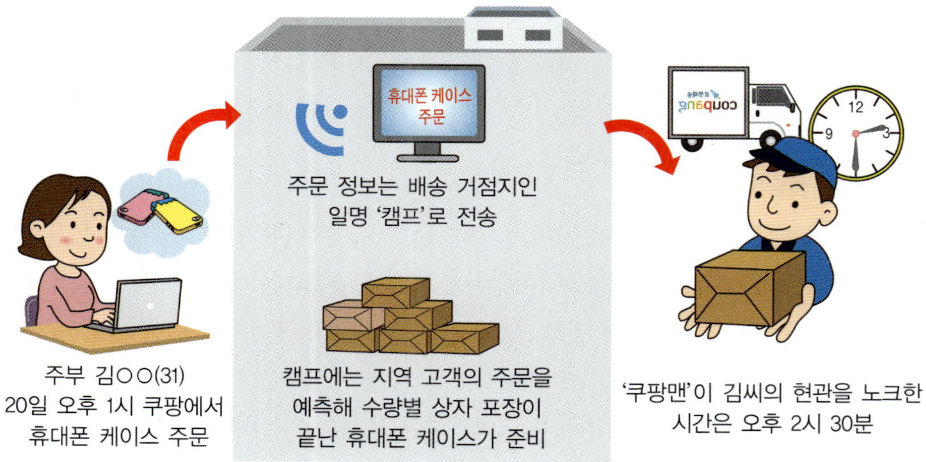

[그림 14-1] 쿠팡의 로켓 배송 시나리오

쿠팡은 로켓 배송 실시 후 1년 만에 연매출액이 1,464억 원에서 3,485억 원으로 두 배 이상 성장하면서 업계 1위가 되었다. 티몬이나 위메프 등의 경쟁 소셜 커머스 업체들은 각각 쿠팡의 45%, 35%(2015 기준) 수준으로 떨어졌다.

쿠팡의 로켓 배송은 고객이 주문하기 전에 자체 물류 센터에 미리 물품을 준비해 놓는 '직매입' 방식이고, 물품은 자체 물류 센터에서 캠프를 거쳐 고객에게 바로 배송되는 과정을 거친다. 이 과정에서 일부 생필품은 포장 완료된 물품을 쌓아 둬 소요 시간을 단축하기도 한다. 이때 빅데이터는 고객의 구매 내역뿐 아니라 상품 조회, 이동 경로, 클릭 수와 관련된 정보를 제공하여, 고객을 분류하고 수량별로 주문을 예측하는 데 기초가 되는 자료로 활용되고 있다.

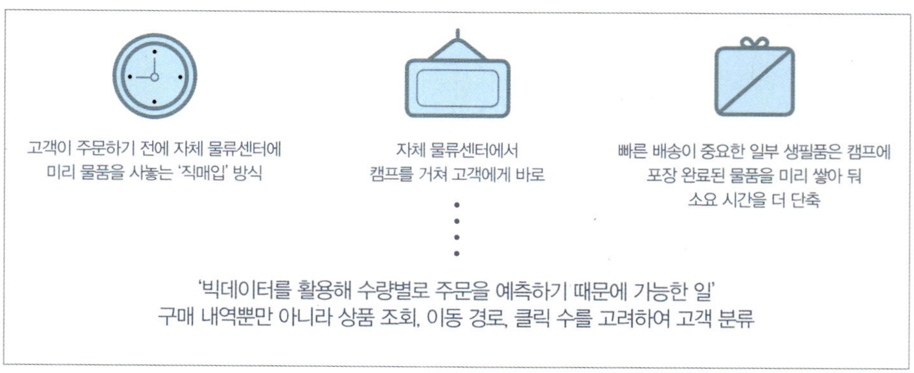

[그림 14-2] 로켓 배송 프로세스

소비자 운동 집단은 소비주의자 운동에 대한 반응으로 나타난 특별한 유형의 집단으로 특정한 소비자 문제를 다룬다. 이 집단은 문제가 해결되는 즉시 해산되는 단기적 집단과 근본적인 소비자 문제를 다루기 위해 장기간 또는 무한정 활동하는 장기적인 집단으로 분류된다.

직장 집단은 특정한 직무 수행을 목적으로 형성된 집단으로, 공식적 직장 집단과 비공식적 친교를 위한 직장 집단으로 구분한다. 공식적 직장 집단은 같은 팀으로 함께 일하는 구성원의 집단이고, 비공식적 직장 집단은 같은 부서는 아니지만 친목을 목적으로 모인 구성원의 집단이다.

14.1.2 준거집단의 영향

(1) 준거집단의 정의

자신이 실제로 소속된 집단은 아니지만 개인의 행동이나 판단의 기준이 되는 집단을 준거집단(Reference Group)이라고 한다. 즉, 가치 · 태도 · 행동의 형성에 있어서 개인의 기준이 되는 준거를 가진 개인이나 집단을 의미한다. 집단의 크기나 구성원에는 아무런 제한이 없으며, 소비자가 구체적인 집단과 반드시 동일시할 필요도 없다. 구매 과정이 혼란스럽고 어려워 다른 사람의 정보를 필요로 할 때나 집단의 일원으로 보이기를 원하는 경우에 준거집단을 이용한다.

준거집단은 내집단이 일반적이지만 외집단인 경우도 있다. 자신의 판단과 행동의 기준을 정하는 데 긍정적인 기준으로 작용하는 준거집단도 있고, 자신의 판단과 행동의 기준으로 삼지 않는 부정적인 기준으로 작용하는 준거 집단도 있다. 소속 집단과 준거집단이 일치할 경우 개인은 만족감과 안정감을 갖지만 불일치할 경우 상대적 박탈감과 소속 집단에 대해 불만을 갖게 된다. 적극적 준거집단은 준거집단과 같은 의미이며 소극적 준거집단은 거부나 반대의 준거 기준으로 삼는 집단이다. 준거집단은 개인에 대하여 두 가지 기능을 하는데, 첫째는 개인 행위의 기준을 설정하는 기능이고, 둘째는 개인이 자기 및 다른 사람을 평가할 때에 그 평가의 기준을 제공하는 기능이다.

(2) 준거집단의 유형

준거집단에는 두 가지의 유형이 있다. 첫째는 비교 준거집단, 즉 정보적 준거집단으로 다른 사람과 자신을 비교할 때 기초가 되는 집단이며 전문적인 영향력을 발휘하고 상대적 박탈감을 설명할 때 사용한다. 둘째는 규범적 준거집단으로 개인이 설득을 할 때 기준이 되는 집단으로 규범적 영향을 준다.

집단 내의 소비자 유형

집단 내의 소비자 유형은 사회적 성향에 따라 다음과 같이 네 가지 유형으로 분류할 수 있다.

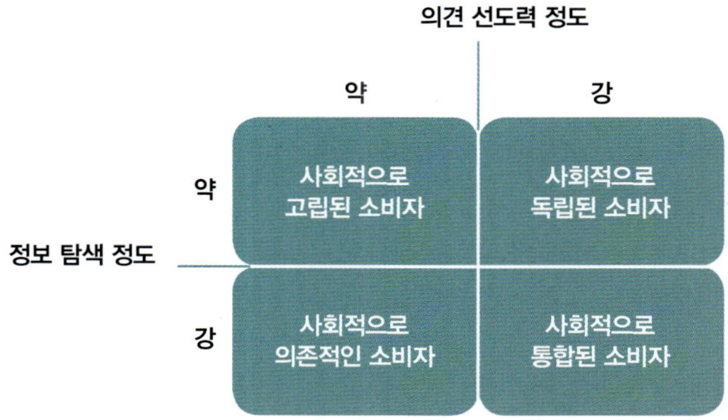

[그림 14-3] 사회적 성향에 따른 소비자의 유형

사회적으로 통합된 소비자(Socially Integrated Consumer)는 의견 선도력과 정보 탐색 정도가 모두 높은 사람으로 구전 커뮤니케이션 과정에 가장 적극적으로 참여한다.

사회적으로 독립된 소비자(Socially Independent Consumer)는 의견 선도력은 높으나 정보 탐색 정도가 낮은 의견 선도자이다.

사회적으로 의존적인 소비자(Socially Dependent Consumer)는 의견 선도력은 낮으나 정보 탐색 정도가 높은 사람으로서 전통적 의미에서의 추종자이다. 이들은 집단 구성원들로부터 적극적으로 정보를 수집하지만 다른 사람들에게 영향을 미치지 않는다.

사회적으로 고립된 소비자(Socially Isolated Consumer)는 의견 선도력과 정보 탐색 정도가 모두 낮은 사람으로서 내향적이고, 비사교적인 성격의 사람이지만 다른 사람들로부터 정보를 수집하지 않는다.

긍정적 영향을 미치는 준거집단에는 긍정적 회원 집단과 열망 집단이 있다. 긍정적 회원 집단은 개인이 어떤 집단에 소속되어 있으면서 그 집단에 긍정적 태도를 가지고 있는 경우이고, 열망 집단은 개인이 소속되어 있지 않으나 그 회원이 되기를 추구하는 집단이다.

명목적 회원제(Nominal Membership Group)

명목적 회원제(Nominal Membership Group)는 긍정적 영향을 미치는 준거집단의 대표적인 사례이다. 이 회원제는 회원 자격을 얻은 소비자가 집단에 의해 제공되는 어떤 혜택을 얻기 위해서만 집단에 참여하는 회원제 부여 방식이다. 대한항공의 모닝캄 클럽은 열망 집단으로서 일정한 조건이 만족된 경우에 자동적으로 가입된다. 대한항공과 아시아나의 항공 마일리지는 회원제를 분류하는 기본이 되는 척도이다. 두 항공사는 이를 바탕으로 실용적 회원제(Committed Membership Group)를 만들었는데, 회원들이 특정 행동을 수정할 목적으로 집단의 가치와 규범에 순응한다는 조건하에서 고객을 참여시키고 있다.

실용적 회원제(Committed Membership Group)

대한항공은 실제로 정기적으로 마일리지 투어를 광고 메일로 소비자에게 전송하고 있다. 이는 소비자가 어렵게 모은 마일리지를 효과적으로 사용할 수 있는 방법을 제공함과 동시에 마일리지를 통해서 자신들의 회원 집단으로 유도하기 위한 마케팅 방법이다.

[그림 14-4] 대한항공의 마일리지 광고

부정적 영향을 미치는 준거집단에는 거부 집단과 회피 집단이 있다. 거부 집단은 개인이 소속해 있으면서 대면 관계를 유지하고 있으나 가치 · 태도 · 행동의 준거를 거부하는 집단이다. 회피 집단은 개인이 어떤 집단에 소속되거나 대면 관계를 유지하지 않으며, 가치 · 태도 · 행동의 준거를 받아들이려 하지도 않는 집단이다.

준거집단을 회원 집단과 비회원 집단으로 분류하면 다음과 같다.

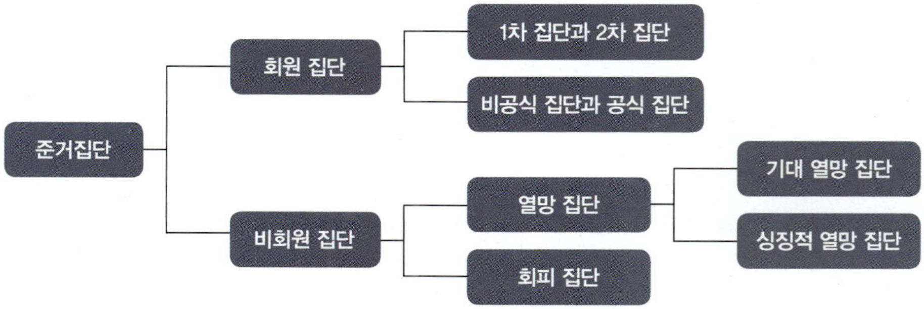

[그림 14-5] 준거집단의 분류

1차 집단은 구성원끼리 서로 친밀하여 자주 접촉하기 때문에 개인의 행동에 가장 큰 영향을 미치고, 구성원 간의 신념이나 행동 측면에서 서로 유사성이 매우 많아 응집력이 크다. 대표적인 1차 집단은 가족과 친구이다. 2차 집단은 구성원 간의 만남이 가끔 이루어지는 집단이고, 1차 집단에 비해 구성원의 생각과 행동에 미치는 영향력이 상대적으로 작다. 2차 집단은 지역 단체, 각 업계 종사자들의 협회 등이다.

빅데이터 **활용 사례**

모바일 게임 캔디크러쉬소다 광고는 소비자가 자신이 열망하거나 본받고 싶은 사람과 동일시하는 점을 잘 활용한 사례이다. 이 광고를 위해 영화 배우, TV 연기자, 스포츠 영웅 등 유명인을 활용하거나 그들의 직업, 특별 훈련, 경험 등이 제품이나 서비스 평가에 도움이 되도록 활용한다. 그리고 제품을 사용해 본 후 만족을 느끼는 일반 고객을 활용하거나 영업 사원을 통해서 판매원이 소비자에게 이전 구매자와 얼마나 비슷한가를 설명하는 방법도 활용한다. 이처럼 준거집단을 활용한 광고는 상표에 대한 인지를 증가시키고, 지각된 위험을 감소시키는 데 효과적이다.

카카오 플랫폼

캔디크러쉬소다는 국내 모바일 게임 시장의 가능성을 선보이며 퍼즐 분야에 최강자로 자리잡았다. 기존 카카오 플랫폼에 합류하지 않고 자체 서비스를 제공함에도 불구하고 이전의 성과를 능가하는 성적을 내고 있어 더 주목을 받고 있다. 전작보다 한층 더 업그레이드된 게임성과 빅데이터 분석 결과를 반영한 최신 트렌드인 오프라인, 즉 TV 광고나 지하철 광고 등을 적극적으로 활용한 결과이다. 더욱이 광고로 인해 게임에 익숙하지 않은 사람들까지 게임의 세계로 이끄는 데 성공하였다. 이러한 성과를 바탕으로 한국광고총연합회가 주관한 이달의 광고로도 선정되었다.

캔디크러쉬소다 광고가 더 주목을 받은 이유는 TV 광고 마케팅을 진행하는 게임사들이 많은 상황에서 연예인을 효과적으로 활용한 덕분이다. 특히 국내 바둑계의 전설인 조훈현 9단을 등장시킨 광고는 조훈현 9단과 게임 성격을 적절히 조화시켜 '신의 한 수'라는 평가를 받는다.

무한도전 멤버들을 기용한 광고는 멤버 전원이 등장하는 최초의 광고로 멤버들이 각자의 개성을 담아 캔디크러쉬소다 광고를 제작하고 이용자들이 투표를 통해 순위를 매기는 방식으로 진행하였다. 그리고 광고 영상을 공개만 하는 것이 아니라 이용자 투표를 통해 SNS로 확산시켰다. 광고만 공개하면 한 편만 보고 웃고 끝날 수도 있지만, 광고를 순차적으로 공개하고 경쟁시킴으로써 나머지 광고에 대한 관심을 유발하였다. 광고 이후 투표 결과를 이벤트로 활용하였고, 캔디크러쉬소다의 페이스북은 이런 전략 덕분에 '좋아요' 수가 326만을 돌파하였다. 캔디크러쉬소다 광고는 유명인을 준거집단으로 활용한 대표적인 사례이다.

[그림 14-6] 모바일 게임 캔디크러쉬소다 광고

공식 집단은 구성원의 자격 요건이 명확히 정의되어 있고, 구성원의 명단과 조직 구조가 문서화되어 있으며, 개인이 그 집단의 규범에 대한 수용 정도와 순응 정도에 따라 영향력이 달라지는 집단이다. 지역자치단체, 학교, 교회 등이 공식 집단이다. 비공식 집단은 조직의 구조가 명확하지 않고, 상호 간의 친목에 근거를 두고 있으며, 규범이 엄격할 수 있으나 문서화되는 경우는 적다.

기대 열망 집단은 장래에 소속이 가능한 집단으로 개인과 집단 사이에 직접적 접촉이 이루어진다. 회사의 임원, 최고경영자 등이 속한 집단이 해당된다. 상징적 열망 집단은 개인이 소속되기 어려운 집단으로 집단의 신념과 태도가 개인에게 수용되는 집단이다. 유명 연예인, 스포츠 맨 등이 속한 집단이 해당된다.

(3) 준거집단의 영향력

준거집단은 개인의 목표나 동일시의 대상 또는 자기 자신이나 타인을 평가하는 척도로 사용된다. 대부분의 지역 집단은 지역적 유대에 의해 형성되고, 마을 내의 모임이나 그 하부 조직 등의 준거집단의 역할을 한다. 그러나 가치관의 다양화, 생활권의 확대 등과 더불어 준거집단의 지역화는 점점 약화되고 있다.

준거집단의 영향력과 관련된 개념들 중에서 지위는 집단 또는 사회 내에서 개인이 획득하거나 성취한 위치이고, 규범은 집단 구성원이 따라야 할 행동 규범 혹은 기준이며, 역할은 특별한 지위와 관련된 모든 행동 양식들을 의미한다. 사회화는 새로운 구성원이 가입하게 될 집단의 가치, 규범 그리고 예상되는 행동 양식을 학습하는 과정이다.

준거집단과 관련된 사회적인 힘에는 보상적, 강압적, 합법적, 전문적, 준거적 힘이 있다. 보상적 힘은 개인에게 보상할 수 있는 다른 사람의 능력에 대한 인식이고, 강압적 힘은 처벌 또는 보상을 통해 행동에 영향을 미치는 압력이다. 합법적 힘은 집단이 구성원에게 힘을 행할 수 있는 합법적 권리이고, 전문가 힘은 개개인 또는 집단의 전문적 의견에 의하여 발생하며, 준거적 힘은 개개인이 집단에 가지는 동일성에서 발생한다.

집단과 사회계층 기반 **광고 사례**

스킨푸드에서 출시한 위장 크림은 준거집단이 소비자의 선택에 영향을 준 사례이다. 수분 공급과 피부 진정에 좋은 수박 추출물이 들어 있는 수박 줄무늬 위장 크림 모양으로 군인이라는 준거집단에게 소구한 화장품이다. 이 제품은 정보 측면에서 신뢰성, 전문성, 진실성에 호소하는 마케팅 전략을 사용하였다. 일반 소비자를 광고에 등장시켜 자사 제품의 이점에 대해 증언하도록 하여 신뢰를 높이고, 영업 사원에게 직접 판매하도록 하는 등의 전문성을 살렸으며, 친구나 동료를 제품의 시연회에 초대하는 등 진실성을 알리고자 하였다.

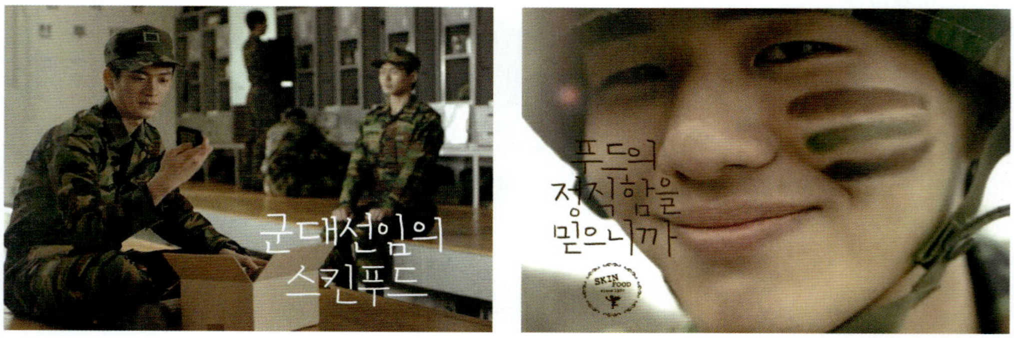

[그림 14-7] 스킨푸드의 위장 크림 광고

군인 위장에 기본이 되는 3색으로 되어 있고 케이스도 기본 보급 위장 크림과 유사하게 만들어 이질감이 매우 덜하다. 또한 보급용 위장 크림은 일명 돼지기름 크림으로 한 번 바르면 잘 지워지지 않고 피부에도 좋지 않은 영향을 끼치는데, 최근 남자들도 피부 관리를 많이 하는 추세에 맞추어서 수분 공급과 피부 진정 기능이 포함된 위장 크림으로 광고하여 큰 호응을 얻었다. 이 광고는 군인과 그들의 여자 친구들을 목표 고객으로 삼고, 군인이라는 준거집단에 기반하여 소비자에게 어필한 사례이다.

소비자 선택

준거집단은 세 가지 방법으로 소비자 선택에 영향을 미친다.

첫째, 정보–제공적 영향(Informational Influence)이다. 전문가의 힘은 정보 제공에 있는데, 소비자는 어떤 정보가 제품 선택에 관한 지식을 향상시킬 것인지의 믿음을 가지고 원천으로부터 정보를 수용하며, 준거집단 구성원의 의견을 신뢰성 있는 정보 원천으로 받아들인다. 관찰에 의해 제품의 특성을 파악하기 어려울 때 이 영향력은 커진다. 제공된 정보의 신뢰도는 소비자에 의해 지각되는 준거집단의 전문성에 의해 결정되고, 판단이나 평가의 기준을 가지기 위해 타인의 행동을 관찰한다. 정보–제공적 영향의 이론적 근거는 사회적 비교 이론(Social Comparison Theory)이다. 이 이론에서는 타인의 행동에 대한 관찰을 통해 자신의 행위적 적절성을 판단하고, 자신의 선택 대안의 평가와 구매 행위의 정당성 판단을 위하여 타인의 행동과 비교한다. 즉, 소비자는 비교 대상 선택 시 자신과 유사하다고 지각되는 사람을 준거로 제품을 선택하게 된다는 것이다.

빅데이터
활용 사례

일룸의 스마트 시리즈는 정보–제공적 영향으로 소비자의 선택을 유도하는 대표적인 사례이다. 일룸은 성적과 건강이 함께 자라는 'Smart Balance 학생방'을 선보였다. 이 광고는 일룸이 온라인으로 관리한 고객 데이터를 기반으로 선보인 모델이다. 일룸 가구의 구매자들의 행동 패턴에서 힌트를 얻은 스마트 시리즈는 책상의 경우 성적과 키 크는 아이의 건강을 동시에 만족시킨다는 메시지를 담고 있다.

빅데이터 분석 결과에서 책상 제품은 구매자와 사용자가 다른 제품임을 알 수 있다. 즉, 책상을 사용하는 소비자는 자녀이고, 이를 구입하는 구매자는 부모나 조부모이다. 따라서 가족 구매의 역할을 반영하여 이들에 맞는 정보–제공적 영향을 반영한 마케팅 전략으로 성과를 이루었다.

[그림 14-8] 일룸의 맞춤형 가구

둘째, 규범적 영향(Normative Influence) 혹은 실용적 영향(Utilitarian Influence)이다. 보상적 힘은 집단의 규범에 근거한 태도와 행동에 영향을 미치고 이런 규범과 동조하도록 하는 규범적 영향을 가지고 있다. 자신이 구성원으로서 지켜야 할 집단의 규범과 기대에 일치하도록 영향을 미친다. 이 영향은 소비자가 보상의 기대나 처벌 회피를 위해 다른 사람들의 기대에 순응할 때 발생한다. 이때 규범에 순응할 가능성이 높은 경우는 준거집단이 보상과 처벌을 줄 수 있다고 지각되는 경우이다. 그리고 개인의 행동이 집단에 의해 쉽게 관찰될 것으로 믿는 경우, 개인이 능동적으로 집단의 보상을 받고자 하거나 처벌을 피하고자 하는 경우에 일어난다.

집단과 사회계층 기반
광고 사례

삼성생명은 보험회사를 '사람, 사랑'이라는 콘셉트로 재포지셔닝하여 커다란 공감대 형성에 성공하였다. 이는 기존의 생명보험 회사의 은퇴, 사망, 퇴직 등의 우울한 주제 중심의 광고를 보험회사가 소비자의 생활 속에서 규범적인 행동에 영향을 준다는 이미지로 변환하여 성공한 사례이다.

세로토닌 드럼 클럽

삼성생명의 사람, 사랑의 의미는 시리즈로 제작되어 불량 청소년의 세로토닌 드럼 클럽이나 처음 엄마가 되는 젊은 주부에게 아이를 양육하는 방법 등 실천적인 솔루션을 제공하여 커다란 반응을 유도하였다.

[그림 14-9] 삼성생명의 사랑, 사랑

셋째, 가치-표현적 영향(Value-expressive Influence)이다. 사람들이 특정 집단에 소속되거나 소속된 것을 나타내고 싶어서 집단의 규범, 가치, 행동을 따르는 것이다. 이때 해당 집단은 준거집단으로서 가치-표현적 기능을 수행한다.

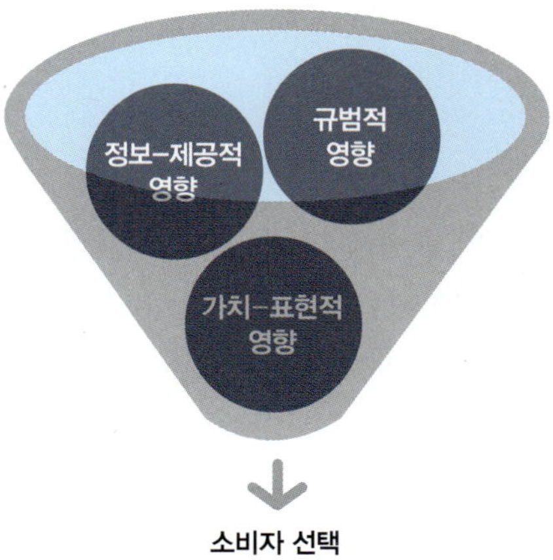

[그림 14-10] 준거집단의 영향력

집단과 사회계층 기반 **광고 사례**

캐논은 DSLR 카메라를 통해서 가족의 행복을 말한다는 콘셉트로 3편의 광고를 진행하였다. 이 광고는 가족은 함께하는 공간과 추억이라는 점을 강조하면서 바쁘게 살아가는 사람들의 일상에서 가장 근원적인 가치를 끌어내는 데 성공하였다.

[그림 14-11] 가족의 추억을 기억하는 카메라 광고

이 광고는 가족의 공감대를 카메라를 통해서 연결하고 추억한다는 소비자의 감성에 호소하여 커다란 화제가 되었다.

소비자가 구매하는 제품의 유형에 따라서 준거집단의 영향력은 다르다. 필수품은 제품 선택에 대한 집단 영향이 약하나 사치품은 제품 선택에 대한 집단 영향이 강하다. 베어든(W. D. Bearden)과 에첼(M. J. Etzel)은 공공적으로 제품을 선택하는 경우는 상표 선택에 대한 준거집단의 영향을 강하게 받으나 개인적으로 선택하는 경우는 상표 선택에 대한 준거집단의 영향을 약하게 받는다.

공공적 필수품은 준거집단의 영향을 제품은 약하게 받고, 브랜드는 강하게 받는다. 예로서, 손목시계, 자동차, 의복 등이다. 공공적 사치품은 준거집단의 영향을 제품과 브랜드에 모두 강하게 받으며 골프채, 고기능성 등산복 등이 해당된다. 개인적 필수품은 준거집단의 영향을 제품과 브랜드에 모두 약하게 받으며, 매트리스, 냉장고, 속옷 등이 해당된다. 개인적 사치품은 준거집단의 영향을 제품은 강하게 받으나 브랜드는 약하게 받는다. 예를 들어서, 스마트 TV, 고급 오디오 등이다.

〈표 14-2〉 준거집단의 영향에 따른 제품 유형

소비 (Consumption)	영향력	필수품 (Necessity)	사치품 (Non necessity)
공공적 (Public)		공공적 필수품	공공적 사치품
	제품	약	강
	브랜드	강	강
개인적 (Private)		개인적 필수품	개인적 사치품
	제품	약	강
	브랜드	약	약

준거집단의 영향력

차일더(T. L. Childer)와 라오(A. R. Rao)는 준거집단의 영향력을 개인과 가족으로 분류하여 다음과 같이 정리하였다.

〈표 14-3〉 동료와 가족에 따른 준거집단의 영향

구분	준거집단	공공적	개인적
사치품	동료	제품 영향력 강	제품 영향력 강
		브랜드 영향력 강	브랜드 영향력 약
	가족	영향력 약	핵가족 영향력 강
			확장된 가족 영향력 강
필수품	동료	제품 영향력 약	제품 영향력 약
		브랜드 영향력 강	브랜드 영향력 약
	가족	영향력 약	핵가족 영향력 강
			확장된 가족 영향력 강

준거집단의 영향력을 결정하는 요인에는 집단 요인, 개인 요인, 제품 요인이 있다.

집단 요인의 결정 요인으로는 집단 내 구성원이 서로에게 느끼는 친근감 또는 집단 전체의 매력 수준인 집단 응집력, 사람이 어떤 대상에 대해 다른 사람들과 유사한 견해나 가치관을 가졌다고 느끼는 정도인 집단 구성원 간 공동 지향성, 집단의 규범에 동조하도록 행사되는 압력인 집단 압력, 그리고 집단 크기 등이 있다. 집단의 크기가 증가할수록 준거집단의 영향력이 커지다가 어느 이상 증가하면 더 이상 커지지 않는다.

개인 요인의 결정 요인으로는 집단에 대한 매력, 타인의 행동에 대한 지식, 자신감, 소비자의 성격이 있다. 집단에 대한 매력은 구성원의 집단에 대한 태도가 호의적일수록 커지며, 타인의 행동에 대한 지식은 의사 결정에 대해 주위 사람들이 어떤 행동을 하는지 잘 알수록 영향을 받는다. 자신감이 강한 사람일수록 특정 문제에 대한 준거집단의 영향력은 줄어들고, 타인 지향적 사람들은 존경하는 준거집단과 동료의 가치와 태도에 민감하다.

제품 요인의 결정 요인으로는 제품의 가시성, 제품에 관련된 지각된 위험, 제품의 사회적 관여가 있다. 제품의 가시성은 제품이 타인에게 보이거나 확인될 수 있어야 하고, 독특해야 영향을 잘 받는다. 공개적으로 사용하는 사치품에서 가장 영향력이 크고, 사적으로 사용하는 필수품에서 가장 영향력이 낮다. 소비자의 지각된 위험 중 재무적 위험은 기능적 · 향락적 · 상징적 제품 등과 관련이 있고, 성능적 위험은 기능적 제품과 관련이 있으며, 사회적 위험은 향락적 제품과 관련이 있다. 이러한 위험을 제거하기 위해 동료 등 인적 정보원이 많이 활용된다. 사회적 관여가 높은 제품은 다른 사람과 함께 사용되고, 사용자에게 이전되는 특정한 이미지를 가진 제품이다. 사회적 관여가 높은 제품은 집단 응집력과 상표 선택의 유사성 간 정(+)의 관계가 있으며, 사회적 관여가 낮은 제품은 상관관계가 없다.

14.1.3 집단 커뮤니케이션

(1) 구전 커뮤니케이션

구전 커뮤니케이션(Word-of-Mouth Communication)은 특정 주제에 관한 개인들 간의 의사소통으로 식품과 가정용품 구매에서 다른 정보원보다 더 큰 영향을 미친다. 구전에 의한 정보가 소비자에게 영향을 미치는 이유는 정보의 생생함(Vividness) 때문인데, 다른 사람들로부터의 경험이 직접 전달되고, 소비자의 기억으로부터 보다 쉽게 인출되기 때문이다. 구전 커뮤니케이션에서의 티핑 포인트(Tipping Point)는 한동안 유지되어온 균형 상태, 즉 정체 상태가 깨지면서 걷잡을 수 없이 큰 변화가 일어나는 순간이고, 버즈(Buzz)는 소비자의 구전을 통해 정보가 확산되는 현상이다. 소비자는 제품의 가시성이 높을 때, 제품이 복잡할 때, 객관적 평가 기준에 의한 검증이 어려울 때, 지각된 위험이 높을 때 구전에 의한 정보에 더 많이 의존한다.

티핑 포인트(Tipping Point)

신제품을 구매하려는 소비자는 긍정적인 구전 커뮤니케이션보다 부정적인 구전 커뮤니케이션에 더 주의를 기울이는데, 긍정적 정보를 접한 소비자의 54%가 신제품을 구매한 반면 부정적 정보를 접한 소비자의 18%만이 구매한 것으로 나타났다. 루머(Rumors)는 부정적 구전 커뮤니케이션의 한 유형으로, 사실적인 근거가 전혀 없더라도 기업에게 심각한 위협이 될 수 있다. 사람들은 모호한 형태의 자극을 기억 속에 가지고 있는 기존의 스키마에 일치하도록 만들려는 과정을 통해 애매모호한 자극을 보편적인 형태로 변형시키는 경향이 있어 정보의 왜곡이 일어난다. 악성 루머는 제품 정보의 왜곡 등을 일으켜 판매에 부정적 영향을 끼친다. 이러한 부정적 경험, 즉 잘못된 루머들은 소비자가 어떤 회사의 제품에 대해서 불매운동(Boycott)을 벌이는 것과 같이 조직화되고 파괴적인 반응을 유발할 수도 있다.

불매운동(Boycott)

집단과 사회계층 기반
광고 사례

자극적인 광고 카피와 함께 정체 불명의 '쿡(QOOK)'이라는 단어를 내세운 한 티저 광고가 공개되면서 포털 사이트 인기 검색어에 연일 오르는 등 많은 사람들의 관심을 끌었다. 우선 광고 카피에 쓰인 '개고생'이라는 자극적인 단어가 어떻게 심의를 통과했느냐 등의 의견이 많지만, 이 단어의 의미는 '어려운 일이나 고비가 닥쳐 톡톡히 겪는 고생'이란 뜻의 표준어이다. 광고에서는 드라마 '아내의 유혹'에서 정교빈 역으로 열연한 인기 탤런트 변우민과 산악인 엄홍길이 등장하여 지저분하고 '찌질한' 콘셉트를 표현하였다. 변우민은 공원에서 더러운 담요를 덮어쓰고 버려진 점퍼를 입고는 "집 나가면 개고생이다."라고 외쳤다. 이 광고는 노이즈를 활용한 바이럴 마케팅의 대표적인 성공 사례이다.

구전 마케팅 전략은 자사 제품에 대한 여론 선도자들을 미리 잘 파악하고, 이들을 대상으로 마케팅 노력을 기울여야 성공할 수 있다. 기존 여론 선도자를 활용하거나 새로운 여론 선도자를 창출하여 자사 제품에 대한 입소문을 확산시키려는 노력이 버즈 마케팅(Buzz Marketing)이다.

여론 선도자

[그림 14-12] 쿡의 노이즈 마케팅

온라인 구전은 인터넷을 통하여 현재나 과거의 고객 또는 잠재 고객 사이에 언어적, 시각적으로 전달되는 개인 간 커뮤니케이션이다. 온라인 구전의 특성은 가상공간에서 지인뿐 아니라 낯선 사람들과 정보를 교환하고, 정보가 사라지지 않고 지속적으로 확산된다는 것이다.

바이럴 마케팅(Viral Marketing)은 고객들이 인터넷을 통해 자발적으로 친구들에게 제품을 홍보하도록 유도하는데, 고객이 스스로 제품이나 기업 관련 메시지를 전달하기 때문에 매우 유용하다. 대부분의 바이럴 메시지는 친구로부터 오는 메시지이므로 이를 읽어 볼 가능성이 높다.

소셜 미디어(Social Media)는 사람들이 자신의 생각과 의견, 경험, 관점 등을 서로 공유하기 위해 사용하는 온라인 툴과 플랫폼이다. 소셜 미디어에서의 블로그는 정보의 전문성이나 분석의 신뢰도 측면에서 상당한 공신력을 확보하나 이동성과 즉시성이 떨어진다. UCC는 사용자들이 올린 동영상 콘텐츠로 유튜브가 대표적으로, 주관적 해석과 창의성이 가장 잘 드러나는 소통 채널이다. 위키는 다수의 사용자들이 참여하여 콘텐츠의 질적 혹은 양적 향상을 이루어 나가고 있으며, 다수의 사용자들이 내용을 추가하거나 수정하는 협업에 의해 지식이 창조된다. SNS는 사람과의 관계 형성을 목표로 하는 실명 기반 네트워킹으로 페이스북, 마이스페이스, 싸이월드 등이 대표적이다. 그중 마이크로 블로그는 단문 블로그 서비스로서 휴대전화를 통해 업로드가 가능한데, 정보의 신뢰성이 낮은 트위터가 대표적이다.

집단과 사회계층 기반
광고 사례

제일모직은 새로운 제품 라인인 '엠비오(MVIO)'를 SNS를 활용하여 광고하는 전략을 실행하였다. 트위터로 패션쇼를 최초로 시도하고, 인스타그램과 페이스북에서 다수의 '좋아요'를 받았다. 제일모직은 구전 마케팅의 수단을 소셜 미디어로 집중하여 기존 제일모직에 대하여 소비자의 생각과 의견을 경청하고, 새로운 경험과 제품에 대한 관점을 서로 공유하는 통로를 만들었다. 이 광고는 바이럴 마케팅을 활용하여 성공한 사례이다.

[그림 14-13] 제일모직의 엠비오 광고

(2) 의견 선도자

구전 커뮤니케이션 모델에는 다단계 흐름 커뮤니케이션 모델이 있는데, 이는 2단계 흐름 커뮤니케이션 모델의 문제점을 개선한 것이다. 이 모델은 사람들 간의 의사소통을 쌍방향적인 관계로 보며, 추종자는 대중매체에서 제공되는 정보로부터 영향을 받고 의견 선도자(Opinion Leadership)에게 영향을 준다.

구전 커뮤니케이션에 있어서 의견 선도자의 역할은 추종자와 같은 사회계층에 속하는 경향이 있고, 해당 제품의 영역과 관련하여 다른 사람들보다 매체에 노출되는 빈도가 높다. 그리고 해당 제품의 영역에 대한 관심과 지식이 다른 사람들보다 많으며, 사교적이다. 또한 다른 사람들보다 혁신적 성향이 강하고 집단의 규범과 가치에 더 익숙하며 충실하다.

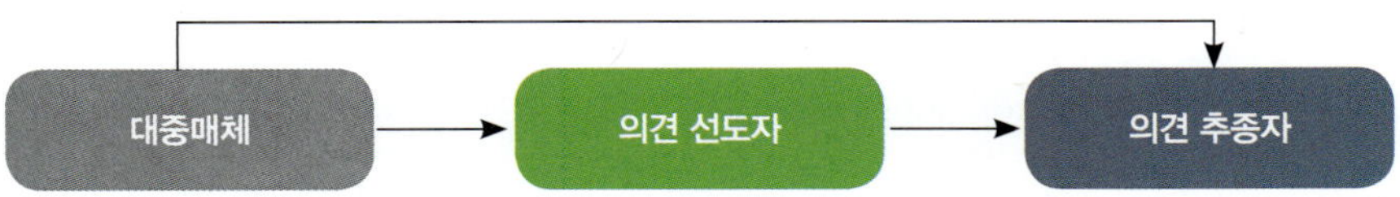

[그림 14-14] 다단계 커뮤니케이션 모델

(3) 집단과 혁신의 확산

로저스(E. Rogers)는 혁신 확산 이론에서 시간의 경과에 따라 사회 시스템의 구성

혁신의 확산

원 간에 특정 경로를 통해 커뮤니케이션되는 과정을 혁신의 확산이라고 정의하였다. 신제품의 혁신이 소비자에게 수용되기 위해서는 시간이 경과함에 따라 커뮤니케이션을 통하여 표적시장의 구성원 사이에 혁신이 파급되어야 한다. 혁신은 제공되는 편익의 유형에 따라서 기능적 혁신, 쾌락적 혁신, 상징적 혁신으로 분류한다. 소비자 행동에 영향을 미치는 혁신은 다음과 같다.

연속적 혁신(Continuous Innovation)은 기존 제품을 약간 개선시킨 것으로 치석 제거용 치약, 자동차의 새 모델 등이다. 동적인 연속적 혁신(Dynamically Continuous Innovation)은 기존 제품보다 기술 진보가 이루어진 신제품이나 기존의 소비자의 행동 유형의 변화가 적은 경우에 일어나는 혁신으로, 전륜 구동형 자동차, 컬러 TV 등이다. 완전한 혁신(Discontinuous Innovation)은 흑백 TV나 컴퓨터 등이 시장에 처음으로 소개되어 신기함을 느낀 경우처럼 새로운 소비자 행동이 요구되는 신제품과 같은 경우이다.

혁신 수용

혁신 수용의 결정 요인으로는 혁신 제품의 특성으로 상대적 이점(Relative Advantage)이 있다. 신제품이 기존 제품보다 소비자에게 얼마나 더 큰 이점을 제공하는지 여부로서 신제품의 상대적 이점이 클수록 신속하게 수용된다. 또한 단순성(Simplicity), 커뮤니케이션 가능성(Communicability), 부합성(Compatibility), 시용 가능성(Trialability) 등이 있다.

단순성은 신제품을 이해하고 사용하는 데 있어 상대적으로 용이한 것을 말하는데, 이런 신제품일수록 빠른 시간 내에 확산된다. 커뮤니케이션 가능성은 신제품의 편익이 잠재 소비자에게 쉽게 파악되는 것으로, 혜택을 빨리 아는 제품일수록 소비자에게 빠르게 수용된다. 부합성은 신제품이 잠재 소비자의 기존 신념과 관습에 부합되는 정도로서 기존 소비자의 사용 패턴과 부합될수록 쉽게 수용된다. 시용 가능성은 잠재 소비자가 구매 전에 사용해 보는 것으로 실제 사용하기 쉬울수록 확산의 속도가 빠르다.

시스템이 근대적일수록 사회 구성원의 혁신 수용 가능성이 높고, 사회 시스템의 동질성, 즉 사회 구성원의 교육 · 가치 등이 유사할수록 혁신의 확산 속도가 빨라진다. 그리고 구성원 간의 물리적 거리, 즉 사회 구성원이 지리적으로 밀집되어 있을수록 혁신의 확산 속도가 빨라진다. 구전 커뮤니케이션에서 소비자는 상업적 정보원천보다는 친구나 가족 등 준거집단이 제공하는 정보나 의견을 보다 신뢰하는 경향이 있다. 이처럼 개인들 간의 구전 커뮤니케이션은 잠재 소비자의 신제품 수용에 매우 중요한 역할을 한다.

빅데이터 활용 사례

리바이스는 트위터를 통한 마케팅에 커다란 성과를 이루었다. 리바이스는 영화 〈Catch Me If You Can〉에서 리바이스 청바지를 입은 사람을 실시간으로 찾고, 찾을 경우에 청바지를 벗어 주는 프로모션을 실행하였다. 이 프로모션은 'iSpyLevi's'라는 이름으로 기획되어 트위터를 통한 위치 설명과 트윗을 본 사람들을 거리에서 찾아가는 방식으로 진행되었다. 물론 이 과정에서 생성되는 데이터는 빅데이터 분석 자료로 포함하였다.

혁신의 확산 전략에서 보듯이 혁신 소비자는 대체로 고소득층이므로 가격에 민감하지 않아 신제품 도입 초기에 높은 단기 이익을 실현하는 것을 목표로 한다. 따라서 혁신 소비자층을 표적으로 초기 고가격 전략을 선택하는 것이 효과적이다. 신제품 도입 초기에 높은 수용률을 확보하여 시장 선도자가 되고자 한다면 시장 침투 가격 전략이 효과적이다. 그리고 구전 커뮤니케이션을 활용하여 혁신 소비자의 특성을 조사하여 이들이 잘 노출될 수 있는 매체를 선정한다. 소비자에게 신제품을 인지시키고, 신제품의 특성과 편익을 충분히 알리기 위해 도입 초기에 집중적으로 촉진 활동을 수행한다. 리바이스는 이러한 마케팅 전략에 따라 자사 제품에 관련된 이해관계자 집단에게 신제품 정보를 제공하여 구전 커뮤니케이션을 촉진시켰다.

구전 커뮤니케이션

[그림 14-15] 리바이스의 바이럴 마케팅

신제품 수용 과정

신제품 수용 과정에서 동료 집단의 영향은 다음과 같다.

동질적 집단은 가족, 친구, 테니스 파트너, 카풀 동승자 등 비슷한 부류의 집단이다. 이들은 강한 유대 관계로 결속되어 있기 때문에 신제품에 대한 의사소통이 매우 활발하게 이루어지고, 의견 수용의 가능성이 높다. 또한 이들이 제공하는 정보를 보다 신뢰하는 경향이 있다.

이질적 집단은 직장 내 타부서의 동료들, 대학 동창과 같이 신념과 가치관 면에서 약한 유대관계를 가진 집단이다. 이들은 다양한 이질적 집단과의 의사소통 과정에서 신제품 사용 경험이나 신제품 정보를 입수하기도 한다. 경우에 따라 이러한 약한 유대관계는 신제품 확산을 가속화할 수 있을 정도로 강한 힘을 가질 수 있는데, 이를 약한 유대관계의 힘(Strength of Weak Ties)이라고 한다.

유대관계의 힘(Strength of Weak Ties)

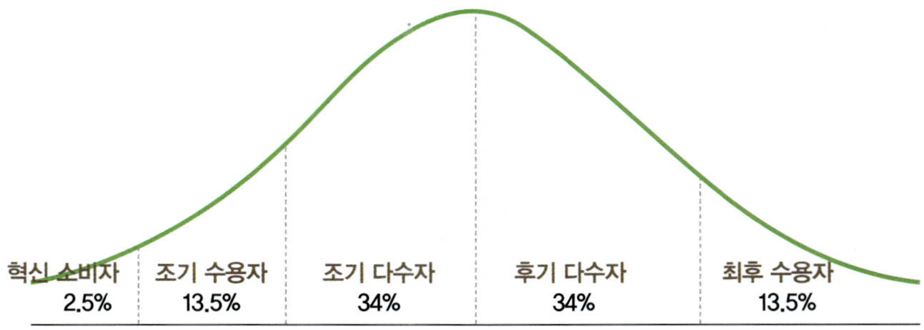

[그림 14-16] 혁신에 따른 소비자의 유형

혁신의 수용은 최초로 신제품 또는 혁신에 노출되는 순간부터 최종 구매에 도달할 때까지 여러 단계의 의사 결정 과정을 거친다. 그림처럼 새로운 제품이 시장에 나오면 혁신 소비자 → 조기 수용자(Early Adapter) → 조기 다수자(Early Majority) → 후기 다수자(Late Majority) → 최후 수용자(Laggards) 단계를 거친다. 저관여 제품의 혁신 수용, 즉 혁신 소비자에서 조기 다수자로 넘어가는 과정은 상당한 노력이 요구될 것이다.

집단과 사회계층 기반 **광고 사례**

유니클로의 히트텍은 신제품 확산을 위하여 혁신에 따른 소비자의 유형에 기초한 구전 커뮤니케이션 전략을 사용하였다. 우선 의견 선도자를 이용하여 주위의 의견 추종자들에게 신제품에 대한 긍정적 정보들을 제공하였다. 이를 위하여 유사한 산업의 중요한 의견 선도자들을 세미나 혹은 이벤트에 초대하였다.

언제 어디서든 누구나 쉽게 입는 생필품 같은 옷이 유니클로가 표방하는 광고 전략이다. 이를 실천하기 위해 유니클로는 많은 기본적 제품을 다양한 색상으로 제공하고 있다. 예를 들어, 도쿄 한 매장의 경우에 양말의 색상은 50가지나 된다. 이렇게 없는 것이 없는 유니클로에 없는 것은 기업의 로고이다. 옷마다 유니클로의 상징인 빨간 정사각형 이미지를 과감히 생략하고, 생필품 옷에 맞추어 저가형 가격 전략을 선택하고 있다. 누구나 좋은 옷을 저렴한 가격에 입을 수 있게 하기 위한 전략이다. 또한 편안함과 실용성을 위하여 기능적인 면도 추가하였는데, 여름에 시원하게 만든 '사라화인'과 겨울철 따뜻하게 입을 수 있는 '히트텍'을 출시하여 커다란 호응을 얻었다.

[그림 14-17] 유니클로의 히트텍 광고

혁신 소비자는 사회적 지위가 높고, 젊으며, 교육 수준이 높고, 상류 지향적이며, 고소득층이라는 특성을 가지고 있다. 혁신 소비자는 자기 지향적이고, 비혁신 소비자는 타인 지향적이며, 혁신 소비자는 비혁신 소비자보다 독단성이 낮은 경향이 있다. 그리고 혁신 소비자는 신제품 수용 시 지각된 위험(Perceived Risks) 정도가 낮고, 신제품 구매에 따른 위험이 수반되더라도 이를 기꺼이 수용하려고 한다. 구전 커뮤니케이션에서의 혁신 소비자는 의견 선도자로서 신제품 수용에 영향을 미치는데, 혁신 소비자는 일반적으로 비혁신 소비자보다 잡지에 대한 노출 빈도가 높다. 그리고 사회 참여도가 높고, 다른 사람과의 대화 빈도가 높다.

지각된 위험(Perceived Risks)

14.2 사회계층의 개요

14.2.1 사회계층이란?

(1) 사회계층의 정의와 특징

사회계층(Social Class)이란 유사한 수준의 품격과 자존 욕구를 갖는 사람의 집단으로, 사고와 행동에서 나타나는 일련의 신념, 태도, 가치관에서 공통성을 가진다. 즉, 사회계층은 한 사회 내에서 유사한 가치관, 흥미, 라이프스타일과 행동 패턴을 지니고 있는 동일한 지위에 있는 사람들로 구성된 집단으로, 이들은 유사한 소비 행동을 할 가능성이 높다. 또한 이들은 권위, 권력, 부에 대한 욕망, 수입, 소비 패턴, 직업, 교육 수준 등에 의해 계층화된다. 이는 각 계급 구성원이 비교적 동일한 신분을 가지며, 다른 계급 구성원과는 신분상의 차이가 있도록 독특한 사회적 신분 계층으로 분할된 것을 의미한다. 사회계층은 다음과 같은 특징이 있다.

첫째, 규범성으로 사회계층 구성원의 판단 · 행위의 기준이 된다. 사회계층에서 특정 제품의 소유는 지위를 나타내는 지표로 사용될 수 있으므로, 기업은 지위 상징의 변화 추세를 이해해야 한다. 권위, 힘, 재산, 소득, 소비 패턴, 직업, 가문 등은 지위를 나타내는 지표들이다.

둘째, 다차원적 특성으로 사회계층은 많은 요소, 즉 직업 · 교육 · 소득 등에 근거하고 있고, 이러한 여러 관련 변수들로 표현된다.

셋째, 위계성으로 사회계층은 계층적 구조를 가지고 계층 간 수직적 순위와 지위가 형성된다. 지위, 위계, 상대적 서열의 의미를 포함하고, 동일 계층의 구성원끼리 서로 유대 관계를 가진다.

넷째, 동태성으로 사회계층은 상위 계층이나 하위 계층으로의 이동이 가능하다. 계층 간 이동은 자유로우나 상당한 시간이 소요된다.

다섯째, 동질성으로 사회계층 내의 구성원이 태도 · 활동 · 관심 등에서 유사성을 나타낸다. 동일한 가치와 행동 패턴을 가진 타인들과 접촉하면 편안함을 느낀다.

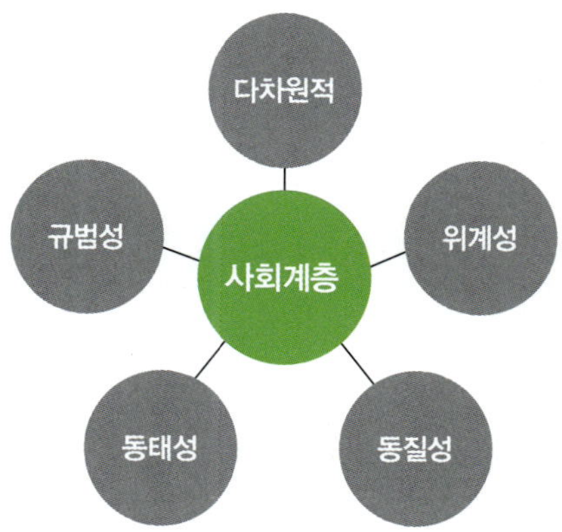

[그림 14-18] 사회계층의 특성

(2) 사회계층 분류

사회계층은 다음과 같은 여러 요인에 의해 결정된다.

직업은 개인의 여가시간의 사용, 가족 자원의 할당, 정치적 성향 등과 강하게 연관되어 있으며, 소비자의 생활 여건과 라이프스타일을 결정한다. 직업은 사회계층 내에서 다른 사람들과의 교제를 가능하게 하고, 동일한 직업이라도 개인적 성과에 따라 계층이 달라진다.

라이프스타일

교제는 사회적 친밀성인 사회적 동등성의 표현이고, 재산은 계층에서의 회원 자격의 상징이다. 가치관은 여러 사람이 공유하는 '어떻게 살 것인가'에 대한 신념으로, 정견, 종교관, 직업관, 자본주의 경제에 대한 가치관 등이다.

계층 의식은 사람이 한 사회 내에서 어떤 계층에 속해 있다는 것을 민감하게 느끼는 정도이며, 계층의 차이에 민감한 사람은 상류 계층에 더 많다. 교육을 받은 소비자는 높은 직업상의 성취를 실현하고, 소득수준도 향상된다. 교육 수준은 소비 행동에 차이를 보이는데, 상품 선택과 정보 입수 그리고 구매 의사 결정에 영향을 준다. 사회계층을 분류하여 정리하면 다음과 같다.

〈표 14-4〉 사회계층의 분류

분류 기준	계층	제안자
직업, 소득 원천, 주거 형태, 주거 지역	최상류층, 상류층, 중상층, 중하층, 하류층, 최하류층	워너
교육, 직업	상-상층, 상-하층, 상-중층, 중산층, 근로층, 최하보다는 위, 하-하층	콜맨-레이워터
인구통계학, 사회 변화 추세 반영	상류층, 중상류층, 중산층, 근로층, 하류층	

사회계층 지표로 사용되는 주요 변수들은 직업, 학력, 재산, 소득, 가문, 생활양식 등이다. 워너(W. S. Warner)는 지위 특성 지수(ISC; Index of Status Characteristics)를 바탕으로 직업은 미숙한 작업자에서 전문가까지, 소득 원천은 공공 보조에서 유산상속까지, 주거 형태는 매우 서민적에서 초호화 주택까지, 주거 지역은 빈민가에서 고급 주택지까지로 분류하였다. 즉, ISC의 구성 변수의 가중치로 직업은 4, 소득 원천은 3, 주거 형태는 3, 주거 지역은 2로 부여하였고, 그 점수에 따라 사회계층을 최상류층, 상류층, 중상층, 중하층, 하류층, 최하류층 등으로 분류하였다.

지위 특성 지수(ISC; Index of Status Characteristics)

최상류층은 훌륭한 가문으로부터 상속을 받는 계층으로 은행가, 금융 자본가, 최고경영자, 명성 있는 의사, 변호사 등이 해당되고, 이들은 제품 유형에 상관없이 구매한다. 또한 이들은 돈이 중요하지 않은 것처럼 사용하고, 절약하는 것도 과시하는 것도 아닌 특성을 가진다.

상류층은 유산이 아닌 자수성가한 전문가 또는 기업가로 돈은 많으나 최상류층으로부터 인정받지 못한다. 신흥 부자들로 지위를 물질적 상징으로 과시하고, 교외에 사치스러운 저택을 마련하는 등 호화스런 제품을 구매하며, 고급 제품이 나올 때 가장 먼저 구매를 하는 특성이 있다.

중상층은 경력을 매우 중요하게 생각하고, 직업으로는 전문직에서 성공한 계층으로 대학원 이상 학력을 소유하나 상류층만큼 부나 신분을 가지지 못한다. 의사, 대학교수, 중소기업 소유주 등으로, 이들은 자녀의 학업에 관심이 많다. 그리고 이들은 현실성이 있고 가족 생활 주기에 맞추어 우아한 생활을 하며, 주택에 커다란 중요성을 부여하는 특성이 있다.

가족 생활 주기

중하층은 사무직 종사자, 소기업 소유주와 많은 급여를 받는 육체 노동자 등으로, 책임감이 강하고 직업에 충실하며 전통과 관습을 준수한다. 이들은 대부분 보수적이고, 주택을 중요시하며 아름답게 꾸미려고 노력한다. 또한 이웃과 사이가 좋으며, 표준적인 가정용품을 구매하고, 가격에 관심이 많아서 쇼핑에 많은 시간을 투자하는 특성이 있다.

하류층은 인구수가 가장 많은 계층으로 육체 노동자들이 주로 포함된다. 이들은 단조로운 생활을 하고 매일 살아가는 것이 힘들며, 변두리의 소형 주택이나 아파트에 거주한다. 자녀에 대한 관심은 높으나 미래의 설계를 가지고 있지 않다. 또한 이들은 가끔 충동적인 구매 결정을 하고 표준 제품에 상당한 충성도를 보이며, 사회단체에 참여하지 않고 교회에도 가지 않는다. 대신에 대부분의 휴가를 주로 친척을 방문하는 데 소요한다.

최하류층은 소위 빈민으로 불리는데, 교육 수준이 낮으며 미숙련 노동자들로 구성된다. 이들은 대부분 충동구매를 하고, 구매 후 후회하는 경우가 많다. 그리고 이자가 높은 신용 구매를 통해 비싸게 제품을 구매하며, 제품이나 품질을 평가하는 데 어려움을 겪는 특성이 있다.

신용 구매

우리나라는 상층(5%), 중상층(10%), 중하층(50%), 도시 하층(20%), 농어촌 하층(15%)의 5계층으로 구분한다.

사회계층을 반영한 대표적인 광고 사례가 맥주이다. 슐리츠 맥주 사의 조사 결과, 대량 음주자는 노동자 계층, 중류 소득층, 고등학교 졸업 학력의 젊은 층이고, 이들은 비음주자들에 비하여 쾌락적이며 즐거움을 추구한다. 그리고 가족에 대한 관심이 적고 직업에 책임감이 낮으며, 육체적이면서 남성 지향적 생활을 선호하고 공상을 좋아한다. 이에 기반하여 많은 양의 술을 마시는 사람들의 남성적, 쾌락적, 공상적 감각에 소구하도록 광고를 개발하고, 시장세분화를 통해 표적시장을 확인한 후 적합한 제품 및 광고 전략을 개발하면 성공할 수 있다.

[그림 14-19] 밀러 사의 밀러 타임

밀러 사는 마케팅에 가장 민감하게 반응하면서도 소비량이나 제품의 수용에서 가장 큰 비중을 차지하고 있는 '일하는 젊은 남성'에 포지셔닝을 맞춘 광고를 하였다. 즉, 맥주의 타깃을 고급스러운 화이트칼라에서 블루칼라로 과감하게 전환시킨 것이었다. 밀러 사의 이런 전략은 맥주 시장의 선도 브랜드인 버드와이저의 맥주를 마시는 고객을 왕이라고 설정한 콘셉트에 따른 고급 저택의 수영장 파티, 귀족 같은 젊은 남녀를 보여 주는 광고 전략에 반한 것이었다. 밀러 사는 실제 맥주를 마시는 대부분이 블루칼라 노동자들이라는 라이프스타일 분석의 결과에 기초한 것이었다.

블루칼라의 라이프스타일

밀러 사는 블루칼라의 라이프스타일과 음주 습관을 면밀히 조사하여 유통과 용기까지 변화시켰다. 힘든 하루 일을 끝내고 선술집에서 한 잔 하는 사람들을 위해 지방의 선술집 유통을 뚫기 시작한 것이다. 그리

밀러 타임(Miller Time)

고 낚시나 사냥 등의 야외 활동에서 맥주를 마시는 경우가 많다는 이유로 병을 줄이고 캔 용기를 늘려 슈퍼마켓에 제공하였다. 또한 광고에도 공을 들였는데, 그때 만들어져 지금까지 이어지고 있는 불후의 캠페인이 바로 '밀러 타임(Miller Time)' 캠페인이다. 이 광고는 중하류층의 화이트칼라 대상의 제품 콘셉트를 블루칼라를 위한 맥주로 변신하여 성공한 사례이다.

워너의 분류와 유사하나 각 집단에 권력과 권위를 반영시키는 콜맨-레이워터(Coleman-Rainwater) 분류가 있다. 이 분류에서는 교육과 직업을 기준으로 상류층을 상-상층, 상-하층, 상-중층으로, 중류층을 중산층, 근로층으로, 하류층을 최하보다는 위, 하-하층으로 분류하였다. 하지만 이 분류는 계층 간 시장 규모가 작아서 실제로 상류층(1.5%), 중상류층(12.5%), 중산층(32%), 근로층(38%), 하류층(16%)으로 구분한다. 이는 인구통계학적 및 사회 변화 추세를 반영하여 워너 지수를 수정한 것이다.

14.2.2 사회계층의 측정 방법

컨조인트 분석(Conjoint Analysis)

컨조인트 분석(Conjoint Analysis)은 사회 구성원에게 다른 사람의 계층적 지위를 평가하도록 하는 평판 이용법으로 일종의 주관적 평가 방법이다. 이 방법은 응답자가 지역 내 타인의 사회적 지위를 질문하고, 평가자에게 자신이 아닌 다른 사람의 사회적 지위를 평가하여 계층 구조를 파악하는 방법이다. 한 지역 사회에서 영향력이 있는 사람을 파악하는 데 유용하나 사회 구성원 사이에 잘 알고 있어야 한다는 전제가 있어 비교적 좁은 지역에서 사용한다.

주관적 측정법은 개인에게 자신의 계층적 지위를 어떻게 인식하고 있는가를 스스로 평가하는 방법이다. 예를 들면, 사회 구성원 개개인으로 하여금 "자신이 어느 계층에 속한다고 생각하는가?"에 대해 스스로 평가하도록 하는 방법으로, 3~6단계로 분류하거나 상, 중, 하로 나타낸다. 하지만 이 방법은 응답자가 정확하고 정직하게 응답하지 않는 경향이 있고, 일반적으로 중류층으로 명시하는 경우가 많아 중류층 비대 현상을 유발한다.

객관적 방법은 계층적 위치를 반영하는 객관적 속성, 즉 직업·학력·소득 등을 근거로 일정한 기준에 의해 계층별로 사회 구성원을 분류하는 방법이다. 이 방법은 직업, 교육, 소득, 가족 배경, 소유 재산 등 개인의 사회적 지위에 영향을 미치는 요인들의 지표로 활용한다. 응답자는 자신, 가족, 주거 등에 관한 여러 가지 객관적 자료를 가지고 질문에 응하는데, 하나의 지표만을 사용하는 단일 지표 지수법과 여러 가지 지표를 사용하는 다지표 지수법이 있다. 단일 지표 지수법에서 가장 많이 채택하고 있는 변수는 직업, 소득, 교육 등이다. 직업은 지위와 개인의 라이프스타일과 매우 긴밀한 상관관계가 있으며, 소득은 개인이나 가족의 소득을 말한다. 교육은 공식적 교육 수준으로 사회계층 지위에 대한 근삿값으로, 일반적으로 교육 수준이 높을수록 많은 수입과 존경받는 지위를 가진다. 기타 변수로는 이웃 사람들의 특징과 거주지, 서가의 수, 책 종류와 수, 안락의자 수 등이 있다. 다지표 지수법은 여러 개의 계층 지표를 종합해 하나의 지수로 만드는데, 워너의 ISC를 응답자에게 주고 각 변수에 대해 등급을 매기도록 한 후 응답자의 평점을 가중치로 곱하고 각 항목을 합하여 사회계층을 구한다. 사회계층 결정 변수는 4종류이며, 이들의 비중은 직업이 4, 소득원이 3, 주택 형태가 3, 거주 지역이 2이다.

단일 지표 지수법

다지표 지수법

그 밖에 미국 인구통계국의 SES(Socioeconomic Status Scores)는 직업, 소득, 교육의 3가지 변수에 기초하여 분류한 것이다. 이 분류는 인구센서스 자료와 비교 분석이 용이하고, 시장 세분화에도 유용하다. 또한 카멘(Carman)의 문화 계층 지수, 앨리스(Alice)의 계층 지위 지수, 프리즘(PRIZM; Potential Rating Index by Zip Market) 등이 있다.

사회계층 측정상의 문제점은 계층 지표의 선정과 가중치가 임의적이고, 개인의 사회계층이 안정된 것으로 가정하며, 성인 가장 이외의 다른 가족 구성원의 특징이 고려되지 못한다는 점이다. 더욱이 객관적 측정 방법의 경우는 연구자가 계층 지표의 선정과 가중치를 자의적으로 결정하기 때문에 객관성이 떨어지고, 가중치를 조사 대상자가 부여하기 때문에 문제가 발생한다. 또한 계층 차원들의 평균점수를 근거로 사회계층의 서열이 정해지는데, 어떤 경우에는 소득에서는 상위층에 속하지만 교육에서는 낮은 서열을 가지는 경우가 발생한다. 이 경우 지위 차원에 따라서 획득한 점수가 다를 수 있다는 사실이 무시된 결과이다. 예를 들면, 풍요 집단이나 결핍 집단의 경우이다.

계층 차원

빅데이터 **활용 사례**

빅데이터를 활용한 '달팽이' 앱은 사회계층을 기반으로 하는 정보 제공에 중요한 역할을 하고 있다. 공공 데이터의 개방으로 새로운 차원의 창업이 일어나고, 정부와 각 공공기관들의 적극적인 지원이 이루어지고 있다. '공공데이터 포털'은 2015년 총 1만 6,804건의 정보를 공개하였는데, 스타트업의 사업 아이템이 되는 모바일 앱 개발의 기초적인 자료로 많이 활용되고 있다. 소셜 기반의 스토리두잉 여행 앱인 '달팽이'도 이러한 정보를 기반으로 2015년 서비스를 시작하였다. 이 앱은 상대적으로 시간과 비용이 여유로운 중 · 장년층의 관광 시장 규모가 커진 빅데이터 분석 결과를 기반으로 기획되었다. 새롭고 다양하며 테마가 있는 여행을 즐기고 싶은 젊은 층의 분석 결과를 반영하여 여행 시장을 더욱 확대하고 있다. 각종 예능 프로그램에서 시작된 먹방 문화, 1인 여행 문화, 테마 여행 문화 등을 서비스에 접목하여 젊은이들을 대상으로 관광 활성화에 크게 기여하고 있다.

[그림 14-20] 빅데이터를 활용한 달팽이 앱

여행 리스트를 공유하는 새로운 소셜 여행 앱인 달팽이는 데이터와 소셜 미디어를 결합한 것으로, 고객은 제공되는 정보를 바탕으로 여행 계획을 짠다. 그리고 다른 사람들과 정보를 공유하고, 여행이라는 공통 관심사 안에서 서로의 플랜을 자랑하는 형태의 플랫폼으로 구성되어 있다. 활용 가능한 공공 데이터는 한국관광공사의 국문 관광 정보 서비스와 관광 정보의 통합 · 상세 검색 및 위치 기반 정보이다. 그리고 지역 기반 정보 등 국내 관광에 대한 전반적인 정보를 국문으로 제공받을 수 있다. 또한 고객이 다른 사람과 소셜 미디어에 여행과 관련된 계획을 공유할 때 데이터의 tourAPI에 등록된 장소 정보를 연계하여 서비스하고 있다. 한국관광공사는 추가로 과거 여행과 관련하여 생성된 자료를 데이터화하여 공공 데이터 형태로 가공한 후 제공하고 있다. 이를 통한 경험 기반의 개인화된 여행 문화를 이끌고 있다.

공공 데이터

14.2.3 사회계층과 소비자 행동

사회계층이 높을수록 출산율이 낮은데, 중산층에 비해 하류층의 어린아이들이 더 충동적이고 자아의식의 개발이 늦으며, 성취욕이 떨어진다. 그리고 부모와 동등한 대우를 못 받으며, 가정교육을 잘 받지 못한다. 하류층의 부모는 권위가 강하고 체벌이 많으며 호전적이다. 일반적으로 동일 계층 출신이거나 사회계층이 높을수록 부부관계는 원만하다. 하류층은 상류층과 중류층에 비해 비교적 불안한 가정을 이루며, 상위 계층일수록 교육에 대한 가치나 수준이 높다.

상류층일수록 사립학교에 진학하고, 학문뿐 아니라 춤, 미술, 음악, 테니스 등과 같은 과정을 이수하는 경우가 많다. 또한 지능이 높고 학습 정도가 빠르며, 계층에 대한 의식이 적다.

중상층은 계층에 대한 의식에 민감하고, 하류층보다 성취도를 더 존중한다. 하류층은 안전성을 요구하는 데 비해 상류층은 직업이나 생활에 있어서 자기 표현적인 것을 더 높이 평가한다. 중류층은 외부 지향적인 반면, 하류층은 보다 내부 지향적인 경향을 보인다. 상위 계층일수록 조직이나 단체에 대한 참여 의식이 높으며, 상류층 부인들은 자선단체에 참여해 시간과 자금을 보조한다. 중상층 부인들은 자선활동에 많은 시간을 투자하나 기부금은 적게 내는 편이고, 그 외 계층의 부인은 주로 가사나 직업에 몰두한다.

사회계층에 따라 종교도 다른데, 미국의 상류층은 성공회나 유일신, 중류층은 감리교, 장로교, 침례교, 하류층은 침례교나 가톨릭교를 믿는다. 언어의 활용도 다른데, 하류층은 속된 표현을 사용하거나 단어를 틀리게 발음하는 반면, 상류층은 발음의 고저나 음색이 독특하고 속된 표현을 삼가며 동일한 내용도 작은 소리로 표현하고 발음이나 표현이 정확하다.

구매 행동에 있어서 상류층 소비자는 추가로 물건을 구입할 필요성이 하류층 소비자보다 적고, 구매 선택 기준도 새로우며 유행보다 전통이나 진귀한 상품을 우선시한다. 필요한 상품을 거의 갖추고 있으므로 상품의 효과적인 활용과 제품과 연관된 서비스가 구매에서 중요하다. 최고급 오디오나 피아노를 구입해서 가지는 것보다 이를 사용하고 즐기는 데 도움이 되는 음악회를 찾는 빈도가 중하류층보다 높다. 상류층은 앉아서 일하는 직업에 대한 보상으로 동적인 것을 좋아하고, 육체적인 직업을 가진 하류층은 보다 적게 움직이는 취미 생활을 즐긴다.

정보 탐색 활동에 있어서 상품의 구매 경험과 사용 경험이 많은 상류층 소비자는 구체적인 정보를 원하므로, 인쇄 매체 광고에 관심이 많다. 삶에 피곤한 하류층 소비자는 정보 분석과 평가를 귀찮아하는 경향이 있어 모방 구매를 많이 하며, 정보가 적고 정보처리 능력도 부족하여 기만을 당하는 경우가 많다.

집단과 사회계층 기반 광고 사례

포털 사이트들은 고객들의 홈인테리어에 대한 관심에 부합하기 위해 관련된 정보를 분석해서 새로운 정보를 만들고 있다. 더욱이 다양한 기업들이 출시하는 제품들에 대하여 비교 견적이나 특 · 장점을 활용한 비즈니스 플랫폼을 만들고 있다.

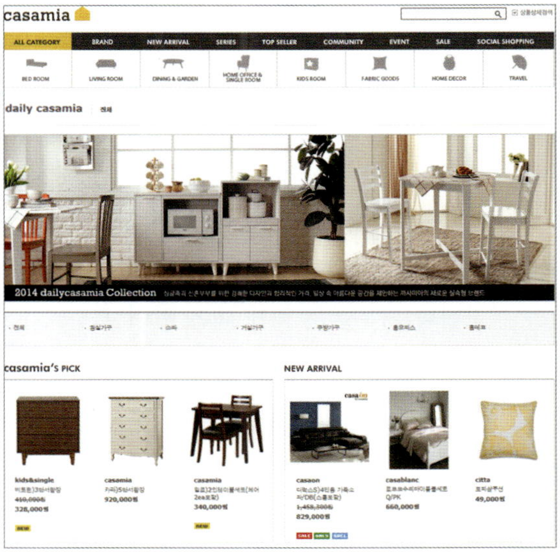

[그림 14-21] 까사미아 홈인테리어 광고

커뮤니케이션 활동에서는 사회계층마다 중요시하는 규범과 가치가 다르고, 사용하는 언어와 표현 방법이 약간씩 다르므로 광고의 메시지 구조도 달라야 한다. 상류층 소비자는 좀 더 개인적인 분위기, 지위와 자기 성취를 상징하는 표현을 선호하고, 중 · 하류층의 소비자는 당면하는 문제를 해결해 주는 광고 메시지를 선호한다.

14.2.4 사회계층을 고려한 마케팅 전략

사회계층을 고려한 마케팅 전략은 다음과 같다.

첫째, 시장세분화전략에서는 가전제품 구매 시 상류층은 스타일과 색상을 강조하고, 하류층은 실용성을 강조하는 전략이 효과적이다. 사회 모든 계층이 의류 패션에 관심을 두지만 상위 계층 소비자일수록 패션 정보에 보다 높은 관심을 보인다. 신용카드도 하류층은 할부 구입을 위해 사용하나 상류층은 현금 대용의 편리성으로 사용한다. 각 사회계층별로 나누어진 세분시장에 각각의 다른 제품 계열을 제시하는 것이 효과적이다.

집단과 사회계층 기반 **광고 사례**

CJ의 컨디션은 직장인의 음주 후의 숙취 해소라는 제품 포지셔닝에 성공한 광고 사례이다. 직장에서 회식 전에 챙기는 음료와 회식이 잦은 영업부의 화이트칼라를 집중 공략하는 제품의 소비층을 명확히 한 전략이다.

[그림 14-22] CJ의 컨디션 광고

둘째, 제품 전략은 사회계층에 따라 제품 선택과 제품 사용이 다르다는 전제를 가정한다. 즉, 표적 소비자의 계층에 적합한 이미지나 콘셉트를 제시하는 마케팅이 필요하다. 왜냐하면 제품 개발에서 사회계층은 제품 특성과 스타일에 따라 다르게 반응하기 때문이다. 예를 들어, 전화기의 경우 하류층 소비자는 현대적 기능보다는 단지 작동되는 것만 원한다. 중하층은 다른 디자인과 색상의 전화기를 원하고, 장식용 전화기를 선호한다.

집단과 사회계층 기반 **광고 사례**

선두 그룹

혁신과 관련된 메시지에서는 상류층의 선두 그룹에 맞는 마케팅 전략이 필요한데, 이를 위해 광고 잡지 중에서도 타임지를 활용할 경우에 공신력이 상승될 수 있다.

앱솔루트 보드카는 스웨덴의 전통 보드카 브랜드인데, 1980년대 미국 시장 진출에서 기존에 러시아 술이라는 인식의 장벽에 부딪혀서 어려움을 겪었다. 이에 앱솔루트는 감각적 소비자의 콘셉트에 맞는 플레이보이 잡지의 특별한 광고로 글자가 모두 사라진 술병만을 제시하였다. 이 광고는 마치 술병이 옷을 벗은 것처럼 연출된 것으로 대형 누드 사진을 연상하는 시각화 효과로 커다란 성공을 거두었다. 이로 인해 매출이 크게 뛰어오르며 수입 보드카 시장에서 1위인 스톨리츠나야를 제치는 쾌거를 이루어 냈다.

[그림 14-23] 플레이보이 잡지의 보드카 광고

셋째, 촉진 전략에서는 사회계층별로 상이한 매체 선택 및 사용 패턴을 잘 활용해야 한다. 근로계층과 하류층 소비자는 특정 인물과 부각되는 광고, 활동적 삶, 활력에 대한 인상을 보여 주는 광고가 효과적이며, 상류층 소비자는 미묘한 상징주의에 보다 개방적이고, 지극히 개인주의적인 광고가 효과적이다.

집단과 사회계층 기반 **광고 사례**

나이키의 'Just Do It' 광고는 어떠한 영역에서 동기부여를 강조하기 위해, 할 수 있다는 슬로건을 상징적인 방법으로 자극하는 광고이다. 나이키는 이를 스포츠 경기 종류별로 활용하기도 하고, 금연 캠페인 광고에도 활용하였다.

[그림 14-24] 나이키 광고를 금연에 활용

광고에서 사용하는 언어와 상징은 광고가 목표로 하는 사회계층에 따라 이해되어야 한다. 하류층은 일상적으로 필요한 것에 대한 실제적인 문제에 대한 해결 광고를 잘 수용하는 반면, 상류층은 미묘한 상징주의와 개방적인 광고를 선호한다. 사회계층에 따라 서로 다른 매체를 선택하는데, 상류층은 인쇄 매체를, 하류층은 방송 매체를 선호한다. 또한 하류층은 드라마, 예능 프로그램, 코미디, 심야 영화를 즐기며, 상류층은 시사나 교양 분야를 즐겨 본다.

유통 전략

넷째, 유통 전략에 있어 점포 선택과 사회계층 간에는 매우 깊은 관계가 있음을 파악해야 한다. 소비자는 일반적으로 점포의 사회적, 지위 서열을 고려하고, 사회계층 측면에서 자신들과 부합되지 않은 것으로 판단되는 점포는 이용하지 않는다. 따라서 점포에 대한 표적 사회계층을 고려하는 마케팅이 요구된다. 중간 계층과 사회계층 표적 집단은 상품의 본질과 다양성을 강조하여 이에 부합되는 백화점 이용 빈도가 높다. 중 · 상류층 이상의 여성들은 경쾌한 점포 분위기와 진열, 자극 등을 즐기고, 중류층 이상의 여성들은 하류층의 여성들보다 쇼핑 빈도가 높다. 상위 계층의 여성일수록 빠른 시간 내에 쇼핑을 마치는 것을 중요하게 생각하고, 사회적 지위가 낮을수록 중심가에서 쇼핑하는 비율이 높으며, 하위 계층의 여성들은 대체로 중류 계층의 여성보다 할인점을 선호한다.

집단과 사회계층 기반 **광고 사례**

복합쇼핑몰

1990년대 중반부터 2000년에 들어서면서 편집숍이 폭발적으로 성장하였고, 백화점과 복합쇼핑몰에 라이프스타일 브랜드가 기하급수적으로 늘어났다. 대표적인 숍은 '뷰티엔유즈', '에디피스', '니코엔드', '이케아' 등이다. 2000년도 후반부터 현재에는 라이프스타일형 복합 매장이 등장하고 있고, SPA 브랜드도 편집 매장과 복합형 대형 편집 매장으로 분류되고 있다.

편집숍

2015년에는 편집숍 형태에서 타깃 시장에 따른 더욱 세분화된 모델로 진화되었다. 이들은 분류에 따라 패션, 카페, 리빙, 가드닝 등의 콘셉트로 정리되고 있다. 특이하게 삶의 유행으로 가드닝이 숍 안에 등장하였는데, '무인양품' 등이 대표적이다. SPA 매장 안에 생화 코너를 마련하는 형태로 현실화되었다.

[그림 14-25] 실용성을 강조한 편집숍

빅데이터 **활용 사례**

용산전자상가 비디오 유통업자였던 김정웅은 중국 여성 대부분이 화장을 하지 않는데, 기초 피부에 관심이 많다는 빅데이터 분석 결과를 바탕으로 꿀광 마스크팩 제품을 생산하였다. 여기에 피부에 좋다는 꿀을 첨가하여 중국 화장품 시장에 진출한 결과, 연 5,300억의 매출을 기록하였고, 기업가치가 1조 5천억 원이라는 평가를 이루어 냈다.

[그림 14-26] JM Solution 광고

중국의 13억 인구 중에서 주 소비층만 매일 얼굴에 마스크팩을 소비하여도 수요는 매우 크다. 특히 중국은 미세먼지로 인해서 기존의 마스크팩에 대한 소비자의 불만이 많았고, 이 부분을 개선하여 제품을 제조한 것이 성공의 비결이다. 중국 여성을 대상으로 한 빅데이터 분석 결과, 기존 마스크팩이 너무 끈적거리고, 향이 강하며 양이 적다는 점을 개선하여 꿀광 마스크팩을 제작하게 된 것이다. 더욱이 판매를 위해서 중국의 인터넷 쇼핑 시장을 움직이는 SNS 인플루언서들인 왕홍을 집중 공략하는 전략이 중요한 성공 포인트이다.

연·습·문·제

※ 다음 빈칸에 해당하는 용어를 넣으시오.

1. 상호작용을 통해 이해를 함께 나누는 조직체가 집단이고, 인간의 행동은 집단과 분리해서 이해할 수 없으며, 특히 공동의 이익을 기초로 하여 결집한 이익집단은 정책 결정 과정에서 중요한 역할을 수행한다. 집단은 그 개념이 (　　)와(과) 유사하므로 서로 같은 것으로 보고 집단과 (　　)이라는 용어를 구별 없이 혼용하지만 이 둘은 서로 구별되는 개념이다.

2. 집단의 유형은 크게 집단 내 구성원의 (　　　　), (　　　), (　　　　)에 따라서 분류할 수 있다.

3. (　　　　　　　)은(는) 새로운 친구를 사귀고, 시야를 넓히고, 흥미를 추구하며, 특정 목적 달성을 위한 집단이다. 예를 들어, 스쿠버 다이빙 클럽의 회원은 관광 경영자, 여행사 직원, 스포츠용품 소매상 점원, 스쿠버 잡지 출판업자 그리고 스쿠버 장비 제조업자 등으로 구성된다.

4. 자신이 실제로 소속된 집단은 아니지만 개인의 행동이나 판단의 기준이 되는 집단을 (　　　　)이라고 한다. 즉, 가치 · 태도 · 행동의 형성에 있어서 개인의 기준이 되는 준거로서 개인이나 집단을 의미하고, 집단의 크기나 구성원에 있어서 아무런 제한이 없으며, 소비자가 구체적인 집단과 반드시 동일시할 필요도 없다. 소비자 구매 과정이 혼란스럽고 어려워 다른 사람의 정보를 필요로 할 때, 집단의 일원으로 보이기를 원하는 경우에 (　　　　)을(를) 이용한다.

5. 준거집단은 (　　　　　　), (　　　　　), (　　　　　　　) 측면에서 소비자 선택에 영향을 미친다.

6. 준거집단의 영향력을 결정하는 요인에는 (　　　　), (　　　　), (　　　　)이 있다.

7. (　　　　　　　　)은(는) 특정 주제에 관한 개인들 간의 의사소통으로 식품과 가정용품 구매에서 다른 정보원보다 더 큰 영향을 미친다.

8. (　　　　　)은(는) 사람들이 자신의 생각과 의견, 경험, 관점 등을 서로 공유하기 위해 사용하는 온라인 툴과 플랫폼을 의미한다.

9. 혁신 수용의 결정 요인은 혁신 제품의 특성으로 (　　　　　　), 즉 신제품이 기존 제품보다 소비자에게 얼마나 더 큰 이점을 제공하는지 여부로서 신제품의 상대적 이점이 클수록 신속하게 수용된다.

10. (　　　　)이란 유사한 수준의 품격과 자존 욕구를 갖는 사람들의 집단으로, 그들의 사고와 행동에서 나타나는 일련의 신념 · 태도 · 가치관에서 공통성을 가진다. 즉, (　　　　)은(는) 한 사회 내에서 유사한 가치관, 흥미, 라이프스타일과 행동 패턴을 지니고 있는 동일한 지위에 있는 사람들로 구성된 집단으로 같은 사회계층의 소비자는 유사한 소비 행동을 할 가능성이 높다.

11. 사회 구성원들에게 다른 사람의 계층적 지위를 평가하도록 하는 평판 이용법은 일종의 주관적 평가 방법이며, 이를 (　　　　　　)이라 한다.

※ 다음 내용에 대하여 설명하시오.

12. 사회적 성향에 따른 소비자 유형은 집단 내의 소비자를 네 가지 유형으로 분류한다. 이를 설명하시오.

13. 준거집단과 관련된 사회적인 힘에는 보상적, 강압적, 합법적, 전문적, 준거적 힘이 있다. 이들에 대해서 설명하시오.

14. 소비자 행동에 미치는 영향에 근거한 혁신의 분류에 대해서 설명하시오.

※ 다음 주제에 대하여 토론하시오.

15. 인쇄 광고를 사용할 경우에 어떠한 형태의 준거집단에 영향을 주고, 이 경우에 고객의 충분한 설득을 위하여 제공되어야 하는 정보가 무엇인지 설명하시오.

16. 사회계층을 고려하여 신제품을 출시하고자 할 때 고려되어야 할 요소들에 대하여 토론하시오.

쉬면서 생각하는 4차 산업혁명 꿀팁!

Step 8

4차 산업혁명 시대의 유망 직업으로는 사물인터넷 전문가, 인공지능 전문가, 빅데이터 전문가, 가상현실 전문가, 3D 프린팅 전문가, 드론 전문가, 생명공학자, 정보보호 전문가, 응용소프트웨어 개발자, 로봇 공학자 등이 있다. 위기 직업으로는 콜센터 상담원, 생산 및 제조 관련 단순 종사원, 의료 진단 전문가, 금융 사무원, 창고 작업원, 계산원 등이 있다.

15

CHAPTER

라이프스타일과 가족

학습 목표

- 소비자의 행동에 영향을 주는 라이프스타일과 가족에 대하여 이해한다.
- 라이프스타일의 정의와 측정법, 가족의 구매 결정 과정을 학습한다.
- 라이프스타일과 가족의 구매 결정 기반의 광고 사례와 빅데이터 활용 방안을 살펴본다.

가족 기반 광고 뽀로로 애니메이션은 전 세계 110여 개국에 수출되고 있다. 뽀로로의 성공은 어린이의 눈높이에 맞추면서도 부모의 교육적인 욕구까지도 충족시켰기 때문이다. (본문 457~458쪽)

15.1 라이프스타일

15.1.1 라이프스타일이란?

목표를 달성하는 사람들은 제일 먼저 중요한 것부터 먼저 하고 한 번에 한 가지 일만 수행한다.

–피터 드러커 (Peter Ferdinand Drucker)

(1) 라이프스타일의 정의

1960년대 후반부터 소비자 행동과 관련해 사용되기 시작한 라이프스타일은 특정 사회, 특정 집단 또는 개인이 지니고 있는 독특한 생활 양식을 의미한다. 즉, 한 사회나 집단의 구성원이 공통적으로 가지고 있으면서 타인과 구별되는 생활양식이다. 라이프스타일은 개인의 행동양식에 따라서 주관적인 가치를 가지고, 집단에 대해서는 객관적인 의미와 가치를 가진다. 또한 속해 있는 문화나 사회계층, 준거집단 등의 영향을 받아 독특한 형태로 형성되고 개발되므로 국가별, 사회계층별, 특정 집단별, 혹은 개인별로 다르게 나타난다. 왜냐하면 라이프스타일은 동기와 학습, 사회계층, 인구통계 변수 등 다양한 변수들의 함수일 뿐만 아니라, 개인의 가치 체계와 개성이 반영되는 복합적인 개념이기 때문이다.

라이프스타일은 생활의 구조적 측면인 생활 의식, 생활 행동, 가치관, 성격 등의 종합으로 일차원적인 개념이 아니라 다차원적인 개념으로 환경적인 사회와 문화에 영향을 받는다. 그리고 소비자 행동에 영향을 주기 때문에 상품의 구매와 소비 유형에 반영되는 요소이기도 하다. 이로 인해서 라이프스타일은 개인적인 차원인 미시적 접근에서부터 사회 전체를 반영하는 거시적 접근으로 파악한다. 이때 개인과 집단의 특성을 설명하기 위하여 개성이라는 개인 차원의 변수와 가치라는 집단 차원의 변수를 동시에 고려한다. 라이프스타일은 개성이라는 특성 변수보다 변화의 속도가 빠르며, 가치라는 개념보다는 더 포괄적이면서 새로운 특성을 지닌 요인이라 할 수 있다.

소비자의 심리적 측면과 라이프스타일을 연결하여 이해하기 위해 사이코그래픽스(Psychographic)라는 조사 방법을 활용한다. 라이프스타일이 사회학적 개념이라면 사이코그래픽스는 심리학적 개념이다.

(2) 사이코그래픽스

사이코그래픽스는 소비자의 성격, 구매동기, 관심, 태도, 신념 그리고 가치관과 관련된 부분들을 포착하기 위해 설계된 보고서의 집합으로서 개인의 심리적이고 기질적 특성을 표현하는 수단이다. 사이코그래픽스는 개성, 가치, 태도, 행동, 관심, 의견에 관련된 심리적 특성 변수들의 통합체로서 라이프스타일을 보다 세밀하게 측정할 수 있다. 라이프스타일이 개인 내부의 심리적 특성의 행동적 표현이라면, 사이코그래픽스는 이러한 행동의 계획적인 측정 방법이다. 왜냐하면 사이코그래픽스는 라이프스타일을 보다 정밀하게 분석할 수 있으며, 연령이나 성별과 같은 인구통계학적 변수 혹은 사용량이나 브랜드 충성도와 같은 행동 변수들을 동시에 측정함으로써 마케팅을 위한 소비자 관리에 효과적으로 활용할 수 있기 때문이다.

[그림 15-1] 사이코그래픽스 정의

사이코그래픽스는 라이프스타일의 조작적 측정 도구로서 널리 사용되는 기법으로 정신(Mental)을 나타내는 심리(Psycho)와 윤곽(Profiles)을 나타내는 묘사(Graphics)의 합성어이다. 사이코그래픽스는 행위(Activities), 관심(Interest), 의견(Opinion)을 의미하는 AIO로 지칭하기도 한다. 즉, 개인이 시간을 어떻게 소비하는가라는 행위로서 주위 환경에서 특별히 중요하게 고려해야 하는 것은 무엇인가라는 관심과 자신과 주위 세계에 대한 생각은 무엇인가라는 의견을 의미한다.

현실적인 마케팅 경로 설계

사이코그래픽스는 시장세분화를 위해 표적시장의 특성을 규명하고, 신제품의 잠재력을 탐색하여 촉진 전략을 설계하기 위한 기법으로 사용한다. 그리고 소비자의 소비 활동과 제품 사용의 차이에 근거하여 범주를 해석하는데, 현실적인 마케팅 경로 설계를 포함한 소비자와 관련된 의사 결정에 도움을 준다. 하지만 사이코그래픽스의 분석이 소비자에 대하여 지나치게 단순화시킴으로써 소비자를 정확히 파악하지 못할 수도 있다.

(3) 라이프스타일과 소비자 행동

라이프스타일은 사람들이 살아가는 방식으로, 개인마다 독특한 삶의 양식을 가지고 있다. 라이프스타일은 개인의 인구통계적 특성, 사회계층, 동기, 개성, 감정, 가치, 가족 수명주기, 문화, 경험 등에 의해 결정된다.

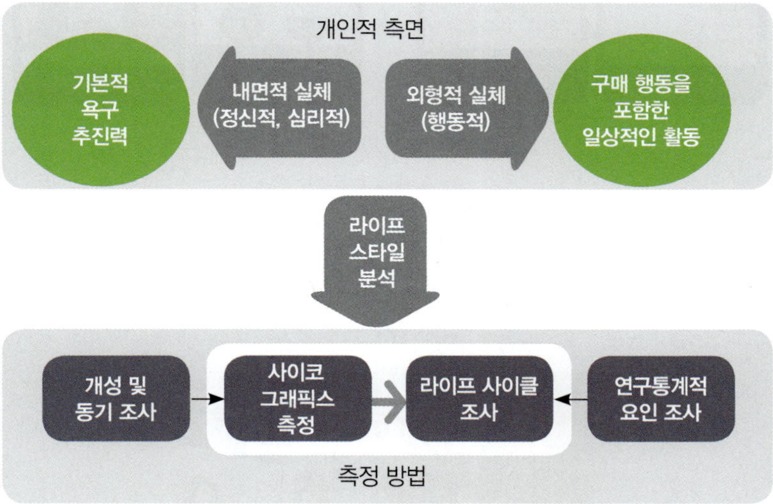

[그림 15-2] 라이프스타일과 소비자 행동

가정(Household)도 라이프스타일이 있으며, 그 구성원 개인들의 라이프스타일에 의하여 구매 행동이 결정된다. 가족 구성원은 서로의 라이프스타일에 영향을 미치는데, 이로 인하여 가정의 라이프스타일은 개인의 라이프스타일에 영향을 미친다. 소비자의 라이프스타일은 자신의 욕구에 영향을 미치므로 구매 행동에 영향을 주고, 이는 다시 라이프스타일을 강화시킨다.

라이프스타일 기반 **광고 사례**

배달의민족과 직방 광고는 최근 거주 개념이 1인이라는 라이프스타일 트렌드를 반영하고 있다. 싱글족이 필요한 방을 구하는 문제를 해결한 배달의민족과 직방 광고는 오프라인으로 방을 구하는 문화를 온라인 중심의 문화로 전환하는 계기가 되었다. 이 광고가 주거의 문제를 반영하였다면 삼양라면의 '친구라면'은 먹을거리에서 라이프스타일을 반영한 제품이다.

[그림 15-3] 배달의민족과 직방 광고

삼양라면은 싱글족이 혼자 식사하는 대중적인 음식이 라면이라는 점을 고려하여 '친구라면'이라는 광고 메시지를 통하여 싱글족의 외로움을 이해하는 광고를 진행하여 호응을 얻었다.

[그림 15-4] 삼양라면 광고

15.1.2 라이프스타일 측정

(1) AIO

라이프스타일을 일상의 행동(Activities), 주변의 사물에 대한 관심(Interests), 사회적 혹은 개인적 질문에 대한 의견(Opinions)이라는 세 가지 차원에서 파악하는 측정 방법이다. 소비자의 행동, 관심, 의견에 관한 다양한 질문으로 구성된 측정 항목에 대하여 조사하고, 요인 분석과 군집 분석과 같은 통계 기법을 이용하여 결과를 분석한다.

행동은 매체를 보거나 쇼핑하는 것처럼 명백한 것으로, 소비자나 가족이 주로 어떠한 행동을 하면서 시간을 보내는가의 문제이다. 하지만 행동은 작업, 취미, 행사, 쇼핑, 레저 등에 관한 것으로 관찰은 가능하나 그 이유에 대해서는 직접적 측정이 어렵다.

관심은 어떤 대상이나 사건 혹은 주제에 대하여 개인이 주의를 기울이는 정도로, 소비자가 중요하게 여기는 관심사가 무엇인가를 파악하는 것이다.

의견은 질문이 제기된 자극 상황에서 개인이 제공하는 답변으로서, 소비자가 각종 사물이나 사건에 대하여 어떻게 생각하는가를 알아보는 것이다. 즉, 자극적인 상황에 반응하는 개인의 구두 혹은 문자 대답을 의미한다. 측정을 위하여 제시한 질문에 대해서 소비자는 일반적 혹은 특별한 진술의 형태로 답변을 한다. 일반적 진술의 형태는 생활에 대한 만족, 가족 지향성, 가격 의식, 자신감, 종교적 신념 등이고, 특별한 진술은 특정 제품이나 상표와 관련된 혜택, 제품이나 서비스 사용 빈도, 정보원이 된 매체 등의 형태이다. 이러한 진술은 수십 개 혹은 수백 개로 표현되어 응답자의 행동의 정도를 나타낸다.

AIO는 변수가 너무 제한적이어서 좀 더 많은 요소들을 가져와 라이프스타일을 확장하여 사용하는데, 그 요소들은 다음과 같다.

태도(Attitudes)는 다른 사람, 장소, 아이디어, 제품 등에 대한 평가적 진술이고, 가치(Values)는 무엇이 수용 가능하고, 바람직한가에 대한 개인의 신념이다. 행위와 관심(Activities & Interests)은 소비자가 시간과 노력을 투입하는 비직업적 행동으로 취미, 스포츠, 교회, 사회봉사 등이다. 인구통계적 특성(Demographics)은 나이, 교육, 소득, 직업, 가족 구조, 성별, 거주지 등이며, 매체 패턴(Media Patterns)은 소비자가 이용하는 주된 매체를 의미하고, 사용량(Usage Rates)은 특정 제품군의 사용량을 의미한다.

사용량(Usage Rates)

(2) VALS

VALS(Value & Life-style) 프로그램은 라이프스타일과 심리 특성을 측정하는 방법으로 대중적으로 널리 알려진 방법이다. VALS1은 소비자를 9개 군집의 3가지 유형으로 분류한다.

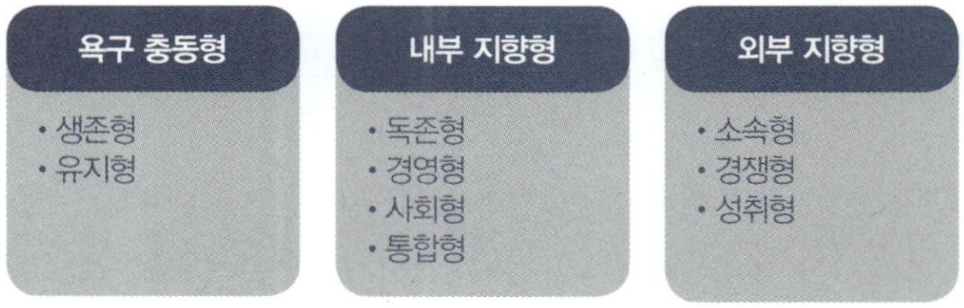

[그림 15-5] VALS1 모형

첫째, 외부 지향형(Outer Directed)은 이미 확립된 기존 가치관이나 규범에 순응하려는 소비자로서 제품 구입 시 타인들의 생각을 의식하는 유형이다. 둘째, 내부 지향형(Inner Directed)은 자기를 표현하기 위해 노력하는 소비자로서 외부 규범보다는 자신의 내적 욕구 충족과 자아 표현을 위해 노력한다. 셋째, 욕구 충동형(Need Driven)은 삶의 기본적 욕구 충족을 위해 애쓰는 소비자로서 가처분소득이 적어서 삶의 기본 욕구를 충족하기 위해 노력하는 유형이다.

대부분의 소비자는 사회적 동물이므로 외부 지향형 소비자로 분류되는데, 이 모형은 목표시장을 탐색하기에 너무 광범위하고 일반적이어서 마케팅에 직접 사용하는 데 어려움이 있다.

VALS2

VALS2는 소비자의 자원 보유 정도와 세계관의 두 차원을 기준으로 8개의 집단, 즉 충족형, 신뢰형, 실현형, 성취형, 투쟁형, 분투형, 경험형, 지급형으로 분류하는 모형이다.

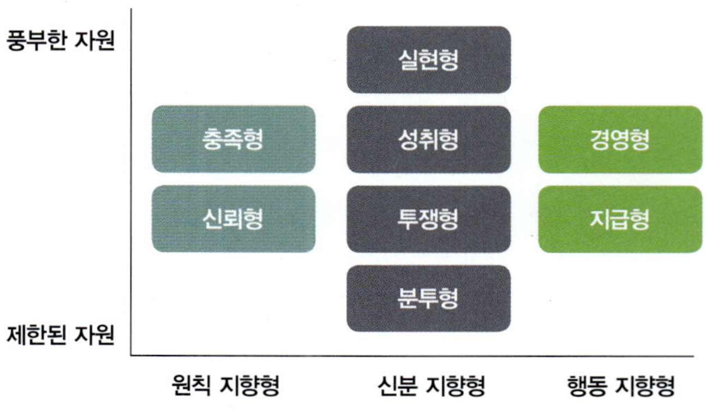

[그림 15-6] VALS2 모형

이 방법은 미국에서 1,600세대를 조사한 결과로서 200여 개의 기업과 광고 대행사가 활용하고 있다. 세로축은 소비자가 가지고 있는 소득, 교육 수준, 자신감 등을 의미하는 자원의 정도이다. 가로축은 소비자가 구매 결정에서 이루어지는 3가지 의사 결정 방식이다. 원칙 지향형(Principle-oriented)은 세상이 어떠해야 한다는 견해에 따라 행동하는 유형이고, 신분 지향형(Status-oriented)은 타인의 의견에 따라 행동하며, 행동 지향형(Action-oriented)은 활동적이며 삶의 다양성을 추구한다.

의사 결정 방식

이 모형은 기본적 욕구 충족에서 벗어나 최상위 계층으로 가면서 자아실현을 최상위 목표로 하는 매슬로의 욕구 단계설과 매우 유사하다.

15.1.3 라이프스타일과 소비자 행동

라이프스타일을 기초하여 마케팅 전략을 수립하는 방법은 다음과 같다.

우선 시장을 세분화하고 표적시장을 확인하는 방법이다. 이를 위해서 전체 시장을 유사한 라이프스타일을 갖는 소비자 집단으로 세분화시키고, 응답자들의 라이프스타일과 제품 사용, 매체 이용도, 인구통계적 특성 등을 동시 측정한다. 이 방법에서는 응답자들을 여러 개의 소집단으로 분류하는 군집 분석의 기법을 사용한다. 예를 들면, 한국 주부의 분류나 스낵 사용자의 분류 등이다.

이전에는 인구통계적 변수, 사회 경제적 요인을 기준으로 세분화하여 소비자 행동을 측정하였으나, 최근에는 라이프스타일을 기준으로 세분화하여 구매나 소비 행동의 밀접한 관계를 구매 행동 유형과 연결하여 효율적으로 세분화한다. 이러한 라이프스타일에 의한 시장세분화를 통해 표적시장을 확인하고, 표적시장에 적합한 제품 및 광고 전략을 개발하여 성공하는 사례가 늘고 있다.

라이프스타일 기반 **광고 사례**

화장실을 지키는 할머니가 자신만의 공간을 인테리어 소품을 이용하여 안락하게 만드는 이케아의 광고는 집안을 자신만의 콘셉트로 꾸미는 트렌드를 반영한 광고이다. 이 광고로 인하여 스웨덴의 DIY 가구업체 이케아가 주요 포털 사이트의 검색어 순위 상위에 진입하였고, 인테리어 소품 매장을 구경하고자 평일 오전부터 1,300명이나 줄을 섰다.

우리나라 소비자는 인테리어는 결혼할 때나 한번쯤 하는 것이란 인식이 있고 더욱이 손님 초대 문화도 드물어서 집을 잘 꾸미지 않는 라이프스타일을 가지고 있다. 또한 집 꾸미는 데 돈 쓰는 건 사치라는 생각에 생활 제품에는 상대적으로 관심이 적었다. 하지만 최근 관심사가 급격하게 생활용품으로 옮겨가고 있다. 즉, 관심사가 패션(의 · 衣)에서 먹을거리(식 · 食)로, 그리고 인테리어(주 · 住)로 넘어가고 있다.

[그림 15-7] 이케아의 생활 광고

특정 집단 소비자의 특성 파악을 위한 라이프스타일 변수는 소비자의 욕구, 관심, 활동 등에 관한 유용한 정보를 제공하고, 목표시장의 소비자 특성을 명확히 한다. 예를 들면, 사고를 많이 내는 운전자의 특성은 일반 운전자들에 비해 위험 감수 성향과 충동구매 성향이 높으며, 부주의하고 스트레스를 많이 느낀다. 그리고 이들은 돈 문제에 걸려 있지만 낙천적이며 영화에 관심이 많고, 사회적으로나 정치적으로 보수성이 낮다. 그러므로 보험회사는 이러한 정보를 바탕으로 보험 가입자의 보험료를 산정하기도 한다.

재포지셔닝

신제품을 표적시장에 포지셔닝할 때, 판매 부진한 기존 제품을 표적시장의 특성에 더 적합하도록 재포지셔닝하는 경우에 소비자에 소구될 수 있는 광고 메시지 개발과 매체 선정에도 라이프스타일 특성은 유용하다. 소비자의 트렌드와 조화를 이루는 상품으로 기름진 음식에 대한 불만과 다이어트에 대한 관심 증가에 따라 기름을 줄인 피자가 출시되고, 음주 문화 속의 숙취 해소 음료인 컨디션이나 KFC의 신메뉴들과 다이어트 콜라 등이 출시되고 있다.

표적시장에 적합한 가격, 유통, 촉진 전략을 개발하려는 경우에 라이프스타일은 유용한 정보를 제공한다. 즉, 변화하는 소비자의 라이프스타일에 맞는 유통 전략을 전개할 수 있는데, 자동차의 보급과 유통점의 주차 시설 및 접근 용이성에 따른 편의점, 할인점 등의 24시간 영업과 주차장 완비를 들 수 있다. 가격의 설정에 있어서도 소비자의 가치 체계나 라이프스타일을 이용하여 연인 간, 가족 간의 통화, 심야 시간 이용 등의 자료를 바탕으로 커플 요금제를 제시하고 있다. 그리고 주말에 주로 이용하는 사람, 가족 간의 이용이 많은 사람들을 대상으로 할인 혜택을 전개하기도 한다. 광고 메시지나 촉진 전략은 광고 메시지의 소비 계층의 라이프스타일을 배경으로 하고 있는데, 여러 명이 모여서 즐겁게 보내는 시간이라는 메시지로 사교적이며 외향성을 강조한 맥주 광고를 들 수 있다.

라이프스타일 기반 광고 사례

소비자의 라이프스타일 중에 많은 사람이 모일 때 맥주를 마신다는 점을 부각시킨 하이트진로의 맥주 광고는 사람들이 모이면 맥주를 한 잔 해야 한다는 광고 메시지를 전달하고 있다.

[그림 15-8] 하이트진로의 맥주 광고

SKT는 커플들이 많은 통화 시간을 할애한다는 라이프스타일을 반영하여 커플 요금제를 출시하여 고객 확보에 성공하였다.

[그림 15-9] SKT의 커플 요금제 광고

제품의 광고를 위한 적절한 매체를 선정하는 데 라이프스타일을 활용하여 필요한 정보를 얻을 수 있다. 예를 들면, 잡지의 광고도 라이프스타일을 기반으로 하여 제작되는 경우가 많다. 플레이보이 잡지에는 술, 비행기, 여행, 스포츠카, 신용카드, 영화 등의 광고가 효과적이고, 타임지나 뉴스위크지에는 기업체 임원들을 겨냥한 광고가 효과적이다. 소비자의 구매 및 소비 행동은 그들의 일상적인 생활양식이나 가치관 등과 밀접히 관련되어 있어서 라이프스타일을 분석하면 구매 행동 유형을 효율적으로 세분화할 수 있다.

라이프스타일 기반 광고 사례

세계 최초로 복제에 성공한 개 '스너피'는 열 살을 넘겨서 복제 동물이 일반 동물보다 수명이 짧다는 주장을 깬 사례이다. 스너피는 아프간하운드 종의 체세포를 복제한 수컷으로, 사람으로 치면 70세를 넘긴 셈이다. 서울대(SNU)와 강아지(Puppy)를 조합한 이름의 스너피는 10년간 서울대에서 살면서 2008년 다른 복제 암캐들과 인공수정을 통해 강아지 10마리를 낳았다. 이를 통해 복제견도 정상적인 생식능력을 가지고 있다는 사실을 입증하였다. 혁신과 관련된 메시지는 타임지를 활용할 경우에 공신력이 상승될 수 있다.

[그림 15-10] 타임지의 스너피 광고

맥도날드는 오전 11시까지 전국의 맥도날드 매장에서 '맥모닝'만을 판매하고 있다. 가격 역시 2,900원에서 3,700원으로 저렴하여 간편하게 아침식사를 해결하고자 하는 직장인들에게 좋은 반응을 얻고 있다. 맥모닝 출시 이후 오전 4~11시 매출이 급증하고, 전체 매출 역시 성장세를 보이고 있다. 이는 인근 상가에 아침형 인간이 많아 아침식사를 간편하게 해결하고자 하는 소비자의 라이프스타일을 정확하게 분석하고 반영한 결과이다. 패스트푸드점 최초로 24시간 영업을 위하여 맥도날드는 전체 매장의 94%까지 24시간 영업을 하는 매장으로 전환하고 있다. 그 결과 맥도날드의 밤 12시부터 새벽 6시까지의 매출이 같은 기간에 비해 50~60% 이상 증가하였다.

[그림 15-11] 라이프스타일을 반영한 맥도날드

소비자의 구매력 파워

소비자의 구매력 파워는 1인당 국민총소득을 기준으로 하는데, 선진국을 기준으로 한 구매력 파워는 3만 달러이다. 일본은 1990년대부터 2000년도까지 편집숍, 셀렉트숍이 급격한 변화를 겪으면서 다양한 모델이 형성되었다. 1980년대부터 1990년대 초반에는 대형 체인 전문점, 편집 매장 브랜드가 등장하였고, 생활용품 업계의 브랜드화가 진행되었다. 대표적으로 '프랑프랑'이나 '무인양품'과 같은 종합 라이프스타일 숍이 일상화되고 있다.

라이프스타일 기반 **광고 사례**

프랑프랑(Francfranc)은 라이프스타일과 관련된 다양한 제품들을 생산하는데, 일본에만 120여 개의 오프라인 매장을 가지고 있을 만큼 잘 알려진 브랜드이다. 홍콩과 대만에 이어 한국에서도 단독 매장을 운영하며 아시아 지역에서 매장을 확대하고 있다. 프랑프랑은 밝고 경쾌하며 컬러풀하고 생동감 넘치는 인테리어 제품들을 생산하는데, 몇년 전 일본 유학생들의 입을 통해 알려지기 시작하였고, 젊은 감각을 지닌 신세대 주부들의 블로그를 통하여 국내 진출에 성공하였다. 프랑프랑의 슬로건인 '보다 더 풍요롭게, 보다 더 즐겁게'는 사람들의 라이프스타일의 변화를 주도하는 메시지를 담고 있다.

[그림 15-12] 프랑프랑 매장

15.2 가족의 구매

15.2.1 가족이란?

(1) 가족과 가구

핵가족(Nuclear Family)

확장 가족(Extended Family)

한부모 가족(Single-Parent Family)

가족(Family)은 인간의 사회생활의 기본 단위이며, 결혼이나 혈연관계에 의하여 두 사람 이상으로 구성되어 함께 모여 사는 집단을 의미한다. 가족에는 부부와 자녀들로 구성된 핵가족(Nuclear Family), 핵가족에 한 세대 혹은 그 이상의 세대가 함께 거주하는 확장 가족(Extended Family), 이혼, 혼외 출산 등에 의해 형성된 한부모 가족(Single-Parent Family) 등이 있다.

가족은 보통 조직 단위에서 구매하는데, 가정 및 가족 상호 관계에서 발생하는 각종 의식, 행사와 관련된 제품을 구매하는 경우가 많다. 개인이 스스로 돈을 벌어도 구매 의사 결정에서는 가족 구성원의 영향을 많이 받고, 소비자 또는 사용자는 개인이지만 구매자 또는 구매 결정자는 다른 구성원일 수 있다. 가족은 직·간접으로 개인의 소비자 행동에 많은 영향을 주고, 가족의 생활 주기가 변화함에 따라 가족 구성원의 구매 패턴도 달라지고 있다.

가구(Household)는 결혼이나 혈연과는 관계없이 같은 생활 단위 속에서 함께 생활하는 사람을 말하기 때문에 가족과는 다른 개념이다. 즉, 혈연, 결혼, 입양 등의 개인적 관계와는 상관없이 한 가옥 혹은 아파트에서 함께 숙식을 하는 사람들의 집합이다. 가구는 주거 단위를 함께 사용하는 집단의 의미가 포함된다.

소비자 행동으로서 가족의 중요성은 다음과 같다.

첫째, 가족은 가장 작은 단위의 준거집단으로, 구성원 간에 상호작용이 빈번히 일어나고 행동에 대한 준거적 기준이나 가치를 형성하는 소비자의 중요한 환경적 요인이다.

둘째, 가족은 공동으로 소비생활을 하기 때문에 그 자체가 소비 단위 및 의사 결정 단위이다.

셋째, 가족은 구매에서 역할 분담을 한다. 사용자뿐만 아니라 가족을 위한 구매 제안, 정보 제공과 조언, 구매 의사 결정 등의 역할을 분담한다.

넷째, 가족 생활 주기의 변화가 소비자 행동의 특성의 변화로 연결되기 때문에 가족 생활 주기가 바뀜에 따라서 가족 구성원의 소비 행동도 바뀔 수 있다.

(2) 가족의 기능

가족은 경제적 안정, 정서적 · 신체적 안정, 사회화 등의 기능을 한다. 경제적 안정은 가족의 생계를 위한 기본적인 기능이고, 정서적 · 신체적 안정은 가족 구성원이 개인적 또는 사회적 문제에 대처하는 데 가족이 도움을 주는 기능이다. 사회화는 가족 구성원에게 그 사회의 문화와 일치하는 가치나 행동 양식을 심어 주는 기능이다. 사회화에는 개인의 성격 형성, 대인관계 방법, 적절한 옷차림, 행동 양식이나 언어, 직업의 선택 등이 포함된다. 사회화는 소비자 사회화라는 관점에서 매우 중요하다.

소비자 사회화

사회화는 개인이 자신의 사회적 역할에 맞는 태도와 행동 패턴을 학습하는 과정으로, 특히 어린이들이 자기 집단의 가치와 지식을 습득하고 자신의 위치에 적합한 사회적 역할을 학습하는 과정이다. 소비자의 사회화는 어린이들이 소비자로서 이를 수행하기에 적합한 기술, 지식, 태도들을 습득하고 자신의 위치에 적합한 사회적 역할을 학습하는 과정이다. 더불어 성인 소비자의 사회화에도 주의를 기울일 필요가 있다. 이들은 성장하며 새로운 역할을 맡게 되고, 그에 따라 경제활동을 포함한 기대가 달라진다. 그리고 기대하는 행동이 달라짐에 따라서 상품과 관련하여 소비자가 맡게 되는 책임이 변한다. 젊은 남성이 처음으로 면도기를 구입하거나 여성이 처음으로 성인용 화장품을 구매하는 행동이 대표적인 사회화의 일례이다.

(3) 가족의 생활 주기

가족 생활 주기(Family Life Cycle)는 시간의 흐름에 따른 가족 구성원의 수, 연령과 경제적 상태의 변화를 의미한다. 즉, 사회 구성원이 성장하여 결혼하고 가족을 구성하면서 진행되어 나타나는 변화들에 따른 소비자 구매 행위의 변화 과정이다. 전통적 가족 생활 주기는 전체 10단계로 이루어진다.

독신 단계

첫째, 독신 단계는 스스로 가구를 구성하고 있는 독신 남녀로 취업 또는 학업에 전념한다. 이때는 고정 지출이 적고 가처분소득이 많아 다양한 소비재와 서비스에 대한 소비가 많이 발생한다.

둘째, 신혼부부 단계는 결혼식이 끝남과 더불어 첫아이가 탄생될 때까지이며, 가정용 내구재 구입과 미래의 자금 수요를 준비하기 위해 노력한다.

셋째, 보금자리 1기는 어린 자녀가 6세 이하로 가정생활에 초점을 두고, 자녀 교육과 주거 안정을 위한 목적으로 지출되는 비중이 증가한다.

넷째, 보금자리 2기는 어린 자녀가 초등학교에 취학하는 가정이고, 가장의 사회적 지위나 직장에서 지위도 안정되는 단계이다. 이 시기는 자기 집 소유 비율이 증가하고, 가전제품도 고급품으로 대체하며 과외비도 증가한다.

다섯째, 보금자리 3기는 자녀들이 성장하여 경제적으로 독립하거나 직장을 갖기

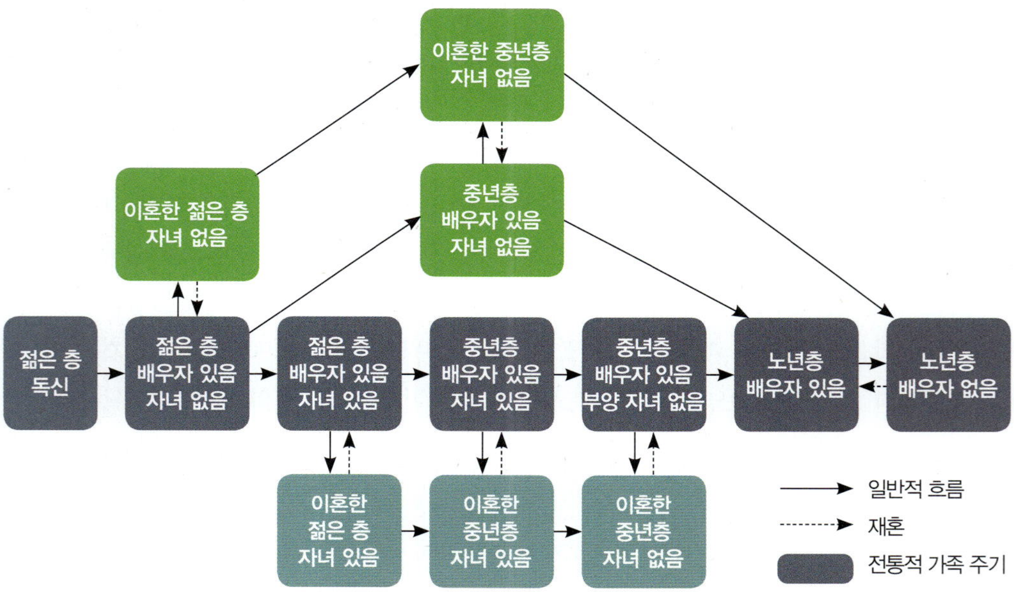

[그림 15-13] 가족의 생활 주기

때문에 가계 전체 소득이 가장 많다. 부부가 함께 휴가, 여행, 레크리에이션 등으로 자유로운 시간을 즐기는 시기이며, 광고 영향력이 적다.

일곱째, 노부부 1기는 자녀들이 결혼 등으로 집을 떠나 부모의 경제적 도움을 받지 않는 시기이다. 가장은 아직 취업 중이고, 비용이 감소해 가장 많은 저축과 가처분소득을 갖게 된다. 자기 교육에 많은 관심을 가지는 시기이다.

여덟째, 노부부 2기는 가장이 퇴직해 가족 소득이 감소하나 소비지출도 적은 시기로, 손자들에게 사랑을 쏟으며 노후의 건강 관리에 신경을 쓴다.

아홉째, 고독한 생존 1기는 현직에 있으므로 소득은 높고, 주택을 팔고 아파트로 옮기는 경우가 많다. 여행, 여가, 건강 제품 등에 대한 지출이 증가하는 시기이다.

열째, 고독한 생존 2기는 퇴직한 고독한 생존자로 소득이 크게 감소하고, 개인적으로 보살핌을 받기를 희망하는 시기이다. 이 시기는 건강 관련 제품 구매에 대한 지출이 꾸준하고, 애정과 안전에 대한 욕구가 높아진다.

최근 가족 규모의 축소, 이혼율의 증가, 무자녀 가족 및 별거한 부모 등으로 가족 구조가 변화하고 있다. 이전의 전통적 가족 생활 주기 모델은 이러한 모든 가능 생활 주기 요소를 포함하지 못한다.

가족 생활 주기를 잘 살펴보면 세분시장의 규모 파악과 접근이 용이하고, 이를 통해 서로 다른 소비 패턴 유형을 알아내기가 쉽다. 따라서 가족 생활 주기를 활용하여 마케팅의 모든 단계, 즉 광고 메시지, 매체 선택, 제품 개발, 가격 그리고 유통에 영향을 미치는 마케팅 전략의 수립이 가능하다.

가족 기반 **광고 사례**

가족 의사 결정

가족 의사 결정을 마케팅 전략으로 활용하여 광고 메시지의 내용을 구성한다. 이 경우 가족 의사 결정 시 주요 영향력 행사자에 따라 광고 메시지를 달리 해야 하고, 결정 단위로서 가족을 대상으로 하나의 통합된 광고 캠페인을 개발해야 한다. 예를 들면, 패스트푸드의 경우 어른과 어린이가 함께 등장하는 광고를 많이 시행한다.

아웃백은 크리스마스를 앞두고 아이들과 함께 패밀리 레스토랑을 찾으려는 계획을 가진 가족에게 유명 패밀리 레스토랑의 크리스마스 예약 운영을 광고 메시지로 구성하고 있다. 아웃백은 다양한 광고 콘셉트에서 가족 모두가 함께하는 따뜻한 크리스마스를 연상시켜서 커다란 반응을 얻고 있다.

[그림 15-14] 아웃백의 크리스마스 광고

가족 생활 주기

머피(P. E. Murphy)와 스태플(W. A. Staples)은 이혼 가족과 무자녀 부부를 고려한 새로운 가족 생활 주기를 개발했는데, 국내에서는 가족 생활 주기를 6단계로 구분한다.

첫째, 미혼 단계는 결혼을 앞둔 단계로서 신혼부부에서 첫 아이 출생까지이다. 이 단계에서는 패션 지향적이고, 여가 선용을 위한 소비가 많다.

둘째, 젊은 부부 단계로서 첫 자녀 출산 후 막내 자녀가 초등학교에 입학하기 전까지이다. 이 단계에서는 부부 중심에서 자녀 중심이 되며, 자녀 관련 지출이 증가한다. 자녀용 보험과 저축 상품이 인기이다.

셋째, 중년 부부 단계로서 자녀 모두 학교에 다니고, 자녀 교육과 관련된 비용이 가장 높으며, 주부들이 부업이나 재취업을 하는 시기이다. 가족 중심의 여가 패턴을 가진다.

넷째, 장년 부부 단계로서 자녀가 사회생활을 시작하면서 마지막 자녀가 결혼해 독립할 때까지이다. 이 단계에서는 자녀 결혼으로 목돈이 필요하고 경제적 여건이 다시 좋아지며, 가장의 사회적 지위가 가장 높다.

다섯째, 노년 부부 단계로서 자녀 출가 후 부부만 남는 시기이다. 이 단계에서는 여가를 이용한 여행, 취미생활 같은 부분에 소비가 증가하며, 건강 관련 제품의 구매가 증가한다.

여섯째, 사별 후 독신 단계로서 부부 중 한 명만 생존하는 시기이다. 이 단계에서는 대부분 자녀 가족과 함께 생활하며, 본인을 위한 소비지출이 건강과 여가에 관한 부분을 제외하고 감소한다.

가족 기반
광고 사례

세사르(Cesar)의 개 사료 광고는 '사랑하면 닮아간다'는 진리에서 아이디어를 찾았는데, 혼자 사는 일인 가족 형태에서 애완동물을 가족의 테두리 안에 포함하고자 하는 소비자의 심리적 영감을 잘 반영하고 있다.

[그림 15-15] 세사르의 개 사료 광고

가족 구조의 변화는 늦은 결혼과 독신, 동거, 맞벌이 부부, 이혼, 적은 수의 자녀 등이 원인으로 점점 다양한 형태로 나타나고 있다.

15.2.2 가족의 구매 결정

(1) 가족의 구매 결정 모델

가족 의사 결정은 개별 소비자의 의사 결정과는 달리 가족 구성원 전체가 하나의 분석 단위이고, 개별 소비자 행동과는 다르게 접근할 필요가 있다. 이 경우 제품 사용자가 반드시 의사 결정자나 심지어는 구매자가 아닌 경우가 많다. 가족의 구매 의사 결정은 가족 구성원 간의 역할이나 이들의 의사 결정에 대한 영향력의 크기에 따라 결정되고, 단독 의사 결정뿐만 아니라 가족 구성원의 일부 또는 전부가 참여하는 공동 의사 결정도 함께 살펴야 한다.

공동 의사 결정

가족의 구매 결정에서 공동 의사 결정은 제품 구매 시 지각된 위험이 높고, 주위 사람들과 관련된 사회적 위험 등이 있을 때 일어난다. 즉, 구매 결정이 가족에게 중요할 때나 값비싼 물건을 구매하거나 자동차 같은 구매 시간에 대한 압박이 적을 경우에는 공동 의사 결정을 한다. 신혼부부의 경우, 공동 의사 결정을 하는 경우가 많고, 자녀의 성장에 따라 부부 간의 역할 분담도 자연스럽게 이루어진다.

가족 역할 분담은 7가지의 형태가 있고, 한 구성원이 한 가지 혹은 여러 가지 역할을 수행한다.

첫째, 정보 수집자는 여러 원천으로부터 정보를 수집하고 평가함에 있어서 전문적인 지식을 가지고 있으며, 정보의 다양한 원천을 가장 잘 아는 구성원이다.

둘째, 영향력 행사자는 다른 가족 구성원에게 제품이나 서비스에 관한 정보를 제공하는 사람으로서, 여러 상표들을 평가하는 방법에 영향을 가장 많이 미치는 구성원이다.

셋째, 의사 결정자는 최종 결정을 행사하기 위하여 구매 대안을 결정하는 사람으로서 영향력 행사자와 동일할 수 있다.

넷째, 구매자는 제품이나 서비스를 구매하는 구성원으로 구매 점포 결정에 대한

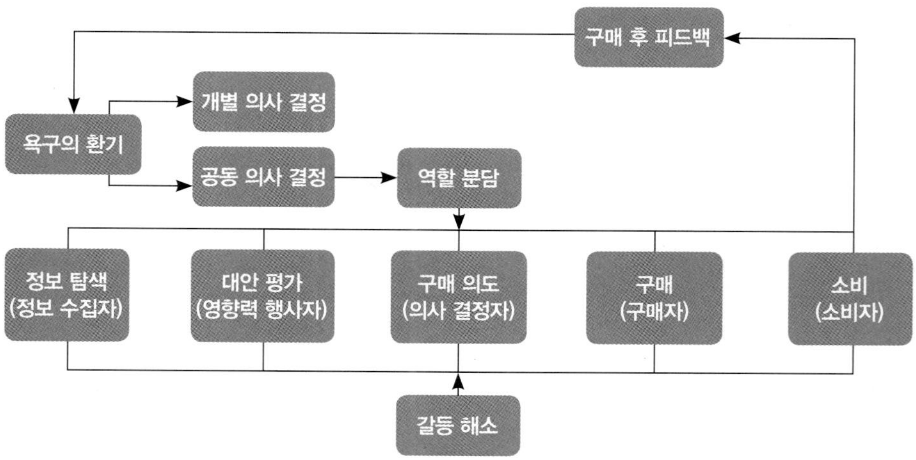

[그림 15-16] 가족의 구매 의사 결정 모델

재량권을 가질 수도 있고, 그렇지 않을 수도 있다. 의사 결정자와 동일인이거나 아닐 수 있다.

다섯째, 소비자는 실제적으로 제품이나 서비스를 사용하는 사람이고, 가족 전체이거나 개별 구성원일 수 있다.

여섯째, 유지자는 지속적인 만족을 제공하도록 제품을 수선하거나 관리한다.

마지막으로, 처분자는 제품이나 서비스를 처분한다.

이러한 역할을 수행하는 가족 구성원의 수와 인식은 매우 다양하고, 어느 한 구성원이 동시에 두 가지 이상의 역할을 수행하거나 한 가지 역할을 두 사람 이상 공동으로 수행하는 경우도 있다. 마케팅 관리자는 가족 중 의사 결정에 참여하는 사람은 누구이며, 최종 결정에 영향력을 행사하는 사람은 누구인지를 식별하여 그들에게 실질적인 촉진 노력을 기울여야 한다.

라이프스타일 기반 **광고 사례**

이케아의 국내 진출은 예상과 다르게 국내 가구업체의 매출이 더욱 늘어나는 결과를 가져왔다. 이는 국내 가구업체들이 그동안의 거품을 제거하고, 현실적인 가격과 디자인으로 새로이 마케팅에 나섰기 때문으로 그중 가장 커다란 성과를 내고 있는 기업이 한샘이다. 부엌 가구에서 시작한 한샘은 맞춤형 부엌에서 맞춤형 인테리어 가구로 영역을 확대하여 획기적인 매출을 보이고 있다. 소비자의 라이프스타일이 DIY(Do It Yourself)라는 콘셉트를 기반으로 자신들만의 독특한 인테리어를 소유하려는 소비자의 트렌드를 반영한 결과이다.

DIY(Do It Yourself)

[그림 15-17] 한샘과 이케아 비교 광고

두 사람 이상이 의사 결정에 참여하는 경우 대안에 대한 태도 및 선택과 관련하여 갈등이 일어날 가능성이 있다. 이 경우 토론에 의한 합의 속에 갈등을 해소한다. 다수 구성원들을 만족시키는 구매를 하고, 한 구성원으로 하여금 의사 결정을 하도록 권한과 책임을 위임하는 것이 중요하다. 갈등이 쉽게 해소되는 경우는 가족 구성원이 그 의사 결정과 관련하여 특정 구성원이 보다 적절한 권한을 갖는 것을 인정하는 경우이고, 특정 구성원이 그 제품에 높게 관여되어 있는 경우이다.

제품의 가격은 남편과 부인의 가격 민감도에 따라 수준이 결정되어야 하고, 가족 구성원 중에서 누가 결정적인 의사 결정을 하는가, 누가 대금 지불을 하는가에 따라 상이한 가격 전략이 있어야 한다. 가족을 단위로 하여 판매할 경우 가족의 수를 고려한 포장이나 판매 단위를 낱개로 판매할 때와 어느 정도 차이를 두고 가격을 결정할 것인가도 고려해야 한다.

빅데이터 활용 사례

공동 구매

티켓몬스터(티몬)는 포털 사이트에서 공개된 빅데이터를 가구별 트렌드를 기준으로 분석하여 그 결과를 반영한 공동 구매 형식의 서비스이다. 이 서비스는 공동 구매로 제품을 구매할 경우에는 구매자가 제조사와 가격 협상이 가능하다는 점을 활용한 것이다. 이를 통해서 가장 저렴한 가격에 제품이나 서비스 구매를 가능하도록 하여 새로운 비즈니스 모델을 창출하였다.

티켓몬스터는 최근 빅데이터의 트렌드가 싱글이라는 점에 착안하여 새로운 소비 계층의 구매 패턴을 온 · 오프라인 유통으로 정의하고, 각 채널에 맞는 차별화된 서비스를 제공하고 있다. 대표적으로 '티싱글, 소가족' 카테고리를 신설하여 20~30대의 SNS 사용자를 겨냥하고 있다. 더욱이 싱글 소비자의 트렌드를 반영하여 애완동물과 관련된 반려동물 카테고리를 추가하였다.

[그림 15-18] 티켓몬스터의 사이트 화면

가족 의사 결정 시 구매 목적, 대안 상표에 대한 태도, 그리고 가장 바람직한 대안의 선택에 있어서 갈등이 존재할 수 있다. 이는 역할에 관한 갈등으로 누가 다양한 구매 의사 결정을 하는가, 어떻게 구매 의사 결정을 하는가, 누가 결정을 이행하는가와 관련되어 있다. 갈등 해결을 위한 의견 일치 전략에는 문제 해결 전략, 역할 위임 전략 및 예산 할당 전략이 있고, 갈등 해결을 위한 타협 전략에는 협상 전략과 설득 전략이 있다.

(2) 가족의 구매 결정의 영향 요인

제품 선택에 대한 남편과 아내의 영향력은 가족의 구매 의사 결정에 중요한 요소이다. 부부는 기본적인 의사 결정 단위이고, 남편의 주도로 이루어지는 남편-지배적(Husband-dominant) 결정과 아내의 주도로 이루어지는 아내-지배적(Wife-dominant) 결정이 있다. 그리고 부부가 동등한 입장에서 주로 합의에 의해 구매를 결정하는 공동(Syncretic) 결정이 있고, 부부 각자 독립적으로 이루어지는 자율적(Autonomic) 결정이 있다. 제품이나 서비스 범주에 따라 남편과 아내의 상대적 영향력은 다르다. 예를 들면, 자동차는 남편이 우위에 있고, 음식과 화장품류 및 주방용기구는 아내가 우위에 있으며, 주택과 가구, 휴가는 공동 결정으로 이루어진다.

의사 결정 단위

가족의 역할 구조 지향성에 따라 남편과 아내의 상대적인 영향력은 다르며, 현대적인 성 역할 기준에서의 가족은 의사 결정이 두 배우자 사이에서 동등하게 이루어

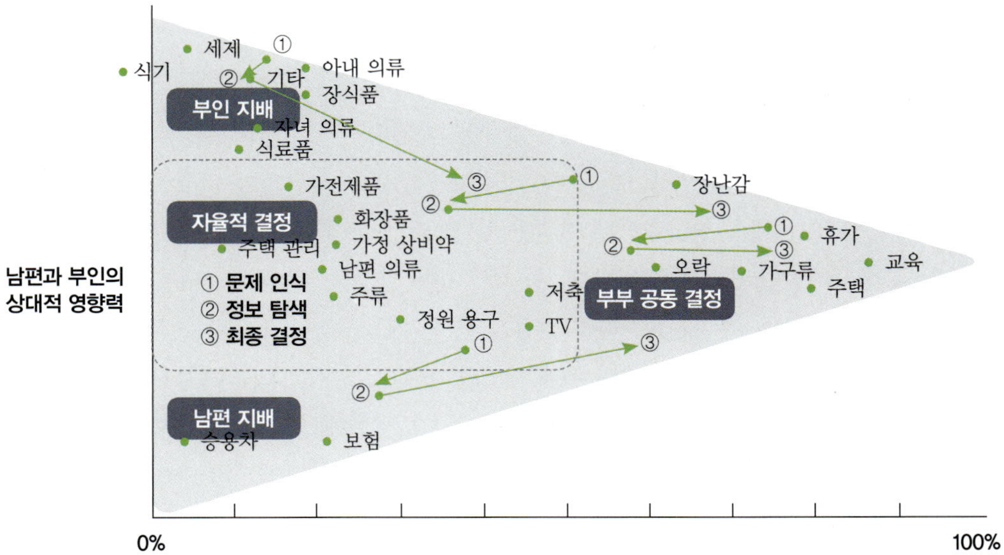

[그림 15-19] 부부의 영향력

진다. 가부장적 가족은 제품에 관계없이 남편이 더 지배적일 수 있고, 여가장적 가족은 아내가 더 지배적일 수 있다.

가족 기반
광고 사례

메트라이프생명은 경제력을 가진 여성들에게 남자들의 의사 결정 없이 보험 가입을 할 수 있다는 메시지를 전달하고 있다. 또한 여성만을 위한 대출 광고도 의사 결정에서 상대적으로 설득이 쉬운 여성들이 단독으로 가입 결정을 하도록 독려하는 광고 메시지를 제공하여 효과를 내고 있다.

[그림 15-20] 메트라이프생명의 여성 중심 보험 광고

현대적 성 역할

현대적 성 역할을 지향하는 가족에서의 의사 결정은 두 배우자 사이에 동등하게 이루어지고 남편의 영향력은 준다. 그리고 전통적으로 남편에 의해 행해진 영역이 공동 또는 아내의 영향력으로 커지고 있다. 의사 결정 과정 단계에 따라 남편과 아내의 상대적인 영향력은 다른데, 한 배우자는 결정을 제안하고, 다른 배우자는 정보를 수집하며, 두 사람은 최종 결정을 한다. 예를 들면, 자가용 승용차의 구매 시 구매 필요성을 인식한 사람이 구매 제안을 하지만, 일반적으로 자동차에 관한 정보 탐색은 남편의 전문성이 요구되므로 정보 탐색 단계에서 남편의 역할 비중이 높다. 가구 제품의 경우에는 문제 인식 단계나 정보 탐색 단계에서 모두 아내가 주도적인 역할을 수행한다. 주택의 경우는 문제 인식에서 출발해 정보 탐색과 최종 결정 단계에 이르기까지 구매 결정을 위한 모든 업무를 부부가 공동으로 수행한다.

가족의 특징에 따라 남편과 아내의 상대적인 영향력은 다른데, 남편 지배적인 경우 남편의 교육 수준, 소득, 직업적 신분이 아내보다 높다. 보통 아내가 직장이 없거나, 부부가 가족 생활 주기에서 초기 단계이거나, 자녀의 수가 평균 이상일 경우이다. 아내 지배적인 경우는 남편 지배적인 경우와 반대이다. 반면에 공동 의사 결정은 구매에서 인지된 위험 수준이 높을 때, 구매 결정이 가족에게 중요할 때, 구매 시간의 압박이 적을 때, 인구통계적 특성 중 중류층이나 젊은 가정에서 많이 일어난다.

의사 결정의 영향력

구매 결정에서 부모와 자녀 의사 결정의 영향력 관계는 커다란 요인이다. 어린이들은 부모의 소비 의사 결정에 영향을 주고, 부모의 자녀에 대한 관여 수준, 자녀들의 요구 빈도 및 자녀들의 연령 등이 영향을 미친다. 매체 노출이 심한 어린이와 청소년은 어른보다 많은 광고를 접한다. 그들은 그 광고 메시지를 떠올리며 제품 구매 시 부모에게 요청하고 부모는 자녀들의 요청을 반영하여 구매를 늘린다. 맞벌이 집안의 자녀는 약 70% 이상이 집안일로 부모를 돕고, 어린 나이에 형성된 소비자 충성도는 아주 오래 지속된다. 어린이는 어머니의 상표 선택을 관찰함으로써 그들의 상표 선호에 관해 배운다. 취업 여성의 자녀들은 전업주부의 자녀들보다 집안일을 더 많이 하고 어머니와 함께 쇼핑 활동에도 더 많이 참여한다. 이러한 경우 청소년의 정보 원천이 친구보다 부모인 경우가 두 배 정도 높은 것으로 나타난다.

어린이를 위한 TV 광고는 우선 재미있어야 하고, 언어보다 비주얼을 강조해야 효과적이다. 또한 정당한 구매 근거를 제시함으로써 어린이가 합리적으로 물건을 선택하는 방법을 배우도록 하고, 이는 부모 입장에서도 합리적인 명분을 주어 타협을 용이하게 한다.

가족 기반 **광고 사례**

뽀로로는 애니메이션 '뽀롱뽀롱 뽀로로'에 등장하는 주인공으로 어린이의 인기를 독차지하고 있다. 이 애니메이션은 시청하는 대상과 이들과 관련된 제품을 구매하는 구매자를 반영하여 스토리는 평범하고, 내용은 교육적으로 구성한다. 2003년 EBS에서 첫선을 보였고, 현재에도 확고하게 애니메이션 시청률 상위권을 차지하고 있다. 해외에서도 2004년부터 프랑스 TF1에서 방영돼 무려 47%의 시청률을 기록하였으며, 영국, 인도, 멕시코 등 세계 110여 개국에 수출되었다.

뽀로로 캐릭터 상품은 일반 완구부터 '뽀로로와 친구들 초코케익'(뚜레주르), '뽀로로 통장'(국민은행), '뽀로로 잉글리쉬'(대교)에 이르기까지 총 600여 가지로 2005~2009년까지 뽀로로 제품 매출의 연평균 성장률은 54.0%에 이른다. 뽀로로의 성공은 제품을 사용하는 어린이의 눈높이에 맞추면서도 구매자인 부모의 교육적인 욕구(needs)까지도 충족시켰기 때문이다.

[그림 15-21] 뽀로로 캐릭터

구매 결정에 누가 관여하느냐에 따라 매체 선택을 달리해야 하는데, 남편이 의사 결정 권한이 있을 때는 남성 지향적 매체를 사용하고, 아내가 의사 결정 권한이 있을 때는 여성 지향적 매체를 활용하며, 공동 의사 결정일 경우에는 매체 배분이 중요하다. 신제품 개발일 경우는 가족 중 어느 한 사람만을 중심으로 제품을 개발하거나 가족 구성원 각각을 만족시킬 수 있는 여러 가지 제품을 개발한다. 그리고 가족이 공동으로 사용할 수 있는 한 가지 제품을 개발하기도 하는데, 신제품인 경우는 이들 중 하나에 포커스를 맞추는 전략이 필요하다.

가족 기반
광고 사례

우루사는 피로 회복제인데, 온가족을 타깃으로 하지 않고 매일 피로에 시달리는 아버지의 간 건강에 어필하는 전략으로 소비자의 인지를 높이는 데 성공하였다.

[그림 15-22] 우루사의 '간 때문이야' 광고

자일리톨은 할머니와 손자의 뽀뽀에서 충치균이 옮길 수 있다는 점을 부각하여 광고를 하였다. 또 이를 확대하여 아빠와 뽀뽀에서도 충치를 예방해야 한다는 캠페인으로 아이의 치아 건강을 중심으로 소비자에게 인지 효과를 높였다.

[그림 15-23] 자일리톨의 할머니와 뽀뽀편

소비자 사회화(Consumer Socialization)는 소년기 아이들이 소비자로서의 기능을 수행하는 데 적합한 기술, 지식, 태도를 습득하는 과정이다. 이 과정에서 부모로부터 소비자로서 지식을 습득하기도 하고, 부모 이외의 대중매체와 다른 아이들을 관찰함으로써 지식을 습득하기도 한다. 부모로부터 소비자로서의 지식을 습득하는 방법에는 부모의 행동을 관찰하고 모방하는 관찰(Observation), 부모와 함께 쇼핑하여 제품 구매와 관련된 학습을 하는 공동 쇼핑(Co-shopping), 그리고 직접 경험(Direct Experience) 등이 있다.

자녀의 소비자 사회화에 있어서 부모는 사회 지향적 커뮤니케이션(Socially Oriented Communication)과 개념 지향적 커뮤니케이션(Conceptually Oriented Communication)의 역할을 한다. 사회 지향적 커뮤니케이션은 자녀로부터의 순종과 가정의 화목을 추구하는 것이고, 개념 지향적 커뮤니케이션은 자녀가 자신의 견해를 적절히 밝히며 독자적인 세계관을 형성하도록 격려하는 것이다. 사회 지향성이 강한 가족의 자녀들은 부모보다 동년배 집단과 대중매체의 정보에 의존하는 경향이 높다.

사회 지향적 커뮤니케이션

개념 지향적 커뮤니케이션

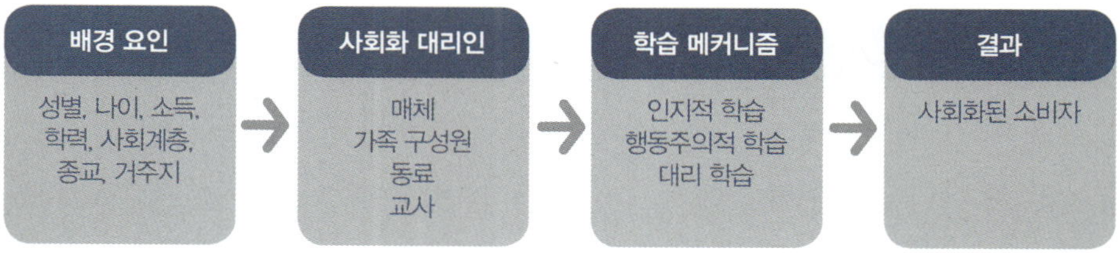

[그림 15-24] 소비자 사회화 모델

칼슨(L. Carlson)과 그로스바트(S. Grossbart)는 자녀의 소비자 사회화에 있어서 부모를 가족 유형에 따라 4가지 형태로 구분하였다.

첫째, 권위적 부모(Authoritarian Parents)는 자녀들에 대한 많은 통제와 절대 복종을 요구하고, 사회 지향적 커뮤니케이션을 지향한다.

둘째, 무시하는 부모(Neglecting Parents)는 자녀들과 심적으로 멀어져 있고, 통제를 많이 하려고 하지 않는다.

셋째, 민주적 부모(Democratic Parents)는 부모와 자녀들 간에 권리의 균형을 맞추려 하고 자녀들의 자기표현과 자주성을 격려한다.

넷째, 허용적 부모(Permissive Parents)는 가급적 자녀들을 구속하려 하지 않는다.

자녀의 나이가 어릴수록 어머니는 최종 의사 결정자가 되고 구매 대리인이 되며, 자녀의 나이가 많아질수록 어머니는 자녀의 요구에 더 많이 따르게 된다. 구매 과정에서 자녀의 영향은 제품군에 따라서 달라지는데, 최초 자녀들의 독립성과 영향력은 더욱 커지는 추세이다.

빅데이터
활용 사례

문화체육관광부는 한국관광공사와 함께 2020년 10월 28일부터 여행 예보 서비스를 운영하고 있다. 이는 통신, 교통, SNSM 기상 등의 다양한 빅데이터를 기반으로 개인의 여행 선호를 입력하면 맞춤형 여행지를 추천해 주고, 혼잡도 등 여행 예정일의 여행지의 상태를 미리 알려주는 서비스를 하고 있다. 이는 대한민국 구석구석 누리집에서 이용할 수 있고, 모바일과 앱에서도 사용 가능하다.

[그림 15-25] 빅데이터가 알려주는 여행 예보 시스템

여행 예보 시스템을 구축하기 위해서는 사용자의 통신 데이터와 카드 데이터를 수집하고 분석하여 서비스를 제공하게 된다. 여기서 통신 데이터는 유동 인구 계산을 위한 기초 자료로써 일정 기간 동일 장소에 있는 사람들을 거주자라고 정의하고, 나머지 통신 데이터는 여행자라고 판단하여 해당 지역의 유동 인구를 산출한다. 그리고 카드 데이터는 업종별 소비액을 계산하여 관광업종에서 사용되는 데이터를 분석하는 데 활용된다. 이 두 개의 빅데이터를 혼용하여 유동 인구별로 관광 관련 업종의 사용 내역을 계산하여 해당 사업을 위한 기본 자료로도 중요한 역할을 하고 있다.

연·습·문·제

※ 다음 빈칸에 해당하는 용어를 넣으시오.

1. 한 사회나 집단의 구성원들이 공통적으로 가지고 있으면서 타인과 구별되는 생활 양식이(   )이다.

2. 소비자의 성격, 구매동기, 관심, 태도, 신념 그리고 가치관과 관련된 부분들을 포착하기 위해 설계된 보고서의 집합으로서 개인의 심리적이고 기질적 특성을 표현하는 수단이 (   )이다.

3. AIO는 라이프스타일을 일상의 (   ), 주변의 사물에 대한 (   ), 사회적 혹은 개인적 질문에 대한 (   )이라는 세 가지 차원에서 파악하는 측정 방법이다.

4. (   ) 프로그램은 라이프스타일과 심리 특성의 측정 방법으로 널리 알려진 방법이다. (   )은 소비자를 9개 군집의 3가지 유형으로 분류한다.

5. (   )이란 인간의 사회생활의 기본 단위이며, 결혼이나 혈연관계에 의하여 두 사람 이상으로 구성되어 함께 모여 사는 집단을 의미한다.

6. (   )은(는) 결혼이나 혈연과는 관계없이 같은 생활 단위 속에서 함께 생활하는 사람을 말하기 때문에 가족과는 다른 개념이다.

7. (   )은(는) 시간의 흐름에 따라 가족 구성원의 가족의 수, 연령과 경제적 상태의 변화를 의미한다.

8. (   )은(는) 소년기 아이들이 소비자로서의 기능을 수행하는 데 적합한 기술, 지식, 태도를 습득하는 과정이다.

※ 다음 내용에 대하여 설명하시오.

9. AIO에 포함되는 변수들이 너무 제한적이기 때문에 확장하여 사용하는데, 확장된 AIO의 요소에 대해서 설명하시오.

10. VALS2는 라이프스타일과 심리 특성의 측정 방법으로 소비자가 구매 결정에서 이루어지는 3가지 의사 결정 방식이다. 이에 대하여 설명하시오.

11. 가족 역할 분담은 7가지의 형태가 있고, 한 구성원이 한 가지 혹은 여러 가지 역할을 수행하는데, 이에 대해서 설명하시오.

12. 자녀의 소비자 사회화에 있어서 부모는 가족 유형에 따라 4가지 형태로 나뉘는데, 그에 대해서 설명하시오.

※ 다음 주제에 대하여 토론하시오.

13. 사회의 인구통계학적 변화를 이해하는 것이 마케팅에서 중요한 이유를 사례를 들어서 토론하시오.

14. 가족의 라이프스타일의 개념을 적용해야 하는 경우를 특정 제품의 사례를 들어서 토론하시오.

15. 가정(Household)의 특성에 대한 이해가 가족(Family)의 특성을 이해하는 것보다 중요한 이유에 대해 토론하시오.

연·습·문·제 정답

CHAPTER 1 연습문제 답

1. 소비자(Consumer) **2.** 소비자 행동(Consumer Behavior) **3.** 고객(Customer) **4.** 미충족 고객(Undershot Customer), 과충족 고객(Overshot Customer), 비사용자(Nonconsumer) **5.** 자극과 반응 모델 **6.** 거시적, 미시적 **7.** 소비자의 역할이란 소비자가 자신이 속한 특정 그룹에서 어떠한 기능을 하고 있는지를 의미한다. 우선 생산되는 제품 취득에 관여하는 소비자의 역할은 구매자로서의 소비자이고, 구매에 대한 지출을 하는 소비자는 지불자로서의 소비자이며, 제품이나 서비스를 이용하고 편익을 취하는 실제 사용자는 사용자로서의 소비자이다. **8.** 논리 경험주의는 인간의 이성이 모든 것을 지배하고, 과학에 의해 발견될 수 있는 단일의 객관적 진리가 존재한다고 주장한다. 여기서 관심 대상의 기능적 측면을 강조하고, 제품의 가치는 삶의 질서를 창출하는 데 도움을 주는 도구가 될 때 발생한다고 본다. 소비자 행동을 분석함에 있어 주로 설문지나 실험과 같은 정량적 조사 기법을 활용한다. 반면에 해석주의는 상징적이고 주관적인 경험을 강조한다. 여기서 개개인은 자신의 독특한 경험 및 다른 사회 구성원들과의 공유된 문화적 경험을 토대로 자신만의 의미를 구성하고, 제품의 가치는 소비 과정에서 다양한 경험을 제공해 주는지 여부에 의해 결정된다.

CHAPTER 2 연습문제 답

1. 마케팅 **2.** 마케팅 전략 **3.** 시장세분화(Market Segmentation) **4.** 표적시장(Targeting) **5.** 포지셔닝(Positioning) **6.** 원가 우위, 차별화, 집중화 **7.** 인구통계학적, 지리적, 심리적, 행동적 **8.** 집중적 마케팅 전략(Concentrated Marketing Strategy), 차별적 마케팅 전략(Differentiated Marketing Strategy), 비차별적 마케팅 전략(Undifferentiated Marketing Strategy) **9.** 재포지셔닝(Repositioning) **10.** 용량(Controlling Data Volume), 속도(Velocity), 다양성(Variety) **11.** 바이럴(Viral) **12.** 기계 학습(Machine Learning) **13.** 첫째, 마케팅이 생산이라는 개념은 상품의 수요가 공급을 초과하는 경우에 공급이 곧 수요인 시대의 마케팅 콘셉트이다. 대량생산을 기초로 한 포드의 모델 T가 대표적이다. 둘째, 마케팅은 품질이라는 개념은 소비자는 최고의 품질과 성능을 선호한다는 가정하에서 생산자가 생각하는 품질은 고객이 생각하는 바와 다르다고 가정한다. 셋째, 마케팅이 판매라는 개념은 기업이 적극적인 판매 및 촉진 노력을 해야 한다는 주장이며, 그대로 둘 경우 소비자는 상품을 구매하지 않는다고 가정한다. 즉, 팔릴 수 있는 것을 만드는 것이 아니라 만들어진 것을 판매하는 것이라는 의미이다. 넷째, 마케팅 콘셉트는 시장과 고객 중심적인 정의이다. 여기서 시장 중심적 개념은 기업이 전체 시장의 모든 고객을 만족시키는 것이 불가능하며, 시장세분화, 표적시장 선정 및 포지셔닝이 필요하다는 주장이다. 반면에 고객 중심적 개념은 상품이 아니라 고객을 사랑하여야 하고 고객의 취향에 따라서 상품을 맞추어야 한다는 주장이다. 이는 고객만족을 넘어 고객을 기쁘게 하는 것으로 만족한 고

객보다 불만족한 고객이 더 중요하다고 강조한다. 마지막으로 사회 지향적 마케팅은 환경오염, 자원 고갈, 인구 증가와 같은 산업화의 폐해가 늘어나면서 사회 전체의 장기적인 복지를 고려한 경영 활동의 필요성으로 대두된 개념으로서 그린(Green) 마케팅이 대표적인 사례이다. **14.** 대량 마케팅(Mass Marketing)은 한 종류의 제품을 모든 구매자들에게 판매하는 방식으로 생산 개념(Production Concept), 규모의 경제(Economics of Scale), 경험의 효과(Experience Effect)를 통해서 원가절감과 저가격 제공으로 경쟁 우위를 확보한다. 제품 다양화 마케팅(Product-Variety Marketing)은 판매자가 제품의 형태, 질, 크기 등에서 차이를 보이는 둘 또는 그 이상의 제품을 생산하여 소비자에게 판매하는 것이다. 표적시장 마케팅(Target Marketing)은 판매자가 세분시장을 인식하고 그들 중에서 하나 또는 여러 개의 시장을 선택한 뒤에 각 시장에 적합한 제품이나 마케팅믹스를 개발하는 것이다. **15.** 빅데이터는 활용되는 데이터의 다양성을 기준으로 정형, 반정형, 비정형 데이터로 분류한다. 여기서 정형 데이터는 데이터의 형태에 따라서 고정된 필드에 저장된 데이터를 의미하고, 고정된 필드에 저장되어 있지는 않지만 메타 데이터나 구조(스키마)를 포함하는 데이터가 반정형이며, 고정된 필드에 저장되어 있지 않은 데이터가 비정형 데이터이다.

CHAPTER 3 연습문제 답

1. 데이터 마케팅(Data marketing) **2.** 마테크(Mar-tech) **3.** 네이티브 애드(Native Ad) **4.** DPI(Digital Power Index) **5.** DMP(Data Management Platform) **6.** 제품 사이트 방문 → 실사용자 후기 확인 → 실제 SNS를 통한 확인 → 사용 채널을 통한 구입 **7.** 네이티브 애드는 설문, 알림 등을 활용하는 참여형, 비주얼 콘텐츠나 인포그래픽 혹은 동영상을 이용하는 뉴스형, 참여형과 뉴스형을 결합한 형태가 있다. 네이티브 애드의 성공 사례가 증가되면서 이전보다 광고 콘텐츠의 질이 더욱 좋아져야 한다는 이슈가 핵심이 되고 있다. **8.** 의사결정, 미래 트렌드 예측, 신규 고객 탐색 가능 등이다.

CHAPTER 4 연습문제 답

1. 의사 결정(Decision Making) **2.** 문제 인식 **3.** 정보 탐색 **4.** 대안 평가 **5.** 구매 의사 결정 **6.** 구매 후 행동 **7.** 환경적인 외적 요인, 개인적인 내적 요인 **8.** 실제 상태(Actual State), 바람직한 상태(Desired State) **9.** 정형화된 의사 결정(Programmed Decision)은 하위 관리자들에 의해 이루어지며 대체로 단기적 성격이다. 비정형화된 의사 결정(Non Programmed Decision)은 최고경영자 수준에서 이루어지며, 장기적인 예측 사항과 조직의 생존과 관련된다. **10.** 첫째, 합리적-경제인 모형은 의사 결정은 완벽히 합리적으로 이루어지는 것으로 보는 견해로서 결정자의 전지전능성을 가정하고 최적 대안을 채택하는 모형이다. 이는 이상적인 의사 결정 모형으로 자료 분석 및 종합에서 재량적 방법이 강조된다. 둘째, 만족화 모형은 의사 결정이 합리성의 제약 속에서 이루어지는 것으로 보는 견해로서 의사 결정자가 만족할 만한 수준에서 최종안을 채택하는 모형이다. 셋째, 점증적 모형은 인간의 현실적이면서 보수적 성향을 가장 많이 반영하는 것으로 현실보다 약간 향상된 수준에서 의사 결정이 이루어진다고 본다. 넷째, 최적 모형은 합리성뿐 아니라 직관, 판단, 창의 등 초합리성(Extra-Rational Factor)에 의해서도 의사 결정을 할 수 있다고 본다. 이는 변

화가 심하고 불확실성이 높은 상황은 초합리성에 의존하는 경향이 있다는 주장이다. 다섯째, 혼합 모형은 이상적인 합리 모형과 현실적인 점증 모형의 장점만을 상호 보완한 것이다. 즉, 기본적이며 장기적인 의사 결정은 합리 모형으로, 지엽적이고 단기적인 의사 결정은 점증 모형으로 결정하는 혼합 모형이다. **11.** 일상적 문제(Routine Problem)는 실제 상태와 바람직한 상태 간의 차이가 발생할 것이 예상되고, 즉각적으로 해결이 필요한 문제이다. 예를 들면, 생활용품 부족에 관련된 문제들이다. 계획성 문제(Planning Problem)는 문제 발생은 예상되나 즉각적인 해결이 필요하지 않은 문제로서 오래된 가전제품을 신제품으로 교체하거나 재구매에 대한 문제 등이 해당된다. 긴급성 문제(Emergency Problem)는 갑자기 발생된 예상하지 못한 문제로서 즉각적으로 해결이 요구되는 문제이다. 예를 들어, 갑자기 내린 폭설로 인해서 스노우 체인을 장착해야 하는 등의 문제들이다. 발현성 문제(Evolving Problem)는 예상하지 않고, 즉각적인 해결이 필요하지 않은 문제로 집안의 가전제품의 기능적인 업그레이드에 대한 고민 등이다.

CHAPTER 5 연습문제 답

1. 상황 **2.** 물리적 환경 요인(Physical Surroundings), 사회적 환경 요인(Social Surroundings), 시간적 관점(Temporal Perspective), 과업의 성격(Task Definition), 선행 상태(Antecedent States) **3.** 소비 상황(Consumption Situation), 구매 상황(Purchase Situation), 커뮤니케이션 상황(Communication Situation) **4.** 리얼타임 소비 **5.** 양면적 소비 **6.** 관여도(Involvement) **7.** 개인적 요인, 제품 요인, 상황적 요인 **8.** 고관여 소비자는 어떤 제품군에서 선택할 상표를 결정하기 위하여 제품 정보를 충분히 탐색하고, 제품 평가 시에 그 제품에 대하여 보다 많은 노력을 하는 소비자이다. 이들은 상표들 간의 차이에 보다 관심이 많고, 광고에 상당한 주의를 기울이며, 이러한 관심은 개인의 지각과 신념, 태도 형성에 영향을 미친다. 저관여 소비자는 상표에 대한 태도를 형성하기 위한 정보처리에 수동적이며, 이로 인해 주위 수준이 낮아서 반복 노출과 수동적 학습을 통해서 비로소 상표 친숙도가 형성되는 소비자이다. **9.** 관찰 시간과 장소에 관련된 요소, 즉 현재 행동에 설명이 가능하고 체계적으로 영향을 미치는 요소를 기준으로 분류한다. 지속적 관여는 제품이나 활동에 개인적 관련성이 지속적인 경우이고, 과거 경험을 기억에 저장한 후 개인적으로 관련된 수단이나 방법으로 사용한다. 상황적 관여는 자극에 의하여 일시적으로 발생하는 자기 관련성이고, 이와 관련된 상황이나 내용을 기억하거나 이에 적합한 제품 지식을 연결하는 것이다. **10.** 정보적 유형은 인지 → 감정 → 행동 순으로 소비자 구매 행동이 이루어지므로 소비자의 인지 형성 과정에서 중요한 상품의 기능과 특징에 대하여 구체적인 정보를 제공해야 행동 유발에 효과적이다. 자동차, 가구, 냉장고 등과 같이 고가의 제품을 구매하는 경우이다. 정서적 유형은 감정 → 인지 → 행동 순으로 구매 행동이 이루어지므로 소비자가 제품에 대해 느끼는 감성과 이를 강화시키기 위한 강력한 브랜드 이미지 중심 전략이 효과적이다. 의류, 화장품, 보석 등의 사치품 구매 시에 발생한다. 습관 형성 유형은 행동 → 인지 → 감정 순으로 소비자의 구매 행동이 이루어지므로 소비자에게 제품에 대한 반복적인 노출 광고가 중요하다. 치약, 샴푸 등과 같은 식료품이나 생필품을 구매할 때 형성된다. 자기만족 유형은 행동 → 감정 → 인지 순으로 소비자의 구매 행동이 이루어지는데, 여기서는 소비자의 순간적이고 즉각적이면서 충동적인 관심을 유도해야 구매 행동을 유발할 수 있다. 술, 담배, 커피 등과 같은 기호 제품 구매에서 나타난다.

CHAPTER 6 연습문제 답

1. 정보 탐색(Information Search) **2.** 탐색재, 경험재 **3.** 비인적, 인적 **4.** 신뢰성, 매력도 **5.** 상표별, 속성별 **6.** 내적 탐색 **7.** 개인적 원천(Personal Source), 상업적 원천(Commercial Source), 공공의 원천(Public Source), 경험적 원천(Experiential Source) **8.** 심층 면접(Depth Interview), 설문 조사법 **9.** 환기 상표군(Evoked Set) **10.** 브랜드 자산(Brand Equity) **11.** 내적 정보와 외적 정보로 분류한다. 내적 정보는 과거 개인의 관심과 경험의 정도에 따라서 적극적 탐색과 소극적 탐색으로 나누며, 소극적 탐색은 제품에 대한 관여가 낮은 경우에 일어난다. 외적 정보는 소비자가 적극적인 정보 탐색을 하는 것으로 탐색의 대상이 무엇이냐에 따라 독립된 그룹, 인적 접촉, 시장 정보, 실험 결과 등으로 분류한다. **12.** 무인지(Unaware of Brand) → 상표 재인(Brand Recognition) → 상표 회상(Brand Recall) → 최초 상기(Top of Mind Recall) 과정을 거친다. 무인지는 상표에 대하여 전혀 알지 못하는 상태이고, 상표 재인은 상표에 대한 다양한 단서를 이용하여 상기하는 대로 떠올리는 비보조 회상이다. 상표 회상은 상표 재인보다 좀 더 소비자에게 깊이 인지된 형태이고, 이는 해당 제품의 단서를 이용하여 보기 중에서 해당 정보를 기억해 내는 보조 회상이다. 최초 상기는 제품에 대해서 제일 먼저 떠오른 브랜드를 의미한다. **13.** 일상적 의사 결정을 통하여 소비자가 구매 의사 결정을 하는 경우는 저관여 대상 제품이나 서비스를 구매하는 경우로서, 구매 의사 결정 과정에서 정보 탐색은 자신의 기억에 있는 제한된 내적 탐색을 활용하고 대안의 평가 단계는 생략된다. 이 경우는 제품을 구매한 후에도 구매한 제품에 대한 후회인 부조화가 발생하지 않으며, 매우 제한된 평가를 한다. 제한적 구매 의사 결정을 하는 과정의 정보 탐색은 자신이 가지고 있는 정보의 내적 탐색이거나 제한된 외적 탐색으로 이루어지며, 대안을 평가할 때도 적은 속성과 대안을 기초로 단순한 의사 결정 규칙을 적용한다. 이 경우에도 구매한 후 심리적인 부조화 갈등은 없으며, 제한된 평가를 한다. 포괄적 의사 결정은 고관여 대상 제품이나 서비스에 대한 구매 의사 결정의 과정으로 내적 · 외적 탐색을 모두 활용하며, 대안을 평가할 경우에도 많은 속성과 대안을 가지고 복잡한 의사 결정 규칙을 적용하여 평가한다. 제품을 구매한 후에도 심리적으로 선택한 제품에 대한 부조화가 비교적 크게 일어나고, 복잡한 평가를 한다.

CHAPTER 7 연습문제 답

1. 대안 평가 기준(Evaluative Criteria) **2.** 직접 질문법, 간접 질문법 **3.** 지각도 **4.** 보상적 방식(Compensatory Rules) **5.** 비보상적 방식(Noncompensatory Rules) **6.** 전망 이론(Prospect Theory) **7.** 심적 회계(Mental Accounting) **8.** 유인 효과(Attraction Effect) **9.** 타협 효과(Compromise Effect) **10.** 빈도 효과(Frequency Effect) **11.** 범위 효과(Range Effect) **12.** 후광 효과(Halo Effect) **13.** 프레이밍 효과(Framing Effect) **14.** 실용적 동기(Utilitarian Motive)와 쾌락적 동기(Hedonic Motive)가 있다. 실용적 동기는 실용적인 효용을 얻기 위하여 소비하는 경우이고, 쾌락적 동기는 즐거움을 얻고자 소비하는 경우이다. **15.** 내재적 정보는 제품이 제공하는 구체적인 혜택을 직접적인 속성 정보에서 찾는다. 예를 들어, 자동차의 경우 연비, 엔진의 마력 수, 실내 공간, 주요 부품의 성능, 디자인 등이 내재적 정보에 해당한다. 반면에 외재적 정보는 제품의 품질을 나타내지만 제품의 혜택과 직접적인 관련이

없는 정보이다. 여기에는 제품의 전반적인 품질을 나타낼 수 있는 가격 수준, 제조국, 취급 점포 등이 해당되는데, 소비자는 구입하려는 대상의 평가가 어렵거나 제품에 대한 지식이 부족한 경우에는 외재적 정보에 의존하는 경향이 높다. **16.** 피시바인 모델과 이상적 모델이 있다. 피시바인 모델(Fishbein Model)은 다속성 태도 모델로서 소비자가 여러 대체적인 상표를 평가할 때 각 상표에 대하여 여러 개의 속성을 평가하고, 속성별로 중요도를 가중하여 합산하는 선형적 보상 모델이다. 여기서는 태도 점수가 가장 높은 상표를 선택하게 된다. 이상적 모델(Ideal Point Model)은 소비자로 하여금 여러 가지 속성들에 대하여 이상적 수준을 확인하고, 각 상표가 가지고 있는 속성에 이상적 수준과 차이에 따라서 점수를 산정하여 최적의 대안을 선택하는 방법이다. **17.** 사전식 모델, 속성 제거식 모델, 분리 모델, 결합 모델이 있다. 사전식 모델(Lexicographic Model)은 소비자가 제품의 속성들을 가장 중요한 것부터 우선순위를 매기고, 그 기준으로 대안들을 비교하여 가장 우수한 대안을 선택하는 방식이다. 속성 제거식 모델(Elimination-by-Aspects Model)은 사전식 모델과 함께 사용하여 각 속성에 대하여 수용 가능한 최소 수준을 설정하여 평가하는 방식이다. 분리 모델(Disjunctive Model)은 고려 중인 모든 결정적 속성 가운데 하나의 속성이라도 수용 가능한 최소 수준을 넘어선다면, 다른 속성에 대한 평가에 관계없이 고려 상표군에 포함하여 평가하는 방식이다. 결합 모델(Conjunctive Model)은 각 대안의 속성을 평가하는 데 최소 수준(Cut-off Level)을 설정하고, 이 수준을 초과하는 대안만 선택하는(and-and) 이전 방식과는 다르다. 이 모델은 각 대안들이 속성을 평가하는 데 있어서 모든 제품 속성에서 모두 최소 수용 기준을 초과할 때 선택하는 방식이다.

CHAPTER 8 연습문제 답

1. 계획적 구매(Fully Planned Decisions), 부분 계획적 구매(Partially Planned Decisions), 비계획적 구매(Unplanned Decisions) **2.** 충동구매 **3.** POP(Point of Purchase) **4.** 점포 혼잡성 **5.** 조직 구매 **6.** 조직적 요인, 개인적 요인 **7.** 리드 소비자(Lead Users) **8.** 단순 재구매, 수정 재구매, 신규 구매 **9.** 객관적 속성과 주관적 속성이 있다. 점포의 객관적 속성은 관찰 가능한 기능적인 특성으로 상품 구색, 가격, 신용 정책 등이고, 주관적 속성은 소비자의 심리와 관련된 쾌적한 분위기 등이다. 점포 이미지를 구성하는 요소는 상품의 구색과 질(Merchandise), 가격, 서비스, 점포 시설물의 특징(Physical Facilities), 편의성(Convenience), 광고 및 판촉(Promotion), 점포 분위기(Store Atmosphere), 고객의 특성(Clientele), 점포의 평판(Store Reputation), 점원(Sales Person), 과거 구매의 만족도(Post-transaction Satisfaction) 등으로 이루어진다. **10.** 사용자, 정보 관리자, 의사 결정자, 영향력 행사자, 구매자로 분류한다. 사용자는 조직 구매에서 실제로 현장에서 제품을 사용하는 사람이고, 정보 관리자는 구매 행동에서 구성원들 간에서 구매와 관련한 정보를 전달하거나 관리하고 통제하는 사람이다. 영향력 행사자는 제품에 대하여 기술적으로 잘 알고 있는 내 · 외부 전문가로서 자금 담당자이다. 의사 결정자는 구매 결정 단계에서 가장 상위에 있는 사람이며, 구매자는 실제로 구매 작업을 담당하는 사람이다.

CHAPTER 9 연습문제 답

1. 구매 후 행동 2. 기대 3. 공정성 이론(Equity Theory) 4. 인지 부조화(Cognitive Dissonance) 5. 고객 충성도, 구전 효과, 재구매 의도, 불평 행동 6. 만족 또는 불만족을 비교하여 평가하는 과정, 만족 또는 불만족의 원인을 추론하는 과정, 재구매 의도를 형성하는 과정 등이 있다. 7. 동화 효과, 대조 효과, 동화-대조 효과 등으로 나타난다. 동화 효과는 성과가 기대와 다른 경우에 그 성과를 기대에 동화시켜서 기대 방향으로 지각하는 것이고, 긍정적 평가에 해당한다. 즉, 기대와 성과 간의 불일치가 생기면 성과가 기대보다 높거나 낮아도 소비자는 그 차이를 실제보다 줄여서 기대에 가깝게 인식하려는 현상이다. 대조 효과는 동화 효과와는 반대로 기대와 성과 간의 차이가 발생할 경우 그 차이를 실제보다 더 크게 확대해서 인식하려는 현상이다. 즉, 성과가 기대보다 작을 경우 제품의 성과 수준을 실제보다 낮게 지각하고 반대의 경우는 실제 성과보다 높게 평가하는 현상이다. 동화-대조 효과는 허용 범위를 설정하여 불일치 정도가 허용 범위 내에 들면 동화 효과를, 허용 범위를 초과하면 대조 효과를 적용하여 지각하는 현상이다. 즉, 불일치의 허용 범위를 설정하고, 범위 내 차이는 작게 하며, 범위 밖 차이는 크게 지각하는 현상이다. 8. 사적 행동은 친구나 친척에게 부정적인 구전을 하거나 특정 제품에 대한 재구매를 거부하고 점포의 재이용을 거부하는 등의 행동이다. 공적 행동은 제품의 교환이나 환불 등을 판매업자나 제조업자에게 요구하거나 소비자 단체나 정부 기관 등에 고발 또는 법적인 조치를 하는 것이다. 공적 행동은 고가품이나 내구재일 경우에 많이 일어난다. 불평의 원인으로는 기업, 소비자, 가격, 내구성 등이 있다.

CHAPTER 10 연습문제 답

1. 동기(Motivation) 2. 인간 욕구 5단계 이론(Maslow's Hierarchy of Needs Theory) 3. 성취동기 이론(Achievement Motivation Theory) 4. 장 이론(Field Theory) 5. 부조화 적응 수준(GIAL; the General Incongruity Adaptation Level) 6. 개성(Personality) 7. 특성(Trait) 8. 사회심리 이론(Social-Psychological Theory) 9. 자아(Self-Concept) 10. 상징적 상호주의(Symbolic Interaction) 11. 동기부여 내용 이론은 동기를 유발하는 요인이 무엇(Content)인가에 대한 이론으로서 사람들이 무엇을 필요로 하고 원하는지를 연구하는 것이다. 이 이론은 개인 내부에 존재하는 욕구와 욕구 충족 여부가 동기를 유발하는가에 대한 연구가 초점이다. 동기부여 과정 이론은 동기가 어떠한 과정(Process)을 통하여 일어나는지에 대한 접근이고, 개인행동에 근간이 되는 욕구에 초점을 두어 행동이 어떻게 동기화되고 어떠한 과정을 통하여 이루어지는지에 관심을 두고 있다. 12. 접근-접근 갈등(Approach-Approach Conflict)은 소비자가 제품에 대하여 두 가지 매력적인 대안 중 어느 하나를 선택할 때 발생한다. 즉, 두 개의 바람직한 대안 사이에서 느끼는 갈등으로, 소비자 자신이 노출을 증대시키거나 자신의 견해를 수정하도록 해야 한다. 접근-회피 갈등(Approach-Avoid Conflict)은 제품에 대하여 긍정적인 면과 부정적인 면이 동시에 부각될 때 일어나는 소비자의 갈등이다. 회피-회피 갈

등(Avoid-Avoid Conflict)은 소비자가 두 가지 대안에 대하여 모두 부정적인 욕구를 인식할 때 발생하는데, 본질적으로 부정적이라고 지각되는 두 대안 사이에서 느끼는 갈등으로, 이로 인해서 소비자는 정보 탐색이나 문제 해결 자체를 중단하기도 한다. 13. 우호성은 다른 사람에게 친절하고 협조적이며, 이타적인 동정심을 갖는 성향이다. 성실성은 주어진 목표를 달성하기 위하여 성실히 노력하며, 책임감 있고, 근면한 성향이다. 외향성은 다른 사람과의 사교 등 자극이나 활력을 추구하는 성향으로 감각적이며 모험적인 성향이다. 신경성은 긴장, 분노, 우울이나 불안 등과 같은 부정적인 정서를 쉽게 느끼는 성향이며, 개방성은 경험에 대하여 창의적이고 상상력이 풍부하며, 호기심이 많은 성향이다.

CHAPTER 11 연습문제 답

1. 지각(Perception) 2. 노출, 주의, 이해, 기억 3. 식역 수준(Threshold Level) 4. JND(Just Noticeable Difference) 5. 선택적 지각 6. 환기(Arousal) 7. 이해(Comprehension) 8. 설득 9. 정보원(Source), 메시지(Message), 매체(Medium), 수신자(Receiver) 10. 주관성은 소비자가 자기의 신념, 태도, 편견을 구체화시키고, 구매 행동을 하는 특성이다. 소비자는 자신만의 다양한 사고를 가지고 있으므로 동일한 상품에 대해서도 다르게 지각한다는 특성이다. 선택성은 소비자가 가급적 관심이 있는 자극들만 선별적으로 받아들이는 특성이다. 이는 주어진 시간 안에 모든 정보를 받아들일 수 없으므로 가능한 관심이 있는 정보들만을 선별하는 특성이다. 일시성은 소비자가 제품에 대한 자극을 오랜 기간 기억하지 않고, 단기적으로 기억하는 특성이다. 종합성은 소비자가 제품에 대하여 개별적으로 주어지는 자극들을 통합하여 전체의 이미지로 받아들이는 특성이다. 즉, 자극을 받아들이고, 이를 통해서 하나의 형태로 종합해서 지각하는 특성이다. 11. 의도적 노출(Intentional Exposure), 우연적 노출(Accidential Exposure), 선택적 노출(Selective Exposure) 등이 있다. 의도적 노출은 소비자가 의도적으로 자신의 정보를 노출시키는 것으로서 소비자의 필요에 의하여 이루어지므로 높은 수준의 정보처리가 이루어지고, 의사 결정에 영향을 미칠 수 있다. 우연적 노출은 소비자가 자신이 의도하지 않은 상태에서 노출되는 것으로서 텔레비전, 라디오, 인터넷, POP 전시(Point of Purchase Displays) 등을 사용하면서 수많은 광고에 노출되는 경우이다. 선택적 노출은 소비자가 필요하고 관심이 있는 정보에만 자신을 노출시키는 것으로서 인터넷을 이용하면서 스팸이나 광고를 의도적으로 보지 않는 것이 해당된다. 이로 인해서 마케터의 광고가 무의미해질 수 있다. 12. 첫째, 소비자는 자신에게 중요하다고 판단되는 것에만 주의를 기울이는 선택성의 특성이 있다. 둘째, 소비자는 동시에 몇 가지 자극에 대하여 주의를 기울이는 가분성이 있다. 셋째, 소비자는 중요하다고 판단되는 상품에 대한 자극에 대하여 보다 많은 주의를 보이는 집중성이 있다. 넷째, 소비자의 개인적인 정보처리 능력의 한계로 인하여 전혀 주의를 기울이지 못하는 한계성이 있다. 13. 소비자가 자극의 요소들을 통합하는 지각적 조직화(Perceptual Organization)와 자극에 대하여 설명이나 의미를 부여하는 지각적 해석(Perceptual Interpretation)이다. 지각적 조직화의 원리에는 단순화, 완결, 집단화, 형상과 배경의 원리가 있다. 지각적 해석은 지각적 조직화에 이어서 나타나지만, 두 가지가 동시에 일어나기도 한다. 여기에는 소비자가 자극에 노출되면 그 자극을 자신이 가지고 있는 스키마와 관련하여 자신의 방식으로 해석하는 지각적 범주화(Perceptual Categorization)와 대상을 평가할 때 직접적인 평가를 하지 않고 다른 것들로부터 추리하는 지각적 추론(Perceptual Inference)이 있다.

CHAPTER 12 연습문제 답

1. 학습(Learning) **2.** 동기(Motivation), 단서(Cues), 강화(Reinforcement), 반응(Response) **3.** 인지적 학습 이론(Cognitive Learning Theory), 행동주의적 학습 이론(Behavioral Learning Theory), 대리 학습 이론(Vicarious Learning Theory) **4.** 문제 해결 과정(Problem Solving Process) **5.** 재인(Recognition), 회상(Recall) **6.** 대리 학습(Vicarious Learning) **7.** 기억(Memory) **8.** 비보조 회상, 보조 회상, 순서 회상, 브랜드 재인 **9.** 첫째, 학습은 대부분 정신적 과정이 포함되기 때문에 직접적으로 관찰할 수 없으므로 학습의 효과는 학습 결과의 성과로 측정한다. 둘째, 학습의 효과는 학습 결과로 나타난 성과로 측정하는데, 여기에는 신체적 행동 변화, 인지적 측면 변화, 심리적인 태도나 심리 측면 변화 등이 포함된다. 셋째, 학습의 효과는 비교적으로 장기간에 걸쳐 일어나고, 제품의 경우는 재구매나 불평 행동의 형태로 나타난다. **10.** 기계적인 학습(Iconic Rote Learning), 추리와 유추(Reasoning)의 형태로 나타난다. 기계적인 학습은 소비자가 상품에 대하여 둘 또는 그 이상의 부족한 개념을 연관시키는 학습 방법으로 관심이 낮은 저관여 상황에서 나타나는 학습이다. 추리와 유추는 기존 개념과 새로운 것을 재조직하고 구조화하여 창조적인 사고를 하는 학습으로 상품에 대한 소비자의 관심이 고관여 상태에서 일어나는 학습이다. 이러한 관심이 높은 상품을 구매하는 과정에 소비자는 제품에 대한 정보 탐색과 선택할 수 있는 대안에 대한 평가를 한다. **11.** 긍정적 강화는 보상으로 마일리지가 있고, 부정적 강화는 암묵적 불편 광고, 범칙금 등이 있다. 강화를 위한 스케줄링 방법에는 고정 간격 강화, 변동 간격 강화, 고정 비율 강화, 변동 비율 강화 등이 있다. 고정 간격 강화는 일정한 시간 간격을 두고 강화를 반복하는 것으로 백화점의 정기 세일이 해당된다. 변동 간격 강화는 시간 간격이 가변적인 강화를 반복하는 것으로 대형 마트에서 지속적 고객 서비스를 지원하는 사례가 있다. 고정 비율 강화는 일정 횟수의 반응이 일어난 후 강화를 주는 쿠폰이나 경품 등이 있으며, 변동 비율 강화는 강화와 강화 간의 요구되는 반응 횟수를 가변적이게 하는 복권 판매 등이 해당된다. **12.** 명시적 기억은 특정한 정보에 대하여 개인적 의식을 가지고 있는 기억으로 여기에는 어의, 에피소드, 절차 기억이 있다. 어의 기억은 개념과 지식에 대한 의미적 기억이고, 에피소드 기억은 경험한 기분이나 느낌을 기억하는 것이며, 절차 기억은 제품 구매의 절차나 사용의 순서에 대한 기억이다. 암묵적 기억은 과거에 학습한 것에 대한 의식적인 지각은 없지만 현재의 행동에 영향을 주는 기억으로 여기에는 희미하게 저장된 약한 기억과 의식과 무의식의 경계에 있는 조건화된 기억이 있다. 소비자는 제시된 자극에 대하여 크게 두 가지 형태로 기억을 하게 되고, 기억된 정보들은 지식으로 장기 기억에 저장된다. 장기 기억에 저장된 지식은 스키마, 스크립트, 프라이밍 형태로 저장된다.

CHAPTER 13 연습문제 답

1. 태도(Attitude) **2.** 인지적 요소(Cognitive Component), 감정적 요소(Affective Component), 행동적 요소(Conative Component) **3.** 실용적 기능(Utilitarian Function), 가치-표현적 기능(Value-Expressive Function), 자기-방어적 기능(Ego-Defensive Function), 지식 기능(Knowledge Function) **4.** 감정(Affective), 행동(Behaviour), 인지(Cognition or Beliefs) **5.** 다속성 모형 **6.** 계획된 합리적 행동 이론(Theory of Planned Behavior) **7.** 다차원 척도법

(Multi-Dimensional Scaling) **8.** 정교화 가능 모델(Elaboration Likelihood Model) **9.** 설득 지식 모델(Persuasion Knowledge Model) **10.** 균형 이론(Balance Theory) **11.** 인지 부조화 이론(Cognitive Dissonance Theory) **12.** 단순 노출 이론(Mere Exposure) **13.** 중심 경로는 소비자의 이성적인 사고를 활용한 방식이고, 주변 경로는 감성적인 느낌을 활용한 정보처리 방식이다. **14.** 에이전트는 판매인, 중개인을 의미하고, 타깃은 개별 소비자를 의미한다.

CHAPTER 14 연습문제 답

1. 조직 **2.** 접촉 방식, 소속감, 결합 의지 **3.** 공식적 사회 집단 **4.** 준거집단 **5.** 정보-제공적 영향, 규범적 영향, 가치-표현적 영향 **6.** 집단 요인, 개인 요인, 제품 요인 **7.** 구전 커뮤니케이션(Word-of-Mouth Communication) **8.** 소셜 미디어(Social Media) **9.** 상대적 이점(Relative Advantage) **10.** 사회계층(Social Class) **11.** 컨조인트 분석(Conjoint Analysis) **12.** 사회적으로 통합된 소비자(Socially Integrated Consumer)는 의견 선도력과 정보 탐색 정도가 모두 높은 사람으로 구전 커뮤니케이션 과정에 가장 적극적으로 참여한다. 사회적으로 독립된 소비자(Socially Independent Consumer)는 의견 선도력은 높으나 정보 탐색 정도가 낮은 의견 선도자이다. 사회적으로 의존적인 소비자(Socially Dependent Consumer)는 의견 선도력은 낮으나 정보 탐색 정도가 높은 사람으로서 전통적 의미에서의 추종자이고, 집단 구성원들로부터 적극적으로 정보를 수집하지만 다른 사람들에게 영향을 미치지 않는다. 사회적으로 고립된 소비자(Socially Isolated Consumer)는 의견 선도력과 정보 탐색 정도가 모두 낮은 자로서 내향적이고, 비사교적인 성격의 사람이지만 다른 사람들로부터 정보를 추구하지 않는다. **13.** 보상적 힘은 개인에게 보상할 수 있는 다른 사람의 능력에 대한 인식이고, 강압적 힘은 처벌의 이용 또는 보상의 철회를 통해 행동에 영향을 미치는 압력이다. 합법적 힘은 집단이 구성원에게 힘을 행할 수 있는 합법적 권리이고, 전문가 힘은 개개인 또는 집단의 전문적 의견에 의하여 발생하며, 준거적 힘은 개개인 또는 집단이 가지는 동일성에서 발생한다. **14.** 연속적 혁신(Continuous Innovation)은 기존 제품을 약간 개선시킨 것으로 치석 제거용 치약, 자동차의 새 모델 등이 있다. 동적인 연속적 혁신(Dynamically Continuous Innovation)은 기존 제품보다 기술 진보가 이루어진 신제품이나 기존의 소비자의 행동 유형의 변화가 적은 경우에 일어나는 혁신이다. 여기에는 전륜 구동형 자동차, 컬러 TV 등이 있다. 완전한 혁신(Discontinuous Innovation)은 새로운 소비자 행동이 요구되는 신제품으로 흑백 TV나 컴퓨터 등이 시장에 처음으로 소개되었던 경우의 신기함이 해당된다.

CHAPTER 15 연습문제 답

1. 라이프스타일 **2.** 사이코그래픽스 **3.** 행동(Activities), 관심(Interests), 의견(Opinions) **4.** VALS, VALS1 **5.** 가족(Family) **6.** 가구(Household) **7.** 가족 생활 주기(Family Life Cycle) **8.** 소비자 사회화(Consumer Socialization) **9.** 첫째, 태도(Attitudes)는 다른 사람, 장소, 아이디어, 제품 등에 대한 평가적 진술이다. 둘째, 가치(Values)는 무엇이

수용 가능하고, 바람직한가에 대한 개인의 신념이다. 셋째, 행위와 관심(Activities & Interests)은 소비자가 시간과 노력을 투입하는 비직업적 행동으로 취미, 스포츠, 교회, 사회봉사 등이다. 넷째, 인구통계적 특성(Demographics)은 나이, 교육, 소득, 직업, 가족 구조, 성별, 거주지 등이다. 다섯째, 매체 패턴(Media Patterns)은 소비자가 이용하는 주된 매체를 의미한다. 마지막으로 사용량(Usage Rates)은 특정 제품군의 사용량을 의미한다. **10.** 첫째, 원칙 지향형(Principle-oriented)은 세상이 어떠해야 한다는 견해에 따라 행동하는 유형이고, 둘째, 신분 지향형(Status-oriented)은 타인의 의견에 따라 행동한다. 셋째, 행동 지향형(Action-oriented)은 활동적이며 삶의 다양성을 추구한다. 이 모형은 기본적 욕구 충족에서 벗어나 최상위 계층으로 가면서 자아실현을 최상위 목표로 하는 매슬로의 욕구 단계설과 매우 유사하다. **11.** 첫째, 정보 수집자는 여러 원천으로부터 정보를 수집하고 평가함에 있어서 전문적인 지식을 가지고 있으며, 정보의 다양한 원천을 가장 잘 아는 구성원이다. 둘째, 영향력 행사자는 다른 가족 구성원에게 제품이나 서비스에 관한 정보를 제공하는 사람으로서 여러 상표들을 평가하는 방법에 영향을 가장 많이 미치는 구성원이다. 셋째, 의사 결정자는 최종 결정을 행사하기 위하여 구매 대안을 결정하는 사람으로서 영향력 행사자와 동일할 수 있다. 넷째, 구매자는 제품이나 서비스를 구매하는 구성원으로 구매 점포 결정에 대한 재량권을 가질 수도 있고, 그렇지 않을 수도 있다. 의사 결정자와 동일인이거나 아닐 수 있다. 다섯째, 소비자는 실제적으로 제품이나 서비스를 사용하는 사람이고, 가족 전체이거나 개별 구성원일 수도 있다. 여섯째, 유지자는 지속적인 만족을 제공하도록 제품을 수선하거나 관리한다. 마지막으로, 처분자는 제품이나 서비스를 처분한다. **12.** 첫째, 권위적 부모(Authoritarian Parents)는 자녀들에 대한 많은 통제와 절대 복종을 요구하고, 사회 지향적 커뮤니케이션을 지향한다. 둘째, 무시하는 부모(Neglecting Parents)는 자녀들과 심적으로 멀어져 있고, 많은 통제를 하려고 하지 않는다. 셋째, 민주적 부모(Democratic Parents)는 부모와 자녀들 간에 권리의 균형을 맞추려 하고 자녀들의 자기표현과 자주성을 격려한다. 넷째, 허용적 부모(Permissive Parents)는 가급적 자녀들을 구속하려 하지 않는다.

참고문헌

• 강정애, 권순원, 김현아, 양혜현, 조은영, 태정원, 《조직 행동론》, 시그마프레스, 2010.
• 김정석 역, 《경영의사결정론》, 경문사, 1995.
• 박영봉, 이윤재, 이경탁, 《소비자 행동론》, 학현사, 2015.
• 이학식, 안광호, 하영원, 《소비자 행동론》, 법문사, 2001.
• 홍성태, 《소비자 심리의 이해》, 나남, 1993.
• Allen, R. L., "Know Your Customers : Industry Leaders Emphasis Consumer Research", Nation's Restaurant News, 33(40), 60, 1999.
• Aaker, J., "Dimensions of Brand Personality", Journal of Marketing Research, pp.347-358, 1997.
• Alden, Dana L., Steenkamp, Jan-Benedict, E. M., & Batra, Rajeev., "Brand Positioning Through Advertising in Asia, North America, and Europe: The Role of Global Consumer Culture", Journal of Marketing, 63(1), pp.75-87, 1999.
• Alwitt, L., & Berger, "Understanding the Link Between Environmental Attitudes and Consumer Product Usage: Measuring the Moderating Role of Attitude Strength", In Mc Alister & Rothschild, Advances in Consumer Research, 20, pp.189-194, 1992.
• Areni, C. D., & Kiecker P., "Point of Purchase Displays, Product Organisation and Brand Purchase Likelihood", Journal of the Academy of Marketing Science, 27(4), pp.428-441, 1999.
• Beatty, S. E., & Talpde, S., "Adolescent Influence in Fairly Decision Making: A Replication with Extension", Journal of Consumer Research, 21(2), pp.332-341, 1994.
• Beatty, S., Simth, S., "External Search Effort: an Investigation Across Several Product Categories", Journal of Consumer Research, pp.83-95, 1987.
• Belk, R., "Situational Variables and Consumer Behaviour", Journal of Consumer Research, 2, pp.157-164, 1975.
• Bernthal M., Crockett, D., & Rose, R., "Credit Cards as Lifestyle Facilitators", Journal of Consumer Research, 32, pp.130-145, 2005.
• Bhatnagar, A., Misra, S., Rao, H., "On Risk, Convenience, and Internet Shopping Behaviour", Association for Computing Machinery, 2000.
• Biddlecomve, T., "The Real Youth Marketing Challenge", B&T Weekly, pp.37, 2000.
• Bosman, A., & Baumgartner, H., "Goal-Relevant Emotional Information: When Extraneous Affect Leaders to Persuasion and When it Does Not", 2005.

- Breen, G., & Blankenship, A. B., *Do It Yourself Marketing Research*(3rd ed), McGraw–Hill, 1989.
- Broadbent, K., & Cooper, P., "Research Is Good for You. Marketing Intelligence & Planning", 5(1), pp.3–9, 1987.
- Bruner, G. C., & Pomazal, R. J., "Problem Recognition: The Crucial First Stage of the Consumer Decision Process", Journal of Services Marketing, 2(3), pp.43–53, 1986.
- Chattoe, E., & Gilbert, N., "Talking about Budgets: Time and Uncertainty in Household Decision Marketing", Sociology, 33, pp.85–103, 1999.
- Chen, Q., & Wells, W. D., "Attitude Toward the Site", Journal of Advertising Research, 39(5), pp.27–37, 1999.
- Cheung, L., "Ethnic Marketing: An Agency's Viewpoint", B&T Weekly, pp.22–23, 1999.
- Childers, T. L., & Rao, A. R., "The Influence of Familial and Peer Based Reference Groups on Consumer Decisions", Journal of Consumer Research, 19(2), pp.98–211, 1992.
- Commuri, S., & Gentry, J. W., "Resource Allocations in Households with Women as Chief Wage Earners", Journal of Consumer Research, 32, pp.185–195, 2005.
- Comor, E., "Household Consumption on the Internet: Income, Time and Institutional Contradictions", Journal of Economic Issues, Lincoln, 2000.
- Day, G. S., & Aaker, D. A., "A Guide to Consumerism", Journal of Marketing, 24, pp.12–19, 1970.
- Ferrel, O., & Gresham, L., "A Contingency Framework for Understanding Ethical Decision Making in Marketing", Journal of Marketing, 49, pp.87–96, 1985.
- Forenell, C., & Wernerfelt, B., "Defensive Marketing Strategies by Customer Complaint Management: A Theoretical Analysis", Journal of Marketing Research, pp.337–345, 1987.
- Foxall, G., "Toward a Balanced View of Consumerism", European Journal of Marketing, 12(4), pp.264–274, 2001.
- Gregan–Paxton, J., & John, D. R., "Consumer Learning by Analogy: A Model of Internal Knowledge Transfer", Journal of Consumer Research, 24(3), pp.266–284, 1997.
- Grewal, D., & Baker, J., "Do Retail Environmental Factors Affect Consumers Price Susceptibility? An Empirical Investigation", International Journal of Research in Marketing, 11, pp.107–115, 1994.
- Heath, R. P., "The Frontiers of Psychographics", American Demographics, 18(7),

pp.38–43, 1996.

- Henry, P., "Social Class, Market Situation, and Consumer's Metaphors of (Dis) Empowerment", Journal of Consumer Research, 31, pp.766–778, 2005.
- Hoch, S. J., & Ha, Young–Won, "Consumer Learning: Advertising and The Ambiguity of Product Experience", Journal of Consumer Research, 13(2), pp.221–233, 1986.
- Holland, J., & Gentry, J. W., "Ethnic Consumer Reaction to Targeted Marketing: A Theory of Intercultural Accommodation", Journal of Advertising, 28(1), pp.65–77, 1999.
- Hollenbeck, C. R., & Zinkhan, G. M., "Consumer Activism on the Internet: The Role of Anti–brand Communities", Advances in Consumer Research, 33, pp.479–785, 2006.
- Kaferer, J., & Laurent, G., "Consumer Involvement Profiles: A New Practical Approach to Consumer Involvement", Journal of Advertising Research, 22(6), pp.48–55, 1986.
- Kanmakura, W. A., & Wedel, M., "Life–style Segmentation with Tailored Interviewing", Journal of Marketing Research, 32(3), pp.308–317, 1995.
- Kapferer, J., & Laurent, G., "Consumer Involvement Profiles: A New Practical Approach to Consumer Involvement", 1986.
- Kardes, F., *Consumer Behaviour: Managerial Decision Making*(ch.11), Massachustetts: Addison–Wesley, Reading, 1999.
- Kassarjian, H., "Personality and Consumer Behaviour: A Review", Journal of Marketing Research. VII, pp.409–418, 1979.
- Klein, J., Smith, N., & John, A., "Why We Boycott: Consumer Motivations for Boycott Participation", Journal of Marketing, 68, pp.92–109, 2004.
- Kotler, P., Armstrong, G., Brown, L., & Adam, S., *Principles of Marketing*(ch.4), Prentice–Hall, pp.93–111, 2001.
- Kotler, P., Armstrong, G., Brown, L., & Adam, S., *Principles of Marketing*(ch.7), Prentice–Hall, 2001.
- Laczniak, G., & Murphy, P., *Ethical Marketing Decisions: The Higher Road,* Boston, USA : Allyn and Bacon, 1993.
- Lee, J., "Passt! Check Out the Latest Sales Trick", Sydney Morning Herald, pp.29, 2007.
- Ligerakis, M., "Cashing in on Over–50s", B&T Weekly, pp.6–10, 2001.
- Llewellyn, M., "The Merchant of Benefits", 1999.

- Lloyd, S., "Hey, Little Spender, Spend a Bit More with Me", Marketing, pp.48, 1999.
- Lloyd, S., "Feedback: Consumer Sentiment is Turning Nasty", Business Review Weekly, 5, pp.77−78, 2000.
- Lwin, M., & Wee, Chow−Hou, "The Effect of an Audio Stimulus: Accents in English Language on Cross−cultural Consumer Response to Advertising", Journal of International Consumer Marketing, 11(2), pp.5−37, 1999.
- Lynch, D., Kent, R., & Srinivasan, S., "The Global Internet Shopper: Evidence from Shopping Tasks in 12 Countries", Journal of Advertising Research, 2001.
- Mathwick, C., & Rigdon, E., "Play, Flow and the Online Search Experience", Journal of Consumer Research, 31, pp.324−332, 2004.
- McColl−Kennedy, J., & Kiel, G., "Market Segmentation, Target Marketing and Positioning, Marketing: A Static Approach(ch.8)", pp.236−272. South Melbourne: Nelson ITP, 2000.
- McDobald, M., & Dunbar, I., *Segmentation*, London: Macmillian Press Ltd, 1998.
- McGregor C., "Class Actions: Why Equality in Australia is a Myth", Sydney Morning Herald, pp.1−6, 1997.
- Meyers−Levy, J., & Malaviya, P., "Consumer's Processing of Perrsuasive Advertisements: An Integrative Framework of Persuasion Theories", Journal of Marketing, 63, pp.45−60, 1999.
- Miller, A., & Tsiantar, D., "Psyching Out Consumers", Newsweek, pp.46−47, 1989.
- Mills, S., "Ways to Weigh up Satisfaction", 1999.
- Morthy, S., Ratchford, B., & Taukdar, D., "Consumer Information Search Revisited: Theory and Empirical Analysis", Journal of Consumer Research, 23, pp.263−277, 1997.
- Moye, L. N., & Kincade, D. H., "Influence of Usage Situations and Consumer Shopping Orientations on the Importance of Retail Store Environment", International Review of Retail, Distribution and Consumer Research, 12(1), pp.59−79, 2002.
- Narayanan, S., "Category Type Determines Who Makes the Eecisions", Retail World, 50(5), 1997.
- Palan, K. M., & Wilkes, R. E., "Adolescent−parent Interaction in Family Decision Making", Journal of Consumer Research, 24(2), 1997.
- Pepper, D., & Rogers, M., "Do You Know Your Customers?", Sales & Marketing

Management, 151(1), pp.26–27, 1999.

- Phillips, M., "Next Up: A Future Imperfect", Marketing & ebusiness, pp.15–22, 1999.
- Rasman, T., "The Frankenstein Food Threat", B&T Weekly, p.8, 1999.
- Rawson, A., "Advertising Brands to Young Audiences", B&T Weekly, p.37, 2000.
- Roger, D., Gamans, L., Grassi, M., *Designing the Store, Retailing-New Perspectives*(2nd ed.)(ch.12), Dryden Press, 1992.
- Rummel, A., Howard, J., Swinton, J., & Seymour, B., "You Can't Have That! A Study of Reactance Effects on Children's Consumption Behaviour", Journal of Marketing Theory and Practice. Statesboro, 2000.
- Ruthven P., "Part One: Tourism's Modern Renaissance", Business Review Weekly, 1999.
- Schffan, L., Bednall, D., Waston, J., & Kanuk & Watson, *Consumer Behaviour*(ch. 3), Prentice–Hall, 1997.
- Schiffman, L., Bednall, D., Watson, J., & Kanuk, L. L., *Consumer Research. Consumer Behaviour*(ch.2), pp.25–46, Prentice–Hall, 1997.
- Schlosser, A. E., "Posting Versus Lurking: Communicating in a Multiple Audience Context", Journal of Consumer Research, 32, pp.260–265, 2005.
- Sherry, J., "Place, Technology & Representation", Journal of Consumer Research, Gainesville, 2000.
- Shimp, T., *Advertising Promotion*(5th ed.)(ch.5), Dryden Press, 2000.
- Shoebridge, N., "Chasing the Purveyors of New-product News", Business Review Weekly, pp.75–76, 1995.
- Shrum L. J., Burroughs, J. E. & Rindfleisch, A., "Television's Cultivation of Material Values", Journal of Consumer Research, 32, pp.473–479, 2005.
- Simon, I., "Get Closer to Your Customers by Understanding How They Make Choices", California Mnagement Review, 35(4), pp.68–84, 1993.
- Sirgy, M. J., "Social Cognition. Model of Consumer Problem Recognition", Academy of Marketing Science, 15(4), pp.53–61, 1987.
- Snell, S., "Why Shopping Has Its Ups and Downs", The Sunday Telegraph, p.30, 1997.
- Solomon, M., *Consumer Behaviour: Buying, Having & Being*(5th ed.)(ch.2), NJ Prentice–Hall, 2002.
- Sood, S., Rottenstreich, Y., & Brenner, L., "On Decisions That Lead to Decisions: Direct and Derived Evaluations of Preference", Journal of Consumer Research, 31, pp.17–25, 2004.

- Sutherland, M., "Silicon Valley Goes Subliminal", Processional Marketing, pp.22-23, 2000.
- Tolhurst, C., "Service: It's More Than Diplomatic", The Australian Financial Review, 27, pp.37-40, 1999.
- Weiner, B., "Attributions Thoughts about Consumer Behaviour", Journal of Consumer Research, Gainsville, 2000.
- Whitfield, P., "JWT Survey Reveals Kid's Food Views", Marketing, p.5, 1999.
- Winston, K., "How Are AB's Defined?", B&T Weekly, p.34, 1998.
- Winton, K., "Point of Sales Grows to $500m", B&T Weekly, pp.20-34, 1998.
- Winton, K., "Point of Sales Grows to $500m", B&T Weekly, pp.27-29, 1998.
- Zins, A. H., "Leisure Traveller Choice Models of Theme Hotels Using Psychographics", Journal of Travel Research, 36(4), pp.3-15, 1998.
- http://datamarketing.co.kr
- https://m.blog.naver.com/
- https://magazine.contenta.co/

찾아보기

ㄴ

ㄷ

ㅅ

ㅇ

ㅈ

ㅊ

ㅋ

ㅌ